全国人力资源和社会保障干部培训教材

总主编　尹蔚民

人力资源和社会保障事业发展统计与信息化建设

NLI ZIYUAN HE SHEHUI BAOZHANG SHIYE FAZHAN TONGJI YU XINXIHUA JIANSHE

人力资源和社会保障部　组织编写

主编　孙宝树　信长星

副主编　李保国　贾怀斌

中国劳动社会保障出版社

图书在版编目(CIP)数据

人力资源和社会保障事业发展统计与信息化建设/尹蔚民，孙宝树，信长星主编．—北京：中国劳动社会保障出版社，2011

ISBN 978-7-5045-9317-7

Ⅰ.①人… Ⅱ.①尹…②孙…③信… Ⅲ.①人力资源管理-中国-干部培训-教材②社会保障-中国-干部培训-教材 Ⅳ.①F249.21②D632.1

中国版本图书馆 CIP 数据核字(2011)第 264611 号

中国劳动社会保障出版社出版发行

(北京市惠新东街1号 邮政编码：100029)

出 版 人：张梦欣

*

新华书店经销

中国铁道出版社印刷厂印刷装订

787毫米×1092毫米 16开本 28.25印张 466千字

2012年1月第1版 2012年1月第1次印刷

定价：56.00元

读者服务部电话：010-64929211/64921644/84643933

发行部电话：010-64961894

出版社网址：http://www.class.com.cn

全国人力资源和社会保障干部培训教材

编审委员会

编审委员会办公室

主　任　王志明　张梦欣

副主任　张立新

成　员　吴春星　曾令萍　仲艳平　陈晓丽　牛雅娜

序

“十二五”时期是人力资源和社会保障事业发展的重要时期，既面临严峻的挑战，又面临难得的发展机遇。人力资源和社会保障工作要坚持“民生为本、人才优先”的工作主线，实施充分就业的发展战略和人才强国战略，健全覆盖城乡居民的社会保障体系，深化人事制度改革和工资收入分配制度改革，积极构建和谐劳动关系。要完成上述各项目标任务，亟须打造一支高素质的人力资源社会保障干部队伍，以承担历史赋予我们的重要责任，完成党中央和国务院交给我们的光荣使命。

以胡锦涛同志为总书记的党中央历来高度重视干部队伍建设，提出了大规模培训干部、大幅度提高干部素质的战略任务。机构改革后各级人力资源社会保障部门职能增强、业务领域拓宽、人员交流扩大，面对新的形势，加强教育培训，提高干部队伍素质，显得更加重要和紧迫。

加强干部培训教材建设，是增强干部教育培训工作实效的重要途径。编写一套全面反映人力资源社会保障形势任务、政策法规和业务知识的干部培训教材，有利于系统干部认清形势，把握大局，增强责任感、使命感；有利于提高依法行政能力，全面理解和准确把握政策，推动工作落实；有利于加强作风建设，促进系统融合，加快思想上形成共识、工作上形成合力、制度上形成统一、文化上形成风格、服务上形成品牌的进程。

“全国人力资源和社会保障干部培训教材”是新部成立以来组织的第一套综合性干部培训教材（共 19 本），涵盖就业、社会保障、人才队伍建设、人事制度改革、工资收入分配制度改革、劳动关系等六大板块的工作内容，是系统干部学习培训的好帮手。希望各级人力资源社会保障部门认真贯彻中央和部里的要求，结合本部门工作实际，充分运用这套教材组织培训，努力增强学习培训的针对性和时效性，着力建设一支政治靠得住、业务素质高、工作能力强、作风过得硬的干部队伍，为促进人力资源和社会保障事业的科学发展提供强有力的组织保证和智力支持。

尹蔚民

2011 年 10 月 8 日

前 言

"全国人力资源和社会保障干部培训教材"与读者见面了。这套教材是人力资源和社会保障部组建后开发的第一套针对系统干部培训的综合性教材，是系统干部重要的培训教材和学习资料。

一、教材组织编写的背景

新部成立前，原人事部、劳动保障部在干部培训教材建设方面做了大量工作，积累了一些经验。如 1998 年和 2004 年，原劳动保障部分别组织编写了第一版和第二版劳动保障系统干部培训教材。原人事部也组织编写了一些干部培训教材。但近些年来，随着我国政治、经济和社会的发展，人力资源和社会保障事业发生了巨大的变化，这些教材已经不适应当前系统干部学习和培训的需要。针对新的形势，部里决定组织全部力量，并吸收部外专家学者，开发一套科学、规范、系统的"全国人力资源和社会保障干部培训教材"。

为此，部人事司组织有关单位于 2009 年年初起草了干部培训教材组织开发方案初稿。随后，多次召开座谈会，征求人力资源和社会保障部在职和退休干部、地方人力资源和社会保障系统干部的意见和建议，并在这些意见和建议的基础上对方案进行修改完善。2009 年 11 月底，部党组会讨论通过了干部培训教材组织开发方案。

根据方案的要求，为确保教材的针对性和实用性，在作者选择上采取业务司局为主、部内研究机构和部外专家学者为辅的方式。尹蔚民部长担任教材的总主编，分管部领导担任相应专业教材的主编，教材负责司局及参与司局的负责人担任副主编。在部领导高度重视、各司局积极参与下，干部培训教材组织编写工作顺利开展。

二、教材组织编写的指导思想和基本原则

这套教材以邓小平理论和“三个代表”重要思想为指导，深入贯彻落实科学发展观，按照中央有关干部教育培训工作要求，紧紧围绕人力资源和社会保障中心工作和发展大局，以增强工作本领、提高能力素质为核心，以系统各级各类干部基本公共需求为导向，以人力资源和社会保障政策法规、基本业务知识、基本理论和技能训练为内容，准确把握教材开发定位，科学设计教材课程体系，合理组织教材编写内容，力求为人力资源和社会保障干部教育培训工作提供强有力的基础保障。

在教材编写中，始终坚持以下三个基本原则：一是准确把握人力资源和社会保障事业发展的新形势、新任务，确保教材服从并服务于人力资源和社会保障中心工作；二是充分汲取人力资源和社会保障工作理论和实践发展的新成果，确保教材的先进性和科学性；三是切实适应干部教育培训工作的新需求，确保教材的生命力。

为增强教材的针对性和可读性，要求教材的呈现方式生动新颖、内容活泼，通过本章导读、案例研究、关键概念、新闻摘录、阅读参考、阅读链接等多种形式，多层次、多角度地帮助系统干部学习掌握业务知识，提高能力素质。

三、教材的体系设计

教材的体系设计紧紧围绕我部两大基本职能和中心工作，以各司局业务分工为基础，按照业务板块之间的关联，对有关业务进行整合，尽量反映相关业务工作的融合，体现业务工作的整体性和课程设置的科学性，并同时兼顾原劳动和社会保障部与教育部联合开展的劳动保障专业高等教育自学考试及劳动保障岗位资格“双证书”项目教材的要求。全套教材共19种，具体是：《人力资源和社会保障法制》《人力资源和社会保障事业发展统计与信息化建设》《就业促进与职业能力建设》《社会保障概论》《养老保险》《失业保险》《医疗保险和生育保险》《工伤保险》《社会保障基金监管》《劳动人事争议调解仲裁》《劳动保障监察》《社会保险经办管理》《劳动关系》《公共部门人力资源开发与管理》《公务员制度与管理》《事业单位人事管理》《军官转业安置》《专业技术人才队伍建设与管理》《智力引进》。其中《就业促进与职业

能力建设》《养老保险》《失业保险》《医疗保险和生育保险》《工伤保险》《劳动关系》6种教材为劳动保障专业高等教育自学考试教材和劳动保障岗位资格证书考试教材。

四、教材的组织编写

为了保证教材编写工作顺利进行，确保教材质量，我们先后召开动员会布置编写任务；召开编写要求会安排具体编写工作；召开联络员会议布置教材编写日常任务。每本教材都配备了联络员、统稿人和审纲审稿人。确定联络员，便于编审委员会办公室和各书编写参与单位之间的沟通责任到人。统稿人一般为工作经验丰富的司局级干部，以确保教材能够满足适用性、权威性和先进性的要求。审纲审稿人全部是有关领域的权威专家，由他们对教材大纲和成稿进行把关，以确保教材的理论性、系统性和科学性。

人力资源和社会保障制度建设还处于逐步完善阶段，在人力资源和社会保障事业发展过程中还会不断出现新情况、新问题。这套教材的编写也只能是反映人力资源和社会保障事业发展的阶段性成果。希望系统干部和广大读者多提宝贵意见和建议，我们将在今后的修订改版过程中不断更新教材内容，提高教材水平，打造人力资源和社会保障领域的精品教材，为系统干部业务能力和素质提升提供有力支持。

全国人力资源和社会保障干部培训教材
编审委员会办公室

2011年10月

目　录

上篇　统计部分

下篇　信息化建设部分

上　篇

统计部分

第一章

统计概论

本章导读

统计是伴随人类历史上社会与国家的形成与发展而产生和发展起来的。统计学的发展有三个阶段：确立了统计学是一门以数量分析为基础的科学；引入概率论，使统计由“描述”向“推断”发展；拓宽应用领域，形成通用的方法体系，确立统计学是一门方法论性质的科学。

统计设计是根据统计研究对象的性质和研究目的，对统计工作各个方面和各个环节的通盘考虑和安排。

统计整理工作就是通过一定的方法对原始调查数据进行整理，使无序的数据有序化、条理化，使分散的数据汇总集中，使仅仅反映调查单位个体特征的数据转化为能够显示现象总体特征和规律性的数据资料，从而为进一步的统计分析奠定基础。

统计活动是对客观世界的一种定量认识活动，统计分析是这一认识活动的深化阶段和深化过程。只有通过统计分析，才能够透过现象表面的数量特征认识其内在的数量规律性，揭示其本质特征。所以，统计分析是深化认识、研究规律的有力武器。

通过本章的学习，了解统计的内涵、性质和作用；了解统计工作全过程，包括统计设计、统计整理和统计分析；掌握统计分析的一般方法；学会撰写统计分析报告。

第一节　统计的产生发展和内涵

一、统计的产生和发展

（一）统计活动的起源

统计作为一种计量活动，可以追溯到人类的洪荒时代——人们在生存实践活动中产生了数量的概念，随之有了计量的要求，从而有了计量活动。然而，作为一种大规模的社会计量活动，统计是伴随人类历史上社会和国家的形成与发展而产生和发展起来的。事实上，历史上的任何一个社会和国家的统治与管理都离不开统计活动。统治者要知道自己拥有的国土有多大、臣民有多少、财富有多丰、军力有多强、贡赋有多少等，都必须依赖于这种后来才被称为统计的专门的社会计量工作。从氏族社会、奴隶社会、封建社会到资本主义社会，乃至现代社会的一切国家，都离不开统计。据现有史料记载，我国最早的国家统计数字是公元前 2000 多年夏禹时代的人口数和土地数。在国外，据有关记载，公元前 4500 多年的古巴比伦王国已有了初步的关于人口、农具、牲畜、物品等项目的统计；公元前 3000 多年的古埃及为了建设金字塔而进行过有关人口、劳役及财产方面的统计。这些记载说明了统计活动源远流长，其在长达数千年的人类文明历史中，作为国家统治与管理的一项基础工作对社会发展与进步起着重要的作用。

（二）统计学的产生

科学理论源于实践。无疑，统计学乃是源于社会统计实践活动的一门科学，是对统计实践活动的理论概括和科学总结。但是，尽管人类有着数千年统计活动的历史，而统计学的产生却只是最近三百多年的事，即产生于 17 世纪中后期。这是为什么呢？一般来说，一门科学的产生至少要首先具备以下几个基本的条件：一是人们在实践中产生了对理论的需求，二是实践知识的积累已达到相当的程度，三是相关学科发展的影响与促进。而在数千年的奴隶社会和封建社会里，统计活动基本上仅限于满足国家最高统治者的需要，即仅限于进行诸如人口、土地、劳役、贡赋、财富、军队等基本国情国力的调查统计，这些工作虽规模巨大但方法简单，当时又缺乏相关科学的发展，自然难以形成一门独立的科学。欧洲资本主义的到来，改变了这种状况。一方面，商品经济的发展、市场竞争的加剧、大工业的出现、新兴经济部门的产生，以及社会政治结构的变化，使得整个社会，而不仅仅是国家统治者，对统计信息的需求大大增加。社会需要较过去丰富得多、及时得多的各类社会经济统计信息。因此，统计活动大大地活跃起来，人口、土地、税收、商业、航运、外贸和工业等许多领域的统计数字的记录、传播和利用扩大到了空前庞大的规模，统计研究与统计分析也自然开展起来，统计学应运而生。另一方面，17 世纪欧洲发生了一场科学革命，即自 16 世纪的哥白尼开始到 17 世纪的伽利略、牛顿，科学挣脱了中世纪宗教神学的束缚，创立了一系列的以实验观察为基础的新兴科学学科，奠定了近现代科学发展的基础。科学的发展总是相互影响、相互促进、相互借鉴的。无疑，统计学的产生与发展与这一时期科学思想的解放以及某些相关学科（如概率论等）的建立与发展有着密切关系。

（三）统计学的发展

统计学自 17 世纪中叶建立以来，在其三百多年的发展过程中，主要在以下三个方面有突破性进展：

1. 确立了统计学是一门以数量分析为基础的科学

在统计学建立的最初 200 年里，统计学的发展一直贯穿着“政治算术学派”和“统计记述学派”两大学派的争论。政治算术学派以英国的威廉·配第（William Petty，1623—1687）和约翰·格朗特（John Graunt，1620—1674）为代表，记述学派则以德国的康令（Hermann Conring，1606—1581）和阿罕瓦尔（Achenwall，1719—1772）为代表。这两派都是采用收集大量资料的方式，对欧洲各国的政治经济状况进行比较分析。所不同的是，政治算术学派主张“用数字说话”，以数量分析为主；而记述学派则主要采用分门别类的文字记述方法对各国的政治经济状况进行比较研究。争论的焦点自然是：统计学是否应以数量分析为基本特征。无疑，答案是肯定的。然而为获得这一统一的认识，两派争论达 200 年之久。

2. 引入概率论，确立科学的理论基础，使统计学由“描述”向“推断”发展

比利时著名统计学家阿道夫·凯特莱（Adolph Quetelet，1796—1874），曾任比利时中央统计委员会主席，他倡导并组织了第一次国际统计会议。在现代统计学的发展史上他是一个非常重要的人物，被称为现代统计学之父。他将由 16 世纪的赌博数学发展而来的古典概率引入统计学，使统计学发生了

一次质的飞跃。后来，经高尔登（Galton，1857—1936）、皮尔逊（Karl Pearson，1857—1936）、费雪（Ronald Aylmer Fisher，1890—1962）等多名杰出统计学家的不断丰富和发展，逐步形成了一门以概率论为理论基础，以大量现象数量特征为研究对象，着重探讨揭示现象数量规律性的理论和方法的数理统计学。

【阅读参考】概率论

概率论是研究随机现象数量规律的数学分支。随机现象是指这样一种客观现象，即当人们观察它时，所得的结果不能预先确定，而只是多种可能结果中的一种。在自然界和人类社会中，存在着大量的随机现象。例如，掷一硬币，可能出现正面或反面；测量一物体长度，由于仪器及观察受到环境的影响，每次测量结果可能有差异；在同一工艺条件下生产出的灯泡，其寿命长短参差不齐；等等。这些都是随机现象。随机现象的实现和对它的观察称为随机试验，随机试验的每一可能结果称为一个基本事件，一个或一组基本事件又通称为随机事件，或简称事件。事件的概率则是衡量该事件发生的可能性的量度。虽然在一次随机试验中发生某个事件是带有偶然性的，但那些可以在相同条件下大量重复的随机试验却往往呈现出明显的数量规律性。人们在长期实践中已逐步觉察到某些这样的规律性，并在实际中应用。

资料来源：罗斯．概率论基础教程．北京：人民邮电出版社，2010

3．拓宽应用领域，形成通用的方法体系，确立统计学是一门方法论性质的科学

凯特莱之后的统计学逐步发展，形成了“数理统计学派”和“社会统计学派”两大学派并存的局面。数理统计学派强调，统计学要以概率论为理论基础，主要探讨那些广泛适用于无论是自然科学还是社会科学的人类认识的各个领域的通用的统计方法；而社会统计学派则坚持认为，统计学是一门社会科学，是以国家的社会经济现象为研究对象，探讨研究社会经济现象中的数量特征和数量规律的科学。

在以后的发展中，数理统计学大大强化了统计学数学性质的一面，使其具有更高的准确性和科学性。社会统计学则强化了统计学社会性、管理性的一面，使统计学更贴近国家的管理，更贴近对社会的认识。而事实上社会统计学也大量吸收和采用了数理统计学所提供的各种新方法，并为这些方法在

社会科学的研究中得到广泛的应用作出了贡献。

统计学发展至今已确立了其作为一门以数量分析为主的方法论科学的地位，它已形成了一套完整的统计方法体系。美国权威杂志《科学》中的一篇文章将统计学评为近百年来十门最有用的科学之一。当然，随着科学与实践的深化与发展，统计学也必将向更深更广的领域发展。

【阅读参考】**计算机技术在统计中的应用**

计算机技术和一系列新技术、新方法在统计领域不断得到开发和应用。近几十年间，计算机技术不断发展，使统计数据的收集、处理、分析、存储、传递、印制等过程日益现代化，提高了统计工作的效能。计算机技术的发展，日益扩大了传统的和先进的统计技术的应用领域，促使统计科学和统计工作发生了革命性的变化。如今，计算机科学已经成为统计科学不可分割的组成部分。随着科学技术的发展，统计理论、实践深度和广度也在不断发展。

资料来源：丁大建，赵锡铭. 劳动和社会保险统计与计算机应用. 北京：中国劳动社会保障出版社，2005

【阅读参考】**第一个世界统计日**

第二次世界大战结束后，各国在重建和发展经济、促进社会进步的过程中，官方统计对于政府决策、企业投资和发展、学术研究、媒体传播、公众知情和参与等方面都发挥着越来越重要的作用，成为现代国家进行决策、管理的重要基础，成为现代社会运行的支柱。为了促进全社会对于官方统计的理解，并动员全社会给官方统计以配合和支持，一些国家设立统计日、统计周或统计月，对官方统计开展集中宣传。截至目前，全世界共有约 80 个国家设立了统计日，每年均开展庆祝活动。

2010 年 6 月 3 日，第 64 届联合国大会第 90 次会议通过决议，确定 2010 年 10 月 20 日为第一个“世界统计日”。“决议”确定，“世界统计日”的总主题是“庆祝官方统计的众多成就”，以及服务、诚信和专业精神等核心价值。联合国将邀请所有会员国、联合国系统各组织及其他国际和区域组织，以及包括非政府组织在内的民间社会，如研究机构、媒体和官方统计数据的所有生产者和使用者，以适当方式共同庆祝“世界统计日”。

资料来源：选自百度百科。

二、统计的含义

【阅读参考】"统计"一词的来源

"统计"一词由来已久，其含义在历史上是不断发展和变化的。"统计"最早源自中世纪拉丁语"Status"，指各种现象的状态和状况。由这一词根组成的意大利语"Stato"，意为国家，作为各国的国家结构和国情知识的总称。

"统计"最早作为学名使用是在1749年，德国哥丁根大学政治学教授阿亨瓦尔（G. Achenwall）将课程"国势学"定为"statistik"（统计）。此后，各国相继沿用"统计"一词，并将其译为本国文字，法国译为statistique，意大利译为statistica，英国译为statistics。该词不断被赋予新的内容并逐渐传播到各国，在20世纪初由日本传入我国。"统计"一词成为记述国家和社会状况数量关系的总称。

资料来源：李洁明，祁新娥. 统计学原理（第4版）. 上海：复旦大学出版社，2007

现代意义的统计可以概括为三个方面，即统计资料、统计工作和统计学。

统计资料，主要是指依据统计原则，应用统计方法收集、整理以及计算、推断而得到的数字、数据资料，故又称为统计数据。它还包括那些与统计数字有关的文字资料，如必要的文字说明和补充、统计调查报告、统计分析报告等。一般来说，统计资料是统计工作的成果。

统计工作，即从事对经济、社会、政治、文化、环境、科学技术等各领域数据资料的收集、整理、描述、分析研究的工作活动过程。

统计学是关于统计活动的理论和方法的科学，是一门方法论的科学。它为人们提供了一套从数量方面认识、研究大量客观现象的认识方法和分析方法。

三、统计的研究方法

依据统计特点，即研究现象数量方面的特殊性以及对长期的统计实践经验的总结和理论概括，在统计工作过程的各个阶段，从统计资料的收集、数据的整理汇总，到统计分析等，都有着各种专门的统计方法，并形成了统计的方法体系。统计的基本方法主要有大量观察法、统计分组法、综合指标法、统计推断法、数学模型分析法以及图表法等。

（一）大量观察法

大量观察法是指在统计工作和研究中，对社会现象的全部或足够多数单位进行观察，来达到认识总体数量特征和规律性目的的方法。该方法是收集统计数据即统计调查阶段运用的基本方法。

大量观察法的数学依据是大数定律，其法则是：在大量的随机现象中，个别随机现象所引起的偏差常常会相互抵消、相互补充而被平均化，从而导致大量随机现象共同作用后的总平均结果趋于稳定。

【阅读参考】**大数定律**

大数定律，是一类描述当试验次数很多时所呈现的概率性质的定律。

有些随机事件无规律可循，但不少却是有规律的，这些“有规律的随机事件”在大量重复出现的条件下，往往呈现几乎必然的统计特性，这个规律就是大数定律。通俗地说，这个定理就是指，在试验条件不变的情况下，重复试验多次，随机事件的频率近似于它的概率。比如，我们向上抛一枚硬币，硬币落下后哪一面朝上本来是偶然的，但当我们上抛硬币的次数足够多后，达到上万次甚至几百万次以后，我们就会发现，硬币每一面向上的次数约占总次数的 1/2。在这种情况下，偶然中包含着必然。必然的规律与特性在大量的样本中得以体现。

资料来源：罗斯．概率论基础教程．北京：人民邮电出版社，2010

（二）统计分组法

统计分组法是指根据统计研究的目的和研究对象的特点将统计总体按照一定的标志划分为不同类型和不同性质的组别的方法。借助统计分组，可以确定社会现象的同质总体，并且正确运用统计指标揭示社会现象各种类型的特征，所以，统计分组是统计的基本方法。

（三）综合指标法

综合指标法是指在对大量观察所获得的众多个体资料进行合理分组的基础上，综合形成各种统计指标，并利用这些统计指标对总体的数量特征和数量关系进行综合、概括和分析的方法。

（四）统计推断法

统计推断法是指在一定的置信程度下，根据样本资料的特征，对总体的特征作出估计和预测的归纳推理方法。它既可以用于对总体参数的估计，也可以用作对总体的某些假设的检验。

（五）数学模型分析法

数学模型分析法是将客观现象的统计数据配合适当的数学模型，反映客观现象之间的数量关系和数量特征，揭示其规律性的一种方法。

【阅读链接】

Harald Cramer. Mathematical Methods of Statistics. Princeton University Press，1999

（六）图表法

图表法是将统计调查得到的凌乱的数字资料加工整理成统计表、图，以统计表或统计图的形式反映客观现象的规律性或发展趋势的方法。因此，该类方法被广泛应用于统计分析中。

统计的方法仍处于不断的发展中，只有把握住统计研究对象的特点，根据统计发展的需要，吸收一切相关学科有益的研究成果，不断地总结统计实践经验，不断完善和发掘新的统计方法，就可以最大限度地发挥统计的信息、咨询和监督职能。

第二节　统计设计和整理

一、统计设计的概念与种类

（一）统计设计的概念

关键概念

统计设计是统计工作的第一个阶段，是根据统计研究对象的性质和研究目的，对统计工作各个方面和各个环节的通盘考虑和安排。

统计设计的结果表现为各种设计方案，如国民经济核算体系方案、统计指标体系、统计报表制度、调查方案、汇总方案或整理方案等。

（二）统计设计的种类

1. 从统计设计所包括的认识对象来讲，可分为整体设计和专项设计两类

整体设计就是把认识对象作为一个整体，对整个统计工作进行的全面设计。专项设计是指对认识对象组成部分的统计设计。例如，对于省来说，全省统计工作的通盘安排是整体设计，而其中劳动、农业统计等的设计则是专项设计。

2. 从统计设计所包括的工作阶段来讲，可分为全阶段设计和单阶段设计两类

全阶段设计是对统计工作全过程的设计。从确定统计内容、统计指标体系开始到分析研究的全过程的通盘安排。单阶段设计则指统计工作过程中某一阶段的设计。例如，统计调查的设计、统计整理的设计、统计专题分析的设计等。

3. 从统计设计所包括的时期来讲，可以分为长期设计和短期设计两类

长期设计是指时期较长的统计设计，例如，五年以上的统计设计。短期设计一般是指一个年度或年度之内的统计工作设计。当然，也可以进行两年或三年的统计工作设计，这类设计也可以称为中期设计。

二、统计设计的主要内容

统计设计的内容按设计种类的不同而有所区别。

（一）统计整体设计的内容

统计整体设计和专项设计的一般内容是类似的，只是范围大小不同。统计整体设计的主要内容如下：

1. 统计指标和指标体系的设计

统计指标和指标体系的设计是统计设计的主要内容，无论是大范围或小范围的统计整体设计，首先都要解决这个问题。从数量上研究任何统计对象，首先要确定了解哪些方面的数量状况，用什么统计指标来反映。

关键概念

统计指标是指反映总体现象数量特征的概念，如人口数、商品销售额、

劳动生产率等。它包括三个构成要素，即指标名称、计量单位、计算方法。

2. 与统计指标体系相联系的统计分类（分组）的设计

与统计指标体系相联系的统计分类（分组）设计也是统计整体设计的一项重要内容。这里的分类（分组）是指社会经济现象本身的分组。例如，单位性质分组，国民经济行业分组，城乡分组，产品分组，就业人员职业分组，人口按年龄、性别分组，家庭按收入状况分组等。

3. 收集统计资料方法的设计

收集统计资料的方法是多种多样的。例如，收集所有总体单位的原始资料，然后加以整理和计算；收集一部分总体单位的资料，然后推算总体的指标数值；根据现有的资料进行估计推算等。这都需要事先作出通盘的安排。

4. 统计工作各个部门和各个阶段的协调与关联

制定了统一的指标体系和统计分类，但各个部门、各级政府对指标口径、分类粗细等的要求不同，需要考虑怎样处理这些问题，以便能尽量满足各方面的需要。

5. 统计力量的组织和安排

从广义上讲，统计力量的组织和安排既包括专业统计机构的组织，统计机构与领导机构和其他业务机构的关系，也包括非统计机构中统计活动和各种业务资料的利用。

从狭义上讲，统计力量的组织和安排是指专业统计机构的组织和统计力量的安排，如各项工作如何分工，各安排多少人，各有什么职责，怎样既有分工又有合作，是否有必要定期轮换等。

（二）全阶段统计设计的内容

整体设计是把统计研究对象作为一个整体对统计工作各个方面的通盘安排，它也需要从工作阶段上作出考虑，以便各部门、各地区、各项统计工作能够协调地进行。但一般只能是概略地规定出基本的要求和方法。对于具体的统计工作项目，则要作出全阶段设计和各个工作阶段的设计。

【阅读参考】我国的人口普查

1990年以后，我国在逢“0”的年份进行了全国人口普查。为了进行人口普查，在党中央、国务院的领导下，有关部门做了周密而充分的准备，首先设计了人口普查方案。国务院颁发的《第×次全国人口普查办法》是人口普查工作的指导性文件，是典型的全阶段统计设计方案。

资料来源：国统局科技司．中国2000年人口普查资料（上、中、下册）．北京：中国统计出版社，2002

一般来说，全阶段统计设计的主要内容有以下几个方面：

1. 明确规定统计调查的目的。这是全阶段统计设计的首要环节，是决定统计内容和方法的出发点。

2. 确定统计对象的范围，也就是明确规定统计总体和总体单位的范围。

3. 规定统计的空间标准和时间标准。

4. 根据统计目的，按照分析研究的要求，制定出调查登记的项目、分类和分组的方法，以及统计指标的计算方法。

5. 制定保证统计资料准确性的方法。

6. 规定各个阶段的工作进度、时间安排，各个工作阶段的联系和各阶段的基本方法。

7. 统计全过程的组织工作。这类工作很多，例如，确定负责全面工作和各阶段工作的机构、人员及其组织领导关系，开展宣传教育工作，对参加调查人员进行培训，确定资料报送方式，准备有关物资等。

以上是全阶段统计设计的一般内容，不同的统计项目还会有不同的特殊问题。要做出较好的全阶段统计设计方案，必须具备多方面的知识和能力。

三、统计整理

（一）统计整理过程

关键概念

统计整理工作就是通过一定的方法对原始调查数据进行整理，使无序的数据有序化、条理化，使分散的数据汇总集中，使仅仅反映调查单位个体特征的数据转化为能够显示现象总体特征和规律性的数据资料，从而为进一步的统计分析奠定基础。

经过统计调查阶段的工作，通常获得的是大量的调查数据资料，一般称为原始资料。

以某建筑公司 50 名员工的性别和某月工资收入的调查数据为例，见表 1—1。

表 1—1　　某建筑公司 50 名员工的性别和某月工资收入调查数据　　单位：元

性别	男	男	男	女	女	男	男	男	男	女	男	女	男
工资	1 894	1 682	1 927	1 745	1 800	1 655	1 770	1 833	1 755	1 878	1 851	1 640	1 793
性别	女	男	男	男	女	男	女	男	男	男	男	男	女
工资	1 800	1 709	1 854	1 800	1 760	1 824	1 817	1 861	1 715	1 876	1 715	1 720	1 624
性别	女	男	男	男	男	男	男	男	女	女	男	女	男
工资	1 770	1 909	1 830	1 817	1 730	1 801	1 780	1 812	1 810	1 755	1 961	1 791	1 793
性别	男	男	男	男	女	男	男	女	男	男	男		
工资	1 821	1 666	1 787	1 743	1 720	1 771	1 888	1 909	1 944	1 786	1 820		

从表 1—1 中，很难获得任何整体的信息。如果数据再多一些的话，恐怕连数据中的最小值和最大值也难以找到。这是由调查数据所处的分散和无序状态造成的。

统计整理过程主要包括如下内容和步骤：审核、排序、分组、汇总、表列、图示等。

1. 对原始资料进行审核

原始数据资料的可靠性非常重要。因此，统计整理的第一步是对调查资料进行审核。审核主要从数据的完整性和准确性两个方面进行。

2. 数据的排序

对一群如前例工资数据那样的分散无序的数据资料而言，排序是最初步的数据整理方式。将前例 50 人月工资数据依升序排列如下（见表 1—2）。

表 1—2　　50 人月工资数据排序（升序）　　单位：元

1 624	1 640	1 655	1 666	1 682	1 709	1 715	1 715	1 720
1 720	1 730	1 743	1 745	1 755	1 755	1 760	1 770	1 770
1 771	1 780	1 786	1 787	1 791	1 793	1 793	1 800	1 800
1 800	1 801	1 810	1 812	1 817	1 817	1 820	1 821	1 824
1 830	1 833	1 851	1 854	1 861	1 876	1 878	1 888	1 894
1 909	1 909	1 927	1 944	1 961				

通过排序，可以清楚地看到数据具有明显的集中趋势，并呈规律性分布，这就是，该单位员工月工资水平大致在 1 600～2 000 元的范围内，绝大多数人的月工资则是在 1 800 元左右的水平上波动，收入偏低和收入偏高的人都

是少数。

进一步的统计整理工作是统计分组和频数分布，以及将统计信息正确地表列和图示出来。

（二）统计分组与频数分布

1. 分组的意义

统计分组是数据整理的一种重要方式，其意义在于通过分组揭示现象内部差异、结构和分布特征。统计分组方法是通过数据的分组归类汇总方式，抹杀组内差异，突出组间差异，以牺牲一部分信息细节为代价，使现象分布特征更加鲜明地显示出来。

如可将前例 50 人月工资数据分组汇总处理如下（见表 1—3）。

表 1—3　　分组汇总表（频数分布表）

月工资（元）	频数（人）	频率（%）	累积频数（人）	累积频率（%）
1 600～1 649	2	4	2	4
1 650～1 699	3	6	5	10
1 700～1 749	8	16	13	26
1 750～1 799	12	24	25	50
1 800～1 849	13	26	38	76
1 850～1 899	7	14	45	90
1 900～1 949	4	8	49	98
1 950～1 999	1	2	50	100
合计	50	100	—	—

2. 分组类型

统计分组的形式有多种。依据分组变量的类型不同，有属性变量分组和数值变量分组。如对企业员工按性别进行分组，就是属性变量分组；而按月工资水平分组，则是数值变量分组。数值变量分组，又分为组距式分组和非组距式分组。组距式分组，如表 1—3 中的按工资水平分组。组距式分组一般尽可能采用等距形式，有利于数据比较；在特殊条件下也有采用非等距式分组的，如将全部人口划分为：0～15 岁（少儿人口）、16～59 岁（劳动人口）、60 岁及以上（老年人口）。非组距式分组一般仅限于离散变量，因为它的每一组取值都是一个确定的数值。以北京市居民家庭规模分组数据为例（见表 1—4）。

表 1—4　　某市居民家庭规模

家庭规模	户数	比例（%）
一人户	26 620	12.5
二人户	42 550	20.0
三人户	71 192	33.4
四人户	41 267	19.4
五人户	18 162	8.5
六人户及以上	13 092	6.2
合计	212 883	100.0

以上所举例子都是单变量分组，又称简单分组，还有一种较为复杂的多变量分组。多变量分组是指依据同一对象的多个变量的观测调查数据，对研究对象作多重的分组。这种分组资料一般多用于多变量的相关研究之中，以期揭示现象之间和现象变动之间更深刻的联系和原因。多变量分组的具体形式有两种，一种是复合式，另一种是交叉式。以前面 50 人性别和工资数据为例，可编制如下双变量复合式分组表和双变量交叉式分组表（见表 1—5 和表 1—6）。

表 1—5　　双变量复合式分组表

工资分组（元）	1 600～1 699			1 700～1 799			1 800～1 899			1 900～1 999			合计		
性别分组	计	男	女	计	男	女	计	男	女	计	男	女	计	男	女
人数（人）	5	3	2	20	14	6	20	15	5	5	4	1	50	36	14

表 1—6　　双变量交叉式分组表　　单位：人

工资分组（元）	男	女	合计
1 600～1 699	3	2	5
1 700～1 799	14	6	20
1 800～1 899	15	5	20
1 900～1 999	4	1	5
合计	36	14	50

3. 频数分布

在分组基础上，将落入各组中的数据做点计汇总，然后将各组汇总的频数依分组顺序排列，即为数据的频数分布。表 1—4、表 1—5 均为数据的频数分布。频数分布首要的工作是恰当地分组，其基本原则是“不重不漏，排列有序”。“不重”，是指各组之间具有互斥性，组与组不得重叠、重复；“不漏”，是指所有各组的范围要能覆盖全部数据，而不让一个数据遗漏。

【阅读参考】**统计电算化**

统计电算化是指利用计算机进行统计数据处理。统计在调查、整理、分析的各个阶段所用到的不同研究方法都离不开计算机的使用。利用计算机可以对统计数据进行确认、编辑、编码、录入、汇总及计算，同时可进行数据的传输、储存、更新、输出等处理。在计算机处理条件下，可以根据不同的需求对统计资料按不同方式进行加工处理，实现统计数据的一源多用、信息共享以及数据的优化管理，从而大大提高统计工作的效率，拓宽统计工作的广度与深度。

选择合适的统计软件是实现统计电算化的关键。目前，比较成熟的统计软件有 SPSS、SAS、Excel、TSP、Eviews 等。

资料来源：陈华福. 最新统计电算化教程. 北京：冶金工业出版社，2001

第三节　统 计 分 析

一、统计分析的意义和特点

统计活动是对客观世界的一种定量认识活动，统计分析是这一认识活动的深化阶段和深化过程。只有通过统计分析，才能够透过现象表面的数量特征认识其内在的数量规律性，揭示其本质特征。所以，统计分析是深化认识、研究规律的有力武器。

区别于其他形式的分析活动，统计分析具有如下特点：

一是实证性。统计分析的对象是客观现实，所以统计分析是实证的，即要从现实出发，以事实为依据，一切分析结论和所揭示的规律都应源于现实并为事实所证明。它不同于经济学的规范分析，即从理论的基本范畴、基本概念出发，逻辑地推论和证明现实世界的缺陷和存在的合理性。

二是数量性。统计分析的对象一般是大量的或反复出现的事物，因此，统计分析是以反映这种现象的大量统计数据为依据进行的定量分析；在分析中，探讨事物的关系、事物的性质、事物的发展变化规律，都要用数字来说话、用数据来证明。它不同于社会学的个案分析，即通过对一个典型事例的解剖分析，达到认识同类事物的目的。

三是多样性。统计分析对象的差异，统计分析方法的丰富，统计分析目的的不同，决定了统计分析形式的多样。例如，有描述性分析、探索性分析、证明性分析、预测性分析、对策性分析，换一个角度，则有专题性分析和综合性分析等。

二、统计分析的一般方法

统计分析方法很多，并且仍在不断地丰富、发展。各种方法之间又是相互关联、互相引用的，也可依其难度和深度分成初级、中级和高级不同层次的统计分析方法。这里仅简要介绍最常用的一些统计分析方法。

（一）比较分析法

比较的方法是统计分析中最常用也是最有用的方法，数据的基本功能就是对比，没有比较数据就失去了存在的意义。比较的基本形式有两种，即绝对差异的比较和相对差异的比较，绝对差异是比较双方数据相减的结果，相对差异则是比较双方数据相除的结果。在比较分析中，应特别注意相对数与绝对数的结合运用。

比较分析的首要问题是“和谁比”的问题。就单一主体而言，基本的比较对象有三个：一是和计划比，二是和过去比，三是和同行（同类）比。

1. 和计划比，说明计划的执行情况

又可以分为对计划执行结果的检查和对计划执行进度的检查。计算公式如下：

计划完成超额（差额）数＝本期实际完成额－本期计划完成额

$$计划完成=\frac{本期实际完成额}{本期计划完成额}\times 100\%$$

$$计划执行进度=\frac{期初至目前止实际累计完成额}{本期计划完成额}\times 100\%$$

【案例 1—1】

某商店全年计划零售额为 500 万元，其中第一季度计划零售额为 100 万元，第一季度实际零售额为 110 万元，第二季度实际零售额为 150 万元，可以计算得出：

第一季度计划完成超额数＝本期实际完成额－本期计划完成额

＝110 万元－100 万元＝10 万元

$$第一季度计划完成=\frac{本期实际完成额}{本期计划完成额}=\frac{110\ 万元}{100\ 万元}\times100\%=110\%$$

$$上半年计划执行进度=\frac{期初至目前止实际累计完成额}{本期计划完成额}\times100\%$$

$$=\frac{260\ 万元}{500\ 万元}\times100\%=52\%$$

2. 和过去比，说明自己的变化、进步情况

这是一种动态比较，计算公式如下：

$$增减量=报告期数量-基期数量$$

$$发展速度=\frac{报告期数量}{基期数量}\times100\%$$

$$增长速度=\frac{报告期数量-基期数量}{基期数量}\times100\%=发展速度-1$$

【案例 1—2】

某公司 2006 年销售额为 1 000 万元，2007 年销售额为 1 200 万元，该公司 2007 年销售额较 2006 年：

$$增减量=报告期数量-基期数量=1\ 200\ 万元-1\ 000\ 万元=200\ 万元$$

$$发展速度=\frac{报告期数量}{基期数量}\times100\%=\frac{1\ 200\ 万元}{1\ 000\ 万元}\times100\%=120\%$$

$$增长速度=\frac{报告期数量-基期数量}{基期数量}\times100\%$$

$$=\frac{1\ 200\ 万元-1\ 000\ 万元}{1\ 000\ 万元}\times100\%=20\%$$

3. 和同行（同类）比，说明自己所处的水平、地位

这是一种静态比较，主要是说明空间差异的，计算公式如下：

$$差异量=甲总体某一特征值-乙总体同类特征值$$

$$比较相对数=\frac{甲总体某一特征值}{乙总体同类特征值}\times100\%$$

$$差率=\frac{甲总体某一特征值-乙总体同类特征值}{乙总体同类特征值}\times100\%$$

【案例 1—3】

1986 年我国谷物产量为 35 456 万吨，美国为 31 370 万吨，则：

$$差异量=甲总体某一特征值-乙总体同类特征值$$

$$=35\ 456\ \text{万吨}-31\ 370\ \text{万吨}=4\ 086\ \text{万吨}$$

$$\text{比较相对数}=\frac{\text{甲总体某一特征值}}{\text{乙总体同类特征值}}\times 100\%=\frac{35\ 456\ \text{万吨}}{31\ 370\ \text{万吨}}\times 100\%=113\%$$

$$\text{差率}=\frac{\text{甲总体某一特征值}-\text{乙总体同类特征值}}{\text{乙总体同类特征值}}\times 100\%$$

$$=\frac{35\ 456\ \text{万吨}-31\ 370\ \text{万吨}}{31\ 370\ \text{万吨}}\times 100\%=13\%$$

（二）结构分析法

结构分析，又称分组分析，也是一种最基本的常用统计分析方法。它以一定的统计分组为基础，对数据做分类汇总并计算构成百分比，从而获得反映总体内部构成的结构性数据。

以 2008 年全国按三次产业分就业人员数为例，见表 1—7。

表 1—7　　2008 年全国按三次产业分就业人员数

合计	77 480 万人	100%
第一产业	30 654 万人	39.6%
第二产业	21 109 万人	27.2%
第三产业	25 717 万人	33.2%

资料来源：国家统计局．中国统计年鉴 2008．北京：中国统计出版社，2008

结构分析是对现象总体内部构成进行分析，而总体内部的构成不同，往往决定了现象总体在某方面的性质特征。如根据一企业职工的文化水平构成、技术等级构成和年龄结构分布，即可判断该企业职工队伍的基本素质状况。由此可见，结构分析是描述总体现象特征的重要手段，应用十分广泛。而进一步深层次的交叉分组分析，则是研究现象深层结构和关联因素的重要方法，也可以说是相关分析的初步形式。

（三）平衡分析法

平衡分析是根据现象客观存在的关系，建立一些平衡计算公式或以平衡表的形式对现象间的平衡关系及其变动进行分析，同时也可以利用某一已知的平衡关系对其中的某些未知的现象因素作出测算。劳动力统计中的劳动力资源分配与配置平衡表、职工人数增减变动平衡表和劳动时间利用统计中的工人工作时间利用平衡表等，都是进行平衡分析的有效工具。

（四）动态分析法

动态分析主要是指对一个反映现象长期发展过程的时间数列的分析与研究，包括比较分析中的动态比较指标方法。经常采用的指标方法有：平均发展水平（序时平均数）、平均增减量、平均发展速度和平均增长率等；还可以通过建立时间数列分析模型，将实际现象的发展变化过程分解为长期趋势、季节变动、循环波动和不规则变动四个部分分别测定，以便进一步认识现象发展变化的规律，对现象的未来发展变化作出科学的预测。

（五）指数因素分析法

指数因素分析主要是通过建立指数体系，寻找到相关现象在变动中的关系，再利用这种关系对综合总量指标的变化或总平均数指标的变化，从相对水平和绝对水平两个方面作出分析，揭示出导致它们变化的相关因素的影响。例如：

销售额指数＝销售物价指数×销售量指数

产值指数＝职工人数指数×劳动生产率指数

工资总额指数＝职工人数指数×平均工资指数

除了上述介绍的五种以描述为主的一般统计分析方法外，统计学中还有许多以概率论和抽样理论为基础的统计分析方法，如参数估计、假设检验、方差分析、相关回归分析、聚类分析、判别分析、因子分析和主成分分析等。这些方法的运用要求有更多的数理知识为基础，要求对统计有更深的理解和认识。

【新闻摘录】（国家统计局6月11日）

2010年5月份，规模以上工业增加值同比增长16.5%，增速比上年同月加快7.6个百分点，比4月份回落1.3个百分点；1—5月份，规模以上工业增加值同比增长18.5%，增速比上年同期加快12.2个百分点，比1—4月份回落0.6个百分点。

分经济类型看，5月份，国有及国有控股企业增长16.8%，集体企业增长10.4%，股份制企业增长18.3%，外商及港澳台投资企业增长14.7%。分轻重工业看，5月份，重工业增长17.8%，轻工业增长13.6%。

分行业看，5月份，39个大类行业全部保持同比增长。其中，纺织业增长11.3%，化学原料及化学制品制造业增长17.0%，非金属矿物制品业增长

20.6%，通用设备制造业增长20.0%，交通运输设备制造业增长22.3%，电气机械及器材制造业增长21.0%，通信设备、计算机及其他电子设备制造业增长17.8%，电力、热力的生产和供应业增长14.5%，黑色金属冶炼及压延加工业增长15.3%。

分产品看，5月份，503种产品中有437种产品同比增长。其中，天然原油1 715万吨，增长7.0%；发电量3 405亿千瓦时，增长18.9%；粗钢5 614万吨，增长20.7%；水泥17 358万吨，增长18.0%；汽车145.8万辆，增长26.6%，其中轿车71.9万辆，增长21.5%。

5月份，工业企业产品销售率为97.6%，比上年同月提高0.3个百分点。工业企业实现出口交货值7 628亿元，同比增长31.7%。

三、统计分析的一般程序

统计分析的一般程序如图1—1所示。

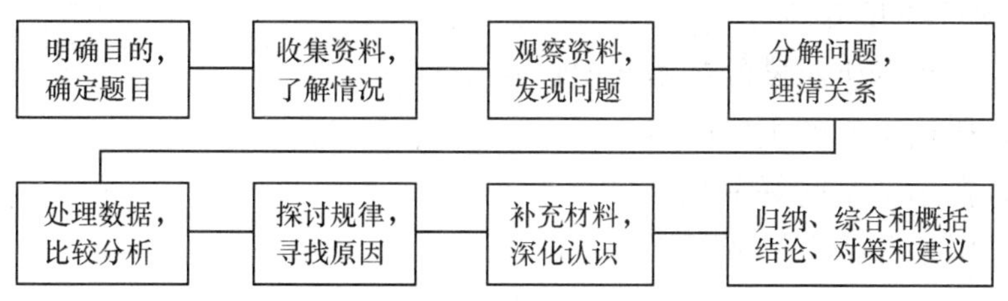

图1—1 统计分析的一般程序

【阅读链接】

何晓群．现代统计分析方法与应用．北京：中国人民大学出版社，2007

四、统计分析报告的撰写

（一）标题

1．标题的常用类型

（1）揭示基本观点。如《发展多种经济扩大就业途径》《加大非国有单位就业人员参加社会保险工作的力度》等。

（2）概括主要内容。如《2010年一季度国民经济回升向好势头进一步发展》《2010 年 1—4 月份工业利润同比增长 91.5%》等。

(3) 交代分析课题。如《我市 2010 年就业形势分析》《为什么会出现“民工荒”》等。

2. 标题的制作要求

(1) 直接;

(2) 确切;

(3) 简洁;

(4) 新颖。

(二) 开头

开头十分重要，它是理清材料的起点，也是表达作者观点的主要部分。好的开头不仅可以帮助读者迅速了解报告的基本精神和主要内容，而且有利于报告的铺陈展开，结构成篇。

1. 常见的开头

(1) 介绍分析对象的基本情况;

(2) 概括全文的主要内容;

(3) 揭示全文的基本观点;

(4) 阐述分析课题的意义。

应当注意，在具体写作时，往往综合运用多种方式的开头。

2. 开头的写作要求

(1) 开门见山，直截了当;

(2) 高度概括，简练集中;

(3) 提纲挈领，宽窄合适。

(三) 主体

主体的任务是分析问题，用数字和事实说明和阐述观点。如何组织结构把材料安排好是写好主体部分的关键。客观事物的发展离不开“时”“空”，即“纵”“横”两个方面，人们对客观事物的认识也反映出这两个方面，从而形成了统计分析报告纵式和横式两种结构的基本类型。

1. 纵式结构

按照客观事物的发展阶段安排材料属于纵式结构。事物的发展都有一定的阶段性，有不可分割的历史联系。总结过去，把握现在，预测未来，是统计分析的基本任务。因此，常常按照事物的发展阶段来组织报告结构，按时间的先后顺序安排材料，但有时为了突出某一个阶段，也可以进行适当调整。

按照事物的逻辑关系安排材料也属于纵式结构。这种结构方式必须根据各层次之间的逻辑递进关系来组织各部分的先后顺序，做到由表及里，逐层深入。

2. 横式结构

按事物的构成安排材料属于横式结构。这种方式是把构成整体的各个部分逐一展开，分别予以分析和说明。

按事物的属性安排材料也属于横式结构。这种方式是根据事物性质、特点的区别，从多方面来表现事物的基本情况。

3. 交叉式结构

交叉式结构是纵式结构和横式结构的结合，或者以纵式为主中间穿插横式，或者以横式为主中间穿插纵式。一般比较复杂的统计分析报告都使用交叉式结构。

（四）结尾

结尾是对全文的综合、总结、深化和提高，是得出结论、提出建议、解决矛盾的重要部分。

结尾的写作没有固定的形式，要根据写作的目的和主体部分的分析灵活选择。有的通过主体的分析，水到渠成得出结论；有的在总结成绩和问题的基础上，明确努力的方向；有的在分析事物现状的基础上，预测未来的发展趋势；有的提出建议，进行决策咨询。其中提出决策建议是统计分析报告最常用的一种结尾方式。为了提高统计分析报告决策咨询的水平，要力求使决策建议具有针对性、系统性、政策性和可操作性。如果在主体部分把要说明的情况和问题已经说完，就没有必要再强加上一个结尾部分。

思　考　题

1. 统计的内涵包括哪些内容？它们的关系如何？
2. 统计的研究方法有哪些？其各自含义是什么？
3. 什么是统计设计？统计整体设计的基本内容是什么？
4. 简述常用的统计分析方法。
5. 用自己的语言阐述统计分析的一般程序。
6. 统计分析报告的标题常用的有哪几种类型？

第二章

统计调查方法

本章导读

统计学研究的对象是客观事物的数量方面。因此，在进行统计分析之前，需要收集描述客观事物特征的数据。在统计工作中，统计调查担负着提供基本统计资料的重要使命。在管理工作中，统计资料是编制计划、制定政策的依据，也是检查和监督计划、政策执行情况的依据。

统计调查的基本任务是根据统计指标体系，通过开展调查，获得反映社会经济现象的原始统计资料。

统计调查可以分为全面调查和非全面调查、经常性调查和一次性调查。全面调查是对总体中所有单位进行调查，其主要目的是取得总体的全面、系统、完整的总量资料，如普查。全面调查要耗费大量的人力、物力、财力和时间。非全面调查是对被调查对象中的一部分单位进行调查。经常性调查，是随着调查对象在时间上的发展变化，而经常性地对变化的情况进行调查。其主要目的是定期或不定期地获得事物发展过程及其结果的统计资料。一次性调查的主要目的是获得事物在某一时点上的水平、状况的资料。

通过本章的学习，了解统计调查的各种方式和方法，掌握调查方案的设计、统计报表制度和抽样调查的基本原理，理解劳动保障统计工作原始记录和统计台账的内容。

第一节　统计调查方法概述

一、统计调查的意义

关键概念

统计调查是统计整理和统计分析的前提和基础，其基本任务是根据统计指标体系，通过具体的调查，获得反映社会经济现象的原始统计资料。

只有按统计工作的目的收集所需的统计资料，才能进行统计整理和统计分析工作，从而得出所需的结论。

在统计工作中，统计调查担负着提供基本统计资料的重要使命。在管理工作中，统计资料是编制计划、制定政策的依据，也是检查和监督计划、政策执行情况的依据。

真实、准确、及时、全面地收集原始统计资料是统计调查的基本要求。统计资料的真实性是指不故意出假数。准确性是指所收集的资料，必须真实地反映经济现象的客观实际。只有调查统计资料真实可靠，才能对事物或现象做出正确的判断，得到科学的结论。统计资料的及时性，是指能按照统计调查规定的时间提供调查资料。社会经济情况是不断发展变化的，调查不及时，就会降低甚至失去它应有的作用。统计资料的全面性是指按照调查的计划，对调查方案所要求的全部调查对象、全部调查项目的资料，齐全地收集起来。只有资料齐全，才能全面地反映出所研究的社会经济现象的总体情况。

二、统计调查的种类

在统计调查过程中，针对不同的调查目的，可以采取多种不同的调查方式。不同的统计调查方式有着其各自的特点和作用。一般来说，统计调查有以下几种形式：

（一）按调查对象范围的不同，可以分为全面调查和非全面调查

全面调查，是指对构成调查对象的所有总体单位进行调查登记的调查方法。例如，目前对全国职工人数、职工工资的调查，就是全面调查。普查、全面统计报表，都是全面调查。非全面调查，是指对构成调查对象总体的一

部分单位进行调查登记的一种调查方法。例如，为了解农村经济情况，就没有必要对全部农村进行调查，只需了解部分农村的经济情况；而要了解城镇职工家庭的生活情况，也不需要对所有职工家庭进行一一调查。重点调查、抽样调查和典型调查都属于非全面调查。

（二）按调查频率的不同，可以分为经常性调查和一次性调查

经常性调查要随着调查单位情况的变化，定期或不定期地对变化的情况进行多次调查。例如，产品产量、主要原材料和燃料、动力的消耗等，这些指标的变动很大，必须进行经常登记，才能满足需要。一次性调查是间隔一定时间——一般是相当长的时期（比如，一年以上）——进行的调查。例如，固定资产总值、生产设备数量等，这些指标的数值在一定时期内变动不大，往往可以采用一次性调查的方式收集资料。

（三）按组织方式不同，可以分为统计报表制度和专门调查

统计报表制度，是按一定的表式和要求，自上而下统一布置、自下而上统一报送统计资料的一种统计调查方式。专门调查是为了研究某些专门问题而专门组织的调查，如普查、抽样调查、重点调查和典型调查等。

（四）按收集资料的方法不同，可以分为直接观察法、采访法和报告法

直接观察法，是由调查人员亲自到现场对被调查者进行观察和记录以取得调查资料的一种调查方法。例如，为了解农作物的收获量，调查人员亲自到现场参加收割和称量。采访法是指由调查人员向被调查者提问，根据被调查者的答复以取得资料的一种调查方法。它又可以分为个别询问、开调查会等方法。报告法是指由调查单位按照隶属关系逐级向国家报告经济、社会活动情况以收集资料的一种调查方法。

以上各种分类不是相互排斥的，而是从不同的角度对调查进行的不同分类。例如，普查是专门组织的调查，是全面调查，也是一次性调查。统计人员只有熟悉各种统计调查方法，并根据调查对象的特点、调查目的和任务的要求加以适当地运用，才能多快好省地收集到有关的资料。

第二节　全面调查

一、普查制度

（一）普查的意义和特点

普查是普遍调查的简称。普查是为了详细地了解某项重要的国情国力而专门组织的一次性全面调查，主要用于调查社会经济现象在一定时期内或时点上的总量。这种调查主要用来收集一些比较全面而又不能或不易从经常调查中得来的统计资料，为党和国家制定政策、编制长远规划以及深入分析研究一些社会现象提供必要的依据和参考。

普查有三个主要特点。其一，普查是一次性的全面调查。这是因为普查的规模大、指标多、任务重，需要耗费大量的人力、物力和时间，因此，就某一次普查任务来讲，不可能采用经常性的普查，而只能采用一次性普查。例如，人口普查这项工作，不可能年年搞，更不可能月月搞，通常间隔 10 年才组织一次人口普查。其二，普查的对象是特定时期或时点现象。这是因为特定时期或时点现象的数量在较短的时间内变化不大，没有必要做连续的观察，故可以采用一次性统计调查。例如，人口普查的标准时点一般都定在普查年的 7 月 1 日零时，经济普查既有时点指标又有时期指标。其三，普查资料能做到内容全面、详细、准确，具有重要的分析价值。

由于普查具有上述三个特点，能从宏观上为党和国家提供全面翔实的统计信息，因此，普查是党和国家了解国情、国力必不可少的重要调查方式。

关键概念

普查，是依据调查任务而专门组织的一次性全面调查。它是国家为了详细了解国情、国力而采用的一种重要的统计调查方式，也是各级政府、各部门全面了解情况的一种统计调查方式。

（二）普查的组织方法

普查的组织方法有两种。一种是组织专门的普查机构，配备一定数量的普查人员，对调查单位直接登记。这种普查方式，能收集到经常调查所未取得或根本无法取得的资料，如人口普查。另一种是利用调查单位的原始记录和核算资料，发放一定的调查表，组织调查单位进行填报。

一般的普查工作是采取自上而下逐级布置任务和自下而上逐级汇总资料上报的方法。这需要花费较长的时间，一旦遇到调查任务紧迫的情况时，为了缩短调查的时间，则可以采用快速普查法。快速普查就是由组织普查的最高一级领导机构直接向基层单位布置普查任务，并由基层单位直接向其报送调查资料的方法。快速普查的内容一般比较简单，布置任务和报送资料都可以采用电信报表或网络传输方式，以缩短调查的时间。

（三）普查的组织原则

普查是一次性的全面调查，它涉及面广、工作量大。与其他调查相比，普查工作要求更多的集中领导和统一行动。具体应遵守以下几个原则：

1. 必须统一规定调查资料所属的标准时点或时期

为了避免资料收集时因情况的变化而产生重复登记或遗漏登记，必须规定标准时点或时期。如我国第六次人口普查的标准时点为 2010 年 11 月 1 日零时，就是要反映这一时点上我国人口的实际状况。

2. 正确选择普查实施时期

根据普查任务的特点和实施调查的条件，选择资料收集对象变动最小和最适宜进行普查工作的时期进行普查，尽量减小或避免普查对其他各项工作的影响。

3. 在普查范围内各调查点统一行动

在普查开始时，各普查点要注意在方法、步调上保持一致，并力求在最短的期限内完成登记工作，以确保资料的准确性和及时性。

4. 统一规定普查项目

一方面，普查项目一经确定就不能增减改变，以免影响汇总和综合，降低资料质量；另一方面，同一种普查的各次普查的项目要力求保持一致和稳定，以便对比分析。

【阅读链接】

陈婉清．美国 2010 年人口普查方法介绍．统计研究．2009（10）

【阅读参考】我国的周期性普查

国家为掌握重大的国情、国力资料，在学习国外普查经验的同时，结合我国实际，将我国各项重大的国情、国力普查项目纳入了规范化、法制化轨道，制定了以周期性普查为基础的整体统计调查方法体系。

国家统计局作为我国统计调查工作的组织领导部门，对我国的重大普查工作进行了统筹安排。

人口普查：逢0的年份实施，每10年一次。我国第五次人口普查是在2000年进行的，第六次人口普查于2010年实施。

农业普查：逢6的年份实施，每10年一次。我国第二次全国农业普查是在2006年进行的。

经济普查：将原工业普查、基本统计单位普查和第三产业普查合并到一起，每5年进行一次，我国第二次经济普查是在2008年进行的。

二、统计报表制度

关键概念

统计报表制度要求一系列的统计报表严格按照固定的格式、统一的调查时间和具体的填表说明等填写并报送，它是经过政府有关部门审核批准的，具有强制性，一旦下发，各地区、各部门和各单位都必须认真执行，不得拒报、瞒报和虚报。

（一）统计报表制度的内容

我国的统计报表制度一般包括以下三方面的内容：

1. 报表目录

报表目录简要列出报表制度中涉及的统计报表的表号、名称、报告期别、填报单位、统计范围、报送日期、报送方式等项目。填报单位须遵照报表目录中的有关内容进行报表的填报和报送。

2. 报表表式

报表的表式是报表制度的主体部分，它主要包括表名、主栏项目、宾栏指标、补充资料、填报单位签章、填报人签名和报送日期等。填报单位须按照表式制作报表，尽可能地提供表式中所要求填报的资料，并及时上报。

3. 填表说明

填表说明的形式一般有两种：一种是在列完所有表式后，在最后列出每一张报表的填表说明；另一种是在每一张报表表式的后面附上相应的填表说明。

填表说明包括：

(1) 指标解释。即重要统计指标的概念和定义、统计范围、计算公式和其他有关问题的说明。指标解释要尽量清晰明了，具有可操作性，不会产生歧义；填报单位须严格按照指标解释进行实际的统计工作。

(2) 注意事项。主要包括报表填报范围、计量单位、报送份数等事项。

(3) 平衡公式。主要是便于利用报表中各项目之间的平衡关系对统计数据进行校核。同时，也有助于填报人员理解表内各指标之间的关系。

(4) 调查方案。在一些非全面调查统计报表表式后，还应附上该调查的基本方案。

(二) 制定统计报表制度的原则

制定统计报表制度一般要遵循以下几条原则：

1. 报表和指标要精简

一份报表制度从布置到上报，涉及社会方方面面，要花费大量的人力和物力。由于各种报表制度的填报单位多为基层单位，过多的报表会增加基层单位的日常工作负担，引起工作人员的厌倦情绪，影响上报数据的质量。在制定报表制度时，要尽量做到：(1) 只有最基础的报表和最重要的指标才能进制度；(2) 能通过其他途径收集到的数据和信息不必进入报表制度来统计。

2. 合理确定报表的报告期别

一般来说，可以根据报表中重要指标在一段时期内的变化程度来确定该报表的报告期别。如果报表中重要指标在短时间内的增减变化幅度较大，那么该报表的报告周期应频繁一些（如月报、季报）；如果重要指标的增减变化幅度较小，则报告期可相应的长一些（如半年报、年报）。一张报表的报告期别一经确定，应在一段时期保持相对稳定。

3. 国家报表和部门报表、部门报表和部门报表之间的指标设置要协调一致

国家报表一般都会涉及国民经济各部门的基本指标，各部门制定自己的报表制度时，尽量不再设置国家报表和其他部门报表中已经出现的指标；如

果部门报表中确实需要重复设置某些特定指标，可以在填表说明中说明，该指标数据须从国家统计机关和相关部门获取，而不再单独进行统计，以避免数出多门。

4. 为了适应各地的需要，下级报表制度可以在上级报表制度的基础上进行必要的补充

上级报表制度的设置，主要基于对较大范围内经济现象的总体把握，设置的指标主要反映相对宏观的经济形势。下级报表制度需了解相对微观的情况。所以，在制定制度时，一般可以在上级报表制度的基础上适当增加少数指标和分组，以满足本级政府和部门的需要。下级报表制度必须包括上级报表制度所列的各项指标。

第三节 非全面调查

一、抽样调查

（一）抽样调查的特点

抽样调查是指按随机原则从总体中抽取部分单位进行观察，并依据所得数据，对现象总体的数量特征作出科学的推算，以认识整个研究对象的一种统计方法。它主要有以下特点：

1. 抽样调查是一种根据部分资料对总体的数量特征作出估计的方法

抽样调查是一种非全面调查，它通过对总体中的部分单位进行观察，取得部分单位的数据资料，并依据这些局部资料，运用一定的数理统计理论对所研究的总体的规模、水平和结构等特征作出科学的估计。相对于全面调查和其他非全面调查，抽样调查方法有着明显的优越性。通过普查、全面报表制度虽然能认识总体，却必须花费大量的人力、物力，数据的时效性也较差。而其他非全面调查如典型调查、重点调查等虽然能够收到抽样调查的效果，但难以从数量上推算总体，从而达到了解总体的目的。抽样调查的优点在于能兼二者之长，既省时省力，又能对总体数量特征进行估计和推算。

2. 按随机原则进行抽样，保证每个单位都有一定的概率被抽中

遵循随机原则从总体中抽取样本，是抽样调查的基本要求，也是抽样推断的基础。随机原则就是在抽选样本时，总体中每一个单位的选中与不被选中不受调查者与被调查者的主观愿望所影响，而是依赖于客观的机遇，由许

多的随机因素所决定。它同其他非全面调查根据统计研究的任务和调查对象的性质有意识地选取样本有着明显的不同。

3. 可事先计算抽样误差并加以控制

抽样估计是根据样本的数据来推算总体的数量特征，但是，样本数据与总体数量特征之间并没有严格对应的自变量和因变量关系，因而不可能运用数学函数关系建立模型，以输入样本的具体观察值来推算总体特征值。抽样估计是运用概率论的原理，研究样本统计量，即样本指标的概率分布，并估计出由具体的样本指标来代表总体指标其误差不超过一定范围的可靠程度究竟有多大，或者说，有多大的置信程度保证样本指标与总体指标之间的离差不超过允许的范围，再根据这一评估的结论，作出取舍的决策。也正是由于抽样估计的误差可以运用概率论的原理来加以事先计算和控制，抽样调查才成为一门严谨的科学被广泛运用。

（二）常用的抽样组织形式

根据抽样对象的性质、研究目的和工作条件的不同，可以采取不同的抽样组织形式。选择合适的抽样组织形式是得出及时准确的抽样推断的关键。常用的抽样组织形式有以下几种：

1. 简单随机抽样

简单随机抽样也叫纯随机抽样，它是抽样组织的基本形式，即从总体中不加任何分组、排序，完全随机地抽取调查单位。根据抽取下一个样本单位时已被抽取的上一个样本单位是否重新加入抽样，把简单随机抽样分为重复抽样和不重复抽样。

采用简单随机抽样选取样本单位的基本方法有两种：一是抽签法，先将调查总体的每个单位编号，逐个写在结构均匀的签上，掺和拌匀后从中随机抽出所要的样本单位数。二是随机数字表法，即利用随机数字表来抽取样本单位。另外摸球法等也属于简单随机抽样。

简单随机抽样虽是抽样调查的基本形式，但在实际应用中却有着一定的局限性，如总体单位数很大的情况下给每个单位编号几乎是不可能的。

【阅读参考】伪随机数及其生成方法

伪随机数是由确定的算法生成的，其分布函数与相关性均能通过统计测试。与真实随机数的差别在于，它们是由算法产生的，而不是一个真实的随机过程。

一般来说，伪随机数的生成方法主要有以下 3 种：

(1) 直接法 (direct method)，根据分布函数的物理意义生成。缺点是仅适用于某些具有特殊分布的随机数，如二项式分布、泊松分布。

(2) 逆转法 (inversion method)，假设 U 服从 $[0, 1]$ 区间上的均匀分布，令 $X=F^{-1}(U)$，则 X 的累计分布函数 (CDF) 为 F。该方法原理简单、编程方便、适用性广。

(3) 接受拒绝法 (acceptance-rejection method)，假设希望生成的随机数的概率密度函数 (PDF) 为 f，则首先找到一个 PDF 为 g 的随机数发生器与常数 c，使得 $f(x) \leqslant cg(x)$，然后根据接受拒绝算法求解。由于算法平均运算 c 次才能得到一个希望生成的随机数，因此，c 的取值必须尽可能小。显然，该算法的缺点是较难确定 g 与 c。因此，伪随机数生成器 (PRNG) 一般采用逆转法，其基础是均匀分布，均匀分布 PRNG 的优劣决定了整个随机数体系的优劣。

资料来源：徐钟济. 蒙特卡罗方法. 上海：科学技术出版社，1985

2. 分层抽样

分层抽样也叫类型抽样，它是将总体单位先按某种标志分成若干类型组或类型层，然后在各类型组或类型层中随机抽取样本单位。分类以后按样本单位在各类型组间的分配方法不同，可将分层抽样分为类型平均抽样、类型适宜抽样和类型比例抽样三种。

类型平均抽样，是同等看待每个类型组，并分配以相同数量的样本单位。这种方法虽然简单，但其样本单位配置不尽合理，实际运用中很少采用。

类型适宜抽样，是按各类型组的标志变异程度来配置样本单位数，差异程度大的类型组多选取样本单位，差异程度小的类型组则相应地少选取样本单位。

类型比例抽样，是由各类型组的单位数占总体单位数的比例来决定各类型组所应抽取的样本单位数。实际工作中大都采用这种方法。

分层抽样是分组法和抽样原理的结合运用。因为分组分层，减少了组内方差，按随机原则抽样又减少了抽样误差，从而提高了样本代表性。

3. 等距抽样

等距抽样也叫系统抽样、机械抽样，是把总体单位先按某一标志排列，然后按固定的顺序和间隔来选取样本单位。它的最大优点是易于组织实施，它只需要掌握调查总体的基本情况如编号、名单等，便可以构造抽样框进行样本选取了。同时，在已知总体的一些信息时，采用这种方式可以降低抽样误差。

4. 整群抽样

整群抽样是将总体各单位分为若干群，然后以群为单位从总体中随机抽取样本群，对样本群的所有单位进行全面调查。群的划分可以是自然的，也可以是人为的，但必须满足下面两个基本要求：一是群与群之间不能重叠，任何一个单位只能属于一个唯一的群；二是任何一个总体单位不能遗漏在划分的群之外。

整群抽样的优点在于调查的单位比较集中，能相应地节约人力和物力，其设计和组织也较简单。其缺点是样本单位的抽取相对集中，而群内单位的差异较小，群与群之间的差异较大。因此样本的代表性不够大，抽样误差也比采用其他几种抽样形式要大。

【阅读链接】

冯士雍，倪加勋，邹国华编著. 抽样调查理论与方法. 北京：中国统计出版社，2002

5. 多阶段抽样

当总体很大时，抽样调查一次直接抽取样本单位比较困难，可以采用二阶段抽样或多阶段抽样。所谓二阶段抽样或多阶段抽样，简而言之就是将抽取样本单位的过程分为两个或多个阶段来进行。

多阶段抽样广泛地运用于可按区域划分的总体单位，而且经过多次抽样，样本具有更大的代表性，有利于提高估计精度。同时，采取多阶段抽样调查还可不同程度地满足多级领导部门的需要。

【阅读链接】

刘建平，王克林. 中美抽样调查发展的比较与思考. 统计研究. 2009（26）

（三）抽样误差

1. 抽样误差的定义

抽样的目的是通过样本单位的指标值对调查总体指标进行估计，但这种估计只能是近似的，因为在一般情况下，样本指标与总体指标是不可能完全相等的，两者之间必然存在误差。误差源于多方面的原因，一类是登记性误差，即在调查过程中，由于主客观方面的原因引起的技术性、登记性的误差。另一类是代表性误差，即样本单位不能完全代表总体，因而与总体之间存在的差异。代表性误差又可分为两种：一种是没有完全遵循随机抽样的原则对样本进行抽取，造成样本与总体之间的离差；另一种是完全按照随机抽样的原则对样本进行抽取，但样本内部各单位被研究标志的构成比例与总体不一致，造成不可避免的代表性误差。通常所说的抽样误差不包括登记性误差和第一种代表性误差，而是指在完全遵循随机抽样原则的前提下仍存在的样本与总体之间的误差。抽样误差虽然是不可避免的，但是可以通过大数定律的数学公式进行计算，并加以限制。

2. 影响抽样误差的因素

（1）样本单位的数量。一般来说，在其他条件不变的前提下，抽样误差与样本单位的数量成反比，样本单位数越多，指标值与总体值的差异越小，如果样本单位规模与总体一致，即进行了全面调查，抽样误差就等于零；样本单位越少，则抽样误差越大。

（2）总体标志值的差异程度。在其他条件不变的前提下，总体标志值的差异程度越小，抽样误差就越小，反之则越大。如果总体标志值均相等，抽样指标就等于总体指标，抽样误差也等于零。

（3）抽样的组织形式。采取不同的抽样组织形式，会产生不同的样本，各样本的代表性都不相同，抽样误差也各不一样。可以利用抽样误差的比较来评估不同抽样组织方式的有效性。同时，采取重复抽样和不重复抽样，对抽样误差也有影响。

3. 抽样平均误差

抽样平均误差是抽样平均数（成数）的标准差，它反映所有可能的样本与总体之间的平均离差。按照随机抽样的方法，从同一总体中可以选取多个不同的样本，每一个样本都会有自己的抽样平均数（成数）。一组抽样平均数（成数）必然存在离差。因为抽样平均数的平均数等于总体平均数，抽样成数的平均数等于总体成数，所以抽样平均数（成数）的离差程度（标准差）反映了抽样平均数（成数）与总体平均数（成数）的误差程度。

抽样平均误差是可以计算的。通过数理统计的原理，推导出的计算公式如下：

（1）重复抽样情况下的抽样平均数的抽样平均误差

$$\mu_n^2 = \frac{\delta^2}{n}$$

（2）不重复抽样情况下的抽样平均数的抽样平均误差

$$\mu_n^2=\frac{\delta^2}{n}\times(\frac{N-n}{N-1})$$

（3）重复抽样情况下的抽样成数的抽样平均误差

$$\mu_p^2=\frac{p\times(1-p)}{n}$$

（4）不重复抽样情况下的抽样成数的抽样平均误差

$$\mu_p^2=\frac{p\times(1-p)}{n}\times(1-\frac{n}{N})$$

其中：μ_n为抽样平均数的抽样平均误差，μ_p为抽样成数的抽样平均误差，δ为方差，p为抽样成数，N为总体单位数，n为样本单位数。

如果n/N的值很小，重复抽样和不重复抽样方法下的平均误差结果相差甚小，一般可以简化忽略。

抽样平均误差是估计总体参数值的基础，利用概率论和抽样平均误差，可以进一步对总体标志值进行推断。

【案例 2—1】

某市有国有企业职工10 000人，现抽取625人进行调查，调查结果显示：职工的月平均工资为520元，平均工资的标准差为28元；有80%的职工拥有自己的自行车。计算此项调查的抽样平均误差。

（1）假设采用重复抽样方法

$$\mu_n^2=\frac{\delta^2}{n}=\frac{28^2}{625}=1.254\ 4 \quad \mu_n=1.12\text{（元）}$$

$$\mu_p^2=\frac{p\times(1-p)}{n}=\frac{0.8\times(1-0.8)}{625}=0.000\ 256$$

$$\mu_p=0.016=1.6\%$$

（2）假设采用不重复抽样方法

$$\mu_n^2=\frac{\delta^2}{n}\times(\frac{N-n}{N-1})=\frac{28^2}{625}\times\frac{10\ 000-625}{10\ 000-1}=1.176$$

$$\mu_n=1.08\text{（元）}$$

$$\mu_p^2=\frac{p\times(1-p)}{n}\times(1-\frac{n}{N})=\frac{0.8\times(1-0.8)}{625}\times(1-\frac{625}{10\ 000})=0.000\ 24$$

$$\mu_p=0.015\ 5=1.55\%$$

二、重点调查和典型调查

（一）重点调查

关键概念

重点调查是仅对调查总体中的一部分重点单位进行调查。这里的重点单位不是指平常意义上的先进单位，而是标志值占调查总体各单位标志值总和很大比重的单位。

重点单位的数量不是很多，但调查它们的某些重要标志值，能够反映出调查对象的基本情况。例如，要了解全国钢铁产量的基本情况，可以只调查钢铁产量占全国总量比重较大的几家企业，如首钢、宝钢、鞍钢、武钢等。对重点单位进行调查，可以节省更多的人力和资金，而且能更加及时、准确地掌握信息。

开展重点调查，需要注意以下几点：一是确定是否该采用重点调查。如果需调查的重点标志值在调查总体中分布较为平均，调查对象中不存在明显的重点单位，则应当考虑采用其他调查方式。二是重点单位的选取。选取重点单位时，既要考虑单位标志值占调查总体的比重，又要考虑重点单位的数量，同时尽量选取原始统计资料记录和保存工作较为完善的单位，这样可以保证资料的可靠性。

（二）典型调查

典型调查是通过对调查总体的大致考察和了解，选择少数具有代表性的单位进行调查，从而达到了解基本情况的目的的一种调查方式。通过典型调查，可以从个别了解一般、从特殊了解普遍。在我国的国情下，典型调查是一种十分重要且行之有效的方法。

典型调查中选取的少数调查单位，与重点调查和抽样调查不同，有着较强的主观性。如果调查人员没有选取代表性强的典型单位，调查结果代表性将受到很大的影响。在选取典型单位时，要求选点人员必须具有较好的政治素质和统计理论水平，具有一定的统计调查实践经验。同时，在选点的时候要针对不同的情况，采取灵活多样的方法，即如果调查总体各单位之间差异较大，则可以采取先分类、后选点的方法，在总体单位的不同层面分别选取典型单位进行调查；如果是调查成功的经验或失败的教训，则可以选择典型的先进单位和落后单位等。

典型调查能够弥补全面调查和其他非全面调查的不足，它可以针对某一具体问题深入地调查研究；同时，对于研究新事物，了解新情况、新问题的数量表现，典型调查也有着很重要的意义。

三、行政记录

（一）人力资源社会保障统计的原始记录

1. 原始记录的概念、作用及特点

（1）原始记录的概念

原始记录是机关、企业、事业单位用一定的表式对本单位的生产经营活动和业务活动所做的最初记录。

（2）原始记录的作用

在人力资源社会保障工作中，原始记录主要有以下几方面的作用：

1）原始记录是人力资源社会保障统计工作的基础，是贯彻执行统计报表制度的基本条件；

2）原始记录是进行财务核算和统计核算的依据；

3）原始记录是加强人力资源、社会保障管理的依据；

4）原始记录是考核职工工作成绩、贯彻按劳分配原则的依据。

（3）原始记录的特点

1）记录内容的广泛性。各有关单位对其各项活动的各个方面、各个环节的情况都要按规定进行记录，不能遗漏。

2）记录工作的群众性。原始记录不能靠少数人，而应大家动手，分别记录。

3）记录事项的真实性。即如实记录各岗位所发生的具体事实，不得随意填写或臆造。

4）记录时间的经常性。即经常、连续地进行登记，不得中断。

2. 人力资源社会保障统计原始记录的内容

人力资源社会保障统计原始记录的内容十分广泛，一般来说，应包括以下几个方面的内容：

（1）职工基本情况及其增减变动情况原始记录。主要有“职工基本情况登记表”或称“职工卡片”“职工到职通知单”和“职工离职通知单”等。

（2）劳动时间利用方面的原始记录。主要是考勤记录和工时记录。如

“职工考勤卡片”“工时记录单”等。

（3）劳动效率方面的原始记录。在工业企业就是个人、班组或车间的生产记录，它为计算劳动生产率提供依据。

（4）工资奖金和劳动保险福利方面的原始记录。

（5）职工培训方面的原始记录。

（6）安全生产方面的原始记录。

几种原始记录的参考格式如下：

（1）职工卡片见表 2—1。

表 2—1　　职工卡片

填卡日期　　年　月　日

姓名		性别		年龄		民族	
出生年月		政治面貌		文化程度		家庭出身	
本人成分		职务		职称		工龄	
级别		专业		工资			

（2）职工到职通知单见表 2—2。

表 2—2　　职工到职通知单

年　月　日到职字　号

姓名		性别		年龄		文化程度	

政治面貌		职务		工资等级	
参加工作时间		到职日期		工作部门	

（3）班组生产记录见表 2—3。

表 2—3　　班组生产记录

车间　　班组　　年　月　日

姓名	产量（定额工时）	质量（废品件数）	工时					
			实用工时	缺勤	停工	公假	加班加点	备注

（二）劳动统计台账

1. 劳动统计台账的概念和作用

劳动统计台账是按时间顺序登记和积累原始记录资料的表格，它是介于原始记录和劳动统计报表间的一种汇集资料的形式。

劳动统计台账的作用主要有以下几个方面：

（1）在登记统计台账的过程中，可以及时发现和解决原始记录中可能存在的问题，有利于提高资料的准确性。

（2）可以系统地积累统计资料，避免资料丢失，也便于对有关资料进行对比分析。

（3）可以把资料的整理汇总工作分散在平时进行，为及时、准确地编报劳动保障统计报表做好准备。

2. 劳动统计台账的种类

劳动统计台账按其登记的内容不同，主要分为职工变动台账、职工名册、职工人数分类台账、劳动时间利用台账、职工伤亡事故台账、职工工资台账、劳动保险与职工福利台账等。

劳动统计台账按其登记单位不同，可分为班组台账、车间台账、科室或全厂台账等。

几种劳动统计台账的参考格式见表 2—4 至表 2—6。

表 2—4　　职工变动台账

年		增加人数			减少人数			期末人数							备注
月	日	来源	类别	人数	去向	类别	人数	总人数	工人	学徒	工程技术人员	管理人员	服务人员	其他人员	

表 2—5　　劳动时间利用台账

年		劳动资源			劳动消耗											停工被利用工时
					缺勤工时					公假工时	停工工时					
月	日	日历工时	制度公休工时	制度内实际工作工时	产假	病假	事假	工伤假	其他		原料不足	动力不足	设备事故	待工具	待任务	

表 2—6　　职工工资台账

时期	平均人数	工资总额	计时工资	计件工资		附加工资	各种奖金	各种津贴	加班加点工资	其他工资
				小计	#超额工资					

【新闻摘录】（中国日报网 2009 年 7 月 28 日）

国家统计局昨日公布，上半年全国城镇居民人均可支配收入实际增长 11.2%，农村居民增 8.1%。

统计局称，据 6.5 万户城镇居民家庭抽样调查资料显示，上半年城镇居民人均可支配收入 8 856 元，同比增长 9.8%；扣除价格因素，实际增长 11.2%。

相比之下，据对全国 31 个省（区、市）6.8 万个农村住户的抽样调查结果显示，上半年农村居民现金收入人均 2 733 元，同比增长 8.1%，扣除价格因素，实际增长仍为 8.1%。

从 2008 年全年的实际收入和增速对比来看，城市比农村居民高 11 110 元，增幅仅高 0.4 个百分点。而 2009 年上半年，城市比农村居民收入高 6 123 元，增幅高 3.1 个百分点。

思考题

1. 统计调查有什么意义？统计调查主要有哪几种类型？
2. 简述普查的意义、特点和组织方法。
3. 简述统计报表制度的内容。
4. 重点调查、典型调查和抽样调查各有什么特点？
5. 常用的抽样调查组织形式有哪些？

第三章

统计管理体制

本章导读

政府统计管理体制是政府有效地行使统计工作行政管理和协调的组织保证，也是统计数据能全面、及时、准确为社会服务的制度保证。因此，它首先必须服从统计工作职能的要求，这决定了政府统计管理体制在世界各国有其共同的特点，即通过设置一系列组织机构和制定统计法律法规，管理和协调全国统计工作。同时，它又受制于各国社会、政治、经济管理体制。由于各国的国情、国体和政体各不相同，其政府统计管理体制也千差万别。并且，政府统计管理体制不是一成不变的。随着国家管理决策对统计的要求越来越高，以及社会、经济和技术条件的发展，特别是计算机自动化和网络化的发展，各国政府统计管理体制发生了较大的变化。

当前，我国政府统计管理体制正处于从以计划经济向社会主义市场经济为基础的转变过渡中，出现了许多因体制本身造成的问题，如政府统计与部门统计、中央统计与地方统计之间关系不顺影响统计数据质量等。

本章试图通过比较各国政府统计管理体制类型，分析其特点，以期对我国政府统计管理体制的改革和完善提供借鉴经验和参考依据。

第一节　统计管理体制概述

一、政府统计管理体制的分类

政府统计管理体制是政府有效行使统计工作行政管理和协调的组织保证，也是统计数据能全面、及时、准确地为社会服务的制度保证。在联合国统计司 1980 年出版的《统计组织手册》中，对各国政府统计管理体制的类型进行了系统分析和分类。该手册根据政府统计工作在中央统计局和政府有关部门之间的分工情况，将各国政府统计管理体制划分为三类，即集中型、分散型、集中与分散相结合的混合型。集中型是指政府统计工作（或称官方统计工作，下同）主要由国家统计机构（National Statistical Office，简称 NSO）承担，分散型是指政府统计工作基本分散在政府有关部委和地方政府之中，混合型是指政府统计工作由国家统计机构、政府有关部委、地方政府统计机构共同承担。此后，许多国家在研究政府统计管理体制类型时，基本上都沿袭了这种划分标准。

正确划分各国政府统计管理体制的类型，对于分析政府统计管理体制的特点，总结经验具有十分重要的意义。我们认为，上述划分标准不够明确、全面和具体，在实践中容易引起对政府统计管理体制类型判断的混乱。比如，有人认为法国和德国的政府统计管理体制是分散型的，有人认为是集中型的，又有的人认为是混合型的。但实际上，两国政府统计管理体制有着明显的差异。按上述划分标准，我们既不能明确判断各国政府统计管理体制类型，也容易模糊它们之间的界限和特征。

因此，我们认为，有必要重新研究和确定政府统计管理体制类型的划分标准。通观世界各国统计管理体制的现状，政府统计工作的组织管理主要体现在两个方面：一是国家统计机构对各专业统计的管理，即中央（综合）统计与部门统计的关系，也称横向关系；二是国家统计机构对地方政府统计工作的管理，即中央（综合）统计与地方（综合）统计的关系，也称纵向关系。根据这两个关系，以国家统计机构在官方统计体制中横向和纵向两个方面中的作用和权限的大小，作为划分各国政府统计管理体制类型的标准，可以将各国政府统计管理体制划分为如下四种类型：

（一）“集中型”政府统计管理体制

指国家统计机构对横向（即对专业统计）和纵向（即对地方统计）的官方统计工作实行高度集中的统一管理，也称为“专业统计集中、地区统计集中”型政府统计管理体制。

（二）“专业统计集中、地方统计分散”型政府统计管理体制

指专业统计集中于中央统计局，但是统计数据的收集和整理由各地方统计局承担，中央统计局对地方统计局的管理相对松散。

（三）“专业统计分散、地方统计集中”型政府统计管理体制

指专业统计分散于政府各有关部门，但统计数据的收集和整理相对集中，实行集中垂直管理的地方统计调查系统。

（四）“分散型”政府统计管理体制，也称“专业统计分散、地区统计分散”型政府统计管理体制

国家统计机构对专业统计和地方统计的管理十分松散，专业统计工作基本上由政府各部门来管理，地方政府统计工作由地方政府负责，国家统计机构在官方统计管理体制中主要起协调作用。

国家行政管理体制（包括统计管理体制）是一个复杂的系统，任何一种划分标准都只能是相对的，现实中的政府统计管理体制有时很难与上述分类完全对应。

【阅读链接】

联合国．统计组织手册：统计机构的运作和组织（第3版）．北京：中国统计出版社，2006

二、各类统计管理体制的特点

不同类型的政府统计管理体制在组织、管理和协调方式上呈现出不同的特点。

（一）“集中型”政府统计管理体制的特点

实行集中型政府统计管理体制的国家有加拿大、澳大利亚、丹麦、荷兰、挪威、比利时、奥地利、印度尼西亚和东欧诸国等。其特点是：

1．中央统计局是全国唯一行使官方统计工作职能的机构，统一进行全国统计数据的收集、加工、整理，并且拥有完整的国家统计数据系统，统一向社会各界发布和出版统计数据。

2．中央统计局机构设置门类齐全，既包括各专业统计，又包括统计的基本职能，如统计方法制度、统计标准、信息技术处理、咨询服务等各个方面，机构规模十分庞大。

3．中央统计局集中管理专业统计工作，各政府部门基本不设统计机构。

4．中央统计局对地方统计局实行垂直领导。

（二）“专业统计集中、地方统计分散”型政府统计管理体制特点

实行这一统计管理体制的国家有德国。专业集中、地方分权是德国联邦统计管理体系的重要组织原则。其主要特点是：

1. 与“集中型”政府统计管理体制一样，在这类统计体制中，中央统计局是中央一级唯一行使统计职能的机关，所有全国性社会经济统计信息的收集、处理和发布工作均集中于中央统计局。因此，中央统计局机构设置门类齐全，组织机构庞大。

2. “专业统计集中、地方统计分散”型政府统计管理体制的另一个重要特征是，官方统计管理体系由中央统计和地方统计两部分组成。与“集中型”体制的区别在于，官方统计工作不是由中央统计局一级完成，而是由中央统计和地方统计两级共同承担，中央统计主要负责全国性统计数据的收集、整理和发布，地方统计数据的收集、整理和发布工作则基本上分散在各个地方统计局。

3. 中央统计局和地方统计局之间的关系有两种协调方式：一是依照统计法的规定，地方统计局有义务执行中央统计局的统一调查方法和技术标准，确保全国统计资料的一致性；二是通过由中央统计局、各地方统计局局长以及有关单位代表组成的统计顾问委员会，解决官方统计工作中技术、方法和原则等问题。

（三）“专业统计分散、地方统计集中”型政府统计管理体制特点

实行这类政府统计管理体制的国家有：瑞典、芬兰、新西兰、新加坡、韩国、泰国、菲律宾等。其主要特点是横向组织管理比较分散，实行纵向集中垂直领导。

1. 官方统计系统由两部分组成，即中央统计局和政府各部门统计机构。中央统计局只负责涉及国情、国力的宏观社会经济统计工作，拥有全国综合性统计资料，专业统计资料分散于政府各行政部门。政府各部门均设有较完整的统计组织机构，负责本部门专业范围内统计资料的收集、整理和发布工作。

2. 中央统计局有两大职责：宏观综合性社会经济统计工作和官方统计体系的管理、协调工作。中央统计局具体负责的统计工作范围的大小，各国有较大差别。

3. 中央统计局作为官方统计体系的管理、协调者，通过各种综合协调手

段，管理全国官方统计工作，建立完整的、统一的官方统计体系。

4. 中央统计局在各地方设置下属机构，实行垂直领导。地方统计局的主要工作是完成中央统计局分配的各项统计调查任务，此外也承担一小部分地方性统计工作。

(四)“分散型”政府统计管理体制的特点

实行这一统计管理体制的国家有美国、英国、日本、意大利、印度等。其特点是“专业统计分散、地方统计分散”。

1. 官方统计管理体系一般由 3 个部分组成：中央统计局、政府各部门统计机构和地方统计机构。

2. 中央统计局的职能、机构设置，具有与“专业统计分散、地方统计集中”型政府统计管理体制相同的特点。其职能包括宏观社会经济统计工作和官方统计的管理协调两部分。

3. 中央统计局作为官方统计体系的管理者和协调者，拥有一套完善的协调机制，管理和协调全国统计工作，避免相互之间统计调查的重复和遗漏。

4. 中央统计与地方统计的关系，与“专业统计集中、地方统计分散”型管理体制一样，各地方统计基本是独立的，两者之间的关系是一种协作、合作的关系。中央统计机构将对地方统计部门提供统计技术方法的指导，并且根据委托的调查任务支付相应的调查经费，但对地方统计部门的人员、组织不进行直接管理和领导。

【阅读链接】

贺铿，郑京平. 中外政府统计体制比较研究. 北京：中国统计出版社，2001

三、政府统计管理体制的发展趋势

通过对各国政府统计管理体制特点的研究和分析表明，它们有着共同的发展趋势。

(一) 统计工作的独立性

大多数国家法律规定，国家统计机构在行政上是独立的，对于重要统计数据有一套严格的发布政策，不受政府干预，排除各方面对统计数据的干扰。

（二）统计工作的合法化

各国均颁布《统计法》，作为官方统计工作的法律基础。统计机构必须在法律规定的范围内收集统计资料，依法开展统计调查。当建立新的统计调查项目时，需要经过严格的法律审批程序。

（三）中央统计局或政府统计综合协调功能强化

无论哪种类型的政府统计管理体制，综合协调功能是中央统计局一个十分重要的职能，特别是在统计方法、技术标准方面要求在全国实行严格的统一，在统计信息的供需关系方面要保持密切的联系和沟通。从各国的经验来看，如果中央统计局综合协调能力强，可以有效地发挥各类政府统计管理体制的优点而弥补其不足。

（四）官方统计工作一体化加强

一方面，随着政府各部门管理决策科学化和现代化水平的提高，对统计信息需求越来越多，客观上要求密切统计供需之间的关系；另一方面，现代计算机技术和网络的发展，使各种统计数据在部门之间、地方之间的快速传输和共享成为可能，统计数据可以及时地满足不同方面的需要，推动了官方统计工作的一体化。计算机现代技术和网络技术在统计工作中的广泛应用，在很大程度上减弱了各种政府统计管理体制类型内在的矛盾，它既加强统计资料供需之间的联系，同时也为官方统计资料的完整性提供了技术保障，从而有效地弥补了各种类型政府统计管理体制的不足。此外，为了推进官方统计管理体系一体化进程，各国普遍十分重视推行在政府各部门之间通用的工商行政登记名录，开发名录库。随着官方统计工作一体化的发展和计算机网络技术的广泛应用，近年来一些国家中央统计局的人员和经费也相应呈减少趋势。

【阅读链接】

联合国等．国民经济核算体系（SNA）．北京：中国统计出版社，1995

第二节　国外主要国家的统计管理体制介绍

一、澳大利亚的统计管理体制

澳大利亚统计局隶属于财政部，实行集中统一管理体制。负责制定全国统计标准和国民经济核算，进行农业、制造业、建筑业、商业、服务业、劳动力、物价、住户等调查，协调管理部门统计。澳大利亚统计局在6个州和2个大区设有自己的派出机构——州统计局，其人员编制、业务和经费实行垂直领导和管理，它的主要职能是承担国家统计局在本州的调查任务。地方政府不设统计机构，它所需要的统计信息主要从州统计局获取，有时也委托州统计局进行调查。随着计算机及网络技术的发展，一些全国性的统计调查分别由州统计局组织实施，如全国制造业调查是由维多利亚州统计局负责，全国采矿业调查是由南澳大利亚州统计局负责。

二、德国的统计管理体制

德国是联邦政体，与此相适应，统计管理体制也是采取联邦形式。联邦政府与各州政府均设有统计机构。联邦统计局与各州统计局分别隶属于本级政府的内政部门，彼此之间没有领导与被领导的关系。德国全国的对外贸易和国际金融方面的数据，由联邦统计局直接调查公布，其他统计资料来自各州统计局。各州统计局负责本州统计资料的调查和公布，并按联邦统计法和联邦与各州间达成的协议，负责提供联邦统计局和欧盟统计局所需的本州的有关统计资料。

联邦统计法是全德统计工作的基本准则。按照该法律，在全德范围内实施的统计报表制度一般须经下列程序产生：第一步，由各州统计局分工草拟某一方面的全国性统计报表制度，如勃兰登堡州统计局负责全国交通统计报表制度的研制；第二步，将各州草拟的统计报表制度提交由联邦和各州统计局参加的圆桌会议进行协商；第三步，将达成一致协议的方案提交联邦议会批准，形成单项统计条例。经过圆桌会议达成共识并由议会立法的统计报表制度，各州必须执行。由此可见，德国的统计管理体制虽然是松散型的，但全国的统计制度方法是集中统一的，既有充分协商和达成共识的基础，又上升到法律，因此，各州在执行联邦统计制度上步调是协调一致的。各州统计局根据本州的需要，自主确定本州的统计调查项目，但必须提交本州议会批准后方可实施。这种统计体制及调查体系的优点是能最大限度地考虑到各州的实际情况和统计信息需求；缺点是程序复杂，协商的时间长，效率较低。

三、韩国的统计管理体制

韩国统计基本属于分散型的管理体制。每一个部委或非政府机构都有责任收集各自领域的统计信息和资料。如农林部、沿海事务渔业部、劳动部、卫生部等。每个单位为了各自政策的需要，都进行统计资料的收集和统计信息的加工，如韩国银行统计部就属于此类部门。韩国统计体制组织、机构框架如下：

1. 统计厅

政府统计厅是韩国国家统计机构（NSO），在国家统计体系中起着主要作用，它对全国的统计工作进行综合协调，对基本的统计数据进行收集加工，发布综合统计信息。

2. 统计厅与部门统计工作的关系

目前，符合韩国《统计法》规定从事经常性统计工作的机构共有 102 个。其中，政府统计机构 41 个（中央 25 个，市、道、地方政府统计机构 16 个），其他机构 61 个（包括各类联合机构、银行等公共及民间统计机构）。共有 388 种统计调查，由中央各部门进行调查的就有 289 种，占 74.5％。主要有农林水产部、社会保障部、劳动部、商业资源部、教育部、建设部等部门。

3. 统计厅与地方政府统计工作的关系

在 388 种统计调查中，由地方政府统计机构进行调查的只有 63 种，占 1.62％，主要承担统计厅主管的各种普查和大规模抽样调查的现场调查工作。此外，每月还要向统计厅上报人口动态资料。在市、道中至少有三个相互独立的统计机构：一是统计厅直属的统计事务所，二是农林水产部直属的统计事务所，三是市、道地方政府统计机构。市、道地方政府统计机构与统计厅、农林水产部直属的统计事务所之间有一些协作关系，但都相互独立，各自完成统计工作任务。

4. 统计厅与公共民间统计机构的关系

在韩国，公共民间统计机构包括韩国银行、韩国产业银行、中小企业银行、大韩工商会议所的统计机构及其他 30 多个指定的统计机构。在 388 种统计调查中，由公共民间统计机构进行调查的有 99 种，占 25.5％。

5. 地方统计厅

韩国的 12 个地方分支机构，分别设在各省的省会。35 个地方统计派出所分布在各市、镇中。从机构角度来说，地方的分支机构可以分成两组：一组是司局级分支机构（分支机构领导的职务相当于总部的司局级），另一组是副司局级分支机构。地方统计厅的调查处及统计派出所负责 14 种月度统计调查、8 种年度统计调查。事后检查、数据录入都是通过网络，数据编辑处理和发布都是由中央统计厅来负责。

6. 统计委员会

统计委员会是统计事务方面的咨询机构。从 1962 年开始设立，直到现在。它在协助中央统计厅完成对全国统计活动的协调方面起着重要的作用。统计委员会由主要统计机关的 11 名常务委员（包括统计厅厅长）和由统计厅厅长委任的 18 名统计专家作为一般委员所组成。统计委员会的职责是：

（1）批准、暂停或中止、改变统计调查；

（2）批准出版统计刊物；

（3）对统计数据方面的事宜进行审核；

（4）对统计事业的发展和改进提出建议；

（5）制定和修改统计标准分类等。

其中特别重要的职责是向中央统计厅厅长呈报统计报告并就统计发展和促进统计工作方面提出建议。

四、美国的统计管理体制

美国是一个联邦制国家，实行分散型统计管理体制。联邦政府中没设综合统计机构，由白宫管理与预算办公室制定统计政策，审批部门统计调查计划，检查统计数据质量；国会联合经济委员会，负责发布月度经济报告，监督政府统计数据，批准政府统计预算。统计调查职能分散在 70 多个政府部门，其中，重要的统计机构有商务部普查局，负责人口普查、工商企业普查、经常性工商统计、国际贸易统计、住户调查等；经济分析局负责国民经济核算；劳工部负责就业失业、劳动力、工资价格、劳资关系、劳动安全等统计；农业部负责农业统计；能源、卫生、教育、交通运输、税务、财政金融统计，分别由政府有关部门负责。美国劳工统计在其统计体系中占有十分重要的地位，其人员规模和统计调查经费安排上仅次于普查局，在部门统计中居第二位。从纵向的统计职能配置看，中央与地方统计实行分级负责制，全国性统计调查主要由联邦政府各部门及设在各地的派出机构独立调查，一些调查项目也委托地方政府协助调查，但经费由联邦政府承担；地方所需要的统计数据，除从联邦政府各部门统计机构获得外，由地方政府进行一些补充性调查。

美国在长期的统计发展过程中逐渐形成了以普查为基础，抽样调查为主体，其他手段为补充的统计数据收集模式。

第三节　我国政府统计管理体制及改革发展

一、统计的法律体系

中国统计的法律体系是1978年实行改革开放政策以来逐步建立起来的。1983年12月8日第六届全国人民代表大会常务委员会第三次会议审议通过，在1996年5月15日由第八届全国人民代表大会常务委员会第19次会议修订后重新发布实施的中华人民共和国第一部统计法典——《统计法》，为中国统计工作依法进行奠定了基础。2009年6月27日，新《统计法》由第十一届全国人民代表大会常务委员会第9次会议修订通过，自2010年1月1日起施行。新《统计法》进一步确立了统计工作的基本原则，完善了基本统计工作制度，全面规定了政府统计活动各类参与主体的权利和义务，尤其是加大了对统计调查对象合法权益的保护，强化了统计机构和统计人员依法行政的职责。它的颁布施行，将为做好统计工作提供更加有力的法治保障。

近30年来，中国政府和国家统计局在《统计法》的指导下陆续颁布实施了一批重要的统计行政法规和规范性文件。各省、市、自治区的人民代表大会和政府依法颁布了地方统计法规或规章，国务院的相关部委也制定了部门统计规章。中国的统计工作正在进入法治轨道。

（一）中国现行的统计法律体系

中国现行的统计法律体系包括以下四个层次：

1. 统计法律——由全国人民代表大会常务委员会制定。如《统计法》。

2. 统计行政法规——由国务院制定。如《统计法实施细则》、国务院批转的《国家统计局关于统计报表管理的暂行规定》、国务院批准的《国家统计局职能配置、内设机构和人员编制方案》。

3. 地方统计法规——由具有立法权的地方人民代表大会或其常务委员会制定。如各省、市、自治区人民代表大会和政府依法颁布的地方统计法规。

4. 统计行政规章——由国务院各部委和地方人民政府制定或审定。如国家统计局制定的《统计违法案件查处工作暂行规定》、公安部制定的《公安统计工作规则》等。

【阅读链接】

《中华人民共和国统计法》（2009 年修订）（http://www.stats.gov.cn/tjfg/tjfl/t20090629_402568265.htm）

（二）中国现行统计法律法规的主要内容

1. 关于统计工作的一些基本问题的规定

对统计工作的基本问题的规定包括统计的基本职能和基本任务、统计的管理体制等。关于统计的基本职能和任务，《统计法》第 2 条规定："统计的基本任务是对经济社会发展情况进行统计调查、统计分析，提供统计资料和统计咨询意见，实行统计监督。"它以法律的形式将我国统计所具有的信息、咨询、监督三大职能确定下来。关于统计的管理体制，《统计法》第 3 条规定："国家建立集中统一的统计系统，实行统一领导、分级负责的统计管理体制。"

2. 关于统计调查对象的申报义务

《统计法》第 7 条规定："国家机关、企业事业单位和其他组织以及个体工商户和个人等统计调查对象，必须依照本法和国家有关规定，真实、准确、完整、及时地提供统计调查所需的资料，不得提供不真实或者不完整的统计资料，不得迟报、拒报统计资料。"基层群众性自治组织和公民有义务如实提供国家统计调查所需要的情况。

3. 关于统计调查的审批和管理

《统计法》《统计法实施细则》以及《部门统计调查项目管理暂行办法》对统计调查的审批和管理作出了规定。统计调查项目实行分类管理。

4. 关于统计资料的管理和公布

与整个统计工作的管理体制相适应，对统计资料的管理实行统一领导、分级负责的管理体制。国家统计局和省、自治区、直辖市政府统计机构依照国家规定，定期公布统计资料。同时，为维护国家统计数据的权威性，防止数出多门，对国家统计数据进行集中统一的管理，《统计法》规定，国家统计数据以国家统计局公布的数据为准。

5. 关于法律责任

为防止个别领导者和统计人员利用职务或工作之便，干扰统计资料的报送，影响统计数据的准确性，《统计法》规定了相应的法律责任；为保证统计调查对象履行申报义务，《统计法》及其他统计法规对于不履行申报义务的行为规定了相应的责任；对于违反有关统计资料保密规定的，根据《统计法》的规定，应当承担相应责任；对于违反有关统计调查的审批和管理规定，未报经审批或者备案，擅自制发统计调查表的，根据《统计法》的规定，由县级以上人民政府统计机构责令改正，予以通报批评，统计调查对象有权拒绝填报。

【新闻摘录】（《中国信息报》2009 年 12 月 21 日）

新《统计法》是国家最高权力机关为保障统计数据真实可信提供的更加坚实的法律基础。与旧《统计法》比较，新《统计法》在 10 个方面做了重大修订，或者说有 10 大亮点。

一、将真实性作为《统计法》的核心价值

二、完善了统计调查项目审批制度

三、建立了统计调查过程管理制度

四、建立了统计经费保障制度

五、严格了单个统计调查对象资料保护制度

六、完善了部门间资料提供制度

七、强化了统计信息公开制度

八、明确了国家统计局调查队的法律地位

九、赋予了政府统计机构更大的监督检查权和处分建议权

十、完善了统计法律责任制度

新《统计法》具有 4 个明显的特点：一是更加注重统计活动各参与方权利与责任、权利与义务的平衡，二是更加注重统计工作过程的管理，三是更加注重可操作性，四是更加注重符合国际通行统计规则。新《统计法》的公布施行，不仅对于我国统计法制建设具有里程碑意义，也是我国统计改革发展的又一重要里程碑，标志着我国统计工作进入一个新的发展阶段。我们有理由相信，随着新《统计法》的施行，我国的政府统计能力、统计数据质量和统计公信力一定能够得到进一步提高。

（http://www.zgxxb.com.cn/xwzx/201002260288.shtml）

二、统计组织机构及职能

《统计法》规定，国家建立集中统一的统计系统，实行统一领导、分级负责的统计管理体制。政府统计系统主要由政府综合统计系统和部门统计系统两个部分组成（见图 3—1）。

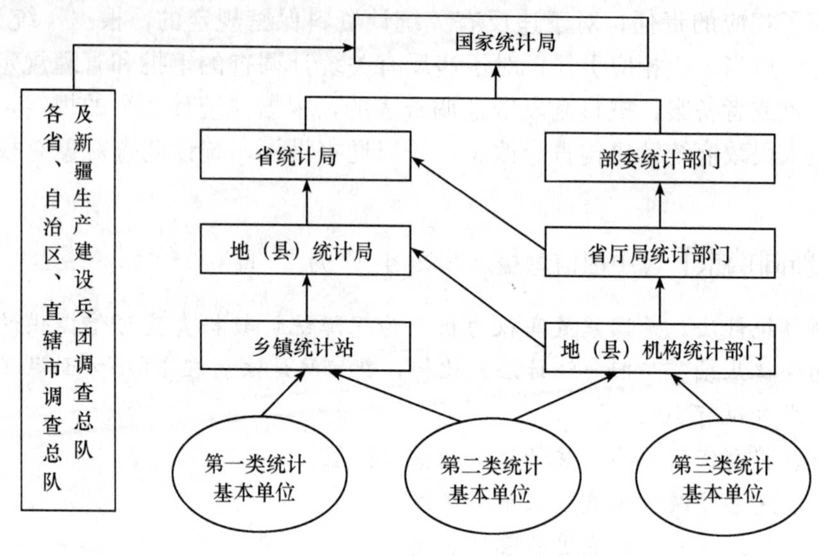

图 3—1 中国政府统计体系框架

（一）政府综合统计系统

中国政府自上而下设置统计机构或者配备统计人员，构成政府综合统计系统。目前，中国国务院设立国家统计局，县以上地方各级人民政府设立独立的统计机构（统计局），在乡一级人民政府则主要由专职或兼职的统计员来负责统计工作的具体协调管理。此外，国家统计局还直接管理着各省、自治区、直辖市调查总队和新疆生产建设兵团调查总队。政府综合统计系统的统计人员编制数是由国务院直接决定，由国家统计局具体管理。图 3—2 给出了国家统计局的内部机构设置情况。

政府综合统计系统的主要职责：

1. 依照《统计法》负责组织领导和协调全国统计工作。
2. 组织并实施国家级和地方级的统计调查。
3. 负责制定统计调查计划。
4. 对经济和社会发展情况进行统计分析，实行统计监督。
5. 管理和协调各政府部门制定的统计调查表。

（二）政府部门统计系统

作为官方统计系统的一个重要组成部分，政府部门统计系统由国务院各政府部门和地方各级人民政府的各政府部门根据统计任务的需要设立的统计

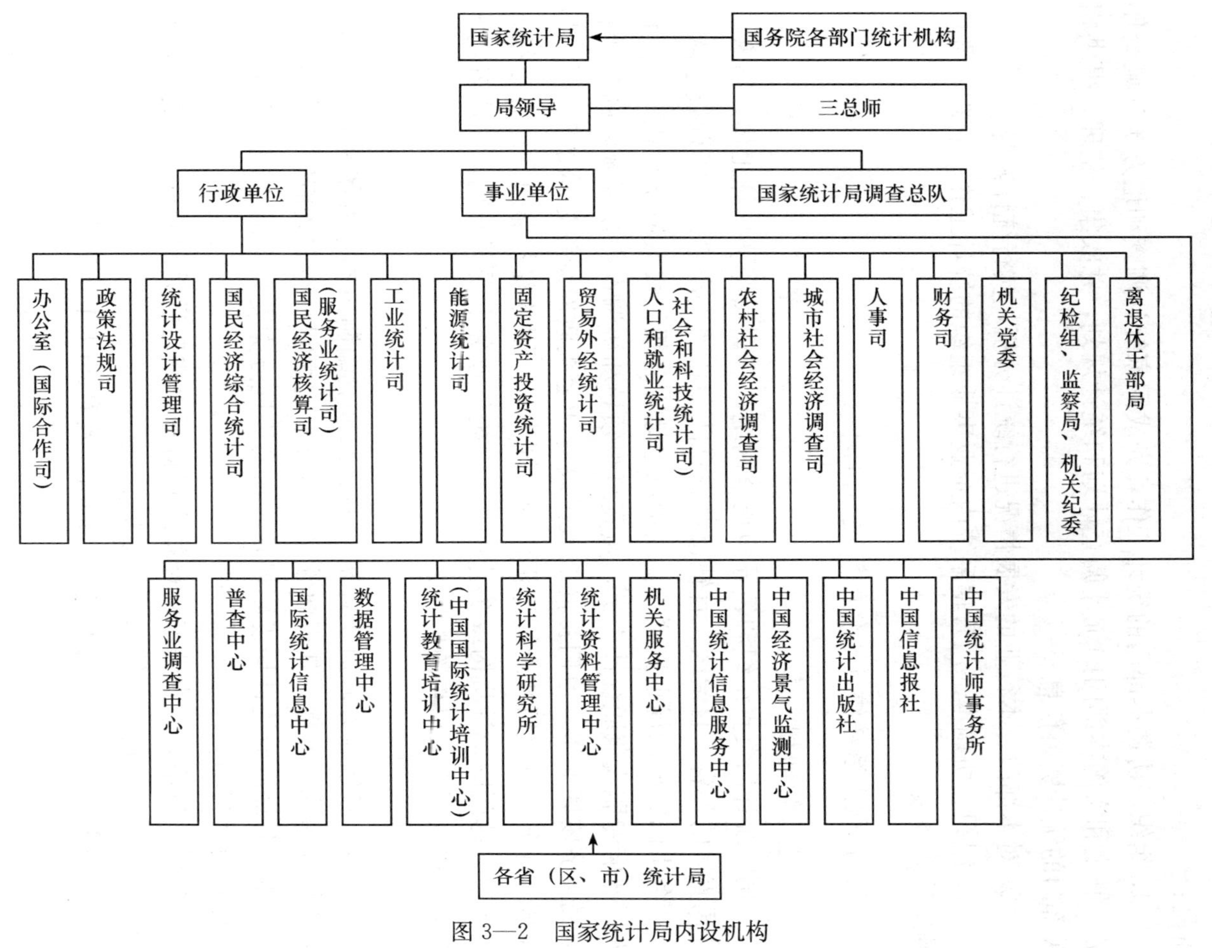

图 3—2 国家统计局内设机构

机构或在有关机构中设置的统计人员构成。比如，中国人民银行设立了调查统计司，地区分行设立了调查统计处；人力资源和社会保障系统，从中央到地方也建立了专门的统计机构和统计队伍。政府部门统计系统的主要职责是：

1. 组织、协调本部门的统计工作，完成国家统计调查和地方统计调查任务，制定和实施本部门的统计调查计划和统计规划，并收集、整理、提供相关部门的统计资料信息。

2. 对本部门、本行业的发展情况进行统计分析，实行统计监督。

3. 组织、协调本部门管辖系统内企业事业组织的统计工作，管理本部门的统计调查表。

（三）两大系统统计工作的管理与协调

1. 业务管理和协调

国家统计局负责组织和领导协调全国统计和国民经济核算工作。国家统计局直属的各省、自治区、直辖市调查总队和新疆生产建设兵团调查总队统计业务由国家统计局垂直领导。县级以上地方各级人民政府统计机构、乡镇人民政府专职或兼职统计人员，负责组织领导和协调本行政区域内的统计和国民经济核算工作，他们受同级人民政府和上级政府统计机构的双重领导，在统计业务上以上级政府统计机构的领导为主。国务院各部门和地方各级人民政府各部门的统计机构或统计负责人，统计业务上受国家统计局或者同级地方人民政府统计机构的指导。

2. 人事管理

县以上各级地方政府统计机构的国家事业编制由国务院统一审核批准，国家统计局统一管理，其行政编制和地方事业编制由地方政府审核批准。县以上地方各级政府统计局正副局长，由同级地方党委和政府管理，上级政府统计局协助管理。

各省、自治区、直辖市调查总队和新疆生产建设兵团调查总队的编制和干部由国家统计局统一管理，分级负责。

政府部门统计系统的编制和干部由各政府部门自行管理。

三、统计管理体制的改革发展

（一）现阶段我国政府统计管理体制的主要问题

我国实行的是“统一领导，分级负责”的统计体制，它是在计划经济时期形成并延续至今，是与我国传统的政治体制和经济管理体制相适应的。这种传统的统计体制与现实的社会主义市场经济体制之间的矛盾日益突出，越来越不适应中央宏观调控的信息需要，主要表现在：

一是抵御来自地方政府对统计调查和统计数据的干扰能力差，中央宏观调控所需的统计数据极易失真。二是很难推行科学的抽样调查，即使是采用了抽样调查方法也难免一些地方在抽样调查资料上“偷梁换柱”。三是不利于建立基层直报制度、基层数据库和采用超级汇总方法。四是政府机构改革后地方统计力量大大削弱，难以承担目前繁重的国家统计调查任务。

以往的统计改革大都是在统计体制之外进行的，原有的统计管理体制与新的市场经济体制之间的矛盾日益尖锐，体制改革势在必行。

【阅读链接】

郝大明．统计改革发展战略研究论文二等奖：二级统计体系——我国政府统计体系改革的目标模式．中国统计信息网．http://www.stats.gov.cn/was40/gjtjj_detail.jsp?channelid=12976&record=123

（二）统计管理体制改革应当遵循的原则

统计管理体制改革应当遵循的原则有：一是统计管理体制要与政治体制、经济管理体制相适应，以便有效履行政府统计职能。二是保持统计调查体系的相对独立，确保统计调查不受外部的干扰和统计数据的客观真实。三是符合统计调查和信息技术发展的方向，有利于提高统计调查工作的效率。四是政府各部门统计分工的适度集中，有利于实施统一的统计标准和国民经济核算。

【新闻摘录】（国家统计局新闻办公室）

2009 年，在党中央、国务院的正确领导下，全国统计系统广大统计人员深入贯彻落实科学发展观，紧紧围绕中心工作，特别是围绕应对国际金融危机冲击、保持经济平稳较快发展的各项部署，在提高政府统计能力、提高统计数据质量、维护统计公信力、强化统计服务等方面做了许多工作，统计建设取得新进展，统计改革取得新突破，统计工作呈现新气象。

为贯彻落实学习实践科学发展观总体要求，实施了80项整改措施

通过深入开展学习实践科学发展观活动，国家统计局组织全国统计系统认真总结改革开放以来我国统计工作取得的成绩和经验教训，认真反思和梳理统计工作存在不适应形势和发展需要的地方，认真规划下一步统计发展的思路。经过广大统计干部职工的建言献策和深入讨论，国家统计局学习实践活动共确立了80项整改措施，其中重点项目19项。这些涉及统计改革和发展方方面面的整改措施按计划顺利实施，取得了较好的效果。

为更好地应对国际金融危机冲击，进一步改进统计调查内容和调查方式

为应对国际金融危机的冲击，全国统计系统尽心尽力，奋力拼搏，在做好规定动作，认真完成党中央、国务院交办的各项任务的同时，充分发挥主观能动性，增强工作的前瞻性和创造性，为党中央、国务院进行宏观决策提供优质服务。

为提高统计数据质量，狠抓统计改革和制度建设

统计数据的质量关乎统计工作的权威和公信力。在2009年统计数据越来越成为社会公众关注的焦点时，统计数据的质量如何就更为关键。为此，国家统计局在提高统计数据质量方面狠下工夫。

为增强统计法制保障，着重加强统计法制建设

在社会主义市场经济条件下，统计法制工作对于维护统计工作秩序，保障统计数据质量，提高统计的科学性、权威性具有重要的意义。2009年，在各有关方面的共同努力下，统计法制工作取得重大进展。

（http://www.stats.gov.cn/was40/gjtjj_detail.jsp?searchword=%CD%B3%BC%C6%CC%E5%D6%C6%B8%C4%B8%EF&channelid=6697&record=3）

（三）统计管理体制改革的思路

1. 进一步理顺中央综合统计与政府部门统计的关系

一是统计范围要有明确的分工，不能交叉重复，数出多门；二是中央综合统计依法对部门统计业务工作进行审批和指导，包括调查内容、范围、调查表设计等；三是中央综合统计与部门统计之间实现数据共享，建立共享相关机制和信息平台；四是中央综合统计与部门统计加强交流和调查项目的合作。

2. 改进统计调查制度

一是继续强化抽样调查在统计调查中的作用；二是改进和完善普查制度，充分开发运用普查数据。

3. 进一步规范国家统计信息发布制度

一要明确国家统计信息发布原则，建立定期发布制度；二要充实统计信息网站内容，成为对外的重要“窗口”；三要充分开发和利用统计资源，拓宽统计服务领域。

4. 加强统计数据质量的管理和评估工作

建立统计数据质量评估制度，增强统计数据质量管理的透明度和公开化。

5. 推进政府统计的国际化

借鉴和吸收国际先进的统计管理经验，增加我国统计数据的国际可比性，继续制定和实施全国统一的统计标准和规范。

【阅读链接】

权贤佐. 探索：统计创新与现代化. 北京：中国统计出版社，2002

思 考 题

1. 当前各国政府统计管理体制可分为哪几类？其各自的特点是什么？
2. 各国政府统计管理体制的发展趋势有哪些？
3. 简述澳大利亚、德国、韩国、美国政府统计管理体制的特点。
4. 简述我国统计法律体系、统计组织机构及其职能。
5. 你对我国统计管理体制改革有什么建议？

第四章 人力资源社会保障统计概述

本章导读

人力资源社会保障统计工作能够真实、准确、完整和及时地获取人力资源社会保障统计资料，在促进人力资源社会保障事业科学发展方面发挥着重要的基础性作用。

做好人力资源社会保障统计工作首先要解决思想上的问题，认识人力资源社会保障统计工作的重要意义，明确人力资源社会保障统计工作的基本任务，掌握人力资源社会保障统计工作的主要内容。

为保障人力资源社会保障统计工作有序开展，需要建立完善科学的人力资源社会保障统计工作体制和机制，《人力资源和社会保障部统计工作管理办法》明确了统一管理分工负责的基本体制机制和统计工作责任分工，《统计法》对各类统计调查对象（单位和个人）的主要统计义务作出了明确规定。《统计法》在素质和能力方面也对统计工作人员提出明确要求。

统计工作是通过提供统计产品和服务来促进人力资源社会保障事业科学发展的。统计产品和服务应满足真实性、时效性、可比性、可塑性、全面系统性、方便适用性和经济性的要求。人力资源社会保障统计产品和服务主要包括年度统计公报、定期数据资料和统计分析报告。

本章通过介绍人力资源社会保障统计的重要意义、基本任务、主要内容，人力资源社会保障统计工作体制机制，人力资源社会保障统计产品和服务等主要内容，帮助读者从整体上认识和理解人力资源社会保障统计工作，掌握人力资源社会保障统计的主要轮廓。

第一节 人力资源社会保障统计的意义、任务和内容

一、人力资源社会保障统计的重要意义

人力资源社会保障统计是国民经济社会发展统计的重要组成部分，人力资源社会保障统计是社会经济统计的原理、方法在人力资源社会保障领域的应用，是在质与量的辩证统一中研究大量人力资源社会保障现象的数量方面，反映人力资源社会保障现象在特定时间、地点和条件下的具体表现及其发展变化规律的社会认识活动。人力资源社会保障事业涉及就业、社会保障、劳动关系、收入分配、人才工作、军转安置、公务员管理、引进智力8个方面，直接关系到人民群众根本利益和现实利益，直接关系到广大人民群众能否共享改革发展成果的问题，关系到国家的长治久安。人力资源社会保障统计是关乎民生建设与人力资源开发的数据信息，是支撑科学决策、服务科学发展的重要基础，对于人力资源社会保障事业发展具有重要意义。

（一）人力资源社会保障统计是科学决策、制定政策法规的重要基础

统计是认识经济社会发展规律、促进科学发展的重要基础，是国家宏观调控和科学决策的重要依据，统计信息是按国家统计制度采集的规范的、系统的信息，是覆盖面最广、综合性最强的信息，因而是社会经济信息的主体，是党政机关和企事业各级领导了解情况、研究问题、进行科学决策和管理的重要依据。人力资源社会保障统计是人力资源社会保障事业的重要组成部分，统计数据的质量、统计咨询服务效果、统计分析的能力，对促进科学决策、推动改革发展具有重要影响。随着我国经济社会的快速发展，特别是科学发展观的提出，统计信息在领导决策和政策法规制定中的基础作用日益增强，从《就业促进法》《劳动合同法》《公务员法》等法律法规的制定到中长期发展规划的编制，从普适性政策的制定和改革到特殊问题、特殊情况的决策，无一例外都需要相应的统计信息进行研究，对历史状况、现实情况、发展趋势进行了解和分析，都需要相关统计调查和统计资料的支持。而随着人力资源社会保障统计自身能力的提升，统计服务决策能力也日益增强，统计调查形式日益多样，通过常规报表、抽样调查、定点监测以及快速调查等方式，统计数据的质量日益提升，统计时效性不断增强，为日常决策、形势分析以及紧急情况下果断决策提供了有力依据。

（二）人力资源社会保障统计是评价发展状况和监督政府工作的重要依据

实行统计监督是统计工作的重要职能。通过统计调查和统计分析能够客观地反映人力资源社会保障事业的运行状态，反映各项政策法规、规划计划的执行进度，及时掌握相关信息，实现系统的定量检查、监测和预警，对经济效益和社会效益进行评估，有利于各级领导及时采取措施解决运行中出现的问题和偏差，完善政策法规，加强政府绩效管理。如《劳动合同法》颁布实施以后，对于保障劳动者的合法权益起到了积极的作用，但是在执行过程中存在什么问题，要采取什么措施加以防范等，则需要通过统计调查发现实际情况和问题，从而采取有效措施。如为应对 2008 年国际金融危机，人力资源和社会保障部出台了《人力资源和社会保障部、财政部、国家税务总局关于采取积极措施减轻企业负担稳定就业局势有关问题的通知》（人社部发［2008］117 号），为及时掌握政策效果建立了相关数据月报统计制度，为跟踪政策执行情况提供了依据。

（三）人力资源社会保障统计是政府公共服务的重要内容

统计信息服务，是公共服务的重要内容，是政府职能转变的客观要求，我国经济社会正处于体制转轨和快速发展的重要时期，各方面对人力资源社会保障统计信息的需求不断增加。一方面部门间统计信息服务需求日益增加，部门统计信息关联度日趋加深，人力资源社会保障统计内容涉及人的各方面信息，与诸多部门的统计工作存在相互服务相互依赖的关系。目前联席会议制度、联合调查等方式的广泛应用在很大程度上满足了部门间统计信息共享的需求。如人才资源统计，由中共中央组织部牵头，人力资源社会保障部、国家统计局、农业部等多部门联合开展。另一方面人力资源社会保障关系每个人、每个单位的切身利益，人力资源社会保障统计信息已经成为个人以及单位分析判断形势、维护自身利益的重要工具。如企业可以通过人力资源社会保障相关统计资料了解全国就业形势、劳动力市场行情，了解同一行业或地区、不同行业或地区的用工情况、工资水平、人工成本等多方面信息，加强本企业人工成本管理；可以通过人力资源市场劳动力供给信息制定招聘计划和招聘人员等，而劳动者可以通过岗位空缺调查信息，得到劳动力的实际需求情况，包括总量及其构成，以及实际需要哪些工种、何种素质的劳动力，为劳动者寻找合适的职业提供依据。

二、人力资源社会保障统计的基本任务

人力资源社会保障统计的基本任务是依据《统计法》和国家有关法律、法规和规定，开展人力资源和社会保障领域的统计调查和统计分析，提供统计资料和统计咨询，实行统计监督。

（一）开展统计调查和统计分析

按照法定程序，依照科学的统计指标体系，采用科学的调查方法，系统的收集、整理、传递、存储和提供大量以数量描述为基本特征的统计信息。

（二）提供统计资料和统计咨询意见

利用已经掌握的丰富的统计信息，运用先进的技术手段和科学的方法，深入开展综合分析和专题研究，为领导和有关部门提供可供选择的各种咨询建议和对策方案，对科学决策和管理发挥参谋和助手作用，同时为社会公众、科研院所及有关部门提供统计资料，促进人力资源社会保障领域理论发展和国际国内交流。

（三）实行统计监督

根据统计调查和统计分析，客观反映人力资源社会保障事业的运行状态，并对本领域各项政策的执行情况进行全面、系统的定量检查、监测和预警，便于各级领导及时采取措施解决运行中出现的问题和偏差，促进协调发展。

三、人力资源社会保障统计的主要内容

人力资源社会保障统计的主要内容包括就业与失业统计、社会保险统计、工资收入分配统计、职业能力与技能鉴定统计、人才资源统计、劳动关系统计、劳动人事争议调解仲裁统计、劳动监察统计、公务员管理统计、事业单位人事管理统计等。本书根据需要对部分内容进行了整合和划分，具体分为以下内容：

（一）人力资源统计

人力资源统计包括劳动力资源统计和人才资源统计。劳动力资源统计主要包括劳动力资源、经济活动人口、就业人员、失业人员情况等以及单位就业人员规模结构等情况；人才资源统计包括人才资源的总体规模、层次、结

构、分布等情况。

（二）就业促进统计

就业促进统计包括就业基本情况、就业人员变动、就业服务进展、就业政策执行等情况的统计。

（三）工资收入分配统计

工资收入分配统计包括机关事业单位工资统计和企业工资收入分配统计。机关事业单位工资统计主要是对机关、事业单位在职人员的基本工资、津贴补贴以及离退休人员的离退休费进行统计；企业工资收入分配统计主要指对企业劳动者收入的统计，与机关事业单位工资统计共同组成就业人员收入统计。

（四）人力资源市场统计

人力资源市场统计包括人力资源市场中介服务机构综合情况统计和人力资源市场中介服务业务基本情况统计。人力资源市场中介服务机构综合情况统计包括服务机构数量、从业人员人数、固定招聘场所个数、建立人力资源服务网站个数以及全年营业总收入等；人力资源市场中介服务业务基本情况统计包括人员机构信息情况，以及现场招聘、网络招聘、劳务派遣、人事外包等服务情况的统计。

（五）事业单位人事管理统计

事业单位人事管理统计包括事业单位总体情况、用人方式、管理人员、专业技术人员、工勤技能人员等情况的统计。

（六）公务员统计

公务员统计包括公务员录用、考核、晋升、培训、调动、奖惩等情况的统计。

（七）社会保险统计

社会保险统计包括养老保险统计、医疗保险统计、失业保险统计、工伤保险统计、生育保险统计、失地农民参加社会保障情况统计、社会保险稽核情况统计、社会化服务情况统计、社会保险经办机构基本情况统计、社会保险基金监督情况统计。

（八）职业培训鉴定统计

职业培训鉴定统计包括职业技能培训统计和职业技能鉴定统计两部分。职业技能培训统计包括参加劳动预备制培训、再就业培训、在岗培训、创业培训等培训人数、技工学校个数、各类职业培训机构个数、参加各类职业培训后实现就业人数、各类培训实际支出资金数等；职业技能鉴定培训包括参加各等级职业资格证书鉴定人数、取得相应等级职业资格证书人数、各类职业技能鉴定机构数和考评人员数等。

（九）劳动合同管理和劳动时间利用统计

劳动合同管理和劳动时间利用统计包括企业劳动合同签订、集体合同签订、企业人工成本情况、在岗职工工资调查、企业实行特殊工时制度情况的统计。

（十）劳动人事争议调解仲裁统计

劳动人事争议调解仲裁统计包括劳动人事争议调解案件数量、调解仲裁案件类型、调解仲裁结果等情况的统计。

（十一）劳动保障监察统计

劳动保障监察统计包括执法开展情况统计、处理处罚情况统计、案件情况统计、执法效果情况统计和监察机构及人员情况统计。

第二节　人力资源社会保障统计的体制和机制

《统计法》就我国的统计工作体制作出了明确规定。《统计法》第 27 条规定："国务院设立国家统计局，依法组织领导和协调全国的统计工作。国家统计局根据工作需要设立的派出调查机构，承担国家统计局布置的统计调查等任务。县级以上地方人民政府设立独立的统计机构，乡、镇人民政府设置统计工作岗位，配备专职或者兼职统计人员，依法管理、开展统计工作，实施统计调查。"第 28 条规定："县级以上人民政府有关部门根据统计任务的需要设立统计机构，或者在有关机构中设置统计人员，并指定统计负责人，依法组织、管理本部门职责范围内的统计工作，实施统计调查，在统计业务上受本级人民政府统计机构的指导。”按照上述规定，各级人力资源社会保障部门负责本级人力资源社会保障工作职责有关的统计工作，在统计业务上受本级人民政府统计机构的指导。

一、人力资源社会保障部门的主要统计职责

根据《人力资源和社会保障部主要职责、内设机构和人员编制规定》（国办发［2008］68号）规定，人力资源社会保障部在统计方面的主要职责是承担全国人力资源和社会保障有关统计工作。“承担有关信息规划和统计管理工作”是人力资源社会保障部规划财务司的主要职责之一。

根据《关于印发部机关各司级单位主要职责内设机构和人员编制规定的通知》（人社部发［2008］92号）的有关规定，规划财务司负责人力资源和社会保障部统计工作的综合管理，牵头拟订统计规章制度和统计标准；承担人力资源和社会保障综合统计工作，牵头组织拟订人力资源和社会保障统计指标体系，实施综合性统计调查，组织开展统计分析。

《人力资源社会保障部人力资源社会保障统计管理办法》（人社厅发［2008］92号）明确人力资源和社会保障部统计工作实行统一管理、分工负责的制度。规划财务司为统计工作的综合管理机构，负责统计工作的统一管理，统筹协调部属各单位的各项统计活动。部属各单位负责开展所分管业务工作的专业统计工作。《人力资源社会保障部人力资源社会保障统计管理办法》对人力资源社会保障部内统计工作的职责分工作出了如下更加详细的划分：

规划财务司负责统计工作的综合管理和组织协调，其主要职责：一是组织国家统计法律、法规和相关政策的贯彻落实，拟定人力资源和社会保障统计工作规章制度，并负责组织实施和监督检查。二是根据国家制定的统计标准和部属各单位提出的统计指标体系和统计报表，组织制定人力资源和社会保障统计指标体系、统计报表制度等相关统计标准。组织制定统计调查计划，审核调查方案。三是组织协调全国人力资源和社会保障统计信息系统软件的开发和推广应用。四是组织开展人力资源和社会保障主要统计数据的会审和评估工作。定期组织并指导部属各单位统计人员的业务学习和培训。五是负责人力资源和社会保障综合统计。针对人力资源和社会保障事业发展运行情况，组织开展有关专门调查。组织开展统计分析和统计科学研究。六是负责统一管理人力资源和社会保障统计信息的对外公布和使用。负责同国家统计局及部外其他单位统计部门的协调工作。

部属有关单位的主要职责：一是贯彻执行国家有关统计工作的法律、法规、相关政策和部内各项统计规章制度。按照统计法规、统计调查计划和统计报表制度的规定，提出本单位的统计指标体系、统计报表、统计调查计划和调查方案。二是收集统计报表资料，开展专门调查，收集、整理、汇总和管理本专业的统计数据，并及时向规划财务司提供统计结果及有关资料。三是参与人力资源和社会保障主要统计数据的评估和会审工作。四是对所负责的统计工作进行业务指导，开展统计分析和编写专业统计报告。组织全国人力资源和社会保障统计信息系统软件在本业务领域中的应用。

人力资源社会保障部信息中心负责人力资源和社会保障领域常规统计数据库的建设、组织及日常维护；负责常规统计报表统一软件的开发和技术支持，参与部有关调查的方案设计，承担数据处理工作；负责基于人力资源和社会保障信息系统中各项业务（含公务员管理）电子行政记录和有关数据库的数据处理工作。

【阅读链接】

《关于印发人力资源和社会保障部信息中心主要职责内设机构和人员编制规定的通知》（人社部发〔2009〕15号）

相应地，各省、自治区、直辖市人力资源社会保障行政管理部门内，也设有相应的综合统计机构或统计人员，负责管理和指导本辖区的人力资源社会保障统计工作。

二、单位和个人的主要统计义务

除人力资源社会保障行政部门外，国家机关、企业事业单位和其他组织以及个体工商户和个人也要根据需要，配合人力资源社会保障统计工作的完成。

《统计法》第7条规定："国家机关、企业事业单位和其他组织以及个体工商户和个人等统计调查对象，必须依照本法和国家有关规定，真实、准确、完整、及时地提供统计调查所需的资料，不得提供不真实或者不完整的统计资料，不得迟报、拒报统计资料。"

《统计法》第21条规定："国家机关、企业事业单位和其他组织等统计调查对象，应当按照国家有关规定设置原始记录、统计台账，建立健全统计资料的审核、签署、交接、归档等管理制度。统计资料的审核、签署人员应当对其审核、签署的统计资料的真实性、准确性和完整性负责。"

《统计法》第41条、第42条和第44条就统计调查对象（国家机关、企业事业单位或者其他组织、个体工商户和个人）不依法履行统计工作义务的行为应承担的法律责任作出了明确规定。

三、人力资源社会保障统计人员的基本素质要求

为保证统计工作的完成，提供高水平的统计服务，除了必须建立相应的统计机构、明确各部门统计工作职责以外，还需要有相当数量的专职和兼职统计人员。统计人员的基本素质决定了统计工作的水平和质量，是统计事业和人力资源社会保障事业成败的关键。

一般说来，人力资源社会保障统计人员的基本素质要求主要包括以下四个方面：

（一）热爱统计工作

统计人员必须热爱统计工作，充分认识统计工作对于人力资源社会保障事业的极端重要性，干一行爱一行，默默无闻、无私奉献，努力为人力资源社会保障统计事业作出新的贡献。

（二）恪守职业道德

统计人员应具备的职业道德主要有：（1）遵守《统计法》和与统计工作有关的其他法律法规。（2）要树立实事求是的道德风尚，坚持原则，坚决抵制和敢于同弄虚作假的统计违法行为作斗争。（3）要保守国家机密统计资料，并对统计对象的商业秘密和私人、家庭的单项调查资料进行保密。统计职业道德的核心内容就是在统计工作中坚持实事求是。

（三）具备完成统计任务所必需的专业知识

统计人员要不断提高自己的专业素养，使自己的统计专业知识能够满足统计任务的需要。人力资源社会保障统计人员必须了解统计基本原理，懂得统计工作的性质、统计指标体系、统计资料的收集和整理方法以及统计分析、统计预测等；还需要具备一定的组织能力，能够组织开展统计调查；具有收集、整理资料和鉴别资料的水平；能够开展统计分析，将统计工作成果以各种形式展示出来，并能撰写统计分析报告。

（四）熟悉人力资源社会保障基本理论与法律法规和政策

人力资源社会保障统计人员必须具备一定的人力资源社会保障理论知识，对党和国家的人力资源社会保障法律法规、政策等有相当程度的了解；必须了解国际和国内宏观经济形势。为做好统计工作，人力资源社会保障统计人员还必须懂计算机技术，能够利用计算机技术汇总、分析统计数据，完成统计工作任务。此外，还需要具备一定的外语知识。

【阅读参考】《统计法》关于保障统计人员专业素质的规定

统计人员的专业素质直接关系到政府统计工作的质量和水平。为了保障统计工作的顺利开展，需要有一支业务水平过硬的统计队伍。《统计法》第 31 条主要从以下三个方面对提高统计人员专业素质作了规定：

一是国家实行统计专业技术职务资格考试、评聘制度。根据国家有关规定，统计专业技术职务资格实行全国统一考试制度。统计专业技术职务资格考试由人力资源和社会保障部与国家统计局共同负责。统计专业技术职务资格考试设初级资格、中级资格和高级资格三个级别。统计专业技术职务包括高级统计师、统计师、助理统计师、统计员。助理统计师和统计员为初级资格，统计师为中级资格，高级统计师为高级资格。

通过全国统一考试取得统计专业初、中级资格的人员，用人单位可以根据工作需要和取得资格人员的业务能力决定其职务。取得全国统一组织的高级统计师考试合格证的人员，经过高级统计师资格评审合格后，获得高级统计师任职资格，用人单位根据工作需要和取得资格人员的业务能力决定聘任其职务。国家实行统计专业技术职务资格考试、评聘制度，有利于提高统计人员的专业素质，保障统计队伍的稳定性。

二是统计人员应当具备与所从事统计工作相适应的专业知识和业务能力。统计人员的专业知识涉及经济、统计、计算机、法律等多个方面；统计人员的业务能力包括设计统计调查制度的能力，组织开展统计调查的能力，整理和分析统计资料的能力，提出统计咨询意见的能力，查处统计违法行为的能力等。

三是县级以上人民政府统计机构应当加强对统计人员的专业培训和职业道德教育，以提高统计人员的专业素质、业务能力和职业道德水平。统计人员作为统计资料的填报者、收集者、整理者，他们的专业素质、业务能力、职业道德水平直接关系到统计数据的真实、准确、完整、及时，而县级以上人民政府统计机构是组织和管理我国统计工作的政府职能部门，有义务保障统计数据质量，维护统计工作正常秩序。因此，统计机构应当根据具体情况，采取各种方式来开展统计人员的专业培训和职业道德教育，如举办统计知识宣传，举办培训班、专题讲座等。

（http://www.stats.gov.cn/tjzs/tjfsy/）

第三节　人力资源社会保障统计产品和服务

统计服务即统计服务主体为用户提供统计产品的过程，体现在统计的信息、咨询、监督三大职能的发挥中，其核心是统计产品。

一、统计产品的概念和特征

狭义的统计产品仅指统计数据，广义的统计产品是以准确的统计数据为依据，进行统计数据的加工整理、统计分析、统计预测、统计监测、统计警示、统计执法等信息资料的总称。一般来说，统计产品应具备以下几个特征：

1. 真实性

“真实是统计的生命”。统计信息是用户决策的基本依据，只有建立在真实可靠基础之上的决策，才能达到预期目的，实现预期的效果。但是，准确性对于统计数据来讲是相对的，不同层次对统计数据的准确性有不同的要求，绝对准确的数据不一定质量高，使用价值大；相对准确的数据也不一定质量低，使用价值小。所以，统计信息的质量主要取决于真实可靠，而不是取决于精确程度。

2. 时效性

时效性是指要尽量缩短事件发生与对该事件进行测量、发布之间的时间差。统计信息的发布是否迅速、及时是统计产品质量和价值的重要组成部分。

3. 可比性

可比性是衡量统计产品质量高低的重要尺度。作为政府统计部门，每年都要生产出数量巨大的统计数据，众多的统计数据之间必须保持可比性。这种可比性主要表现在三个方面：一是同一范围内同类统计信息的纵向可比性，这是保证用户进行动态分析的前提条件；二是同一时期同类统计信息的横向可比性，包括不同国家、不同地区同类统计信息之间的可比性；三是同一时期不同统计信息之间的逻辑可比性。这种广泛的可比性是加强我国同国际组织和其他国家进行国际交流与合作的前提。

4. 可塑性

可塑性是指政府统计提供的大量统计数据可由统计信息使用者根据研究的目的和需要有选择地使用或自行进行必要的组合、加工、拆解。

5. 全面系统性

客观现象的复杂性和统计资料用户的广泛性，要求政府统计提供的统计资料中，不仅要具备从不同角度全面反映总体数量的相互有机联系的统计指标体系提供的统计数据，而且要具有反映总体内部各个部分的数量以及总体与部分、部分与部分之间数量关系的统计数据。

6. 方便适用性

它是影响统计资料利用范围的一个重要方面。便利性一方面是指获得统计信息方便；另一方面是指统计信息使用起来方便，能够满足各个层次的用户各方面的信息需求。

7. 经济性

经济性是指在满足前六个标准的前提下，以成本最低的方式取得所需的统计信息。

二、人力资源社会保障统计产品

（一）统计公报

人力资源和社会保障部每年 5 月向社会发布年度《人力资源和社会保障事业发展统计公报》，公布劳动就业、社会保险、劳动关系与劳动者权益维护、公共人事管理、人才队伍建设、人力资源社会保障法制建设和基础建设等方面的主要统计数据。

【新闻摘录】（新华社北京 5 月 20 日电）

人力资源社会保障部近日发布的《2009 年度人力资源和社会保障事业发展统计公报》显示，2009 年全国共录用公务员 13 万余人。

公报同时显示，我国政府表彰奖励工作有序开展，全年共表彰先进集体 2 466 个、先进个人 4 744 名，追授 9 名个人部级荣誉称号。

与此同时，我国事业单位人事制度改革取得积极进展。2009 年，聘用制度推行范围继续扩大，全国事业单位签订聘用合同人员的比例达到 80%。岗位设置管理实施工作稳步推进，国务院各部门完成岗位设置实施工作的达到

77%，中央党群系统备案核准率为52%，全国有25个省区市启动了岗位设置工作。公开招聘制度进一步落实，22个省区市事业单位公开招聘人员占新进人员总数的80%以上。

2009年，我国全年安置军队转业干部4.2万名。

公报还显示，全国义务教育学校绩效工资2009年基本兑现到位，人力资源社会保障部会同财政部、卫生部印发了公共卫生与基层医疗卫生事业单位实施绩效工资的指导意见，事业单位收入分配制度改革稳步推进，公务员津贴补贴进一步规范。

我国已评出享受政府特殊津贴专家15.8万人。

(http://news.cnstock.com/zqjg/201005/551685.htm)

(二) 数据资料

1. 人力资源社会保障主要统计数据报告

月度数据资料主要包括上月全国各地就业、养老保险、医疗保险、失业保险、工伤保险、生育保险、农民工参保等方面的数据。数据报告供部领导参阅。

2. 人力资源社会保障主要统计数据季度资料

季度数据资料是指收集整理季度宏观经济运行、收入分配、就业和再就业、职业技能鉴定、社会保险、退休人员社区管理率、劳动保障城域网覆盖率等方面的数据。发放范围为人力资源社会保障部各业务司局、各地人力资源社会保障厅（局）。

3. 人力资源和社会保障统计摘要

年度数据资料是指整理编辑上年度人力资源社会保障事业发展相关统计数据，涉及公共人事管理和社会管理公共服务两大领域。包括国民经济发展情况、收入分配、就业和失业、社会保险、人才队伍建设、劳动关系等方面的详细数据。发放范围为人力资源社会保障部各业务司局、各地人力资源社会保障厅（局）。

4. 《中国劳动统计年鉴》《中国人力资源和社会保障年鉴》

年度数据资料属公开出版物。《中国劳动统计年鉴》为国家统计局与人力资源和社会保障部合编资料，数据来源于国家统计局劳动力调查和人力资源社会保障部定期统计报表，涵盖了人口构成、劳动力数量、就业失业、劳动报酬、职业培训与技能鉴定、劳动关系、社会保障、工会工作、国外有关情况等方面。《中国人力资源和社会保障年鉴》包括年度事业发展情况和主要统计数据两部分，主要统计数据与人力资源和社会保障统计摘要中的数据相同。

【阅读链接】

国家统计局人口和就业统计司，人力资源和社会保障部规划财务司编. 2009中国劳动统计年鉴. 北京：中国统计出版社，2010

（三）统计分析

1. 定期数据常规分析

通过研判宏观经济变动趋势、历史数据对比，开展定期统计分析，把握人力资源社会保障事业发展规律和变动趋势。综合利用月度报表、快速调查、动态监测以及相关部门就业调查数据，全方位、多角度开展月度就业形势深度分析，为分析判断形势、监测政策实施提供支撑。

2. 统计分析决策咨询制度

由人力资源社会保障部统计分析专家围绕人力资源社会保障领域热点重点难点问题选定题目，运用现代统计分析方法进行分析，提供有价值的统计分析报告，供政策制定和领导决策参考。

3. 统计分析平台

由定期出版物《人力资源社会保障统计分析报告》和《人力资源社会保障统计分析参考》组成，选登重要统计调查报告、月度统计分析、统计决策咨询专家报告、专业统计调查分析以及地方典型统计分析报告。“统计分析报告”主要刊登基于最新统计信息、保密性较强的分析材料，主要供领导决策和相关司局研究政策参考。“统计分析参考”主要刊登依据统计分析资料，分析问题、提出对策思路的分析材料，供内部参考使用。

思　考　题

1. 人力资源社会保障统计工作有何意义？
2. 简述人力资源社会保障统计工作的任务和主要内容。
3. 简述人力资源社会保障统计工作的体制机制。
4. 人力资源社会保障部有哪些主要统计产品？

第五章

人力资源统计

本章导读

落实科学发展观，全面建设小康社会，关键在于发挥好我国人力资源优势，建设人力资源强国，实施人才强国战略。做好人力资源统计工作，摸清我国人力资源的规模、结构和利用情况，对于开发人力资源、推进民生建设、促进科学发展具有十分重要的意义。

一般意义的人力资源通常称为劳动力资源。其中，在经济上活跃的部分称为经济活动人口，又叫劳动力。劳动力统计主要是通过劳动力调查进行的，目的是为科学制定就业政策和进行宏观经济调控提供基础数据，主要内容是劳动力资源总量、经济活动人口、就业和失业情况。

人才是指具有一定的专业知识或专门技能，进行创造性劳动并对社会作出贡献的人，是人力资源中能力和素质较高的劳动者。人才资源统计工作是通过全面统计报表、抽样调查和科学推算相结合方式开展的，目的是为科学制定人才政策，更好地实施人才强国战略提供基础数据，主要内容是以党政人才资源、企业经营管理人才资源、专业技术人才资源、高技能人才、农村实用人才和社会工作人才为重点的人才资源的规模、结构和使用情况。

本章通过阐述人力资源统计的意义，介绍劳动力调查制度及其主要指标、人才资源统计制度及主体人才队伍统计等主要内容，帮助读者理解人力资源统计的作用，强化对人力资源统计的认识，掌握人力资源统计和分析的方法。

第一节　人力资源统计概述

一、人力资源统计的意义

马克思主义认为，人是生产力中最活跃的因素。这里，人是指一般意义的人力资源，即有劳动能力的人，又称劳动力资源。一个国家要想科学发展，必须重视人力资源的开发和利用。我国人力资源十分丰富，充分开发利用这些人力资源，可以加快我国的经济和社会发展；但如果不能很好利用这些资源，也会阻碍社会经济的正常发展，甚至酿成大的经济和社会问题。在我国，人力资源中能力素质较高的劳动者，即具有一定的专业知识或专门技能，进行创造性劳动并作出贡献的人，称为人才（资源）。劳动力资源与人才资源的关系，是普遍和特殊的关系，是一般和重点的关系，也是整体和部分的关系。人力资源统计，包括劳动力统计和人才资源统计，对劳动力状况和人才资源状况进行统计调查和研究，是人力资源社会保障工作的一项重要内容，具有十分重要的意义。

（一）做好人力资源统计工作对落实科学发展观、全面建设小康社会具有十分重要的意义

党的十六大提出了全面建设小康社会的宏伟目标，党的十七大全面阐述了科学发展观。落实科学发展观，全面建设小康社会，关键在于发挥好我国人力资源优势，建设人力资源强国，实施人才强国战略。科学发展观指出，坚持发展为了人民、发展依靠人民、发展成果由人民共享。就业是民生之本，解决的是劳动力资源（一般人力资源）的开发、利用问题。一方面，实现充分就业，让尽可能多的劳动力参与到经济社会建设中来，体现了发展依靠人民；另一方面劳动者通过就业获得劳动报酬是实现发展成果由人民共享的重要途径。人才是第一资源，解决的是人才（高素质的人力资源）发现、培养和使用问题，为经济社会发展提供智力支持。人民群众是历史的创造者和推动者。在人民群众创造、推动历史的进程中，优秀分子（人才）发挥了重要的有时还是关键的作用。因此，落实科学发展观、全面建设小康社会，既要做好培训就业工作，开发利用好我国的劳动力资源；又要做好人才工作，充分发挥第一资源的作用。人力资源统计工作，是为培训就业工作、人才工作提供数据支持的一项重要基础性工作。因此，做好人力资源统计工作，摸清我国人力资源的规模、结构和利用情况，对开发人力资源、推进民生建设、促进科学发展、建设小康社会具有十分重要的意义。

（二）劳动力就业状况是判断市场经济运行状况的重要指标之一

就业是民生之本。人类社会发展规律是越来越人本化，人的劳动保障权、就业实现权是最基本的人权。在市场经济体制下，失业率与经济增长率、通

货膨胀率、国际收支平衡并列为反映宏观经济运行状况的四大经济指标，而失业率与通货膨胀率之和被经济学家称为“痛苦指数”，是反映居民生活水平变化的主要指标值。一些发达市场经济国家宏观调控的经验表明，虽然失业和通货膨胀都会带来社会不满，但通胀问题是“人人难以逃脱”，因此而产生的社会不满也是温和型的，在解决通货膨胀过程中人们还多少有一些同舟共济的感觉。但失业问题则不同，失业一旦发生只落在相对稳定的一小部分人身上，会导致失业者的心理严重失衡，家庭关系紧张，对社会责任感丧失。因此失业比通货膨胀更容易引起社会动乱。在一个动荡的社会里不可能进行正常的经济建设。目前，绝大部分发达市场经济国家都把解决失业问题作为政府的重要甚至首要任务。

我国要建立社会主义市场经济新体制，也必须妥善解决失业问题。随着我国社会主义市场经济体制和劳动就业制度改革的不断深化，劳动就业形势和政府对劳动就业进行管理的方式、方法发生了重大变化。因此，借鉴国际通行的方法和标准，建立适合我国国情的劳动力调查制度，对及时准确地反映我国城乡劳动力资源、就业和失业人口的总量和结构，对政府准确判断就业形势，正确制定和调整就业政策，改进宏观调控具有重要意义。劳动力调查制度对建立健全城乡就业和失业调查统计体系，完善就业和失业统计及动态分析监测系统，具有重要作用。对劳动力就业和失业情况进行调查，及时向政府和社会反映这方面的情况和问题，也是劳动统计工作的重要任务。

（三）劳动力统计是其他各项人力资源社会保障统计和有关业务工作的前提和基础

劳动组织、劳动定额、劳动时间、劳动效率、劳动报酬、人工成本、劳动保险、劳动安全、劳动关系等项统计的对象主体都是劳动力。企业所承担的各项社会义务（如绿化、献血、安置残疾人、接收退伍军人等）的任务量也都以劳动力人数作为计算的依据。没有全面准确的劳动力统计，其他各项劳动统计都会成为无源之水、无本之木。

二、人力资源统计的主要内容

人力资源统计的内容很丰富，根据统计内容的性质可以分为劳动力统计和人才资源统计。

（一）劳动力统计

劳动力统计是对一般意义的人力资源，即劳动力资源进行统计。国际上通行的做法是，以劳动力调查为主，以单位就业调查为辅。其中，劳动力调查主要是摸清劳动力资源、经济活动人口（劳动力）、就业（从业）人员（口）、失业人员（口）等情况。单位就业调查主要是摸清单位就业人员的规模、结构等情况。

【阅读参考】美国的劳动力统计

美国劳工统计局按月发布就业形势统计数据（the employment situation），在其技术注释（technical note）中介绍了美国的劳动力统计。就业形势统计数据来源于两个专项调查，当前人口调查（住户调查）和当前就业统计调查（单位调查）。

住户调查是由美国人口普查局为美国劳工统计局开展的约 6 万户的抽样调查，提供《就业形势》表 A 中标明“住户调查数据”的劳动力、就业人员和失业人员等数据。

单位调查提供《就业形势》表 B 中标明“单位调查数据”的非农工资册上的就业人员、工时、雇员工资等数据。美国劳工统计局每月通过非农经济单位抽样调查，从工资册记录中收集这些数据。其样本包括了 14 万个经济单位和行政单位，代表了约 41 万个工作场所。这些样本单位是从约 890 万个失业保险税账户的抽样框中抽取的。有效样本包括了约全部非农工资册雇员的 1/3。

（http://www. bls. gov/news. release/empsit. tn. htm）

目前，我国劳动力统计以国家统计局组织实施的国家劳动力调查制度为主，数据主要来源于国家统计局《劳动统计报表制度》和国家工商行政管理总局私营企业和个体户就业人员有关情况的行政记录为辅。

全国就业人员和城、乡就业人员总数都由国家统计局根据国家劳动力调查数据推算得到。有时，国家统计局将劳动力调查与人口变动情况抽样调查结合起来进行。抽样比例（抽样调查人口占总人口的比例）一般为 1‰，每 5 年开展一次 1%抽样调查，每 10 年开展一次人口普查，对有关指标的绝对值进行调整（比例不动）。

我国单位就业人员的数据来源是国家统计局《劳动统计报表制度》。单位就业人员是指在各级国家机关、政党机关、社会团体及企业、事业单位中工作，取得工资或其他形式的劳动报酬的全部人员。包括在岗职工、返聘的离退休人员、兼职人员、借用的外单位人员和第二职业者。不包括离开本单位仍保留劳动关系的职工。各单位的就业人员反映了各单位实际参加生产或工作的全部劳动力。多年以来，《劳动统计报表制度》的统计范围不包括私营单位。国家统计局正在推行一项改革，在继续执行《劳动统计报表制度》的同时，对私营单位进行抽样调查，以获取更为全面的单位就业人员有关情况。

个体、私营企业就业人员数由工商局的行政记录汇总而来。城镇私营个体就业人员是指报告期末在城镇私营企业和个体经济组织中就业的人员。城镇私营企业就业人员是指在工商行政管理部门注册登记，其经营地址设在县城关镇（含城关镇）以上的私营企业就业人员，包括私营企业投资者和雇工。城镇个体就业人员是指在工商行政管理部门注册登记，并持有城镇户口或在城镇长期居住，经批准从事个体工商经营的就业人员，包括个体经营者和在个体工商户劳动的家庭帮工和雇工。

（二）人才资源统计

人才资源统计是指对人力资源中能力素质较高的劳动者进行统计。人才资源统计以全面报表统计、抽样调查统计和科学推算相结合的方式进行，摸清全国人才资源的总体规模、层次、结构、分布等情况，为实施人才强国战略提供决策依据。

我国人才队伍统计指标体系由国家人才发展主要指标、人才队伍建设指标、重点领域人才资源指标和国家人才发展监测与评价主要指标构成。其中，人才队伍建设指标是最基础的指标，是反映党政人才、企业经营管理人才、专业技术人才、高技能人才和农村实用人才队伍基本状况的专项指标，包括人才资源规模、素质、结构等方面的若干指标。

第二节　劳动力统计

一、劳动力调查制度

（一）国际劳动力调查的发展

劳动力调查（labour force survey，LFS）是收集劳动力、就业、失业等方面统计信息的标准化、制度化的住户调查。劳动力调查的标准化得益于国际劳工组织制定并推广相关标准的努力。早在1954年第8届国际劳工统计学家会议上就通过了关于劳动力、就业和失业统计的决议，为便于国际比较制定了劳动力统计标准，指导各成员国开展调查。1966年第11届国际劳工统计学家会议通过了关于不充分就业和人力不充分利用计量和分析的决议，对1954年的决议进行了有益的补充。1982年第13届国际劳工统计学家会议第一项决议通过了关于经济活动人口、就业、失业和不充分就业统计的新标准。

【阅读链接】

Ralf Hussmanns，Farhad Mehran and Vijay Verma. Surveys of economically active population，employment，unemployment and underemployment：An ILO manual on concepts and methods. Preface. Geneva：International Labour Office，1990

1998年第16届国际劳工统计学家会议通过了关于计量不充分就业和不适当就业情况的决议，进一步补充和完善了劳动力统计的标准和准则。1982年以来的标准是国际上现行的劳动力统计标准，目前已经有200多个国家和地区开展了劳动力调查。各国的劳动力调查实践发现，随着一些新情况的出现，现行标准还不能完全满足应用的需要。为此，2008年第18届国际劳工统计学家会议指出，要在以下方面加强研究：一是应对老龄化，对老年劳动力利用情况进行统计；二是在计量体面就业、志愿就业等方面的统计；三是为弥补失业率指标的缺陷，在劳动力利用不足、收入低下和技能失衡等方面进行补充的指标。

【阅读链接】

国际劳工组织关于劳工统计和第18届国际劳工统计学家会议成果的报告. 联合国统计委员会第40届会议文件. 2009年2月24—27日

（http://unstats. un. org/unsd/statcom/doc09/2009-12-EmploymentStats-C. pdf）

（二）我国的劳动力调查制度

为了适应建立和完善社会主义市场经济体制的需要，20世纪90年代我国劳动部（1998年在劳动部基础上组建劳动和社会保障部）和国家统计局均实验性地开展过关于劳动力就业和失业状况的抽样调查。为准确、及时、全面地反映我国的劳动力资源和就业情况，建立健全城乡就业和失业调查统计体系，更好地为国家宏观调控和制定就业政策服务，2004 年国务院决定建立劳动力调查制度。

《国务院办公厅关于建立劳动力调查制度的通知》（国办发［2004］72 号）明确了劳动力调查的对象和方式、内容和组织实施。劳动力调查采用抽样调查方式，组织调查员入户对 16 周岁以上人口的就业状况进行调查。每次调查需抽取样本 40 万户，涉及全国 1 800 多个县（市、区）的 130 万人口。首次调查于 2005 年 11 月进行。劳动力调查的主要内容包括调查对象的年龄、性别、居住地、受教育程度、就业状况、所从事的职业和所在的行业、工作时间、失业原因、失业时间、收入以及参加社会保障情况等。各级统计部门负责组织实施劳动力调查工作。

二、劳动力调查主要指标

劳动力调查得到的主要指标包括劳动力资源、经济活动人口（劳动力）、非经济活动人口、就业人员和失业人员等绝对数指标，劳动参与率、就业/人口比、就业率、失业率等相对数指标，还可以得到按性别、年龄组、受教育程度、就业地位、职业、行业、经济类型等分组数据。此外，在我国，职工也是一个很重要的统计指标。

（一）劳动力调查主要绝对数指标

劳动力调查数据库中记录的是逐个人对劳动力调查表有关问题的回答情况。在数据处理过程中要根据每个人的回答情况确定他（她）是否属于劳动力资源，判断其经济活动、就业或失业状况。

1. 劳动力资源

劳动力资源是指总人口中已经或可能参加社会劳动的人口。统计上的一般计算方法是：在劳动年龄人口中扣除丧失劳动能力的人口。

关键概念

总人口是指一定时点，一个国家或地区范围内有生命的个人总数；在人口调查或劳动力调查中，是指调查时点一定范围内的总人数。

【阅读参考】我国劳动力调查表中的核心问题

我国2009年二季度劳动力调查表中需要由个人回答的问题有20多项，其中有4项属于劳动力调查的核心问题，这些问题直接关系着对劳动力资源及其就业、失业状况的判断。

F4. 出生年月

F10. 您在调查时点前一周是否为取得收入而工作了1小时以上？

1. 是，上周工作时间________小时

2. 在职，正休假、学习、临时停工或季节性歇业

3. 未做任何工作

F15. 近三个月内您采取过以下哪种方式寻找工作？

1. 在职业介绍机构登记　　2. 委托亲友找工作

3. 应答或刊登广告　　4. 参加招聘会

5. 为自己经营做准备　　6. 其他

7. 未找过工作

F16. 如果有合适的工作，您能否在两周内去工作？

1. 能　　2. 不能

“劳动年龄”是指法定劳动年龄。各国对可以参加社会劳动的起始年龄规定有所不同，但普遍没有年龄上限的规定。在1993年以前，我国对劳动年龄的规定有上下限，具体是指男16～59岁，女16～54岁。从1994年起，我国的劳动年龄也取消了上限。我国《劳动法》第十五条规定“禁止用人单位招用未满16周岁的未成年人”。这实际上也就规定了我国劳动年龄人口的下限。因此，我国的劳动力资源可以概括为16周岁及以上有劳动能力的人口。

“丧失劳动能力”，在理论上是指在体力和智力上均不能从事社会劳动，但具体操作时丧失劳动能力的情况不易界定，丧失劳动能力的程度常处于变化之中，且16周岁及以上人口中，丧失劳动能力的人口所占比重很小。因此，参照目前市场经济国家的通行计算方法，自1999年起，我国计算劳动力资源时，也不再扣除丧失劳动能力人口。

劳动力资源资料可以从劳动力调查或人口调查资料中取得。在调查中，依据人的出生时间，看在调查时点是否满16周岁，来判断是否属于劳动力资源。

劳动力资源的数量是确定国家社会再生产规模的基本前提。但劳动力资源也有两面性，劳动力作为生产者，充分开发利用可以生产出社会财富；劳

动力作为消费者，又大量消费物质财富。因此，国家应重视充分开发和利用劳动力资源。

劳动力资源包含经济活动人口和非经济活动人口两部分。

2. 经济活动人口

经济活动人口又叫劳动力，是指劳动力资源中已经或要求参加社会经济活动的那部分人口。它是国际劳工组织推荐使用的一项重要指标。

经济活动人口是反映一个国家或地区劳动力市场总供给状况的重要指标。

经济活动人口是就（从）业人员（口）与失业人员（口）之和。

3. 非经济活动人口

非经济活动人口是指劳动力资源中没有且不要求参加社会经济活动的人口。包括在校学生、（不再工作的）离退休人员和没有工作且没有就业愿望的人员。

4. 就业人员

关键概念

就业人员又叫从业人员，是指在劳动年龄内，有劳动能力，参加社会经济活动取得劳动报酬或经营收入的人口。包括两类人员：一是为取得劳动报酬或经营收入，调查周内从事了一小时以上（含一小时）的劳动；二是由于学习、休假等原因在调查周内暂时处于未工作状态，但有工作单位或场所。

判断某人是否就业主要视其是否从事社会经济活动。“社会经济活动”，是指为了取得报酬或收入而生产商品或提供服务，即为了交换而生产商品或提供服务。如果一个人未从事任何劳动、从事的是无报酬的义务劳动或家务劳动则不能算作就业人员，只有从事社会经济活动的才是就业人员。

这种“社会经济活动”应具有如下特点：

——是法律所不禁止的；

——是对社会有益的；

——是为取得报酬或收入而从事的。

随着经济和社会的发展，就业人员的范围也在发生变化。如从事股票经营活动的人员，过去没有列在就业人员中。现在这部分人员是在从事资产经营一类的社会经济活动，因此应统计为就业人员。

随着经济和社会的发展，出现了社会劳动家庭化、家务劳动社会化的趋势。就业人员与家务劳动者难以区分。一般的处理原则是：凡是社会劳动可以替代的家务劳动都应视作是社会劳动，这类家务劳动者也应统计为就业人员。

就业人员是分析国家或企业在社会经济活动中劳动投入的重要指标。

就业人员按其就业地位分为雇员、雇主、自营劳动者、生产合作社成员、有贡献的家庭工人、无法按地位分类的人员。

【阅读参考】国际就业地位分类（ICSE-93）简介

1993年1月召开的第15届国际劳工统计学家会议通过了一项关于国际就业地位（ICSE）分类的决议。决议将就业人员分为两组六类。两组为带薪就业和自营就业；六类为雇员、雇主、自营劳动者、生产合作社成员、有贡献的家庭工人、无法按地位分类的人员。其中，雇员为带薪就业，雇主、自营劳动者、生产合作社成员、有贡献的家庭工人都属于自营就业。

带薪就业指劳动者签有明确的（书面或口头）或不明确的合同的工作。此类合同使劳动者获得不直接依赖于其工作单位的基本报酬（这样的单位可以是一个企业、一个非营利性机构、一个政府部门或一个家庭）。

自营就业指收入直接依赖于由所生产的商品和服务带来的利润（或潜在利润）的工作（自我消费被认为是利润的一部分）。这些人做出影响企业的经营决策，有时也会把部分经营权下放给经理人。

雇员是指所有那些拥有“带薪就业”的人。

雇主是指那些为自己目的和利益工作并自己负责或与他人合伙共同工作，并在一个连续阶段（期间）雇用雇员在其企业或经营中为其工作的人员。

自营劳动者是指那些为自己目的和利益工作并自己负责或与他人合伙共同工作，并在一个规定的期间从未连续雇用任何雇员为其工作的人员。在规定的期间内，此类人员可能已经雇用雇员，但并不是连续雇用。

生产合作社成员是指在从事生产商品和服务的合作组织中与其他成员平等地拥有参与生产、销售、投资、分配等管理决策权的人员。生产合作社雇用的没有决策参与权的人员不属于生产合作社成员，而属于雇员。

有贡献的家庭工人是指在同一户中相互有亲属关系的人经营的企业中工作，但不带薪（其收入与亲属的收入分不开，收入水平取决于经营状况），没有经营决策权或经营决策权处于相对较低的水平的人员。

无法按地位分类的人员是指有关的信息不完备或不能归入前述类别中的人员。

在就业人员中，存在着就业不足人员。

就业不足人员是指非个人原因，在调查周内工作时间不到标准工作时间的一半，并愿意从事更多工作的人员。又称不充分就业人员。

就业不足是就业的一种状态，而不是失业的一种状态。不能把就业不足人员视为失业人员。

5. 失业人员

关键概念

失业人员是指16周岁以上，有劳动能力，在调查周内未从事有收入劳动，当前有就业可能并以某种方式正在寻找工作的人员。

这个定义可从以下几个方面理解：

(1)“16周岁及以上”。与劳动力资源的年龄规定一样，对失业人员必须有年龄的下限，但没规定年龄上限。这有多方面原因：

一是不规定年龄上限有助于了解全部劳动力的情况。因此，国际劳工组织推荐的定义中没有年龄上限，绝大部分市场经济国家也没有规定年龄上限。

二是中国目前只规定了到达退休的年龄，没有规定（也不可能规定）劳动年龄的上限。人口调查资料表明，全国65周岁及以上人口的就业率接近20%。

三是考虑中国的国情，也难以确定一个失业人员的年龄上限。假设以退休年龄为上限，我国并没有一个统一的退休基准年龄，因为不同工种的实际退休年龄也不相同。

四是人口调查资料表明，65周岁（或60周岁）及以上无业而寻找工作（即统计为失业）的人员极少，不规定失业人员的年龄上限，客观上对失业率影响不大。

五是劳动力调查中虽不规定失业人员的年龄上限，但在进行失业登记时，还应当明确规定年龄上限，这与失业的统计定义并不矛盾。

(2)“有劳动能力”。是指在体力上和智力上可以从事社会劳动的人员。其中包括有部分劳动能力的残疾人员。

(3)“在调查周内未从事有收入劳动”。即调查周内从事有收入的劳动时间不到一小时。对这一规定有的人不够理解，认为劳动一小时即算就业也未免太严格了，因为一周劳动一小时所得的收入甚至不能养活劳动者本人。对这一点可从以下几个方面看：

一是要对就业与失业作出质的界定，零小时与一小时是一个“无”与“有”的问题，两者是质的变化，而一小时与一小时以上是就业时间长短的问题。如果以收入来界定就业和失业，问题就更加复杂。

二是要对劳动力一周内的状况进行调查，而一个月有四个半星期，其总的劳动时间究竟如何，是不能以一周时间来推断的。

三是判断标准没有涉及收入情况，因为收入情况是复杂的，有的人每周劳动时间很长，收入可能很低；而有的人一周内劳动时间很短或没劳动，而收入可能很高。在通常情况下，劳动者的收入与其劳动时间是成正比例的。因此，按照国际标准和通行的做法，在定义中未考虑收入因素。

（4）“当前有就业可能”。具体是指在调查时点以后两周内能应聘上班。如果在两周内不能应聘上班，则对近期劳动力市场不会产生影响，因此不应作为失业人员统计。

（5）“正在以某种方式寻找工作”。在社会主义市场经济条件下，寻找工作的方式可以是去职业介绍所登记，去各种人力资源市场进行应聘洽谈，通过电视、报纸等新闻媒体寻找工作，自登应聘广告，托亲友找工作，自筹资金、自找场地准备从事经营活动等。

经济学家在理论上一般按失业原因将失业分为五类，即：

（1）摩擦性失业。是指由于求职的劳动者与需要提供的岗位之间存在时间滞差而形成的失业。如学生毕业后不能及时找到工作，工人转移岗位时出现的工作中断等。

（2）季节性失业。是指由于某些行业生产条件或产品受气候条件、社会风俗或购买习惯的影响，使生产对劳动力的需求出现了季节性的波动而形成的失业。

（3）技术性失业。是指由于使用新机器设备和材料，采用新的生产工艺和新的生产管理方式，导致社会局部生产对劳动需求的相对减少而形成的失业。

（4）结构性失业。是指由于国民经济产业结构的变化及其生产形式和规模的变化，劳动力结构不能与之适应而导致的失业。

（5）周期性失业。是指由于周期性经济危机对就业产生影响而形成的失业。

【阅读参考】理解失业概念的重要问题

正确理解失业的概念及有关数据，需要注意以下问题：

一是失业人员的调查范围。

我国劳动力调查是城乡范围内的住户抽样调查，对常住人口进行调查。常住人口包括：常住本地半年以上户口在本地的人口、常住本地半年以上户口在外地的人口、居住本地不到半年但离开户口所在地半年以上的人口、居住本地不到半年户口待定的人口。

通常按照需要，对城镇和乡村的状况都要进行分析和报告，但社会更关注城镇失业情况。城镇范围是按“块块”原则划分的。城镇所包括的范围按照《统计上划分城乡的规定》确定。

二是乡村劳动力的失业问题。

目前占主导地位的观点认为：我国在乡村实行的是土地集体所有，家庭承包。因此农民在理论上讲都有基本的生产资料——土地，只要从事生产劳动，就能够获得劳动报酬或经营收入，因而在乡村不存在失业问题。目前大部分市场经济国家也持这种观点。

在对城镇范围的调查中，有两种乡村劳动力应视为失业人员。

第一种是城市近郊部分农民的耕地已被城市建设全部征用或转包出去，他们除了户口仍是农业户口外，与城镇人员并无本质区别（简称“被征地失业农民”）。如果这部分劳动力正在寻找工作，则不应将其排除在失业调查对象之外。

第二种是部分乡村劳动力长期脱离土地进城谋生，在城镇已常住半年以上，如果在调查期间这部分人中有的正在寻找工作，也应统计为失业人员。

上面介绍了劳动力调查主要绝对数指标，它们之间的关系是：非劳动力资源与劳动力资源之和为总人口，非经济活动人口与经济活动人口之和为劳动力资源，就业人员与失业人员之和为经济活动人口。

【案例 5—1】

我国 2009 年二季度劳动力调查表中包括了 F4、F10、F15 和 F16 四个核心问题（见【阅读参考】我国劳动力调查表中的核心问题），根据一个人对这些问题的回答情况，可以判断他属于哪种情况：

1. 非劳动力资源：未满 16 周岁

2. 劳动力资源：年满 16 周岁

3. 非经济活动人口：年满 16 周岁，（F10＝3 且 F15＝7）或（F10＝3 且

F15≠7 且 F16=2)

4. 经济活动人口：年满 16 周岁，F10=1 或 F10=2 或（F10=3 且 F15≠7 且 F16=1)

5. 就业人员：年满 16 周岁，F10=1 或 F10=2

6. 失业人员：年满 16 周岁，F10=3 且 F15≠7 且 F16=1

上述判断条件中，等号（不等号）表示对这个问题的回答是（不是）第几个选项。如 F10=1 表示对问题 F10 的回答为第 1 个选项，F15≠7 表示对问题 F15 的回答不是第 7 个选项。

(二) 劳动力调查主要相对数指标

劳动力调查主要相对数指标包括劳动参与率、就业/人口比、就业率、失业率。

1. 劳动参与率

劳动参与率是指经济活动人口与劳动力资源之比，它反映劳动力资源参与社会经济活动的程度。计算公式为：

$$劳动参与率=\frac{经济活动人口}{劳动力资源}\times 100\%$$

对上述公式可以从两个方面分析：

(1) 影响劳动参与率的四类人口。第一类是 16 周岁以上在校学生。这部分人增加，意味着国家中、高等教育的发展。第二类是家务劳动者的人数。在家务劳动社会化程度逐步提高的现代社会，这部分人所占的比重应越来越小。第三类是丧失劳动能力人口。这类人口数量一般随着人口老龄化的提高而增加。第四类是没有就业愿望的人口。这类人口占比重一般很小。对劳动参与率影响较大的是前两类人口。

(2) 劳动参与率是否适度。如 16 周岁以上在校学生的增加而引起劳动参与率的降低应是社会进步的重要体现。我国目前劳动参与率比发达市场经济国家高得多，其主要原因就是高等教育还不够普及。因此，我国应通过大力发展高等教育等措施适当降低过高的劳动参与率。

2. 就业/人口比

就业/人口比是指就业人员与工作（劳动）年龄人口（劳动力资源）的比率，在我国又叫劳动力资源实际利用率，反映了劳动力资源总数中实际参加社会劳动的人数的比重。计算公式为：

$$就业/人口比=\frac{就业人员}{劳动力资源}\times 100\%$$

劳动力资源实际利用率的高低，除了同劳动参与率一样，受16周岁以上在校学生和家务劳动者多少两个因素的影响外，还与劳动力中的失业人员数的变动有重要关系。

3. 就业率

就业率是劳动力就业率的简称，是指全部劳动力（经济活动人口）中，就业人数所占的比重。它反映了劳动力本身的利用程度。计算公式为：

$$就业率=\frac{就业人员}{经济活动人口}\times 100\%=\frac{就业人员}{就业人员+失业人员}\times 100\%$$

劳动力就业率的变动主要受劳动力失业率的影响。

4. 失业率

失业率是劳动力失业率的简称，是指全部劳动力（经济活动人口）中，失业人数所占的比重。它反映了劳动力的失业程度。计算公式为：

$$失业率=\frac{失业人员}{经济活动人口}\times 100\%=\frac{失业人员}{就业人员+失业人员}\times 100\%$$

就业率与失业率之和为100%。

上述劳动力调查主要相对指标可以按性别、年龄、地区、教育程度、技术技能情况分组计算。

【案例5—2】

2010年3月，美国有劳动力资源（工作年龄人口）237 159千人，非经济活动人口83 249千人，经济活动人口（劳动力）153 910千人，就业人员138 905千人，失业人员15 005千人。依据这些数据，可以计算出：

$$\begin{aligned}劳动参与率&=经济活动人口/劳动力资源\times 100\%\\&=153\,910/237\,159\times 100\%=64.9\%\end{aligned}$$

$$\begin{aligned}就业/人口比&=就业人员/劳动力资源\times 100\%\\&=138\,905/237\,159\times 100\%=58.6\%\end{aligned}$$

$$\begin{aligned}就业率&=就业人员/经济活动人口\times 100\%\\&=138\,905/153\,910\times 100\%=90.3\%\end{aligned}$$

$$\begin{aligned}失业率&=失业人员/经济活动人口\times 100\%\\&=15\,005/153\,910\times 100\%=9.7\%\end{aligned}$$

【新闻摘录】（中国日报网2010年3月30日）

日本总务省3月30日公布的速报数据显示，经季节调整后，日本2月份的失业率仍为4.9%，与上月持平。数据表明，2月份，日本男性失业率为5.2%，与上月相同；女性失业率为4.4%，比上月下降了0.2个百分点。数据还显示，2月份，日本的失业人数同比增加25万～324万人，为连续16个月同比增加；就业人数同比减少80万～6 185万人，为连续25个月同比减少。日本总务省说，尽管医疗福利、住宿及饮食服务业等行业的就业人数同比有较大幅度的增加，但制造业、建筑业等行业的就业人数同比大幅减少致使日本失业率仍处于较高水平。

（http://www.chinadaily.com.cn/hqcj/zxqxb/2010-03-30/content_91934.html）

(三) 职工的概念和统计

在我国，(在岗) 职工是一个比较重要的概念，是指在单位工作，并由所在单位支付工资的人员。(在岗) 职工是就业人员中的一个重要部分，职工之外的就业人员为其他就业人员。其他就业人员又可分为返聘的离退休人员、港澳台和外籍人员等。职工有关统计资料是根据国家统计局《劳动统计报表制度》收集的。

1. 职工判断标志

判断一个劳动力是否统计为职工，主要有两个标志：

第一个标志是在单位工作。所谓单位是指有一定的组织机构的集体。个体劳动没有组织机构，就不能称其为单位。各类企业（包括私营企业）都是有组织机构的，均可称为单位。与国际上的“带薪就业”人员不同。“带薪就业”人员（雇员）包括家庭或个体户雇用的人员。

第二个标志是由所在单位支付工资。从这个意义上讲，职工又可简称为“工资劳动者”。

在企业就业的绝大部分劳动力都应统计为职工。但有两类人员需扣除：

一是返聘的离退休人员。这部分人已被统计为离退休人员。尽管有少数返聘离退休人员从单位取得的收入也相当高，但从总体上说，这部分就业人员生活费主要来源是离退休金。

二是在单位工作的港澳台和外籍人员。这主要是与境内就业人员加以区别。

按上述两个标志衡量，还有下列人员不能统计为职工：

（1）实行个人承包离店经营不再由原单位支付工资的人员。

（2）从单位领取原材料，在自己家中进行生产的家庭工。

(3) 发包给其他单位半成品加工、装配、包装等工作所使用的人员；发包给其他单位的拆洗、缝补、房屋修缮、装卸、搬运、短途运输等工作所使用的人员；承包本单位工程或运输业务，其劳动力不由本单位组织安排的农村搬运队、建筑队的人员等。

(4) 根据国务院《关于严格控制农村劳动力进城做工和农业人口转为非农业人口的通知》(国发［1981］181号)规定，经省、自治区、直辖市批准从农村就地招用的，参加铁路、公路、输油输气管线、水利等大型土石方工程施工，工程结束后立即辞退，不得调往新施工地区的民工。但其他以“民工”名义，从农村招收的一般建设人员，应列入“职工”中统计。

(5) 参加单位生产劳动的军工和勤工俭学的在校学生，以及中专技校的实习生。

(6) 经单位批准停薪留职、保留单位职工身份的人员。如自费上大学、出国探亲以及离厂自谋出路等人员。

2. 职工人数统计的原则

职工人数涉及各项保险福利和有关任务，必须统计准确。职工人数的统计原则主要有：

(1) 各单位的职工人数要本着“不重不漏”的原则进行统计。为保证达到不重不漏，一般采取以下各项办法：

一是坚持“谁发工资谁统计”。即不论是编制内还是编制外的人员，不论是计划内还是计划外的人员，不论是出勤还是未出勤的人员，不论是正式人员还是试用人员，不论是在本单位工作还是临时借调到外单位工作的人员，只要是由本单位支付工资，就应统计为该单位的职工。

“谁发工资谁统计”，不能简单理解为是谁把工资交到职工的手中，具体应理解为“谁负担工资谁统计”。即哪个单位确定了职工的工资标准，核算了职工的工资额，并在单位财务账目上体现了对职工的工资支付，才被视为“发”了工资。

二是谁发基本工资谁统计。在经济搞活的情况下，有的职工同时在两个以上的单位有工作并领取工资。但一般情况下，只能在一个单位领取基本工资。因此，负责发放基本工资的单位应统计该职工人数。

三是职工档案所在的单位先统计。如果按上述两项办法仍不能解决某位职工由哪个单位统计时，可先确定该职工的档案在哪个单位，则该职工的档案所在单位应优先统计。

(2) 对于新招收的人员，从报到参加工作之日起，不论是否发放了当月工资，均应统计为本单位职工。如有的转业军人，到地方工作若干月后才办理转业手续，对这类人员就应从到单位报到之日起即统计为单位职工。对于自然减员、参军（包括参军后原单位仍发给部分生活费或补贴的人员）、不带工资上学的人员，从离开之日起即不再统计为本单位职工。对于调往其他单位的人员，调离单位从停止发放工资之月起不统计为职工，调入单位从发放工资之月起统计为本单位职工。

第三节 人才资源统计

人才资源统计工作是人才工作的组成部分，是为人才队伍建设战略规划、政策研究和宏观指导提供决策依据的一项重要的基础性工作。做好人才资源统计工作，对于加强党的执政能力建设、实施人才强国战略、实现全面建设小康社会的目标，具有十分重要的意义。人才资源统计工作始于 2004 年，是干部统计工作的继承和发展，是干部统计在新时期、新形势下的改革和扩充。从一定程度上讲，干部统计的历史，就是人才资源统计的历史，人才资源统计的发展，也是干部统计的延伸。

一、干部统计工作的历史回顾

干部统计作为人才资源统计的前身，是干部工作的重要组成部分，是认识干部现象的有效工具，是干部工作发展到一定阶段，为适应干部管理的需要而产生和发展起来的。

（一）干部统计的产生

早在大革命时期，为了适应革命斗争的需要，各根据地开展了土地面积、人口、干部队伍、军事力量装备等统计，并进行了政治、军事、经济、文化等各项统计调查工作，统计作为党的调查研究工作的重要手段，在各根据地、解放区得到了迅速发展。新中国建立初期，为了解干部队伍状况，以满足经济建设对各类干部的需要，部分中央局、中央分局和中央机关的一些部门，以及一些省（市）党委组织部先后制发了一些干部统计报表，在本部门、本系统和本地区实施。这些统计报表对于加强干部队伍的管理，合理地调配和使用干部，发挥了重要作用，为在全国建立统一的干部统计报表制度奠定了基础。1951 年年初，为了适应新形势下干部工作的要求，中共中央组织部经过多次研究，制定了党务干部、政府干部、群工干部、技术干部和干部培训五种统计报表，在中央各部门和各省（市）实施，但由于缺乏经验，制定的报表项目繁多，表格不规范。根据中央各部和各省（市）的建议和要求，同年5月，中共中央组织部和中央人事部开始建立全国机关、事业、企业单位干部统计报表制度，制定了《党群系统干部统计表》和《国家机关干部统计表》样表，草拟了《关于建立干部登记制度的试行办法》等有关文件。为借鉴苏联的统计经验，并结合我国三年来统计工作的实践经验，当时曾与国家统计局的苏联统计顾问和部分中央部门、省（市）的统计干部进行了多次座谈研究。最后，根据各方面的意见，对上述报表及文件再次进行了修改，于1951年11月24日由中央人事部安子文部长（中共中央组织部副部长）签发报送中央人民政府政务院邓小平副总理，随后周恩来总理作了批示，中央人民政府政务院于1952年12月6日正式批准颁发。这就是新中国成立后第一套全国统一的国家机关干部定期统计报表制度。与此同时，《党群系统干部定期统计报表》由中共中央组织部部长签发下达。

（二）干部统计发展的几个阶段

1. 新中国成立初到“文革”前的干部统计工作

为了保证第一个五年经济建设计划的顺利完成，国家决定抽调大批干部充实经济建设战线，因此，大力培养训练适应经济建设需要的各类干部成为当时干部工作的重点。中共中央于1953年11月作出了《关于加强干部管理工作的决定》。决定指出，逐步建立在中央和各级党委组织部统一管理下，中央及各级党委的分部分级管理干部的制度。同时还明确指出，组织部在中央及同级党委的领导下，负责并建立统一的干部档案制度与统计制度。当年9月20日至29日，由中央组织部与中央人事部，在北京共同召开了第一次全国干部统计工作会议。会议总结了新中国成立以来的干部统计工作，特别是1952年以来干部统计工作所取得的成绩，提出了进一步改革与加强干部统计工作的要求，确定了干部统计报表制度，讨论了《关于干部统计工作若干制度的暂行规定（草稿）》。

随着第一个五年计划的提前完成，为适应干部管理工作的需要，迎接社会主义建设和社会主义改造新的高潮，进一步改进与提高为干部工作服务的方法和水平，1956年7月16日至20日，中共中央组织部与国务院人事局在京共同召开了第二次全国干部统计工作会议。会议重点研究解决了干部统计工作中存在的主要问题，并提出了今后进一步改进与提高干部统计工作的意见。

2. 党的十一届三中全会以来的干部统计工作

由于历史的原因，1966—1970 年，干部统计工作中断了 5 年，对研究各级干部和干部队伍的状况造成了很大的损失，1971 年虽然恢复了干部统计工作，但是由于长期培养起来的一支具有一定业务水平的统计队伍被拆散了，新的统计人员业务不够熟悉，统计基础工作被破坏，原始登记材料大量散失，再加上当时干部管理上的混乱，造成了统计口径全国不统一的局面，所以干部统计数字就难以反映干部队伍的状况。针对上述情况，在布置 1978 年全国干部统计报表会上，时任中共中央组织部部长的胡耀邦同志到会并讲话，他在强调干部统计工作重要意义的同时，对干部统计工作提出了“简、准、快”的要求，有力地推动了干部统计工作的开展。

1980 年 7 月，中共中央组织部与国家人事局在京共同召开第三次全国干部统计工作会议。会上明确，为了加强和改进干部统计工作，提高统计质量，从 1980 年开始，由各级党委组织部和政府人事部门共同承担干部统计工作。会后经进一步修改，于同年 8 月 28 日由中共中央组织部正式下发了《关于加强干部统计工作的几点意见》。

3. 改革开放时期的干部统计工作

1991 年 9 月，中共中央组织部和人事部在北京共同召开了第四次全国干部统计工作会议。此次会议进一步明确干部统计工作的管理办法，即根据党管干部原则和现行的干部管理体制，干部统计工作实行由各级党委组织部统一领导，各级组织人事部门分工负责的管理办法。会议期间讨论了《关于干部统计工作的暂行规定》(该规定于 1992 年下发执行)。会后，两部联合印发了《第四次全国干部统计工作会议文件》。

第四次全国干部统计工作会议以后，为适应党的干部工作的中心任务和人事工作两个调整的需要，进一步深化干部统计体制改革，加强干部统计分析和预测，充分发挥干部统计在干部宏观管理中的重要功能，更好地为干部人事工作服务，为社会主义经济建设服务，1996 年 10 月 18 日，中共中央组织部、人事部以组厅字［1996］38 号文件的形式，下发了《干部统计工作考评暂行办法》和《关于加强“九五”期间干部统计工作的几点意见》。

【阅读链接】

《干部统计学概论》编写组编著．干部统计学概论（第一章“绪论”）．北京：党建出版社，1994

（三）干部统计的范围和对象

什么是干部统计？从字面上看，干部统计这一名词可分解为干部和统计这两个部分。干部，这一名词源自于法文“Cadre”，它一方面指国家机关、军队、人民团体中的公职人员，另一方面指担任一定领导工作或管理工作的人员。统计，是指对大量数据的收集、分析、解释和表述。把“干部”和“统计”结合起来，干部统计就是从干部这一社会现象的质量和数量的辩证统一中来研究其数量方面，并通过对数量的研究，来认识质的一种方法。从这一定义中我们可以看出，干部统计主要是对干部这一社会现象进行研究分析，从数量方面反映干部工作状况，以及干部队伍的素质、结构和发展变化情况。

干部统计的范围概括来讲是指所要调查的统计对象所在的地区、部门或单位。不同的统计报表，有不同的统计范围和统计对象。

全国干部定期统计报表调查统计的范围是：乡镇和城市街道以上各级党委、人大、政府、政协、法院、检察院、民主党派、人民团体机关及其所属国有事业、企业单位。其统计对象是：各级党委、人大、政府、政协、法院、检察院、民主党派、人民团体机关的干部；国有事业、企业单位中经组织人事部门办理任用、聘用手续，在管理岗位上工作的管理人员和各类专业技术人员。

干部统计的范围也不是一成不变的，随着组织人事工作发展的需要，农村及非公经济组织也被逐渐纳入干部统计的调查范围，人才的统计正成为干部统计的重要补充内容。

【阅读参考】干部统计工作的主要过程

干部统计工作，是指进行干部统计调查，开展干部统计资料收集、整理和分析预测的全过程，是干部统计的实践活动。其主要过程大体上可以分成以下三个阶段：

第一阶段围绕统计报表开展工作。各级组织人事部门需要完成干部统计年报表格的填报、审核、汇总上报任务。

第二阶段的主要任务是整理编印干部统计年报资料。

第三阶段是开展干部统计分析工作。

这三个阶段的工作，在时间上顺次排列，在内容上前后衔接，构成了干部统计工作的整个过程。

二、人才资源统计制度

(一) 人才资源统计制度的建立与完善

2004年，根据中央人才工作协调小组的部署和中央领导的要求，中央组织部、人事部会同劳动和社会保障部、农业部、国资委、国家统计局、国家工商总局、全国工商联等部门，开展了全国人才统计指标体系的研究工作，制定了《全国人才资源统计指标体系及统计调查实施方案》(以下简称《方案》)。中央组织部部务会和中央人才工作协调小组第六次会议审议并通过了《方案》。中央组织部、人事部、劳动和社会保障部、农业部、国家统计局等单位依据《方案》制定了人才资源统计报表制度，并联合下发了《关于做好全国人才资源统计调查工作的通知》(组通字［2004］49号)。

【新闻摘录】(新华社北京12月13日电)

中国开始实施一套新的全国人才资源统计指标体系。这套指标体系打破了人才的身份和所有制界限，把传统的干部人事统计拓展到全国人才资源统计。这一体系将取代沿用了50年的干部人事统计体系，从而使中国人才资源总体规模、层次、结构和分布的统计更加准确。

新的全国人才资源统计，将为制定人才队伍建设战略规划、政策研究和宏观指导提供数据支持。对全国人才资源进行统计后，将以此建立宏观人才资源信息库，为建立和完善人才市场体系、促进人才合理流动、实现人才工作协调发展提供信息和咨询服务，为人才规划的落实提供监测服务。

在该体系中，统计对象分为党政人才、企业经营管理人才、专业技术及事业单位管理人才、技能人才、农村实用人才5个类别。指标体系共分总量、分布、结构、流动、培养、使用、奖惩7大指标。

该体系打破了人才的身份界限和所有制界限，包括体制内和体制外所有人才，考虑了能力、业绩、创造性等综合因素。

(人民日报海外版，2004-12-14 (4). http://www.people.com.cn/GB/paper39/13621/1218874.html)

2004年全国人才资源统计调查的主要内容是：党政人才资源统计调查，企业经营管理人才资源统计调查，事业单位管理人才资源统计调查，专业技术人才资源统计调查，技能人才资源统计调查，农村实用人才资源统计调查。全国人才资源统计调查时点为2004年12月31日，调查年度从2003年12月

31日至2004年12月31日。

党政人才、公有制经济领域的企业经营管理人才、事业单位管理人才、公有制经济领域的企业和事业单位专业技术人才采用全面统计调查方式，非公有制经济领域人才采用抽样调查方式，技能人才、农村实用人才采用抽样调查试点方式。

【阅读链接】

中央组织部、人事部、劳动和社会保障部、农业部、国家统计局联合下发《关于做好全国人才资源统计调查工作的通知》（组通字［2004］49号）

2010年，为贯彻落实《国家中长期人才发展规划纲要（2010—2020年）》，进一步提高人才工作科学化水平，中央组织部、人力资源和社会保障部、国家统计局研究起草了《关于进一步加强和改进人才资源统计工作的通知》（组通字［2010］27号），对人才资源统计的指标体系、统计方法、责任分工和信息发布等作了明确规定。

国家人才资源统计指标体系由国家人才发展主要指标、人才队伍建设指标、重点领域人才资源指标和国家人才发展监测与评价主要指标构成。国家人才发展主要指标是反映人才发展整体水平和主要发展目标的综合性指标，包括人才资源总量，每万劳动力中研发人员、高技能人才占技能劳动者比例，主要劳动年龄人口受过高等教育的比例，人力资本投资占国内生产总值比例，人才贡献率等6项指标。人才队伍建设指标是反映党政人才、企业经营管理人才、专业技术人才、高技能人才和农村实用人才队伍基本状况的专项指标，包括人才资源规模、素质、结构等方面的若干指标。重点领域人才资源指标是反映国民经济和社会发展重点领域人才资源状况的专项指标，包括人才资源总量、素质、结构和急需紧缺人才开发状况等方面的若干指标。国家人才发展监测与评价主要指标是衡量人才发展整体水平的综合评价指标。除国家人才发展主要指标、人才队伍建设指标和重点领域人才资源指标外，还包括人才资源综合评价、规模与素质、投入与效能以及状况等方面的若干指标。

国家人才发展主要指标、重点领域人才资源指标和国家人才发展监测与评价主要指标的统计，根据实际需要，可采取全面统计、抽样调查、专题调查和数据测算相结合的方式进行；党政人才、公有制经济领域的企业经营管理人才和企事业单位专业技术人才统计，可采取全面统计调查方式，实行年度统计；非公有制经济领域人才、高技能人才、农村实用人才统计，可采取抽样调查方式，每二三年进行一次。在此基础上，全口径的全国人才资源统计调查，每五年开展两次。

国家人才资源统计工作在中央人才工作协调小组领导下，由中央组织部、人力资源和社会保障部、国家统计局会同各有关部门共同开展。统计数据的综合汇总由中央组织部负责。国家人才资源信息发布工作由中央组织部、人力资源和社会保障部、国家统计局共同负责，每二三年按全口径发布一次。其中，党政人才、公有制经济领域的企业经营管理人才、公有制经济领域的企业和事业单位专业技术人才信息每年发布一次；各重点领域人才资源信息发布，需经中央人才工作协调小组同意。国家人才资源信息的发布，可根据实际情况通过文件、统计公报、新闻发布会或新闻报道等形式进行。

（二）主体人才队伍统计

1. 党政人才资源

党政人才资源包括公务员和参照公务员法管理的群团机关工作人员。

公务员指列入公务员法实施范围的中国共产党各级机关、各级人民代表大会及其常务委员会机关、各级行政机关、中国人民政治协商会议各级委员会机关、各级审判机关、各级检察机关、各民主党派和工商联的各级机关中已登记和暂缓登记人员。

参照公务员法管理的群团机关工作人员指参照公务员法管理的各级人民团体和群众团体机关中已登记和暂缓登记人员。

主要指标解释：

职务层次：指正省部级、副省部级、正厅局级、副厅局级、正县处级、副县处级、正乡科级、副乡科级、科员、办事员、试用期人员。

晋升：指根据工作需要和公务员本人的工作表现，提高公务员原有的职务，由较低层次的职务升任至较高层次的职务。

破格提拔：对特别优秀的年轻公务员或者因工作特殊需要，适当放宽《党政领导干部选拔任用工作条例》规定的工龄、基层工作经历、任职年限等资格要求的限制，予以提拔使用。

录用：指按照规定的条件和程序，面向社会采用公开考试、严格考察的办法，选拔担任主任科员及以下非领导职务的公务员的活动。

交流：指根据工作需要或公务员个人愿望，通过调任、转任、挂职锻炼等形式，调整公务员的工作岗位。

免职：对在年度考核、干部考察中，民主测评不称职票超过1/3，经组织考核认定为不称职，或者被党委（党组）及其组织（人事）部门责令辞去领导职务而本人拒不执行，被任免机关根据有关法律、法规、章程和规定，按照一定的程序，在管理权限范围内，免除公务员的所任领导职务。不包括机关干部因转任、轮换、挂职锻炼、晋升或降低职务等，需要免除原任职务而改任其他职务的，或因退休而免除干部的职务。

降职：对因工作能力较弱或其他原因，不适宜担任现职的领导干部，由任免机关予以降低职务使用。

辞去领导职务：通常是指领导干部本人根据有关规定，通过一定的程序，主动向任免机关提出辞去所担任的领导职务。

2. 企业经营管理人才资源

企业经营管理人才资源指在企业经营管理岗位上工作的人员，包括出资人代表、经营管理人员和党群工作者。

出资人代表指出资人任命或推荐任职的董事、监事。

经营管理人员指具体从事经营管理活动的人员，包括各级经理人以及具体从事规划计划、人力资源、市场营销、资本运营、财务审计、生产管理、法律事务、质量安全环保、行政管理等业务工作的人员。

党群工作者指主要从事党务、纪检监察、工会、共青团、老干部、企业文化建设等工作的人员。

主要指标解释：

企业法人：指从事商品生产、流通、经营和服务性经济活动，以营利为目的并在工商行政管理部门登记注册，领取了《中华人民共和国企业法人营业执照》，获得法人资格的企业。

公有经济企业：指资产归国家或公民集体全部所有或控制的各类企业。不论为何种组织类型的企业，只要是由国家或公民集体经济控制，均为公有经济企业。

委任或直接聘任：是指企业配置使用人才过程中，由组织人事部门直接选拔，党委（党组）讨论决定任用的人才使用方式。

选任：是指企业配置使用人才过程中，通过依法民主选举的方式产生人选，并经组织审定的人才使用方式，如党委成员、工会主席等。

市场化选聘：是企业配置使用人才过程中，通过内部竞争上岗、公开招聘、人才市场选聘方式，经考察了解，并经党委（党组）讨论决定任用的人才使用方式。

3. 专业技术人才资源

专业技术人才资源指在专业技术岗位工作的或具有专业技术职务（资格）在专业技术管理岗位工作的人员。

主要指标解释：

在专业技术管理岗位工作的：指在专业技术管理岗位工作和在管理岗位工作具有专业技术职务（资格）的人员。

职业准入资格：指按照国家相关法律法规规定，在涉及国家安全、公共利益和关系人民生命财产安全等专业技术工作岗位，建立的人员资格管理制度，实行注册管理。这类人员资格即属职业准入资格。职业准入资格也是专业技术人员从事法定条件规定的特定专业技术岗位工作的必备条件，属于行政许可范畴。专业技术人员依据有关规定通过国家统一考试等方式取得职业准入资格。

专业技术类别：依据中央职称改革工作领导小组和有关部门批转的 28 个专业技术职务试行条例和中共中央办公厅转发的《企业思想政治工作人员专业职务试行条例》确定。现从事的专业技术工作与聘任的专业技术职务或原取得的专业技术职称不一致的，按现在担任的专业技术工作的相应职务进行统计。如聘任职务是工程师，现从事的是科研工作，则按照助理研究员统计。

4. 高技能人才资源总量

高技能人才是指具有高超技艺和精湛技能，能够进行创造性劳动，并对社会作出贡献的人。高技能人才资源总量是指技能劳动者中取得高级技工、技师和高级技师职业资格的人员数量之和。

主要指标解释：

国家职业资格五级（初级技能）：能够运用基本技能独立完成本职业的常规工作。

国家职业资格四级（中级技能）：能够熟练运用基本技能独立完成本职业的常规工作；在特定情况下，能够运用专门技能完成技术较为复杂的工作；能够与他人合作。

国家职业资格三级（高级技能）：能够熟练运用基本技能和专门技能完成技术较为复杂的工作，包括完成部分非常规性工作；能够独立处理工作中出现的问题；能够指导和培训初、中级人员。

国家职业资格二级（技师）：能够熟练运用专门技能和特殊技能完成复杂的、非常规性工作；掌握本职业的关键性技能，能够独立处理和解决技术或工艺难题；在技术技能方面有创新；能够指导和培训初、中、高级人员；具有一定的技术管理能力。

国家职业资格一级（高级技师）：能够熟练运用专门技能和特殊技能在本职业的各个领域完成复杂的、非常规性的工作，熟练掌握本职业的关键性技能，能够独立处理和解决高难度技术问题或工艺难题；在技术攻关和工艺革新方面有创新；能组织开展技术改造、技术革新活动；能组织开展系统的专业技术培训；具有技术管理能力。

5. 农村实用人才资源

农村实用人才指具有一定知识或技能，为农村经济和科技、教育、卫生、文化等各项社会事业发展提供服务、作出贡献，起到示范或带动作用的农村劳动者，包括生产型人员、经营型人员、技能带动型人员、科技服务型人员和社会服务型人员。

主要指标解释：

生产型人才：主要是指在农村种植、养殖、捕捞、加工等领域达到较大规模，收益明显高于本地其他农户，并有一定示范带动效应、帮助农民增收致富的业主或技术骨干人员。包括种植能手、养殖能手、捕捞能手和加工能手。

经营型人才：指从事非农业经营、农村专业合作组织、农村经纪等生产活动，有一定规模并有一定经济收入、有较大示范带动效应或能吸纳一定数量的劳动力就业的农村劳动者。包括经营人才、农民专业合作组织负责人和农村经纪人。

技能带动型人才：指具有制造业、加工业、建筑业、服务业等方面的特长或技能，能带动若干农民掌握该技术或进入该行业，以从事该行业作为主要经济来源的，本人年纯收入明显超过本地农村居民人均纯收入的农村劳动者。如铁匠、木匠、泥匠、石匠、篾匠、漆匠等手工业者。

科技服务型人才：主要指村级农业技术服务人员，即农民中专门或主要从事农业技术服务，并具有较高技术和服务水平，服务若干对象的农村劳动者。具体包括动物防疫员、植物病虫害综合防治员、农产品质量检验检测员、肥料配方师、农机驾驶和维修能手、农村能源工作人员等。

社会服务型人才：主要指在农村文化、体育、就业、社会保障等领域提供服务的各类人才。包括乡村文体艺术人才和乡村社会工作人员。

思　考　题

1. 解释以下指标的定义：劳动力资源、经济活动人口、就业人员、失业人员、劳动参与率、失业率。

2. 简述职工的概念、界定和统计原则。

3. 人才资源统计制度与传统的干部统计制度有哪些不同?

4. 简述2010年的国家人才统计指标体系的主要内容。

第六章

就业统计

本章导读

就业是民生之本。做好就业工作，事关改革发展大局，事关人民生活和社会稳定。而就业统计工作是指有目的、有组织、有步骤地应用统计方法，从事就业统计数据的收集、整理、推断、分析的统计活动过程。做好就业统计工作，是准确把握就业形势、分析就业矛盾、做好就业工作的重要前提。特别是在就业形势十分严峻、任务非常繁重的当前，做好就业统计工作具有十分重要的意义。

从现代经济学角度讲，就业统计可分为广义和狭义两种。广义的就业统计涵盖生产（包括劳动力资源的生产和再生产）、分配、消费、积累的经济活动全过程；狭义的就业统计，主要是按照部门分工和业务职能，对广义就业统计中的部分内容进行明确和细化。

就业统计工作一般分为统计设计、资料收集、资料整理、统计分析四个阶段。统计设计是指设计就业统计指标体系，拟定就业统计调查、整理和分析的实施方案。资料收集是指根据调查方案，采用一定的方式和方法实施就业统计调查，收集所需的原始就业统计资料及其他有关资料。资料整理是指根据就业统计工作的目的和任务，将调查取得的大量就业原始资料进行科学的分类和汇总，为就业统计分析提出系统和条理化的综合资料。统计分析是指根据对经过加工整理的就业统计资料进行分析，获得结论，拟就分析报告，报告应当对未来就业形势进行预测并提出建议。

本章通过阐述就业统计的意义，介绍就业统计工作的主要内容和各个工作阶段，帮助读者理解就业统计工作的作用，强化对就业统计工作的理解和认识，掌握做好就业统计的工作方法。

第一节　就业统计概述

一、就业统计的含义和内容

(一) 就业统计的含义

关键概念

就业统计工作是指有目的、有组织、有步骤地应用统计方法，从事就业统计数据的收集、整理、推断、分析的统计活动过程。

根据统计学原理，就业统计包括三个方面的含义，即就业统计工作（或称就业统计活动）、就业统计资料和就业统计理论。

就业统计工作一般分为统计设计、资料收集、资料整理、统计分析四个阶段。统计设计是指设计就业统计指标体系，拟定就业统计调查、整理和分析的实施方案。资料收集是指根据调查方案，采用一定的方式和方法实施就业统计调查，收集所需的原始就业统计资料及其他有关资料。资料整理是指根据就业统计工作的目的和任务，将调查取得的大量就业原始资料进行科学的分类和汇总，为就业统计分析提出系统和条理化的综合资料。统计分析是指根据对经过加工整理的就业统计资料进行分析，获得结论，拟就分析报告，报告应当对未来就业形势进行预测并提出建议。

就业统计资料主要是指通过收集、整理以及计算、分析等工作得到的与就业相关的数字和数据资料，以及相关文字资料，如必要的文字说明、补充材料、调查报告和分析报告等。就业统计资料是就业统计实践活动的成果，是反映就业工作的规模、构成、发展水平和各种就业现象比例关系的数字资料。

就业统计理论是系统地阐明就业统计的理论和方法的科学，是一种从数量方面认识、研究、分析、预测就业工作的认识方法和分析方法。就业统计理论来自就业统计实践，并对就业统计实践起指导作用。

就业统计的三个方面是有机联系的。一般来讲，就业统计资料是就业统计工作的成果；就业统计工作是就业统计理论的实践过程；就业统计理论是对就业统计工作实践在理论上的概况和总结，就业统计工作要以就业统计理论为指导，并在实践中检验和发展就业统计理论。

（二）就业统计的内容

就业统计内容非常丰富，从现代经济学角度讲，可分为广义和狭义两种。广义的就业统计，其指标包括劳动力资源、经济活动人口、从业（就业）人口、失业人口的构成、素质、变动情况，以及相关就业工作变动情况等内容，涵盖生产（包括劳动力资源的生产和再生产）、分配、消费、积累的经济活动全过程。狭义的就业统计，主要是按照部门分工和业务职能，对广义就业统计中的部分内容进行明确和细化。本章所强调的就业统计，主要是指就业工作进展情况，包括就业基本情况、就业人员变动、就业服务进展、就业政策执行等。

二、与统计学相关的基本概念

就业统计作为统计学的一个分支，应当也必须适用统计学中特有的一些基本概念，主要有总体和总体单位、标志和指标、统计指标和统计指标体系。

（一）总体和总体单位

总体是由客观存在的、具有某种共同性质的许多个别事物构成的整体；构成总体的所有个体称为总体单位。例如，研究我国公共就业服务机构时，所有公共就业服务机构就是一个总体。在这个总体中的每个公共就业服务机构都是总体单位。

（二）标志和指标

标志是总体各单位所具有的属性或特征。例如，公共就业服务机构的行政级别、工作人员数量等，都是标志。指标是反映总体数量特征的名称和数值。例如，在公共就业服务机构的总体中，所有工作人员数量就是一个指标。

指标和标志的区别在于前者说明总体特征，后者说明总体单位的特征；前者都可用数值表示，后者则包括不能用数值表示的品质标志。两者的联系在于，总体单位的数量标志可以汇总成指标的数值。

（三）统计指标和统计指标体系

统计指标是指反映总体现象数量特征的概念和具体数值。统计指标体系是根据统计任务的需要，能够全面反映统计对象数量特征和数量关系，互相联系的一套指标。

就业统计指标和就业统计指标体系的设计，既要符合统计指标和统计指标体系的基本要求，又要结合就业工作实际情况，遵循科学、可行、可比、全面、宏观、统一的原则来进行。

三、做好就业统计工作的意义

就业是民生之本。做好就业工作，事关改革发展大局，事关人民生活和社会稳定。而做好就业统计工作，是准确把握就业形势、分析就业矛盾、做好就业工作的重要前提。特别是在就业形势十分严峻、任务非常繁重的当前，做好就业统计工作具有十分重要的意义。

做好就业统计工作是做好就业工作的基础。就业工作面向百姓、服务百姓，做好就业工作必须熟悉百姓情况，掌握百姓动态，了解百姓需求。而要了解这些情况，都需要准确、及时的各项就业数据作支撑。随着就业工作长效机制的逐步建立，就业数据越来越成为开展就业工作的基础一环，从而使得做好就业统计工作，成为准确把握就业形势、分析就业矛盾、做好就业工作的重要前提。

做好就业统计工作是掌握新情况、制定新政策的重要依据。就我国的实际情况来讲，就业统计工作一方面要及时准确反映我国就业的实际情况，另一方面也要为各级政府制定新的政策提供科学的数据参考。通过做好就业统计工作，各级政府及时获取了大量反映我国就业形势的统计数据和信息，为我国就业政策的制定、调整和完善提供了重要的决策依据。

做好就业统计工作是推动就业工作的有力手段。做好就业统计工作的一个重要目的，是通过随时了解就业工作情况及时调度各地就业工作的开展。特别是2002年以来，就业统计指标已经成为我国宏观经济调控和各级政府政绩考核的重要指标。就业统计工作在落实积极的就业政策、开展汶川地震就业援助、应对国际金融危机影响等各项工作中都发挥了重要作用。

“十二五”时期，是我国全面实现小康社会奋斗目标承前启后的关键时期，是深入贯彻落实科学发展观、构建和谐社会的重要时期，也是人力资源和社会保障事业发展的重大机遇期。这一时期，我国就业工作面临着严峻的挑战，同时也有着难得的机遇。一方面，在劳动力供大于求的压力持续增长的同时，用工的结构性矛盾日愈突出，转变经济发展方式和调整经济结构带来新的挑战，后金融危机时期国际化问题对我国经济和就业造成重大影响，这些压力与困难使得就业形势更加复杂；另一方面，党和政府将“就业优先”注入执政理念，经济发展、扩大内需和城镇化将对就业有新拉动，积极就业政策效力进一步释放，市场就业观念深入人心，公共就业服务和职业培训发挥更大作用，我国就业工作必将迎来一个新的局面。就业统计作为就业的重要基础工作，要在认真总结前期工作经验的基础上，围绕促进就业这一改善和保障民生的头等大事和经济社会发展的优先目标，建立信息化的就业实名制统计报表制度，同时加强与统计部门的合作，完善劳动力抽样调查制度，形成上述两项制度互为补充，能够准确、及时、全面反映社会就业失业状况和就业工作进展情况的就业统计体系。

第二节　就业统计指标

就业统计指标是反映就业工作情况的重要依据，因此，设计就业统计指标便成为就业统计设计的主要工作。从现行的就业统计报表制度看，就业统计指标主要包括三个方面的内容：就业失业指标、就业服务和管理指标、就业政策执行指标。

一、就业失业指标

就业失业指标是指反映就业人员、失业人员基本情况及其变化的指标。其中，就业指标主要包括城乡就业（从业）人员数，分性别、年龄、教育程度、单位性质、技能、职业、身份就业（从业）人员数，城镇净增、新增就业人员数，失业人员再就业人员数，就业困难人员再就业人员数，以及相关群体就业人员数等；失业指标主要包括失业人员数和失业率。

（一）就业（从业）人员数

就业人员是指在劳动年龄内，有劳动能力，参加社会经济活动取得劳动报酬或经营收入的人口。就业人员是分析国家或企业在经济活动中劳动投入的重要指标。目前，全国就业人口，城、乡就业人员数及其分类数据，均由国家统计局通过每年一次1‰的人口变动调查推算得出，并根据每5年一次的1%的人口抽样和每10年一次的人口普查，对有关指标进行调整；单位就业人员由国家统计局基层统计报表汇总得出，个体、私营企业就业人员由工商行政管理局行政记录汇总得出。

（二）城镇净增和新增就业人员数

城镇净增就业人员数是反映报告期就业工作最终结果的指标，指报告期末城镇就业人员与期初城镇就业人员之差。城镇新增就业人员数是检查各地就业和再就业工作计划完成情况的指标，为报告期内城镇累计新就业人数减去自然减员人数之值。城镇累计新就业人数是反映报告期就业工作过程的指标，是指报告期内城镇各类单位、私营个体经济组织、社区公益性岗位累计新就业的人数，以及通过各种灵活就业形式新就业的人数总和。自然减员人数是指报告期内按照国家政策规定办理正式退休手续人员和因伤亡减员的人数。

（三）失业人员再就业人员数和就业困难人员就业人员数

这两项指标均是反映各地重点群体就业和再就业工作完成情况的指标。失业人员再就业人员数为报告期内登记失业人员重新就业的人员总数；就业困难人员就业人员数为报告期内符合就业困难人员条件并实现就业的人员总数，它还体现了政府就业援助工作的成绩。就业困难人员的具体范围和申请认定程序，由各省、自治区、直辖市人民政府根据《就业促进法》的要求和本地实际情况规定。

（四）失业人员数和失业率

失业人员分为登记失业人员和调查失业人员两类。前者是指有非农业户口，在劳动年龄内，有劳动能力，无业而要求就业，并到当地公共就业服务机构进行求职登记的人员，失业登记是政府制定就业政策和公共就业服务机构提供就业服务的依据；后者是指 16 周岁以上（无年龄上限），有劳动能力，在调查周内未从事有收入劳动或从事有收入的劳动不足 1 小时，有就业意愿并以某种方式寻找工作的人员。

失业率是评价一个国家或地区失业状况的主要指标。根据失业人员的分类，失业率也分为登记失业率和调查失业率两种。城镇登记失业率是指报告期末城镇登记失业人数占期末城镇从业人员总数与期末实有城镇登记失业人数之和的比重。由于并不是所有失业人员都去进行登记，城镇登记失业率在真实、准确、全面地反映宏观就业失业形势方面存在不足。城镇调查失业率，是指城镇调查失业人数占城镇调查从业人数与城镇调查失业人数之和的比重。在经过科学抽样，并保证一定规模样本量的情况下，调查失业率的统计数据可以比较灵敏地反映一个国家或地区的就业和失业状况。但是，调查失业率的统计数据无法针对具体的个体对象；在样本量小、抽样方法不够科学的情况下，其统计数据将难以反映真实情况。

目前我国主要以城镇登记失业率作为宏观调控主要目标，“十二五”期间，将由国家统计局牵头，继续完善劳动力调查制度，争取尽快公布城镇调查失业率。

二、就业服务和管理指标

就业服务和管理指标是反映就业服务和管理工作情况的指标。就业服务和管理指标主要包括两部内容：一是公共就业服务机构自身发展水平的指标，如各级机构个数、工作人员情况等数据；二是公共就业和人才服务机构提供服务和管理的指标，如办理就业登记人数、登记招聘单位数、登记求职人数、介绍成功人数、接受职业指导和创业服务人数、代理保管人事档案人数、管理流动党员人数等；三是反映就业援助情况的指标，如就业困难人员数和零就业家庭户数、消除的零就业家庭户数和实现就业的零就业家庭成员人数、公益性岗位安置人数等。

（一）各级机构个数

各级机构个数即各级公共就业人才服务机构个数，是指各级政府举办的，为劳动者提供公共就业人才服务的机构个数。包括县级以上承担组织协调本地区公共就业人才服务运行的非行政性质机构、综合性服务机构（含政府举办的人才交流服务机构和劳动就业服务机构）、街道（乡镇）和社区（行政村）基层服务窗口，以及就业训练、创业服务等服务实体。

（二）工作人员情况

工作人员情况指公共就业人才服务机构中的工作人员情况，包括编制人员、聘用人员的数量、教育程度、技能状况等。

（三）办理就业登记人数

就业登记是反映当期劳动者就业状况的指标。劳动者被用人单位招用的，由用人单位到当地公共就业人才服务机构为劳动者办理就业登记。劳动者从事个体经营或灵活就业的，由本人在街道、乡镇公共就业人才服务机构办理就业登记。办理就业登记人数是指报告期内，用人单位和劳动者个人在公共就业人才服务机构办理就业登记涉及的人员总数。

（四）本期单位登记招聘人数和登记招聘人员的单位数

这两项指标是反映当期人力资源市场对劳动力资源需求状况的重要指标。本期单位登记招聘人数是指报告期内，用人单位在公共就业人才服务机构登记备案并委托公共就业人才服务机构帮助招聘、推荐的岗位空缺所对应的总人次数。登记招聘人员的单位数是指报告期内，委托公共就业人才服务机构招聘人员的用人单位个数。

（五）本期登记求职人数

登记求职人数是反映当期人力资源市场上劳动力资源供应状况的重要指标。本期登记求职人数是指报告期内，求职者在公共就业人才服务机构登记备案，并委托公共就业人才服务机构帮助介绍、推荐工作的总人次数。

（六）本期介绍成功人数

本期介绍成功人数是衡量公共就业人才服务机构工作效果的指标，也是反映当期人力资源市场上劳动力资源供需匹配程度的指标。本期介绍成功人数是指报告期内求职者通过公共就业人才服务机构提供职业介绍、推荐见面或提供岗位信息等公共就业人才服务而实现就业的总人次数。

（七）本期接受职业指导人数和本期接受创业服务人数

这两项指标是反映公共就业人才服务机构为劳动者提供公共就业人才服务工作情况的指标。本期接受职业指导人数是指报告期内接受过公共就业人才服务机构提供职业指导服务的总人次数。本期接受创业服务人数是指报告期内接受过公共就业人才服务机构提供创业服务的人数。

（八）期末代理保管人事档案人数和期末管理流动党员人数

这两项指标是反映公共就业人才服务机构提供人力资源社会保障事务代理工作量的指标。期末代理保管人事档案人数是指报告期末公共就业人才服务机构代理保管人事档案所对应的总人数。期末管理流动党员人数是指报告期内由公共就业人才服务机构代理管理的流动党员的总人数。

（九）就业援助

就业援助是反映政府履行促进就业职责情况的指标。就业援助是指依托街道、社区等公共就业人才服务机构，把就业困难人员作为主要对象，开设专门窗口，实施政策咨询、求职登记、职业指导、岗位推荐、技能培训、事务代理等就业援助措施，使他们在生活保障、再就业和社会保险等方面得到及时有效的帮助。

（十）就业困难人员数和零就业家庭户数

这两项指标是反映需要政府给予扶持和帮助的就业援助对象数量的指标。就业困难人员数是指符合就业促进法规定的相关条件的人员，一般指大龄、身有残疾、享受最低生活保障、连续失业一年以上，以及因失去土地等原因难以实现就业的人员。零就业家庭户数是指报告期内，城镇家庭中，所有法定劳动年龄内、具有劳动能力和就业愿望的家庭成员均处于失业状态，且无经营性、投资性收入的家庭户数。

（十一）公益性岗位安置人数和实现就业的零就业家庭成员人数

这两项指标是反映政府提供就业援助服务效果的指标。公益性岗位是指政府作为出资主体，扶持或通过社会筹集资金开发的，以安置就业困难人员为主，符合社会公共利益需要的服务性岗位和协助管理岗位。公益性岗位安置人数是指通过公益性岗位予以安置的就业困难人员人数。实现就业的零就业家庭成员人数是指报告期内，零就业家庭中所有法定劳动年龄内、具有劳动能力和就业愿望的家庭成员从原失业状态变为就业状态的人数。

三、就业政策执行指标

就业政策执行指标是反映就业扶持政策落实效果的指标，主要包括两个方面的内容：一是就业专项资金使用情况，包括扶持公共就业服务资金，就业专项资金支出补贴（如职业培训补贴、职业介绍补贴、社会保险补贴、岗位补贴、职业技能鉴定补贴、见习补贴等），小额担保贷款安排额度和小额担保贷款贴息、特定政策补助支出等；二是从享受就业扶持政策的人次来反映就业政策执行情况，包括享受上述各项补贴人数、享受小额担保贷款贴息人数、享受特殊政策补助人数等。

（一）扶持公共就业服务资金

扶持公共就业服务资金，是指就业专项资金中，用于各级公共就业服务机构的人力资源市场信息网络方面的支出。

（二）就业专项资金支出补贴

就业专项资金支出补贴，是指为开展就业工作，从就业专项资金中支出的各项补贴，主要包括职业培训补贴、职业介绍补贴、社会保险补贴、岗位补贴、职业技能鉴定补贴、见习补贴等。其中，各项补贴的支出范围和支出额度，是对就业扶持政策落实情况，及对登记失业人员、就业困难人员、进城务工的农村劳动者、高校毕业生等群体就业扶持效果的重要体现。

职业培训补贴：是指登记失业人员、进城求职农村劳动者参加职业培训，实现就业后，从就业专项资金中支出的职业培训补贴。

职业介绍补贴：是指职业中介机构对登记失业人员开展职业介绍服务，帮助其实现就业后，从就业专项资金中支出的职业介绍补贴。

社会保险补贴：是指符合规定条件的就业困难人员被企业吸纳、从事公益性岗位以及灵活就业后，按企业为其缴纳的社会保险费额，从就业专项资金中支出的社会保险补贴。

岗位补贴：是指符合规定条件的就业困难人员从事公益性岗位，从就业专项资金中支出的岗位补贴。

职业技能鉴定补贴：是指就业困难人员、进城务工的农村劳动者通过初次技能鉴定、取得职业资格证书后，由就业专项资金支出的一次职业技能鉴定补贴。

见习补贴：是指各级政府有关部门组织对离校后未就业毕业生到企事业单位参加实践训练的就业扶持措施，由就业专项资金给予一定的基本生活补助。

（三）小额担保贷款担保基金安排额度和小额担保贷款贴息

小额担保贷款担保基金，是指各级政府从就业专项资金中支出建立的专项用于小额担保贷款担保业务的基金。小额担保贷款担保基金安排额度是指在一定报告期内，就业专项资金中安排用于小额担保贷款担保基金的数额。小额担保贷款贴息是指对符合规定条件的小额担保贷款借款人用于从事微利项目的小额担保贷款，经办银行对符合规定条件的劳动密集型小企业发放的小额担保贷款，由就业专项资金支出的贴息资金。

（四）特定政策补助支出

特定政策补助支出，是指经国务院批准，各级人民政府从就业专项资金中支出的，对国有困难企业与下岗职工解除劳动关系给予的经济补偿金补助和为国有困难企业“4050”下岗职工解除劳动关系给予的社会保险费补贴。

（五）享受各项就业扶持政策的人次

享受各项就业扶持政策的人次包括享受各项补贴人数、享受小额担保贷款贴息人数、享受特殊政策补助人数等。主要通过享受各种就业扶持政策的人数，来反映就业政策执行情况及对登记失业人员、就业困难人员、进城务工的农村劳动者、高校毕业生等群体就业的扶持效果。

【新闻摘录】

人力资源社会保障部发布2009年人力资源和社会保障发展统计公报

2009年年末全国就业人员77 995万人，比上年末增加515万人。其中，第一产业就业人员29 708万人，占全国就业人员的38.1%；第二产业21 684万人，占27.8%；第三产业26 603万人，占34.1%。年末城镇就业人员31 120万人，比上年末净增加910万人。

2009年度全国农民工总量为22 978万人，其中外出农民工数量为14 533万人。

全年城镇新增就业人员1 102万人，有514万下岗失业人员实现了再就业，就业困难对象再就业164万人。年末城镇登记失业人数为921万人，城镇登记失业率为4.3%。全年全国共帮助6.9万户零就业家庭实现每户至少一人就业。组织3.5万名高校毕业生到农村基层从事“三支一扶”的工作。

年末持外国人就业证在中国工作的外国人共22.3万人，持台港澳人员就业证在内地工作的台港澳人员共8.6万人。

年末全国共有各类职业介绍机构37 123所，其中公共职业介绍机构24 921所。全年公共职业介绍机构介绍成功2 097.6万人次。

(http://w1.mohrss.gov.cn/gb/zwxx/2010-05/21/content_382330.htm)

第三节　就业统计调查和整理

一、就业统计调查的分类和方法

就业统计调查是就业统计整理和就业统计分析的前提和基础，为确保其准确性、及时性、全面性和系统性，必须对就业统计调查进行科学分类，采用科学的调查方法。

（一）就业统计调查

按照调查对象、范围的不同，就业统计调查可以分为全面调查和非全面调查。前者主要是指在全国范围内的普遍调查，如新增就业统计等；后者主要是指在部分地区、部分单位进行的调查，如部分企业岗位流失情况调查等。

按调查登记的时间是否连续，就业统计调查可以分为经常性调查和一次性调查。前者主要是指对调查对象进行的经常和连续的调查，如新增就业月报、年报等；后者主要是指对调查对象在某一时点上的状态进行的调查，如部分城市农民工就业情况调查等。

按调查组织方式不同，就业统计调查可以分为统计报表和专门调查。前者主要是指以原始记录为基础，按统一规定的表式、内容、计算方法、报送时间和程序自下而上地报送统计资料的组织形式，如失业人员统计等；后者主要是指为了研究某些专门问题，专门组织的调查，如应对金融危机就业相关数据快速调查等。

（二）就业统计调查的方法

在实际工作中，统计调查常用的直接观察法、采访法和报告法已全部得到应用。

直接观察法是指由调查人员亲自到现场对调查对象进行观察和记录以取得调查资料的方法，如赴各省进行就业政策落实情况调查。

采访法是指由调查人员向被调查者提问，根据被调查者的答复取得资料的方法，如调研工作中召开的座谈会等。

报告法是指调查单位按照隶属关系逐级向上级单位报告情况以取得资料的方法，当前各项制度性调查均采用这种方法。

（三）就业统计调查方案的制订

制订就业统计调查方案，是开展就业统计调查工作的前提和关键环节。一般情况下，制订就业统计调查方案包括六个部分：

一是确定调查目的，只有在必要情况下才开展就业统计调查，而且调查目标要尽量精简、明确。

二是确定调查内容，主要是指要有明确的调查对象、调查单位和调查范围。

三是确定调查手段，主要是指设计调查项目和制定调查表。

四是确定调查方法，主要是指明确调查时间、调查地点和调查方式。

五是确定调查实施计划，主要是指明确就业统计调查的组织实施责任。

六是确定调查调整方案，主要是指明确在就业统计调查过程中及时调度，根据新情况及时调整调查内容和调查方式，确定调查目标的顺利完成。

二、就业统计报表

就业统计报表是就业调查数据逐级上报的重要载体。规范的就业统计报表，一般包括报表目录、报表表式和填报说明。

报表目录是指应报送的就业统计报表名称、报送日期、填报单位、统计范围等有关填写、报送报表的说明。填报单位须遵照报表目录中的有关内容进行填报和报送。

报表表式是就业统计报表制度的主体部分，包括甲栏项目、宾栏项目及补充资料等。填报单位须按照表式制作报表，尽可能地提供表式中所要求填报的资料，并及时上报。

填报说明是为准确填报报表而作的有关说明，包括报表的实施范围、指标解释、分类项目及其他有关规定。填报单位须按照填表说明，对相关数据进行整理后认真填报。

【阅读参考】**就业统计报表制度（2010年）（部分摘录）**

一、报表目录

表号	表名	报告期别	统计范围和对象	报送单位	报送日期	接收单位
人社统EP1号	就业再就业工作月度进展情况	月报	行政辖区内所有单位和个人	各省、自治区、直辖市人力资源社会保障厅（局）和新疆生产建设兵团人力资源社会保障局	月后3日前	就业促进司
……						
人社统EP11号	人力资源和社会保障街道（乡镇）社区（行政村）工作平台综合情况	年报	行政辖区内所有单位和个人	同上	次年1月底前	就业培训技术指导中心

二、报表表式

就业再就业工作月度进展情况

表　　号：人社统 EP1 号
制表机关：人力资源和社会保障部
批准机关：国家统计局
批准文号：国统制［2008］99 号
有效期至：2011 年 11 月

填报单位：　　　　年　　月　　　　单位：人

项目	序号	年初至报告期末城镇新增就业人数	年初至报告期末城镇累计新就业人数	年初至报告期末累计自然减员人数	年初至报告期末下岗失业人员实现再就业人数	
						其中：就业困难人员
甲	乙	1	2	3	4	5
合计	1					

单位负责人签章：　处（科）负责人签章：　填表人签章：　报出日期：年　月　日

三、填报说明

指标解释：

1. 城镇新增就业人数：指报告期内城镇累计新就业人数减去累计自然减员人数。

2. 城镇累计新就业人数：指报告期内城镇累计新就业的城镇各类单位（包括私营企业和个体经济组织）就业人员和各种灵活形式就业人员的总和。

3. 自然减员人数：指报告期内因退休、伤亡等自然原因造成的城镇累计减少的就业人员。

4. 就业困难人员：指符合《就业促进法》和《国务院关于做好促进就业工作的通知》（国发［2008］5 号）规定的相关条件的人员，一般指大龄、身有残疾、享受最低生活保障、连续失业一年以上，以及因失去土地等原因难以实现就业的人员。具体范围由各省、自治区、直辖市人民政府根据本地实际情况规定。其中，EP1 表中第 5 项（1 季度数、2～4 季度当季发生数）应等于 EP2 表中第 10 项；EP2 表中第 5 项应等于 EP8 表中第 4 项；EP2 表中第 16 项应等于 EP8 表中第 12 项。

逻辑关系：

宾栏：(1) ＝ (2) － (3)，(4) ≥ (5)。

三、就业统计整理

就业统计整理是指根据就业统计研究的目的和任务，结合整理工作方案和已确定的指标体系，对所收集的大量原始就业统计资料进行分类汇总，计算出各项指标数值，并以统计表、统计图或统计报告的形式予以表现和公布，主要包括对就业统计资料的审核、分组、汇总和编制统计表等环节。

在就业统计整理过程中，必须始终贯彻以下三个要求：

一是目的性。开展就业统计整理工作，必须严格按照就业统计调查目的进行。特别是开展专项就业统计整理，需要结合统计调查目标，将一些看似非常重要而实际却与此项活动无关的原始就业统计资料及时剔除，确保整理工作顺利开展。

二是严谨性。就业数据是政治数据，必须严格整理方法和整理程序，确保各项就业数据的准确性和有效性。

三是时效性。就业数据也是敏感数据，具有较强的时效性。只有及时、准确、有效的就业数据，才能成为判断形势、制定政策、开展工作的重要依据。因此，开展就业统计整理工作，还必须严格时限，才能真正发挥数据对就业工作的指导作用。

第四节　就业统计分析与预测

一、就业统计分析

就业统计分析是根据就业统计工作的目的和现有的就业统计指标，将已整理的就业数据资料进行科学分析和概括，以揭示就业工作的发展规律和变化趋势。就业统计分析是就业统计工作的核心环节和成果体现。

就业统计分析的主要任务，包括以下几个方面：检查国家就业法律、法规、方针、政策的贯彻情况；检查和监督就业专项资金使用情况，查找相关原因；判断部分地区就业工作的变化情况，并查找相关原因；发现典型，推广先进经验，克服薄弱环节等。

就业统计分析一般多用文字编写成分析报告，包括就业计划完成情况分析、就业工作综合分析以及针对专项工作的专题分析等。编写分析报告，首先要明确分析目的，拟订分析提纲；其次要对就业数据资料进行分析整理，并进行系统、深入的分析研究；最后是做出结论，提出就业工作相关建议。

二、就业统计预测

就业统计预测是根据就业统计资料所反映的就业工作变化情况特别是数量对比关系，按照既定的工作规律和统计方法，对未来一个时期就业工作可能出现的趋势和可能达到的水平进行预计和推测。就业统计预测是完善政策和制定中长期规划的重要依据。

就业统计预测包括就业工作的各个方面和各个环节。按照预测范围，可分为宏观预测和微观预测；按照预测时间，可分为近期预测、短期预测和中长期预测；按照具体应用，可分为就业变化预测、失业变化预测、资金使用预测以及就业服务需求预测等。

为提高就业统计预测的科学性，在预测过程中一般包括三个环节：一是明确预测任务，合理确定预测范围和预测进程；二是广泛收集并认真分析就业统计资料，确保对所预测工作的来龙去脉有一个全面的了解；三是选择科学方法进行综合判断，提高预测的可信度和准确度。

【案例 6—1】就业相关数据快速调查

2008 年，席卷全球的国际金融危机逐渐传导到我国后，对我国就业产生巨大的冲击。特别是 2008 年 9 月以后，主要体现在四个方面：劳动力供大于求的矛盾进一步加剧；一批企业经营困难，就业岗位不稳定；经济增速减缓，对就业的拉动能力减弱；大学生、农民工和困难群体就业矛盾更加突出。

为及时了解就业形势变化，准确掌握最新动态，积极应对国际金融危机对我国就业的影响，人力资源和社会保障部决定在常规就业报表的基础上，建立就业相关数据快速调查制度。

按照“特殊情况特殊措施”原则，结合当时就业工作的迫切需要，就业相关数据快速调查确定了三方面的调查内容：农民工返乡及外出情况、企业岗位流失情况、人力资源市场职业供求情况。

1. 农民工返乡及外出情况。由安徽、江西、河南、湖北、四川五省各选 5 个具有代表性的劳动力重点输出县（市），每县（市）从不少于 5 个乡镇中抽取具有代表性的 10 个行政村，通过乡镇、村进行到户调查，由省上报各行政村当期农民工返乡和外出人数。

2. 企业岗位流失情况。吉林、江苏、浙江、福建、广东五省上报失业动态重点监测试点城市中报告期内监测企业岗位流失数据。

3. 人力资源市场职业供求情况。上述10省指导原劳动保障部门职业供求季度分析重点联系城市按原上报渠道，上报职业供求相关数据。

农民工返乡及外出情况与企业岗位流失情况按旬进行调查，人力资源市场职业供求情况按月进行调查。

截至目前，共上报31期就业相关数据快速调查报告，并按月起草图文结合的就业形势分析，较好地完成了快速调查中各项数据的调查和统计工作，保证了所需数据的真实准确和及时上报，为准确判断形势、进行科学决策和研究制定政策提供了重要的参考依据和基础支持。张德江副总理批示："办此专报十分必要，可及时掌握就业情况。"

思 考 题

1. 就业统计的含义有哪些？就业统计活动包含哪几个阶段？每个阶段的主要工作是什么？

2. 就业统计的内容是什么？

3. 就业统计指标包括哪些内容？主要有哪些具体指标？

4. 简述就业统计调查的分类和调查常用方法。

5. 简述就业统计报表的内容。

第七章

工资收入分配统计

本章导读

工资收入分配统计是建立健全合理收入分配制度的基础，做好收入分配统计，摸清机关企事业单位收入分配现状；对深化收入分配制度改革，规模收入分配秩序，构建科学合理、公平公正的收入分配体系具有十分重要的意义。

工资收入分配统计包括机关事业单位工资统计和企业工资统计，在统计内容和方法上既有相同也有不同。工资总额及平均工资统计主要由国家统计局按照报表和抽样调查的方法组织开展，工资指导价位及人工成本统计由我部按照抽样调查的方法开展。

本章通过阐述收入分配统计的意义，介绍机关事业单位工作人员工资统计制度及其主要指标、企业工资收入统计、人力资源市场指导价位统计及企业人工成本统计等主要内容，帮助读者理解工资收入分配统计的作用，提高对工资收入分配统计的认识，掌握工资收入分配统计和分析的方法。

第一节　收入分配统计概述

一、工资收入分配统计的意义

工资收入分配统计是经济和社会统计的重要组成部分，也是人力资源社会保障统计的重要内容。必须充分认识做好这项工作的重要意义。

（一）做好工资收入分配统计对贯彻落实科学发展观、建设社会主义和谐社会具有十分重要的意义

要实现建设社会主义和谐社会的奋斗目标，建立健全合理的工资收入分

配制度至关重要。合理的工资收入分配制度是社会公平的重要体现，关系到广大人民的根本利益，关系到进一步发挥广大干部群众积极性、主动性和创造性，关系到社会稳定大局。做好工资收入分配统计，摸清我国工资收入分配现状，对贯彻落实科学发展观，深化工资收入分配制度改革，规范收入分配秩序，构建科学合理、公平公正的社会收入分配格局具有十分重要的意义。

（二）工资收入分配统计为反映和研究宏观分配关系提供依据

生产决定分配，分配又制约生产。宏观分配关系表现为国家、集体、个人三者的分配。个人的分配主要是职工工资收入。在全部国民收入的分配中，个人的分配应占有相当的比重，才能体现社会主义制度的优越性，充分调动劳动者的积极性。通过对职工工资收入情况进行统计调查，能够为反映和研究三者分配关系提供依据，为国家调整宏观分配关系提供决策依据。

（三）工资收入分配统计为研究制定分配政策提供依据

党的十七大报告把深化收入分配制度改革、增加城乡居民收入作为加快推进以改善民生为重点的社会建设的重要内容，对推进收入分配制度改革提出了明确要求，强调“初次分配和再分配都要处理好效率和公平的关系，再分配更加注重公平”，“逐步提高居民收入在国民收入分配中的比重，提高劳动报酬在初次分配中的比重”。工资收入是机关事业单位和企业对就业人员实行按劳分配的主要形式，对职工工资收入情况进行统计调查，全面了解和掌握广大职工的工资收入状况，是国家研究制定工资收入政策的重要依据。

（四）工资收入分配统计为制定法律和标准提供依据

我国的市场经济正逐步走向法制化的轨道。《个人所得税法》《劳动法》和社会保障的各项法律法规已经颁布实施或正在研究拟定。各项涉及劳动者的法律法规中，很多内容与工资收入有直接联系。如：

——《个人所得税法》规定，个人所得税以个人收入为征收基数。工资收入是个人所得税征收的主要依据。

——《劳动法》规定，职工平均工资是确定和调整最低工资标准的重要因素。

——社会保障的相关法律法规中，养老保险、失业保险、医疗保险等保险统筹金的收缴额均以工资总额或收入为基数。

——机关事业单位职工离退休金的确定和调整依据之一是本人退休前的

工资，企业职工离退休金的确定和调整依据之一是当地职工的平均工资和本人的历年缴费工资。

二、工资收入分配统计的主要内容

（一）机关事业单位工资统计

机关事业单位工资统计主要是对机关、事业单位在职人员的基本工资、津贴补贴、奖金以及离退休人员的离退休费进行统计。

机关事业单位工资统计主要指标包括职工年平均人数、工资总额、年平均工资、基本工资、绩效工资、津贴补贴、奖金、年离退休费、基本离退休费等。

（二）企业工资收入统计

企业工资收入统计主要指对企业劳动者收入的统计，与机关事业单位工资统计共同组成就业人员收入统计，是经济和社会统计的重要组成部分。

企业工资收入统计主要包括工资总额统计、平均工资统计、人力资源市场指导价位统计、企业人工成本统计。

第二节　机关事业单位工资统计

机关、事业单位工作人员工资统计是人力资源社会保障统计的一个重要组成部分。根据工资工作的需要，运用科学的统计方法，准确、及时、全面、系统地收集、整理、分析、提供反映机关、事业单位工作人员工资数量、分布、构成等方面情况的统计资料，为党和政府制定全国机关、事业单位工资政策和研究完善工资制度提供依据。主要包括四个方面的内容：第一，反映机关、事业单位工作人员职务与工资标准的数量关系和工资标准的分布情况。第二，适应不同类型事业单位分类管理的需要，分别反映不同经费来源事业单位的工资构成及变化趋势。第三，反映机关、事业单位各类工作人员与工龄分布的数量关系，了解各类人员工龄和任职年限的分布、构成等情况。第四，反映机关、事业单位离退休人员待遇情况。

一、机关事业单位工作人员工资统计的历史回顾

（一）工资统计的产生

我国机关、事业单位工作人员工资统计制度，最早建立于20世纪80年代。1988年，国家人事部成立，主要职能是负责全国机关和事业单位的人事综合管理。为了研究制定国家机关、事业单位工作人员工资政策，编制工资计划的需要，经国家统计局同意，人事部制定了《中央国家机关、政党机关、社会团体工作人员工资年报表》《地方各级国家机关、政党机关、社会团体工作人员工资年报表》和《全民所有制事业单位工作人员工资年报表》等三套报表制度。当时的报表制度比较单一，主要是统计行政人员、专业技术人员及其他人员的基础工资和职务工资。

（二）工资统计的发展及现状

随着我国工资收入分配制度改革不断深化，各项工资政策陆续出台，工资统计报表逐步完善。三套报表合并为一套机关、事业单位工作人员工资统计报表。统计范围从在职人员扩大到离退休人员，统计的内容从简单的基本工资统计扩展到包含津贴补贴、年终一次性奖金等在内的全部工资总额的统计。

目前，机关事业单位工作人员工资统计报表制度共设计调查表18张。表一：机关职工人数和工资情况统计；表二：中央机关执行公务员工资制度人员级别工资档次人数情况统计；表三：省（区、市）机关执行公务员工资制度人员级别工资档次人数情况统计；表四：市（地、州、盟）机关执行公务员工资制度人员级别工资档次人数情况统计；表五：县（市、区、旗）机关执行公务员工资制度人员级别工资档次人数情况统计；表六：乡（镇）机关执行公务员工资制度人员级别工资档次人数情况统计；表七：机关工人技术等级（岗位）工资标准人数情况统计；表八：机关工作人员工龄、任职年限情况统计；表九：参照公务员法管理的事业单位职工人数和工资情况统计；表十：事业单位职工人数和工资情况统计；表十一：事业单位分行业职工人数和工资情况统计；表十二：事业单位管理人员薪级工资人数情况统计；表十三：事业单位专业技术人员薪级工资人数情况统计；表十四：事业单位各类人员工龄、任职年限情况统计；表十五：事业单位工人薪级工资人数情况统计；表十六：在京中央机关、事业单位离退休人员待遇情况统计；表十七：

京外中央国家机关、事业单位离退休人员待遇情况统计；表十八：地方（省、区、市）机关、事业单位离退休人员待遇情况统计。

二、工资统计的职能分工

按照《人力资源和社会保障统计工作管理办法》的要求，涉及人力资源社会保障的各项统计工作由规划财务司牵头负责，具体统计工作由相关司局承担。有利于加强对人力资源和社会保障部统计工作的管理，促进统计工作的规范化、制度化、科学化，提高统计工作整体效益，更好地发挥统计在人力资源和社会保障事业发展中的作用。

工资福利司负责机关、事业单位工作人员工资统计工作。主要职责：一是贯彻执行国家有关统计工作的法律、法规、相关政策和部内各项统计规章制度。按照统计法规、统计调查计划和统计报表制度的规定，提出工资统计指标体系、统计报表、统计调查计划和调查方案。二是收集统计报表资料。开展专门调查，收集、整理、汇总和管理工资统计数据，并及时向规划财务司提供统计结果及有关资料。三是参与人力资源社会保障主要统计数据的评估和会审工作。四是对工资统计工作进行业务指导，开展统计分析和编写专业统计报告。组织全国人力资源社会保障统计信息系统软件在本业务领域中的应用。

各地区各部门人力资源社会保障部门，负责组织本地区本部门机关、事业单位工作人员工资工作的具体部署和实施。根据人力资源和社会保障部工资福利司有关机关、事业单位工资统计报表制度各项规定要求，结合本地区本部门的具体情况，制订实施计划，完成本级及所属地区、部门、单位工资统计报表数据的采集、审核、汇总、报送等工作任务。

【阅读链接】

《人力资源和社会保障统计工作管理办法》（人社厅发［2008］92号）

三、统计要求

（一）基本要求

为防止错统、漏统，在填报机关、事业单位工作人员工资统计报表时，应遵守以下几项要求：各填报单位的职工人数，按照“谁发工资谁统计”的方法按现任职务（含专业技术职务）进行统计；担任两种以上职务的人员，按最高职务统计；在事业单位中，行政管理人员兼任专业技术职务的按行政管理人员统计，在补充资料中注明人数；专业技术人员的专业技术职务按聘任职务填写，只评定任职资格未办聘任手续的，按原聘任职务或未聘任职务统计；如果在报告期内，提拔后的行政职务和聘任的专业技术职务未能与其职务工资标准相对应时，仍按其实发的工资标准对应的原职务进行统计。

（二）统计权限

工资统计工作按照行政隶属关系由中央、地方分别进行统计。

中央、国务院部、委、办、直属机构、民主党派、社会团体直属的机关、事业单位（含京外单位），由中央、国务院部、委、办、直属机构、民主党派、社会团体负责统计；地方所属的机关、事业单位，由地方负责统计。

中央、国务院部、委、办、直属机构、民主党派、社会团体直属单位除将报表报送主管部门审核汇总外，应同时抄送给驻地省、自治区、直辖市人力资源和社会保障厅（局）。

计划单列市除将报表报省、自治区、直辖市人力资源和社会保障厅（局）审核汇总外，应同时抄报人力资源社会保障部工资福利司。

（三）时间要求

京外无直属单位的中央、国务院部、委、办、直属机构、民主党派、社会团体于次年2月底前将报表和报表汇总盘报送人力资源社会保障部工资福利司。

京外有直属单位的中央、国务院部、委、办、直属机构、民主党派、社会团体于次年3月底前将报表和报表汇总盘报送人力资源社会保障部工资福利司。

各省、自治区、直辖市、新疆生产建设兵团于次年3月底前将综合汇总表和报表汇总盘报送人力资源社会保障部工资福利司。

四、主要指标解释

工资统计报表制度的主要指标包括职工年平均人数、工资总额、基本工资、绩效工资、津贴补贴、年离退休费、基本离退休费。

(一) 职工年平均人数

职工年平均人数是指报告年内每天平均拥有的人数。职工年平均人数计算方法是：以12个月的平均人数（月平均人数是以报告月内每天实有的全部人数之和被报告月的日历天数除求得）之和被12除求得，或四个季度平均人数之和被4除求得。

为了保证对职工年平均人数统计的准确性，一般要注意以下几点：

一是坚持“谁发工资谁统计”。不论编制内还是编制外的人员，不论正式人员还是临时聘用人员，不论在本单位工作还是临时借调到外单位工作的人员，只要是由本单位支付工资，就应统计为本单位的职工。“谁发工资谁统计”，不能简单理解为是谁把工资交到职工的手中，具体应理解为“谁负担工资谁统计”。即哪个单位确定了他的工资标准，核算了他的工资数额，并在单位财务账目上体现了对他的工资支付，才被视为“发”了工资。

二是谁发基本工资谁统计。在目前的经济条件下，有的职工同时在两个以上的单位有工作并领取工资。但一般情况下，只能在一个单位领取基本工资。因此，负责发放基本工资的单位应统计该职工人数。

三是职工档案所在的单位先统计。如果按上述两项办法仍不能解决某位职工由哪个单位统计时，可先确定该职工的档案在哪个单位，由该职工的档案所在单位优先统计。

(二) 工资总额

关键概念

工资总额是指各单位在一定时期内直接支付给本单位全部职工的劳动报酬总额。

在机关，工资总额包括公务员的职务工资、级别工资、技术工人的岗位工资、技术等级（职务）工资和普通工人的岗位工资、国家统一规定的津贴补贴、规范后津贴补贴、改革性补贴、奖励性补贴和年终一次性奖金等。

在事业单位，工资总额包括岗位工资、薪级工资、绩效工资和津贴补贴等。

根据国家统计局有关规定，工资总额不应包括以下项目：

1. 根据国务院发布的有关规定发放的创造发明奖、国家星火奖、自然科学奖、科学技术进步奖和支付给运动员在重大体育比赛中获得的重奖。

2. 有关劳动保险和职工福利方面的费用，具体有职工死亡丧葬费及抚恤、医疗卫生费或公费医疗费用、职工生活困难补助费、工会文教费、集体福利费、探亲路费等。

3. 有关离休、退休、退职人员待遇的各项支出。

4. 支付给聘用或留用的离休、退休人员的各种补贴。

5. 发给外单位人员的稿费、讲课费及其他专门工作报酬。

6. 出差伙食补助费、调动工作的旅费、安家费和计划生育独生子女补贴。

7. 因聘用临时工而在工资以外向提供劳动力单位支付的手续费或管理费。

在把握工资总额时，应注意以下几个问题：

工资总额是全部职工的劳动报酬总额，非劳动报酬性质的支付不能统计为工资总额，如独生子女费等。发给本单位职工的劳动报酬总额，要做到职工范围与工资总额发放范围相一致。

工资总额的计算应以直接支付给职工的全部劳动报酬为依据，不论是计入成本还是不计入成本，不论是财政部门下拨的资金还是单位自筹的资金都应列入工资总额统计范围。工资总额是按实发数统计，包括报告期内补发的前些年的工资。

单位以各种名义发放的现金，只要属于劳动报酬性质并且现行统计制度未明确规定不统计为工资的，如单位一次性发放或按月发放的过节费、劳务费、旅游费，都应计入工资总额。

单位从个人工资中，直接为其代扣代缴的养老统筹、失业保险、大病统筹、个人所得税、住房公积金都应计入工资统计，但由单位支付的部分暂不计入工资总额。

以下属单位的名义发放的现金，无论是否计入本单位财务账目，都应统计为本单位职工的工资。

现各单位按月发放的住房补贴、电话补贴、伙食补贴、职务补贴等也应计入工资总额。

【案例 7—1】

A 单位职工 B 2009 年全年基本工资 20 000 元，工作性津贴 30 000 元，交通补贴 5 000 元。当年还补发了 2008 年的购房补贴 12 000 元。问 B 2009 年的工资总额为多少元？

1. 50 000 元

2. 55 000 元

3. 62 000 元

4. 67 000 元

正确答案：4

单位以各种名义发放的现金，只要属于劳动报酬性质并且现行统计制度未明确规定不统计为工资的都应作为工资总额。单位用于补发过去应发而未发放的工资应统计在发放工资当年。

（三）基本工资

在机关中，基本工资包括公务员的职务工资和级别工资、技术工人的岗位工资和技术等级（职务）工资、普通工人的岗位工资。

在参照公务员法管理的事业单位中，基本工资包括参照公务员法管理人员的职务工资和级别工资、技术工人的岗位工资和技术等级（职务）工资、普通工人的岗位工资。

在事业单位中，基本工资包括管理人员、专业技术人员、工人的岗位工资、薪级工资。

（四）绩效工资

绩效工资是指事业单位在上级主管部门核定的绩效工资总量内，自主决定分配的、体现工作人员实绩和贡献的工资。

（五）津贴补贴

津贴补贴是指基本工资外，为了补偿职工特殊或额外的劳动消耗和因其他特殊原因支付给职工的津贴补贴。主要有以下五项：

1. 国家统一的津贴补贴

是指国务院或国务院授权的人力资源社会保障部（原人事部）、财政部出台的津贴补贴。包括艰苦边远地区津贴、岗位津贴等。

2. 规范后津贴补贴

是指根据《中央纪委、中央组织部、监察部、财政部、人事部、审计署关于规范公务员津贴补贴问题的通知》（中纪发［2006］17 号）规定，归并地方和部门原自行发放津贴补贴和奖金项目后设立的津贴补贴。

3. 改革性补贴

是指根据推进福利待遇货币化改革的需要，通过转化原有用于职工福利待遇的资金，向职工直接发放的货币补贴。包括住房分配货币化改革补贴、交通补贴等。

4. 奖励性补贴和其他

是指除国家统一规定的津贴补贴、规范后津贴补贴、改革性补贴之外发放的津贴补贴，其中包括暂时保留的根据工作绩效向少数作出突出贡献的公务员发放的奖励性补贴和根据中央组织部、人事部《关于印发〈公务员奖励规定（试行）〉的通知》（中组发［2008］2号）规定发放的奖金。

5. 年终一次性奖金

是指根据人事部、财政部《关于印发〈公务员工资制度改革实施办法〉的通知》（国人部发［2006］58号）规定向年度考核称职及以上的人员发放的年终一次性奖金。

（六）年离退休费

年离退休费是指各单位（或社会养老保险统筹部门）在一定时期内直接支付给本单位离休、退休人员的全部基本离退休费和补贴以及退职人员的退职费。

（七）基本离退休费

基本离退休费是指各单位（或社会养老保险统筹部门）在一定时期内直接支付给本单位离休、退休人员的基本离退休费和退职人员的退职费［离休人员含《国务院关于发布老干部离职休养制度的几项规定的通知》（国发［1982］62号）、《国务院批转人事部、国家计委、财政部一九八九年调整国家机关、事业单位工作人员工资实施方案的通知》（国发［1989］82号）文件规定增发的1～2个月生活补贴］。其中1993年工资制度改革前离退休人员的离退休费包括《人事部关于机关、事业单位离退休人员增加离退休费的补充通知》（人退发［1992］10号）文件规定计发的各项费用以及之后国家统一规定增加的离退休费；1993年工资改革后离退休人员的离退休费包括按《国务院办公厅关于印发机关、事业单位工资制度的改革三个实施办法的通知》（国办发［1993］85号）文件规定计发的离退休费以及之后国家统一规定增加的离退休费。

第三节　企业工资收入统计

一、工资总额统计

（一）工资总额构成

工资总额是在一定时期直接支付给本单位全部职工的劳动报酬总额，它是时期指标而不是时点指标。讲工资，前面一定要有一个时期的定语，是小时、日、月或年。没有时期定语的工资额是不准确的。

在企业中，工资总额包括计时工资、计件工资、奖金、计件超额工资、各种津贴、各种补贴、加班加点工资和其他工资。

1. 计时工资

计时工资是指按计时工资标准和工作时间支付给个人的劳动报酬。包括：

（1）对已做工作按计时工资标准支付的工资。

（2）新参加工作职工的见习工资（学徒的生活费）。

（3）根据国家法律、法规和政策规定，因病、工伤、产假、计划生育假、婚丧假、事假、探亲假、定期休假、停工学习、执行国家或社会义务等原因按计时工资标准或计时工资标准的一定比例支付的工资。

（4）实行岗位技能工资制的单位支付给职工的技能工资及岗位（职务）工资。

（5）职工按规定缴纳的不超过本人标准工资一定比例的退休养老基金、职工受处分期间的工资、浮动升级的工资等。

2. 计件工资

计件工资是指对已做工作按计件单价支付的劳动报酬。包括：

（1）实行超额累进计件、直接无限计件、限额计件、超定额计件等工资制，按劳动部门或主管部门批准的定额和计件单价支付给个人的工资。

（2）按工作任务包干方法支付给个人的工资。

（3）按营业额提成或利润提成办法支付给个人的工资。

3. 奖金

奖金是指支付给职工的超额劳动报酬和增收节支的劳动报酬。包括：

（1）生产（业务）奖。包括超产奖、质量奖、安全（无事故）奖、考核各项经济指标的综合奖、提前竣工奖、年终奖（劳动分红）等。

（2）节约奖。包括各种动力、燃料、原材料等节约奖。

（3）劳动竞赛奖。包括发给劳动模范、先进个人的各种奖金和实物奖励。

（4）其他奖金。包括从兼课酬金和业余医疗卫生服务收入提成中支付的奖金，运输系统的堵漏保收奖，学校教师的教学工作量超额酬金，从各项收入中以提成的名义发给职工的奖金等。

4. 津贴

津贴是指为了补偿职工特殊或额外的劳动消耗和因其他特殊原因支付给职工的津贴。包括：

（1）补偿职工特殊或额外劳动消耗的津贴及岗位性津贴。

（2）保健性津贴。包括卫生防疫津贴、医疗卫生津贴、科技保健津贴以及其他行业职工的特殊保健津贴等。

（3）技术性津贴。包括特级教师津贴、科研课题津贴、研究生导师津贴、工人技师津贴、中药老药工技术津贴、特殊教育津贴、高级知识分子特殊津贴（政府特殊津贴）等。

（4）年功性津贴。包括工龄工资、工龄津贴、教龄津贴和护士津贴等。

（5）其他津贴。包括直接支付给个人的伙食津贴（火车司机和乘务员的乘务津贴、航行和空勤人员伙食津贴、水产捕捞人员伙食津贴补贴、专业车队汽车司机行车津贴、体育运动员和教练员伙食补助费、少数民族伙食津贴、小伙食单位补贴、各种伙食补贴等）、合同制职工的工资性补贴、上下班交通补贴、洗理卫生费、书报费、工种粮补贴等。

5. 补贴

补贴是指为了保证职工工资水平不受物价影响而支付给职工的物价补贴。包括：副食品价格补贴（含肉类等价格补贴），粮、油、蔬菜等价格补贴，煤价补贴、房贴、水电贴、房改补贴以及提高煤炭价格后，部分地区实行的民用燃料和照明电价格补贴等。

对于1993年机关、事业单位工资套改后，原按国家和地方规定发放的物价、福利性补贴及自行建立的津贴，扣除已纳入基本工资以外的部分也计入“补贴”项内。

6. 加班加点工资

加班加点工资是指对法定节假日和公休假日工作的职工，以及在正常工作日以外延长工作时间的职工按规定支付的加班工资和加点工资。

7. 其他工资

其他工资是指其他根据国家规定支付的工资。如附加工资、保留工资以及调整工资补发的上年工资等。

(二) 工资总额统计的要求

随着改革的深化和企业经营的多样化，工资统计的难度加大，数据的准确性遇到了挑战。为严格按工资总额的定义准确统计，主要应做到以下几点：

1. 工资总额的计算应以直接支付给职工的全部劳动报酬为依据

各单位支付给本单位全部职工的劳动报酬，不论是计入成本还是不计入成本，不论是以货币形式支付还是以实物形式支付，不论是单位自筹的资金还是上级（或政府财政部门）下拨的资金，不论是厂级单位筹集的资金还是下属车间（科室）及附属经营单位筹集的资金，不论资金来源，均应列入工资总额计算的范围。

2. 各单位在统计月、季、年工资总额时，均应按当期实发数计算

对逢节日提前预发下月的工资，仍统计在应发月中。因补发调整工资影响当月工资总额变动较大时，应在统计表中加注说明。

3. 工资构成项目填报原则

工资构成项目应按照“如实反映，先进后分，先主后次，先易后难”的原则进行填报。

4. 必要时可用“扣除法”来统计工资

目前有的企业发放的工资名目繁多，很难归类，往往让统计人员“无从下手”。这时也可用“扣除法”来统计工资，即在企业支付给职工的全部货币中扣除不应计入工资的部分，余下的即是工资总额。

二、职工平均工资

1. 职工平均工资定义

职工平均工资是指各单位的职工在一定时期内平均每人所得的货币工资额。它表明一定时期内职工工资收入的高低程度，是反映职工工资水平的主要指标。计算公式为：

$$职工平均工资=\frac{报告期实际支付的全部职工工资总额}{报告期全部职工平均人数}$$

准确计算职工平均工资的基本要求是：正确计算工资总额和平均人数，且两者必须是同一时期、同一口径。

2. 职工平均工资指数

职工平均工资指数是指报告期平均工资与基期平均工资的比率，是反映

不同时期职工货币工资水平变动情况的相对数。计算公式为：

$$职工平均工资指数=\frac{报告期职工平均工资}{基期职工平均工资}\times100\%$$

3. 职工实际平均工资指数

职工实际平均工资指数是指反映职工实际工资变动情况的指数，表明职工实际工资水平提高或降低的程度。计算公式为：

$$职工实际平均工资指数=\frac{报告期职工平均工资指数}{报告期城镇居民消费价格指数}\times100\%$$

三、人力资源市场工资指导价位统计

（一）人力资源市场工资指导价位

人力资源市场工资指导价位，是指政府有关部门按照统一的规范和制度要求，定期对各类职业（工种）工资水平进行广泛调查，经过汇总、分析和修正，公布有代表性的职业（工种）的工资价位。

人力资源市场工资指导价位，包含以下含义：（1）人力资源市场工资指导价位反映的是一定的工资水平，并且是具体职业（工种）的工资水平；（2）它是政府有关部门按规范的方法，通过对各类职业（工种）工资水平进行广泛调查，经过汇总、分析和修正后确定发布的；（3）它是一项制度，内容包括职业（工种）工资水平统计调查和分析制度，工资指导价位制定方法、价位发布制度和信息反馈制度。

（二）人力资源市场工资指导价位调查方法

1. 制定调查方案

调查方案包括调查范围、调查内容、调查方法、调查对象及调查表等。

（1）调查范围包括城市行政区域内的所有企业。调查内容为上一年度企业中有关职业（工种）在岗职工全年工资收入及有关情况。

（2）调查方法：抽样调查。

（3）调查行业：城乡各种登记注册类型的企业，涉及采矿业，制造业，电力燃气及水的生产和供应业，建筑业，交通运输仓储和邮政业，信息传输计算机服务和软件业，批发和零售业，住宿和餐饮业，金融业，房地产业，租赁和商业服务业，科学研究、技术服务和地质勘察业，居民服务和其他服务业 13 个门类的企业。

（4）调查职业（工种）：根据当地产业结构来确定，特别注重选择通用的或市场上流动性较强的职业（工种）。职业的名称、代码按照《职业分类大典》和劳动保障部编制的《劳动力市场职业分类与代码》进行规范，保证职业分类的统一化和标准化。

（5）调查企业按以下方法确定：在选定的行业中，将企业（应为生产经营正常的企业）按上年职工平均工资水平从高到低排列，采取等距抽样办法抽取企业。35个大中城市至少抽取200户，其他城市至少抽取100户生产经营正常、有代表性的独立核算企业进行调查。

（6）调查职工：根据调查企业规模和调查职业（工种），按统一规定的抽样方法抽取调查职工。在岗职工人数在10 000人以上的企业至少抽取200名在岗职工，在岗职工人数在1 000人以下的企业至少抽取80名在岗职工，不足80人的全部调查。

全年出勤率达不到企业规定工作时间80%的人员不调查。

2. 实施调查

在确定的调查企业中，根据“企业在岗职工工资调查表”的要求进行调查，采集有关数据、资料。调查在每年的第一季度完成。

3. 汇总分析、制定工资指导价位

将同一职业（工种）的全部被调查职工工资收入从高到低进行排列，按下列方法分别确定本职业（工种）工资指导价位的高位数、中位数和低位数。

高位数：一般为工资收入数列中前5%（此值在不同年度可根据具体情况相应调整，一般在5%～10%）的数据的算术平均数。

中位数：处于工资收入数列中间位置的数值。确定中位数的计算方法：中位数位置＝（n＋1）/2，其中n为同一职业（工种）工资收入数列的项数。若n是奇数，则处于数列中间位置的工资收入数值就是中位数；若n是偶数，则处于中间位置相邻的两个工资收入数值的算术平均数为中位数。

低位数：工资收入数列中后5%（此值在不同年度可根据具体情况相应调整，一般在5%～10%）的数据的算术平均数。

对有关数据进行检查、分析及作必要调整后，制定有关职业（工种）工资指导价位。每一职业（工种）工资指导价位应分为高位数、中位数和低位数三等，由国家规定职业资格的职业（工种）还应按技术等级进行划分。还可根据实际需要，按行业、经济类型等对有关数据进行分析整理后，制定分行业、经济类型的工资指导价位。

【阅读参考】北京市人力资源市场工资指导价位制度建设情况

北京市从1998年起开始向社会发布劳动力市场职业工资指导价位信息。2009年调查了近2 000户企业，涵盖了国有、集体、股份、外资等全部9种登记注册类型；行业上，基本涵盖了除公共管理和社会组织及国际组织以外的所有行业；职工样本达到17万人，涵盖了单位负责人、专业技术人员、办事人员、商业服务业人员和生产运输设备操作人员等所有人员。2009年，北京市发布的职工工资指导价位涉及通用性职业（工种）393个，基本覆盖了北京市地方企业中主要的通用性职位。同时，针对北京市经济发展特点和企业需求，发布了酒店业等部分行业专项职业（工种）指导价位，涉及酒店业442个专项职业（工种）、家政服务业14个专项职业（工种）、物业服务业211个专项职业（工种）。此外，还发布了143个新毕业生职业（工种）指导价位。北京市发布的企业工资指导价位，方便企业了解各岗位（工种）工资信息，对企业开展工资集体协商、制定单位内部薪酬分配办法、做好企业内部分配工作提供了指导，受到广大企业的好评。

四、企业人工成本统计

（一）企业人工成本概念及构成

企业人工成本是指企业（雇主）在一定时期内（通常为一年）在生产、经营和提供劳务的活动中因使用劳动力而支付的所有直接和间接人工费用。它包括从业人员劳动报酬、保险费用、福利费用、住房费用、教育费用、劳动保护费用和其他人工成本。

1. 从业人员劳动报酬

从业人员劳动报酬是指企业（雇主）在一定时期内直接支付给本单位全部就业人员的劳动报酬总额。包括在岗职工（雇员）工资总额和本单位其他就业人员劳动报酬两部分。

在岗职工（雇员）工资总额是指企业（雇主）在一定时期内直接支付给本单位全体在岗职工（雇员）的劳动报酬总额。工资总额的计算应以直接支付给职工的全部劳动报酬为根据。各企业（雇主）支付给职工（雇员）的劳动报酬以及其他根据有关规定支付的工资，不论是计入成本的还是不计入成本的，不论是按国家规定列入征收奖金税项目的还是未计入计征奖金税项目的，不论是以货币形式支付的还是以实物形式支付的，均应列入职工（雇员）

工资总额的计算范围。工资总额由六个部分组成，即计时工资、计件工资、奖金、津贴和补贴（含上下班交通费补贴和洗理卫生费）、加班加点工资以及特殊情况下支付的工资。在进行工资总额的统计时，应严格按照国家统计局1990年《关于工资总额组成的规定》进行。

其他就业人员劳动报酬是指一定时期内企业支付给本单位其他就业人员的劳动报酬。按照国家统计局的规定，其他就业人员是指按劳动统计规定不统计为职工，但实际参加单位生产或工作并取得劳动报酬的人员。具体包括再就业的离退休人员，民办教师及在本单位工作的港澳台人员、外籍人员以及其他人员。

2. 保险费用

保险费用是指根据国家法律，由企业承担的各项社会保险费用，包括养老保险、医疗保险、失业保险、工伤保险、生育保险等费用，也包括企业缴纳的年金（补充养老保险）、补充医疗保险或储蓄性医疗保险。

养老保险费用是指企业（雇主）在报告期内按照当地政府规定的标准缴纳的养老保险费。企业（雇主）为就业人员（雇员）缴纳的补充养老保险费用也是养老保险费用的组成部分。

医疗保险费用是指企业（雇主）在报告期内按照当地政府规定的标准缴纳的医疗保险费。企业（雇主）为就业人员（雇员）缴纳的补充医疗保险费用也是医疗保险费用的组成部分。

失业保险费是指企业（雇主）按照国家规定缴纳的失业保险基金。

3. 福利费用

福利费用是指企业（雇主）在工资以外实际支付给就业人员个人以及用于集体的福利费用的总称，包括就业人员的医疗卫生费（不包括医疗保险费）、丧葬抚恤救济费、生活困难补助、文体宣传费、集体福利事业补贴费、集体福利设施费、计划生育补贴、冬季取暖补贴及其他福利费用。

4. 住房费用

住房费用是指企业为改善就业人员居住条件而支付的所有费用。包括从职工宿舍所提取的折旧费用，企业（雇主）缴纳的住房公积金，实际支付的就业人员住房补贴（包括租房费用、房租差价补贴）和住房困难补助，企业（雇主）支付住房的维修和管理费用，归还住房借款本息和住房租赁保证金，以及用于住房方面的其他支出。

5. 教育费用

教育费用是指企业（雇主）为提高职工职业技能水平而进行的文化、职业道德、技术理论和实际操作等方面的教育、培训和训练活动所支付的费用。

6. 劳动保护费用

劳动保护费用是指企业（雇主）为实施安全技术措施、保障工业卫生等发生的费用，以及用于就业人员劳动保护用品（如保健用品、清凉用品、工作服等）的费用。不包括劳动保护设备的购置费、维修费以及个人只能在工作现场使用的特殊用品费。

7. 其他人工成本

其他人工成本是指企业（雇主）支付的、不包括在以上各项中的其他人工成本项目。如工会经费，企业（雇主）因招聘职工而实际花费的招工、招聘费用，劳务派遣费用等。

（二）企业人工成本统计调查

企业人工成本统计调查为人力资源社会保障统计报表制度中的一项一次性调查。按照人力资源社会保障部报表制度的要求，各省、自治区、直辖市人力资源社会保障厅（局）和新疆生产建设兵团人力资源社会保障局要组织企业人工成本统计调查工作，具体要求是按照抽样方法抽取不少于 1/3 的生产经营正常的企业填报，每年 5 月底前上报。

（三）人工成本分析

人工成本直接关系到企业（雇主）的生产、经营和管理，因为它的增长反映了企业（雇主）多支付了费用，它的减少说明少支付了费用。单纯的费用支出增加并不能说明问题，只有将其与产出进行比较，才能判断人工成本支出是否合理。因此，必须对人工成本进行统计分析。分析主要从以下几个方面来进行：首先是对人工成本总额及其构成进行分析，其次是对平均人工成本进行分析，再次是对人工成本投入产出进行分析，最后是对人工成本和成本费用总额的比例关系进行分析。

1. 人工成本总额的变动分析

（1）人工成本总额的增减分析

对人工成本总额进行统计分析，可以反映出一定时期一个企业、行业或一个国家人工成本总体情况和增减趋势。这种分析对于研究人工成本总体情况、企业的生产经营状况和国民经济发展状况具有重要意义。对人工成本总额进行分析一般用人工成本增长相对数（增长率）来反映，也可通过人工成本总额增减的绝对值来反映。

$$人工成本增长率=(\frac{报告期人工成本总额}{基期人工成本总额}-1)\times 100\%$$

人工成本总额增减绝对值=报告期人工成本总额－基期人工成本总额

我们还可以计算出一定时期内（如五年、十年）人工成本的年均增加量和增长速度，反映人工成本在一定时期的平均发展水平。

年均增加量的计算公式是：

$$L=\frac{L_n-L_o}{N}$$

式中　L——一定时期内人工成本年平均增加量；

L_n——第 n 年（报告期）人工成本；

L_o——第一年（基期）人工成本；

n——年数。

年均增长速度的计算公式为：

$$L_s=\sqrt[n]{L_s/L_o}-1$$

式中　L_s——一定时期内人工成本的年均增长率。

（2）人工成本总额构成变动分析

对于人工成本的各组成部分，可以分别计算出其在人工成本总量中所占的比重，同时，通过计算各组成部分所占份额的增减变化情况分析各组成部分的此消彼长，反映人工成本各组成部分的合理程度。一定时期人工成本某组成部分（如工资总额、社会保险费用等）所占份额计算公式如下：

$$\begin{matrix}一定时期人工成本某组\\成部分所占比重\end{matrix}=\frac{该时期某组成部分数量}{同期人工成本总量}\times 100\%$$

在计算出基期和报告期人工成本某组成部分所占份额后，就可以计算出该部分所占份额的增减情况，以反映该部分在人工成本总量中重要程度的变化情况。计算公式为：

一定时期人工成本某组成部分所占份额增减（%）＝报告期某组成部分所占比重－基期该部分所占比重

（3）人工成本指数的编制

由于人工成本总额是平均人工成本与就业人员平均人数之积，这样人工成本总额指数也就是平均人工成本指数与就业人员平均人数指数之积。即：

$$\frac{L_1}{L_o}=\frac{C_1}{C_o}\times\frac{W_1}{W_o}=\frac{W_1C_o}{W_oC_o}\times\frac{W_1C_1}{W_1C_o}$$

式中　L_1——报告期人工成本总额；

L_o——基期人工成本总额；

C_1——报告期平均人工成本；

C_o——基期平均人工成本；

W_1——报告期就业人员平均人数；

W_o——基期就业人员平均人数。

这样，就业人员平均人数变动对人工成本变动的影响程度为：W_1C_o/W_oC_o；影响绝对数为：$W_1C_o-W_oC_o$；

平均人工成本变动对人工成本总量的影响程度为：W_1C_1/W_1C_o；影响绝对数为：$W_1C_1-W_1C_o$。

2. 平均人工成本分析

(1) 平均人工成本增长情况的分析

平均人工成本的分析与前述的人工成本总额分析方法基本一致，即计算平均人工成本指数和平均人工成本增减绝对值。对较长时期的平均人工成本进行分析时，还可以计算该时期内平均人工成本的年均增长量和年均增长速度，反映平均人工成本的增长变化情况。

(2) 平均人工成本对比分析

平均人工成本的对比主要是在同类企业之间或同行业企业之间进行横向对比，目的在于反映本企业人工成本在同类单位中的水平及其产品竞争力的强弱。

横向对比的方法之一是计算强度相对数，即本企业平均人工成本与同类企业人工成本（平均水平、最高水平或最低水平）相比的倍数或成数，借以了解本企业平均人工成本在同类企业中的相对地位。另一种方法是对所有同类企业人工成本水平组成的数列进行分析，看一看本企业人工成本在该数列中的位置，以及与所有企业人工成本的众数/中位数的差别。

3. 人工成本的投入产出分析

人工成本的投入产出分析是将企业（雇主）所花费的人工成本与产出作比较，如与利润总额、增加值、销售收入、上缴利税、实现税利等相比较，用以说明人工成本的效益情况，即每投入一定数量的人工成本产生出了多大的经济效益。比较的结果即为人工成本投入产出比。计算公式为：

$$人工成本投入产出比=\frac{报告期经济效益指标}{报告期人工成本总量}$$

如某企业 1989 年人工成本总量为 1 000 万元，利润总额为 1 500 万元，则该企业人工成本投入产出比为：1 500 万元/1 000 万元＝1.5，即每投入 1 元人民币人工成本产生 1.5 元的利润。

在西方经济学中，也有提及“企业劳动分配率”和“企业人事费用率”的。实际上这两个指标都是人工成本的投入产出比，只不过其表现形式略有不同而已。企业劳动分配率就是在企业增加值中，有多大比例是用于人工成本的。企业人事费用率则是指销售收入中人工成本所占的份额。有关的计算公式是：

$$\text{企业劳动分配率}=\frac{\text{企业人工成本总额}}{\text{企业增加值}}\times 100\%$$

$$\text{企业人事费用率}=\frac{\text{企业人工成本总额}}{\text{企业销售收入}}\times 100\%$$

4. 人工成本相当于企业成本费用总额的比例

在投入产出分析中，我们也可以计算人工成本相当于企业成本费用总额的比例，大致说明企业总成本中有多少是用人所花的费用。

$$\begin{array}{c}\text{人工成本相当于企业}\\\text{成本费用总额的比例}\end{array}=\frac{\text{报告期企业人工成本总额}}{\text{同期企业成本费用总额}}\times 100\%$$

思　考　题

1. 简述如何计算职工年平均人数。
2. 简述工资总额的概念和统计原则。
3. 试述企业工资总额的构成。
4. 试述企业人工成本分析的主要内容。

第八章

人力资源市场统计

本章导读

伴随着社会主义市场经济体制的建立与逐步完善，我国人力资源配置方式实现了从计划分配向市场配置的根本性转变。市场机制在人力资源配置中的基础性地位已经确立，用人和求职找市场的观念已深入人心，为整个社会普遍接受。做好以人力资源市场供求为核心、人力资源服务为主要内容的人力资源市场统计调查工作，全面掌握人力资源流动配置和人力资源服务状况，及时反映人力资源市场领域的重点、热点和难点问题，分析市场现象背后的原因，预测未来的发展变化趋势，对于引导和优化人力资源开发配置，促进人力资源服务业健康发展，为经济社会发展提供良好的人力资源服务至关重要。

本章通过对人力资源市场统计的历史回顾，重点介绍了人力资源市场统计的基本情况、人力资源市场统计的基本制度和主要指标。同时，立足加快统一规范的人力资源市场建设，提出了加强人力资源市场统计工作的构想，帮助读者了解人力资源市场统计的重要意义及作用，掌握人力资源市场统计工作的内容与方法，明确市场统计工作的发展方向。

第一节　人力资源市场统计概述

一、人力资源市场统计回顾

统计调查工作是人力资源市场建设的重要内容。根据社会需求和统一规范的人力资源市场建设规划，人力资源市场建立起了年度统计制度、季度供求信息发布制度和统计专项调查制度。

（一）人力资源市场的年度统计

年度统计是以某一年度（1 月 1 日至 12 月 31 日）为统计周期，在全国范围内采用普查的方式对全年人力资源市场运行情况进行统计的工作。早在 1993 年，人事部就建立了人才市场年度统计制度，以年度为统计周期组织开展全国范围内的人才流动、人才服务机构建设及相关服务业务开展情况的统计工作，并通过部办公厅发文的形式，下发年度人才流动与人才市场建设基本情况通报，面向社会公布相关信息。1998 年，人事部制定的人才流动与人才市场统计表，经报国家统计局批准，标志着人才市场统计制度正式确立。原劳动保障部，一直将劳动力市场的年度统计纳入就业统计工作范围，组织开展年度统计工作，并通过劳动统计年鉴等形式向社会发布。

劳动力市场和人才市场年度统计内容大体一致，在具体指标设计上略有差异。如劳动力市场使用的年度统计表为“职业介绍工作情况表”，统计重点为登记招聘人数和介绍成功人员两项，并具体细分到了女性、下岗职工、失业人员、农村劳动者等特殊群体，侧重于就业情况；人才市场使用的人才流动与人才市场建设情况统计表包括“人才流动基本情况表”“人才服务机构基本情况表”“人才服务业务基本情况表”和“高校毕业生就业公共服务基本情况表”四张表格，侧重于人才流动与人才服务，其统计指标的设计也包含了流动人员学历和年龄层次、流向、各类服务业态发展情况等更加详细的内容。在统计对象上，两个市场的统计均以服务机构为主要对象。对机构的分类，则根据两个市场原有的管理制度进行安排。劳动力市场的统计将服务机构分为劳动部门办、其他组织办和公民个人办三大类；人才市场则将服务机构分为政府人事部门所属人才服务机构、行业属机构、民营机构和中外合资机构四大类。

（二）人力资源市场的季度统计

人力资源市场季度供求统计制度是采取抽样统计的方式，在全国范围内选取有代表性的中心城市的人力资源服务机构，由其按季度填报人力资源市场供求数据，进行汇总分析，按季度发布供求信息报告。随着人力资源流动的日益活跃和交流规模的不断扩大，以年度为周期的市场统计已不能满足社会的需求。为更加及时地反映人力资源市场的供求变化情况，20 世纪末，人事部和劳动保障部均开始探索建立人力资源市场季度供求信息发布工作制度。

1998 年，劳动保障部下发《劳动力市场信息网建设实施纲要（1998—

2000)》（劳社厅函［1998］87号），建立了中国劳动力市场信息网络监测中心（设在劳动保障部信息中心），主要负责全国劳动力市场供求状况的监测工作。1999年，为进一步推动劳动力市场信息监测工作，劳动保障部下发了《关于建立劳动力市场职业供求状况分析制度的通知》（劳社培就司发［1999］57号），决定在劳动力市场“三化”建设试点城市建立劳动力市场职业供求状况分析制度。

2000年和2001年，人事部办公厅先后下发《全国人才市场供求信息分类标准（试行）》（人办发［2000］108号）和《关于开展定期发布全国人才市场供求信息工作的通知》（人办发［2001］65号），确立了人才市场供求信息的季度发布制度，并于2001年10月份首次组织发布了全国人才市场供求信息。时任国务委员王忠禹同志在首次全国人才市场供求信息发布后，专门批示：“定期在网上（或其他场合）公布各地人才市场供求情况，为各类人员提供求职机会，是各地人事部门的一项重要工作，应切实抓好。”2002年和2003年人事部办公厅又先后下发了《关于进一步做好人才市场供求信息发布工作的通知》（人办发［2002］1号）和《关于在人才市场供求信息统计中增加高校毕业生需求信息统计的通知》（人办发［2003］41号），对季度统计制度做了进一步完善，并将高校毕业生信息单列进行统计。

【新闻摘录】（2001年10月25日光明日报—光明网）

人事部首次发布全国人才市场供求信息

本报北京10月24日电　人事部决定开展定期发布全国人才市场供求信息工作，首次发布今天在北京举行。

此次人才市场信息发布的各项指标是由各省、自治区、直辖市政府人事部门所属的人才流动服务中心、各副省级市及省会城市政府人事部门所属人才流动服务中心共计37个城市今年1—7月的数据统计而成，反映了全国人才市场供求的基本趋势。

结果显示：今年1—7月，用人单位在被统计的人才市场发布用人需求238.1万个，登记的求职人员共811.6万人；职位供需比为1∶3.41。全国重点城市人才市场在招聘的职位中排名前10位的是市场营销30.93万，计算机15.9万、经济专业14.9万、电子工程13.8万、管理专业9.4万、机械专业8.8万、财会专业8.3万、建筑专业7.5万、文秘专业7.3万、通信工程专业5.9万。前10位专业共占职位总数的55%。

在求职人员择业需求中排名前10位的分别是：经济专业49万、电子工程专业 41.9 万、财会专业 30.5 万、市场营销专业 29.1 万、计算机专业 23.1 万、机械专业 20 万、建筑专业 18.6 万、文秘专业 17.7 万、管理专业 13.4 万。求职人员择业需求排名前 10 位的占求职人员总数的 31.6%。除此以外，医药、广告、化工、交通运输、外语、教育、法律专业也是人才市场供需的热点。(周晓曲)

(三) 人力资源市场的专项调查

人力资源市场的专项调查是直接面向各类人员和用人单位，采取抽样调查的方式，主要针对人力资源市场领域的社会热点及难点问题进行调查分析，发布相关报告。根据主导机构的不同，人力资源市场的专项调查统计工作，可以分为政府职能部门主导的专项调查、人力资源服务机构自行开展的专项调查及专业调查机构开展的专项调查三大类。

1. 政府职能部门主导的专项调查

一般采用委托的方式交由研究机构、人力资源服务机构组织开展。政府职能部门根据需要，提出调查目的及内容等要求，由承办机构完成调查实施工作，调查成果由主办机构所有和优先使用。

2. 人力资源服务机构自行开展的专项调查

主要是结合自身服务业务领域，针对市场供求、服务业务等情况展开的，主要目的：一是分析本机构面临的市场环境，进行市场预测；二是为服务对象提供参考，引导培育服务需求，同时也是一种人力资源服务产品；三是宣传，通过调查统计产品，扩大木机构在市场中的影响力，创建服务品牌。此类调查最早是由进入我国人力资源市场的外资人力资源服务机构带来的，如万宝盛华（Manpower）组织开展的“雇用前景调查”；随着人力资源服务业的快速发展，我国已经形成了一批有一定规模和实力的人力资源服务机构，并开始关注市场专项调查统计工作，如前程无忧设有人力资源调查中心，面向社会提供人力资源调查服务；广典集团开展的以农民工就业状况为主题的专项调查，汇思集团开展的蓝领就业状况调查，东方慧博成立的慧博研究院等。作为人力资源服务机构的行业组织，相关协会也有组织人力资源市场领域的统计调查工作。

3. 专业调查机构开展的专项调查

随着人力资源市场配置机制的建立和人力资源服务业的兴起及快速发展，人力资源服务业已成为社会资本投资的一个重要领域，从而催生了人力资源市场的相关调查需求。一些专业调查机构开始关注这一领域，并将其作为服务产品，根据客户的要求，组织开展人力资源市场领域的相关调查，如艾瑞咨询集团开展的中国网络招聘行业发展调查、中国行业咨询网开展的中国人力资源服务业市场预测与产业投资咨询研究和中国人力资源外包行业发展现状与深度分析调查等。

【阅读链接】

万宝盛华研究中心简介、中国雇佣市场的发展趋势、人才管理白皮书、雇佣前景调查报告。

（http://www.manpower.com.cn/whitePaper）

二、人力资源市场统计的主要内容和任务

人力资源市场统计的内容涵盖了人力资源市场的内涵与外延。从市场的角度看，人力资源市场运行格局中的构成主体包括劳动者即人力资源供给方、用人单位即人力资源需求方、人力资源服务机构、政府职能部门及行业组织。人力资源市场统计涵盖了各要素。

关键概念

人力资源市场是指人力资源的供给方（劳动者）与需求方（企业等用人单位）通过市场机制进行相互交易，实现人力资源合理配置的总称。这种市场化配置活动区别于传统的计划配置方式，其内涵主要指人力资源市场供求主体的活动及相互关系；其外延包括政府职能部门、人力资源中介和相关服务机构等因素的活动以及管理、服务中的相互关系等。其可以从以下三个方面理解：

（一）人力资源市场是重要的生产要素市场

（二）人力资源市场是市场机制和服务实体的总和

（三）市场行为由法律、政策来规范和引导

（一）人力资源市场供求及配置状况

在社会主义市场经济条件下，人力资源的配置是通过市场实现的。劳动者和用人单位是人力资源市场的供求主体。人力资源市场统计最根本的任务就是对全社会人力资源通过市场的配置状况进行调查，以了解人力资源市场

供求的匹配程度。同时，根据需要对各区域、各行业、各类特殊群体的供求状况进行分析，如针对西部地区、建筑行业、高校毕业生等人力资源市场供求状况的统计分析。此类统计一般分析得出的结论包括：人力资源市场总体供求情况，可以细分为按产业、行业、用人单位性质和职业分组供求情况，用于说明各分组领域人力资源市场供给量与需求量之间的关系；需求大于供给的相关职业，说明社会对某类人力资源的需求较多或正在增加；需求小于供给的相关职业，说明社会对某类人力资源的需求较少或正在减少。对人力资源市场总体情况进行统计分析，可以了解全国人力资源市场供给与需求情况，反映一个国家人力资源的开发利用程度及人力资源状况与经济社会发展需求的匹配程度。对各类分组情况进行统计分析，可以了解某一领域的人力资源市场供给与需求状况，指导人力资源开发投入方向和人才流向。

（二）人力资源服务业发展状况

人力资源服务的起源和发展，是在国家实行人力资源的市场化配置改革的大背景下，围绕着市场需求的多样化增长逐步形成的，是人力资源市场建设的重要内容。伴随着人力资源市场的发展，人力资源服务也从最开始的招聘服务和人员代理服务，逐步发展为现场招聘和网络服务、培训服务、人事代理、劳务派遣、就业指导、人才测评、管理咨询和人力资源服务外包等业务，基本涵盖了人力资源开发配置的各个方面。服务机构由最开始政府主导主办到政府公共服务机构、国有企业、民营企业、外资合资企业并存的多元化服务格局，逐步形成了人力资源公共服务体系和市场化服务体系，由此构成了完整的人力资源市场服务体系。截至 2009 年年底，全国共建立各类人力资源服务机构 4.9 万家。从构成类别上看，公共就业服务机构 25 200 家，公共人才服务机构 5 384 家，国有性质人力资源服务企业 7 408 家，私营性质人力资源服务机构 10 522 家，港澳台及外资性质的服务企业 486 家。2007 年，国务院下发《关于加快发展服务业的若干意见》（国发［2007］7 号），明确提出要“发展人才服务业，完善人才资源配置体系”，将人力资源服务业纳入国家服务业发展总体布局当中，其发展前景广阔，在经济领域和社会领域都将发挥重大作用。推动人力资源服务业发展将成为国家服务业发展的增长点，成为人力资源和社会保障事业新的创新点，成为下一步统一规范的人力资源市场的推动力。

对人力资源服务业的统计主要是掌握我国人力资源服务业发展的行业规模、面向社会提供各类服务的情况，从而对我国人力资源开发配置服务的总体能力及专项服务能力进行判断。此类统计的主要目的是了解人力资源服务供给能力，具体包括人力资源服务机构建设情况和人力资源服务业务开展情况两大方面。

三、人力资源市场统计的主要功能及意义

对人力资源市场供求个体来讲，最有用的信息是哪些单位用人、用什么样的人、市场上有什么样的求职者、这些求职者是哪个层次和领域的人才。这些信息在人力资源市场上都可以查到。人力资源市场统计的基本功能不在这里，主要在于宏观指导，是人才结构调整和配置的信号，因为它反映的是人力资源市场供求的总体情况和综合情况。

（一）人力资源市场统计是加强人力资源开发配置工作的重要依据

我国是人口大国，人力资源丰富，经济社会的快速发展决定了人力资源流动日益活跃。要更好地发挥我国的人力资源优势，就必须提升人力资源开发利用水平，及时准确地掌握人力资源流动配置的状况。人力资源市场统计工作的根本任务就是反映人力资源市场供求等相关情况。通过人力资源市场的年度统计和季度统计，可以全面掌握人力资源流动配置状况，并对人力资源市场的供求关系做出基本判断，分析得出人力资源市场供给与需求的现状与发展变化趋势。一方面，引导人力资源流动，为国家制定人力资源配置的宏观政策提供参考；另一方面，根据需求预测引导人力资源开发投入方向。如统计中出现某地区某类职业人员需求大于供给，则说明这类人才正处于短缺状态，国家可通过发布信息、实施优惠政策、组织实施项目等，引导人才流向这些地区、行业，并加大对此类人才的培养开发力度；反之需求小于供给，则应引导人才向其他地区、行业流动。

关键概念

人力资源的合理流动与有效配置是指通过人力资源的配置既不出现大量人力资源不足，也不出现大量人力资源过剩的一种优化状态。

（二）人力资源市场统计是促进人力资源服务行业健康发展的重要依据

通过人力资源市场统计，可以了解人力资源服务的发展现状，引导人力

资源服务向专业化、产业化方向发展。如统计中显示，人力资源服务业务主要集中在招聘、代理等传统人力资源服务领域，而人力资源管理咨询、高级人才访聘、人力资源服务外包等业务发展不足，则可以引导社会资本向这些领域投入。人力资源服务业的统计发布，可以引导人力资源服务机构之间公平竞争。

（三）对人力资源市场中出现的一些重点难点问题进行分析，查找对策

人力资源市场关系到广大劳动者和用人单位，社会关注度高，热点难点问题多。通过对人力资源市场中出现的热点难点问题进行专项调查统计，可以了解其具体情况，深入分析，最终有针对性地加以解决。

第二节 人力资源市场统计制度

人力资源市场现行统计制度的设计，主要是在统一规范的人力资源市场的框架下，总结原有劳动力市场和人才市场统计制度的经验，将两个市场统计内容进行优化整合。在统计项目的设计上，坚持既反映市场整体情况，又区别于就业、工资等统计的原则，力求科学、合理。

一、人力资源市场统计工作机制

人力资源市场统计作为人力资源社会保障统计工作的重要组成部分，由部内综合统计部门统一安排布置，人力资源市场司具体负责，信息中心、中国人力资源市场网等单位参与。在具体分工上，人力资源市场司主要负责政策及协调工作、统计报告的审核工作。信息中心、中国人力资源市场网主要负责信息的催报、数据审核、联络及报告拟定等工作。

地方各级人力资源社会保障部门人力资源市场处负责本行政区域内的人力资源市场统计工作，按统计报表和统计时限要求，完成信息收集、整理工作，并逐级上报，由省人力资源和社会保障厅人力资源市场处上报部人力资源市场司。报送方式，要求省厅正式发文，并附带电子版一并报送。随着人力资源社会保障统计信息化进程的加快，统计软件逐步推行。

各类人力资源服务机构是人力资源市场统计信息的直接报填对象，应积极参与人力资源市场的统计工作，按统计报表要求及时填报相关数据。同时，鼓励行业协会、各类人力资源服务机构开展有针对性的人力资源市场专项调查统计工作。

二、人力资源市场供求统计的内容及指标

人力资源市场供求统计的相关指标主要包括在人力资源市场季度供求信息发布制度之中。根据原人事部（人才市场供求信息发布工作）、原劳动保障部（新版劳动力市场职业供求状况分析报告一般格式）以及各类人力资源服务机构在招聘活动中的供求信息发布情况，现行的人力资源市场统计将供求指标主要划分为以下几类：

（一）人力资源市场需求指标

1. 需求总体情况

反映的是人力资源市场需求总量，即统计周期内通过人力资源服务机构面向社会发布的人力资源需求信息的总和。

2. 按产业结构分类需求指标

分第一、第二和第三产业。

3. 行业性结构指标

按照国家统计局发布的《国民经济行业分类》国家标准划分，包括农林牧渔业、采矿业、制造业、建筑业、住宿和餐饮业、金融业、教育、文化体育和娱乐业、公共管理与社会组织等20类。

4. 用人单位性质分类指标

包括机关、事业、企业（内资、港澳台、外资、个体经营）、其他。

5. 职业分类指标

以国家最新职业分类大典为基础，按市场公布需求职位信息划分的标准。

6. 年龄结构指标

16～24、25～34、35～44、45岁以上以及无要求。

7. 性别结构指标

男性、女性以及无要求。

8. 素质结构指标

学历：初中及以下、高中、大学专科、大学本科、硕士研究生以上、无要求；职称：高、中、初；职业技能。

（二）人力资源市场供给指标

以登记求职人员提供的相关信息及就业意向为基础。包括：

1. 人力资源市场供给总体情况：反映的是人力资源市场供给总量，即统

计周期内通过人力资源服务机构表达求职意向的求职者数量的总和，包括初次求职和转换工作两大类人群。

2. 群体类别指标：具体划分为高校毕业生、农民工、就业困难群体、高层次人才和其他。

3. 对人力资源市场供给方的职业分类指标、年龄结构指标、性别结构指标、素质结构指标的设定与需求指标相一致。

关键概念

人力资源市场需求是指一定时期内，在某种工资率下雇主愿意并能够雇用的劳动力的数量。

人力资源市场供给是指在一定市场工资率条件下，劳动力供给的决定主体（个人或家庭）愿意提供的劳动能力的总和。

三、人力资源服务业统计的内容及指标

人力资源服务业统计的主要指标，基本涵盖在“人力资源服务机构综合情况表”（人社统 LM1 号）、“人力资源服务业务基本情况表”（人社统 LM2 号）两张表格之中，其分类及解释不仅适用于人力资源市场的年度统计，也适用于市场统计的其他工作。具体内容包括：

（一）人力资源服务机构分类

根据国家统计局国民经济分类统计标准中的法人分类和现行人力资源市场管理制度，将人力资源服务机构共分为以下几大类：

1. 公共就业服务机构

指由政府举办，向用人单位和求职者提供免费服务，帮助各类就业困难群体实现就业的服务机构，其主体是原劳动保障部门所属的职业中介机构。

2. 公共人才服务机构

指由政府举办，主要面向各类人才和用人单位提供相关服务，承担公共人才服务职能的公益性服务机构，其主体是原人事部门所属的人才服务机构和行业所属人才服务机构。

3. 国有性质的服务企业

指从事人力资源服务的国有性质的企业。主要包括国资委系统管理的服

务机构、外服系统的机构、地方各级政府人力资源社会保障部门所属人才（职业）服务机构设立的公司性质的机构、行业人才服务机构成立的公司性质的机构。

4. 民营性质的服务企业

指根据人力资源市场的相关规定，经行政许可设立的由民间经营、为社会提供人力资源服务的机构。

5. 港、澳、台及外资性质的服务企业

指按照我国人力资源市场的有关规定，成立的具有港、澳、台资及外资性质的人力资源服务企业。其中，要求具体填报中外合资和中外合作性质的服务企业两小类具体数字。

人社统 LM1 号中要求填报港、澳独资性质的企业及其设立的人才服务网站数的相关补充材料。主要是为了了解［根据《关于建立更紧密经贸关系的安排》（CEPA）的规定］，允许在广东试点设立港、澳独资人力资源服务机构的情况。

【阅读参考】国民经济行业分类中的人力资源服务业

根据国家统计局发布的《国民经济行业分类标准》，人力资源服务业（职业中介服务）被纳入了“L 租赁和商务服务业”之中。具体内容如下：

L 租赁和商务服务业

746

7460

职业中介服务

指为求职者寻找、选择、介绍、安置工作；为用人单位提供劳动力；提供职业技能鉴定及其他职业中介活动。

◇包括：

——劳务市场、人才市场；

——职业介绍所（含保姆、家庭工、钟点工、陪护的介绍公司）；

——家教中介服务（推荐、介绍家庭教师）；

——职业就业中心；

——劳动服务公司、三八劳务服务社；

——各类人才公司；

——外企服务公司（为驻我国的境外企业提供劳动力的机构）；

——劳务输出机构（含向境外派送劳务的机构）；

——职称、职业技能和就业上岗的考试、鉴定服务；

——其他未列明的职业介绍和劳务介绍活动。

◆不包括：

——军人的就业安置活动，列入9421（综合事务管理机构）；

——演员的挑选、推荐活动，列入7499（其他未列明的商务服务）；

——演员、运动员的个人经纪代理活动，列入7499（其他未列明的商务服务）。

（二）人力资源服务机构综合情况

人力资源服务机构是伴随着人力资源配置方式由计划向市场转变的过程，逐步发展起来的，其综合情况直接反映着人力资源市场的发展程度。现行统计制度选取了人力资源服务机构数、从业人员总数、设立的固定招聘场所数、总资产、建立的人力资源服务网站数、全年营业总收入6个标志性指标，用于反映人力资源服务机构发展的总体情况。

1. 人力资源服务机构数

指截至上一个统计年度注册登记的各类人力资源服务机构的总数。

2. 从业人员总数

指填报机构年底在册工作人员总数。为全面了解人力资源服务从业人员的整体素质水平，对从业人员的学历层次和取得职业资格两项指标又进行了具体统计。建立实施人力资源服务从业人员职业资格制度，是推进人力资源服务人员队伍职业化、专业化的要求，也是申请设立人力资源服务机构的必要条件之一。当前，全国范围内的人力资源服务从业职业资格制度尚未建立起来，统计对象主要是各地取得职业资格的从业人员。

3. 设立的固定招聘场所数

固定招聘场所指人力资源服务机构设立的从事招聘等服务的固定交流场所。人力资源固定招聘场所是向人力资源供求双方提供招聘、求职等日常服务的重要基础设施。考虑到全国范围内的统计是由各省汇总而成，因而年度统计中仅统计了场所数量。人力资源服务机构个体所拥有的固定招聘场所面积、服务设施建设等情况的统计工作，将由各类专项统计完成。

4. 总资产

指人力资源服务机构的总资产。总资产是人力资源服务机构规模大小的重要标志。人力资源服务业的发展，要求培育本土人力资源服务品牌，扶持一批具有国际影响力的大型人力资源服务企业集团。

5. 建立的人力资源服务网站数

指人力资源服务机构建立的从事人力资源服务的相关网站数量。

6. 全年营业总收入

指机构从事人力资源服务经营收入之和。此项指标中包括从劳务（人才）派遣服务代收代付的业务收入等中间费用。

（三）人力资源服务业务基本情况

人力资源服务业务基本情况统计主要是针对人力资源服务机构开展的各类服务进行的统计工作，反映的是服务量和服务能力，其指标包含了服务效果，即促进人力资源流动情况和服务业务量两个方面。人力资源服务业务涉及招聘、派遣、人力资源管理咨询、培训、人力资源服务外包、流动人员人事档案管理、测评、猎头（高级人才访聘）等人力资源开发配置和管理的各个环节，并在日益向人力资源和社会保障领域拓展、深化。具体的指标设计主要包括：

1. 服务人员总数

指统计年度1月1日至12月31日人力资源服务机构开展各项人力资源服务、业务服务活动所涉及的服务对象的总数。

2. 登记要求流动人数

指统计年度1月1日至12月31日所接待的服务对象中求职和转换工作，并进行了登记的人数，对其按学历进行分类统计。考虑到操作中的可行性，对流动人员的层次分类以登记信息为准。大专及以下、本科、硕士研究生及以上三个层次的登记人员之和应为登记要求流动人员总数。

3. 实现就业和流动人数

指统计年度1月1日至12月31日，经人力资源服务机构推荐成功实现就业、再就业和工作转换的人数。由于对就业的最准确的判断是签订劳动合同，而绝大多数人力资源服务机构在服务中无法跟踪到这一步，因而，此项指标实施过程中实现就业和流动的人数基本以达成供求意向的数据为基础，并根据一定的比率进行调整得出。

4. 服务用人单位总数

指统计年度1月1日至12月31日人力资源服务机构开展各项人力资源服务业务活动所服务的单位总数。服务用人单位按机构性质分为国有企事业单位、私营企业和外资企业三大类，三者之和应等于服务用人单位总数。

5. 人力资源数据库建设情况

包括建立人力资源数据库的数量、现存数据库求职信息总量、全年入库求职信息三项具体内容。

6. 招聘服务情况

包括现场招聘服务和网络招聘服务。

（1）现场招聘服务。包括举办招聘会次数，其中将毕业生专场和农民工专场进行了单列，目的是了解针对这两类特殊群体的服务情况。同时，从参会用人单位数、提供招聘岗位数和参会求职人员数三个方面对现场招聘情况进行了统计。

（2）网络招聘服务。考虑到网络招聘为全时段提供相关供求信息的特点，统计项目仅列了发布岗位需求信息和求职信息两项，其数据既包括日常发布的供求信息，也包括举办网络招聘会集中发布的信息。各类机构在填报中应注意扣除重复的信息量。

7. 其他人力资源服务业务

包括劳务派遣、人力资源管理咨询、人力资源服务外包、流动人员人事档案管理、培训、测评、猎头（高级人才访聘）等。统计项目根据各类业务的服务内容和特点，分别设定为服务单位数量、服务个体数量、现有情况等具体指标。填报数据时，劳务派遣和流动人员人事档案管理两项服务业务要求为截至统计年度年底的数据情况；人力资源管理咨询、人力资源服务外包、培训、测评、猎头（高级人才访聘）等则要求填报统计年度的数据情况。

第三节　人力资源市场统计的发展

人力资源市场统计是加强统一规范的人力资源市场建设的重要基础性工作，也是人力资源市场管理职能部门的一项重要任务。组织开展统一的市场统计工作，是全面了解人力资源市场情况的有效抓手，也是制定本地区市场发展规划的重要依据。

一、完善人力资源市场统计制度

（一）建立人力资源市场监测体系

以人力资源市场供求为核心，通过定期统计和专项调查，对人力资源配置流动、薪酬变化（价格）、人力资源服务业务开展情况、人力资源市场领域的热点难点问题等进行数据信息的收集、整理、分析和报告发布，以研究人力资源配置规律，反映人力资源领域的社会热点，为制定政策和引导人力资源配置提供依据和参考。通过建立人力资源市场监测体系：一是形成人力资源市场供求信息数据的直接采集渠道，通过服务机构直接面向供求主体开展相关问题的调查。二是完善现有人力资源市场供求信息的统计系统，在统一规范的人力资源市场框架下开展市场统计工作。三是建立人力资源市场供求调查系统，填补市场监测中的空白。通过委托的方式，开展人力资源市场中的专题调查。四是建立人力资源市场日常运行和热点难点问题的分析研究机制，面向社会提供公共信息。

【案例8—1】万宝盛华净雇佣前景调查介绍

1. 统计产品：按季度发布雇佣前景调查报告。其中使用“净雇佣前景指数”这一概念，是在调查区域内，期望在下一季度中增加员工人数的雇主比例减去期望减少员工人数的雇主比例。正数表示大多数雇主预期增加招聘人员，负数则表示大多数雇主有意减少招聘人员。以其发布的2010年第二季度调查报告为例，表示增加雇佣的雇主占调查对象的23%，减少的占6%，维持不变的占55%，不知道的占16%，则净雇佣前景指数为17%，表示市场招募意愿增强。

2. 调查内容：自1962年在美国和加拿大进行第一次雇佣前景调查开始，40多年来，所有调查结果都来自于对同一个问题的回答与分析，即“在您负责招募的权限区域内，与本季度相比，雇佣前景如何?”收集数据的定期化和数据结构的同一化，实现了长期监测。

3. 调查样本：调查结果由每个季度全球参与的36个国家和地区超过61 000家各行各业的企业的受访者记录分析而来。

4. 预测功能：整个统计调查工作，仅关注雇主对下个季度的招募预期，从而对下季度招聘市场进行预测。同时，横向进行重点城市和行业的分析，纵向进行历史比较。

（二）完善人力资源市场供求分类标准

建立和设置人力资源市场供求分类标准，应结合管理和服务的需要，在指标设计上既要反映我国人力资源市场的状况，又要从各层面、各角度动态地反映我国人力资源市场的走势，选择容易获得统计数据的重要指标，同时也是作为宏观决策管理的重要依据、能反映人力资源市场工作动态最新情况的关键指标，满足政府构建和谐社会的需要。根据我国国情，建立完善我国人力资源市场供求分类标准应遵循以下几项基本原则：一是全面性原则。指标体系应全面反映我国人力资源市场的各个主要方面，综合反映人力资源市场的区域、产业、行业和职业等特征，满足各级政府对人力资源市场调控的需要。二是客观性原则。指标体系应有利于客观准确地反映人力资源市场的实际和人们的真实感受。三是可操作性原则。指标体系的各项指标应便于收集数据、整理分析、调查统计和综合评价，并应尽可能利用已有统计数据。四是可比性原则。指标体系的各项指标应具有区域间和历史的可比性。五是综合性及敏感性原则。综合性即要求所选指标具有高度的概括性，能准确灵敏地反映人力资源市场的本质特征；敏感性就是要求指标的敏感度高，即指标的细微变化能直接反映出我国人力资源市场的发展变化。六是前瞻性原则。指标体系既要反映我国人力资源市场的现状，又要从各层面、各角度动态地反映我国人力资源市场的未来走势。

（三）建立人力资源服务行业统计制度

当前，人力资源服务业快速发展，服务领域不断拓展。行业的高速发展，带来了一个很重要的问题，就是行业发展指标和相关信息的统计工作问题。应逐步建设科学反映行业发展的统计指标体系；完善人力资源服务业统计调查制度，准确界定人力资源服务业的统计范围，科学设置能够反映人力资源服务业基本状况和发展情况的统计指标体系和调查方法，提高对整个行业发展情况的认识。

二、丰富人力资源市场统计产品

人力资源市场统计产品是人力资源市场统计工作成果的体现，是统计工作发挥服务作用的基础。要把加强对人力资源市场统计产品的开发作为提高人力资源市场统计工作的重要内容，不断提升人力资源服务统计工作质量。在统计调查结果的应用方面，要立足于融合人力资源市场信息，为人力资源政策制定提供数据信息支撑，并为求职者、用人单位、人力资源服务机构、学者等相关主体提供细致的人力资源市场信息服务。在具体产品研发应用方面，当前应做好以下几项工作：一是完善年度人力资源流动与市场建设基本情况的通报工作和季度人力资源供求分析发布工作。加强数据库建设，做好数据的积累，加强对比分析。二是发布人力资源服务业白皮书，反映人力资源服务业的整体情况。三是加强专项统计调查报告工作，提高分析能力。四是鼓励社会调查和研究机构、行业组织、人力资源服务机构开展人力资源市场调查统计工作，增加调查统计产品的供给。

三、加强人力资源市场统计工作的组织领导

根据现有工作机制，人力资源市场管理部门要加强与综合统计部门的合作，建立统一的市场统计制度，共同开展好人力资源市场统计工作。加强统计人员队伍建设。处内应设立专人负责人力资源市场统计工作。根据统计业务发展的需求，加强统计工作人员培训。加强对人力资源服务机构信息工作的指导，做好日常服务信息的收集、整理、存储等工作，定期按要求上报相关数据信息。

思 考 题

1. 简述人力资源市场统计的工作机制及各类主体的主要职能。
2. 人力资源服务机构主要包括哪几种类别?
3. 人力资源市场的年度统计与季度供求信息发布统计制度有哪些不同?
4. 谈一谈如何丰富人力资源市场统计产品。

第九章

事业单位人事管理统计

本章导读

1988年国务院机构改革成立国家人事部，综合管理全国机关和事业单位人事管理工作，并开始建立我国事业单位人事统计制度。

20世纪90年代以来，我国逐步建立社会主义市场经济体制。此后，为适应计划经济向市场经济的转变，国家开始探索建立市场经济体制下事业单位分类管理和用人方式即人事管理制度的改革。

本章通过简单介绍我国事业单位人事统计制度建立的历史背景及其发展进程，帮助读者了解确立事业单位人事统计制度的由来和脉搏，了解事业单位现行人事统计制度设计、统计工作体制与职责分工，了解事业单位人事统计范围、统计内容、统计对象。

第一节　事业单位人事管理统计概述

我国事业单位人事统计制度，最早建立于20世纪80年代。1988年国务院机构改革成立国家人事部，其职能是综合管理全国机关和事业单位的人事管理工作，并开始建立我国事业单位人事统计制度，至今二十余年。其间经历了计划经济时代和21世纪建设中国特色社会主义市场经济时代。

一、事业单位人事管理统计的作用

《统计法》第2条规定："统计的基本任务是对经济社会发展情况进行统计调查、统计分析，提供统计资料和统计咨询意见，实行统计监督。"由此可见，统计具有统计信息、统计咨询、统计监督三项基本功能。事业单位人事统计，是国家人力资源社会保障综合统计的重要组成部分，是一项专业性和技术性较强的部门内部专项统计业务。

人事管理统计的任务和作用，就是采用现代化统计技术和科学统计方法，对事业单位实施分类管理和人事管理，组织进行全面的统计调查；以“数”的形式，及时、客观、全面、准确反映我国事业单位分类管理改革和人事制度改革的实践、历史进程和改革成果；对党和国家关于事业单位人事制度改革方针政策的贯彻执行情况，实施统计监督；为深化和继续推进事业单位各项改革，提供真实准确的研究决策数据支撑；为促进人力资源社会保障民生事业以及国家其他各项社会事业发展，提供高效优质的统计服务。

二、事业单位人事管理统计工作现状

2008年，国务院机构改革成立人力资源和社会保障部，设立事业单位人事管理司，承担全国事业单位分类管理改革和人事管理制度改革的职能。但是，事业单位人事管理专项统计基础工作薄弱，统一规范的人事管理专项统计框架体系、指标体系、统计数据质量控制体系、统计队伍专业化技术培训制度、统计分析预测工作制度，以及统计运行管理机制、统计信息化基础建设（包括硬件环境和软件设施）等，仍然不能适应新形势下事业单位现代人事管理的客观要求。一些必要的规章标准体系尚未建立，现有的一些规章需要继续健全和完善。上述这些问题都有待于通过改革进一步建立和规范。

三、事业单位人事管理统计工作体制与职责分工与人事统计资料报送方式

（一）事业单位人事管理统计工作体制

事业单位人事管理统计实行由部规划财务司“综合管理、专业司分工负责、集中汇总，地区与部门分别承担”的工作原则和专业化管理体制。部事业单位人事管理司，是全国事业单位人事管理统计的职能主管机构。

（二）事业单位人事管理统计职责分工

1. 部事业单位人事管理司职责

部事业单位人事管理司统一协调、管理、指导全国各地区、各部门事业单位的专项人事统计工作；负责全国事业单位人事统计管理制度设计；负责全国事业单位人事统计报表、指标体系及相关标准的拟订、修订以及全国事业单位统计数据的综合汇总、统计分析等相关工作；负责对全国事业单位人事统计工作的监督与检查；负责与部内综合统计部门的行政与业务工作进行

协调。

2. 各地区各部门人力资源社会保障机构职责

根据部事业单位人事管理司有关事业单位人事统计报表制度各项工作规定的要求，各地区各部门人力资源社会保障机构结合本地区本部门的具体情况，负责组织开展本地区本部门事业单位人事专项统计工作任务的具体部署和实施；负责完成本级及其所属地区、直属单位的统计数据采集、审核、汇总、报送等各项任务；同时，负责本地区本部门范围内统计行政与业务指导、协调、督促、检查、统计资料的安全保密、本级统计资料的存储保管等各项管理工作。

（三）人事统计资料报送方式

各地区各部门统计资料报送方式是：根据部有关统计报表制度的规定，由独立核算的基层事业法人单位填报本单位的原始报表数据，按照隶属关系，实行逐级、逐层（即行政层次）汇总上报方式，报送人力资源社会保障部事业单位人事管理司。

第二节　事业单位人事管理统计范围与对象

一、事业单位人事管理统计范围

《关于批转〈事业单位登记管理暂行条例实施细则〉的通知》（中央编办发［2005］15号）中规定，事业单位，是指国家为了社会公益目的，由国家机关举办或者其他组织利用国有资产举办具有独立法人资格并且实行财务独立核算制度的社会服务组织。

根据中编办发［2005］15号文件规定，凡经国家或地方各级人民政府及其有关主管部门批准设立的，并经国家（地方）事业单位登记管理机关登记或授权登记注册、实行财务独立核算的事业法人，包括体制内国有事业单位和集体事业单位，均列入事业单位范围。但是，承担部分行政管理职能、被列入参照公务员管理的事业单位，不在此统计范围之内。事业单位的统计范围是：

（一）中央事业单位

中央直属事业单位，是指中共中央机关、国务院各部门、全国人大、全国政协、最高人民法院、最高人民检察院、人民团体、国有企业举办的直属事业单位。具体包括：

1. 党中央各部门直属事业单位。

2. 中央国家机关各部门举办的事业单位。

3. 直接或者间接使用中央财政经费的社会团体举办的事业单位。

4. 中央国有资产监督管理机构履行出资人职责的企业和国有重点金融机构举办的事业单位。

5. 上述事业单位举办的事业单位。

6. 依照法律或者有关规定，应当由国家事业单位登记管理局登记管理的其他事业单位。

（二）地方事业单位

地方事业单位，是指地方各级党委、地方政府部门、地方人大、政协、人民团体、地方国有资产监督管理机构履行出资人职责的企业举办的事业单位。具体包括：

1. 省、自治区、直辖市直属事业单位。

2. 省、自治区、直辖市国家机关各部门举办的事业单位。

3. 直接或者间接使用省级财政经费的社会团体举办的事业单位。

4. 省、自治区、直辖市国有资产监督管理机构履行出资人职责的企业举办的事业单位。

5. 上述事业单位举办的事业单位。

6. 国家（地方）事业单位登记管理机关授权登记管理的事业单位。

7. 依照法律或者有关规定，应当由省级登记管理机关登记管理的其他事业单位。

二、事业单位人事管理统计对象

事业单位统计报表制度规定，人事管理统计对象主要是：列入事业单位管理范围，并由人事（劳资）部门办理聘用、任用手续，已经签订和未签订聘用、劳务（协议）合同，在管理岗位、专业技术岗位、工勤技能岗位、普通岗位上工作，并直接支付工资报酬的全部从业人员。其中包括在册正式工作人员和劳务、人事派遣人员。但是，不包括离休、退休、退职返聘人员和借调在本单位工作的外单位人员。具体包括下列三类工作人员：

1. 管理人员。

2. 专业技术人员，其中包括特殊专业技术人员。

3. 工勤技能人员（包括机关工勤人员）。

第三节　事业单位人事管理统计主要内容和主要指标解释

事业单位人事管理统计，实行单一的年度定期报表制度，是人力资源社会保障综合统计制度的重要组成部分。事业单位人事管理统计内容主要包括：事业单位用人方式情况统计、事业单位工作人员增减变动情况统计、人员基本情况统计，其中包括特殊专业技术人员统计、事业单位工作人员行业分布统计、事业单位隶属关系统计、事业单位分类情况统计、事业单位工作人员结构统计、事业单位人员素质构成统计、教育培训统计、事业单位总体情况统计等内容。

2009 年度事业单位人事统计报表共有 11 张，统计指标共计 348 项。其中反映事业单位全部工作人员总体情况的统计报表共有 5 张、122 项指标；反映各类工作人员基本素质构成的统计报表共有 6 张、226 项指标。

一、事业单位综合情况统计

人社统 PS1 号“事业单位用人方式情况”

主要指标解释：

1. 本单位编制总数

是指经中央机构编制委员会办公室或地方政府、机构编制主管机关核定的本单位人员总数。

2. 本单位从业人员总计

指报告期末本单位编制内和编制外所有在岗工作人员总数，但不包含离休、退休返聘人员和借调人员。

本单位从业人员等于实有人员数与劳务（人事）派遣人员数之和。

3. 实有人员数

是指与本单位建立人事关系（劳资关系）的所有工作人员，含本单位正式在册人员和本单位在册正式人员之外长期或临时聘用的各类人员。

4. 在册正式工作人员

指本单位在编人员和经上级部门批准超编配备的人员。

5. 本年度新进人员

指本年度内，本单位新招用的所有工作人员。包括编制内和编制外、公开招聘、政策性安置、调入或其他方式引入的各类人员。

6. 劳务（人事）派遣人员

指本单位通过劳务（人事）派遣方式使用的所有人员。

7. 已签订聘用合同

指统计数字截止日，在实有人员中本单位已与其签订聘用合同的人员。

8. 已签订劳动合同

指统计数字截止日，在实有人员中本单位已与其签订劳动合同的人员。

9. 未签订正式合同

是指本单位尚未与其签订劳动合同或聘用合同的人员。不含劳务（人事）派遣人员。

人社统 PS2 号“事业单位管理人员和专业技术人员增加、减少情况”

主要指标解释：

1. 上年末总数

是指本单位上一年度末实有人员总数。要求与上级汇总部门保存的数据一致，如有不一致，必须附加文字说明。

2. 公开招聘

是指根据国家有关人事制度改革的相关政策法规规定，事业单位按照规定的程序面向全社会招聘到本单位工作的人员。

3. 应届大中专院校毕业生

指年度内取得国家教育行政部门批准或认可的相当于高等学校颁发的中专、大专及以上学历证书的院校毕业生。

4. 政策性安置

是指按照国家有关政策规定，经人事（组织）部门办理相关人事手续，进入本单位工作的人员。

5. 调入

指从机关、国有企业或其他国有事业单位，办理了调入手续，进入本单位，并在管理及专业技术岗位工作的人员。

6. 其他

本年度增加项指标中未列出的，包括成建制进入、漏填漏报等其他方式、原因进入本单位工作的人员，归并入本项指标进行统计，但必须附加统计说明。

7. 退休

指达到国家规定的退休条件，正式办理了退休手续并享受退休待遇的人员。

8. 解除合同

指依法与本单位解除聘用（劳动）合同关系的人员。

9. 开除

指由于严重违反劳动纪律或犯有其他严重错误，受到开除公职的行政处分，并由单位办理开除手续的人员。

10. 终止合同

指依法终止聘用（劳动）合同关系的人员。

11. 辞职/辞退

辞职指根据本人意愿，依据有关规定，辞去公职，并解除与单位工作关系，由单位办理辞职手续的人员（属于个人行为）；辞退指按照有关规定，因有违纪行为，由单位办理辞退手续，以及因其他原因按照有关规定办理辞退手续的人员（属于单位组织行为）。

12. 调出

指经所在单位人事（劳资）部门按照有关规定办理调出转移手续、离开本单位的人员。

13. 其他

本年减少人员统计指标中未包含的通过其他方式减少的人员数，例如成建制移交、改变单位隶属关系、三年多统（漏统）而减少等情况，可在此项指标中做减少统计，但必须加以说明。

14. 本年实有数

指报告期末（截至本年 12 月 31 日）本单位在册在岗的全部工作人员，包括编制内和编制外、人事行政关系和工资关系在本单位的人员，但不包括离休、退休、退职返聘人员。

15. 本年末实有退休干部人数

指截至本年 12 月 31 日，本单位累计实有退休干部的总人数。

二、事业单位各类人员基本情况统计

（一）事业单位管理人员基本情况统计

事业单位管理人员，是指聘用在事业单位管理岗位上的工作人员。按照事业单位岗位设置管理的有关规定，管理岗位共设置了一至十级，事业单位现行的省部级正职、省部级副职、厅级正职、厅级副职、处级正职、处级副职、科级正职、科级副职、科员、办事员依次分别对应管理岗位一到十级职员岗位。

(二) 专业技术人员和特殊专业技术人员基本情况统计

关键概念

专业技术人员，是指获得具有专业技术职称（资格）认定资质机构颁发的专业（职业、从业）资格证书，并在岗从事技术管理或技术工作的专业人员。要求按照本单位管理人员现聘的级别岗位填报。

关键概念

“特殊专业人才”，一个人如有多个称号的，在“特殊专业技术人才总数”项，只统计一次（不得重复计算），但在表内所列人员对应的称号项，要分别填写一次（说明，一个特殊专业技术人员具有多种称号、职衔、荣誉的可重复统计）。

主要指标解释：

根据人社统 PS4、PS6 表，事业单位专业技术人员和特殊专业技术人员基本情况主要指标有：

1. 职业资格：即专业技术人员职业资格，分为职业准入资格和职业水平认证资格。职业准入资格：按照国家相关法律法规规定，在涉及国家安全、公共利益和关系人民生命财产安全等专业技术工作岗位建立的人员资格管理制度，实行注册管理。职业准入资格也是专业技术人员从事法定条件规定的特定专业技术岗位工作的必备条件，属于行政许可范畴。专业技术人员依据有关规定通过国家统一考试等方式取得职业准入资格。职业水平认证资格：根据经济社会发展和用人单位需要，专业技术人员通过参加国家职业水平认证考试取得的资格。

2. 中国科学院院士：指根据《中国科学院院士章程》规定，从在科学技术领域获得系统的、创造性的成就和作出重大贡献的中国国籍研究员、教授（或同等职称的学者、专家）中推荐并当选的院士。

3. 中国工程院院士：指根据《中国工程院院士章程》规定，从在工程科学技术方面取得重大的、创造性的成就和作出重大贡献的中国国籍高级工程师、研究员、教授（或具有同等职称的专家）中推荐并当选的院士。

4. 有突出贡献的中青年科学、技术、管理专家：指根据中央组织部等四部门《优先提高有突出贡献的中青年科学、技术、管理专家生活待遇的通知》（中组发［1984］3号）的要求，以“在理论研究上有重大科学价值，得到国内、外公认的；在生产、技术、教育、管理工作中有重大发明创造或革新，具有显著经济效益或社会效益的；在专业工作中做出特别优异的成绩，并在国内同行中享有较高声誉的”为条件进行选拔，经人事部审核批准的中青年科学、技术、管理专家。

5. 享受国务院政府特殊津贴人员：指根据党中央、国务院《关于给作出突出贡献的专家、学者、技术人员发放政府特殊津贴的通知》（中发［1990］10号）的有关规定，各地区、各部门按照选拔条件和规定程序，推荐上报在科研、教育、文化、卫生等岗位和工农业生产第一线作出重大贡献和取得突出业绩的专家、学者和技术人员等人选，人事部会同中央组织部、中央宣传部、中央统战部进行审核后，报国务院批准的人选。

6. 新世纪百千万人才工程国家级人选：指根据人事部、科技部、教育部、财政部、国家发改委、国家自然科学基金委、中国科协《关于印发〈“百千万人才工程”实施方案〉的通知》（人专发［1995］147号）的有关规定，为培养造就数百名具有世界科技前沿水平的杰出科学家、工程技术专家和理论家；数千名具有国内领先水平，在各学科、各技术领域有较高学术技术造诣的带头人；数万名在各学科领域里成绩显著、起骨干作用、具有发展潜能的优秀年轻人才，在各地、各部门推荐上报人选的基础上，经专家评审，并报“百千万人才工程”领导小组批准的人选。

7. 国家科技奖项负责人：指根据《国家科学技术奖励条例》的规定，荣获国家最高科学技术奖、国家自然科学奖、国家技术发明奖、国家科学技术进步奖中任何一项国家级科学技术奖励二等奖及以上项目的主要负责人。

8. 全国宣传文化系统“四个一批”人才：指根据中央组织部、中央宣传部和人事部《关于印发〈全国宣传文化系统“四个一批”人才培养工作意见〉的通知》（中宣发［2003］26号）的有关规定，为适应宣传文化事业发展需要，在宣传文化系统内选拔的有过硬的思想政治素质、较大的专业成就、本科以上文化程度、年龄在50周岁以下的一批全面掌握邓小平理论和“三个代表”重要思想、学贯中西、联系实际的理论家，一批坚持正确导向、深入反映生活、受到群众喜爱的名记者、名编辑、名主持人，一批熟悉党和国家方针政策、社会责任感强、精通业务知识的出版家，一批紧跟时代步伐、热爱祖国和人民、艺术水平精湛的作家、艺术家。

（三）事业单位工勤技能人员统计指标解释

事业单位工勤技能人员，是指聘用在工勤技能岗位上的工作人员。工勤技能岗位包括技术工岗位和普通工岗位，其中技术工岗位分为5个等级，即一至五级。事业单位中的高级技师、技师、高级工、中级工、初级工，依次分别对应一至五级工勤技能岗位。即一级岗位（高级技师），二级岗位（技师），三级岗位（高级工），四级岗位（中级工），五级岗位（初级工）。普通工岗位不分等级。

第四节　事业单位人事管理统计分析

一、事业单位人事管理统计分析的概念

统计分析，是指在对统计数据资料进一步加工处理的基础上，运用统计方法及与分析对象有关的知识，采取定量与定性相结合的方法进行的研究活动。

人事管理统计分析，是指在对人事统计数据资料进一步加工处理的基础上，对统计数据的“质”和“量”，开展多角度多层面的研究分析，从中找出事业单位分类管理、岗位设置、用人方式等政策实施过程中的状况、存在的问题、本质及其发展变化规律，为改进下一步工作，形成统计分析报告，并提出合理的政策建议思路，为事业单位分类管理改革和人事制度改革提供重要的决策参考依据。

二、事业单位人事管理统计分析的主要内容及其应用

（一）人事管理统计分析的主要内容

事业单位人事管理统计分析的内容，主要有以下6个方面：

1. 事业单位推行分类管理改革政策的贯彻执行情况分析。

2. 事业单位转变用人方式改革、职工增减变动因素及趋势研究分析。

3. 事业单位推行聘用制度、实行岗位设置管理情况分析。

4. 事业单位全部工作人员总量规模、地区分布、行业分布、人员构成、素质构成等情况分析。

5. 事业单位全部工作人员政治理论教育、专业技能培训情况分析。

6. 事业单位专业技术人员在促进社会各项事业发展中的价值影响因素及贡献率等情况分析。

(二) 事业单位人事统计分析方法及其应用

统计分析的基本要求。就是把定量分析与定性分析相结合，全方位、多层次、多视角地揭示事物现象的本质和规律。

常用统计分析方法的种类。按照分析的内容和范围区分，可以分为综合分析和专题分析；按照分析的连续性区分，可以分为常规性分析和一次性分析；按照分析时间区分，可以分为当期分析（如月报、季报分析）和预测分析。

人事统计常用的分析方法主要有以下四种：

1. 对比分析法

对比分析法是指运用同类指标数据进行比对，研究分析事物发展变化的差异程度的方法。此种方法常常用于对事物的现状分析和趋势预测分析。但是，要求同类指标必须具有可比性，否则就没有意义。该方法在事业单位人事统计分析工作中，应用范围十分广泛。

2. 结构分析法

任何事物的总体都是由不同部分组成的。结构分析法就是研究并确定总体结构各要素之间构成比例关系的方法。例如，在统计分析中，事业单位管理人员、专业技术人员、工勤技能人员在全部工作人员中的结构比例大小，可以反映出管理类事业单位和专业技术类事业单位的不同特征，从而检查事业单位实施分类管理政策的执行结果。

3. 因素分析法

因素分析法是指在结构分析的基础上，对构成总体中的各要素特点、影响方向、范围、作用、程度大小等进行深度分析评价的方法。比如，对用人方式分析中，运用结构分析和因素分析方法来研究和分析“社会公开招聘”“调入”“军转安置”等方式进入事业单位工作人员的数量构成，以及某一方式在总体中的比例关系，为后续政策的调整，提供重要参考依据。

4. 平衡分析法

平衡分析法是指为了实现一定的目标，对直接或间接影响事物发展变化的各个方面、各个环节，进行全面系统分析，以达到促进均衡协调发展的方法。例如，事业单位人员增减平衡、管理人员或专业技术人员或工勤人员在全部工作人员构成中的比重关系的平衡等。

事业单位人事统计分析的基本步骤，一般来说有以下几个：

1. 明确分析目的、确定分析题目

统计分析的目的必须“有的放矢”，具有强烈的针对性；立意要有高度，题目鲜明。

2. 系统地收集整理各种相关分析数据和资料

对有疑虑的、残缺的数据资料要认真核实；对凌乱复杂的数据资料要认真梳理，去伪存真，去粗留精。力求相关数据资料丰富、完整、真实、准确。

3. 对数据资料进行系统周密分析

从总体到局部，层层深入剖析，挖掘事物或事件的本质，把握事物发展的内在规律。提出有针对性、建设性的可操作的建议方案。

4. 撰写分析报告

统计分析报告是统计分析工作的最终成果。统计分析报告有综合分析报告和专题分析报告之分。要根据研究决策的要求确定。

统计分析报告通常由基本情况、成绩和经验、问题和原因、建议或解决方案四个部分组成。撰写分析报告应当注意以下要求：

第一，主题明确、中心突出，抓住核心和要领。

第二，内容要有观点、有数据、有情况、有分析、有建议，具有较强的说服力。

第三，层次结构分明、段落章节条理清晰，文理通顺，逻辑周密严谨；语言表达准确，简明、通俗易懂。忌空话连篇、言之无物。

统计分析产品，是统计工作过程中产生的综合成果。一份高质量高水平的统计分析报告，是我们总结工作、改进工作、指导工作和进行决策研究的重要支撑。认真开展人事统计数据的深度挖掘和分析应用工作，不断提升人事统计分析水平及其应用能力，实现人事统计数据分析产品的多样化，才能为事业单位分类管理改革提供坚强有力的决策支持、为人力资源和社会保障事业发展提供高效优质的统计服务。

思考题

1. 事业单位的统计范围包括哪些？
2. 事业单位从事统计的内容主要包括哪些方面？
3. 事业单位人事统计层次是如何划分的？
4. 人事统计常用分析方法有哪几种？
5. 简述事业单位人事统计分析的内容和任务及其意义。

第十章

公务员统计

本章导读

公务员制度是我们党和国家干部人事制度的重要组成部分，公务员作为国家重要的人才资源，是党的路线、方针、政策和国家法律法规的执行者。做好公务员统计工作，摸清我国公务员队伍的规模和结构，对于推进公务员管理工作科学化、制度化具有十分重要的意义。

目前，我国的公务员统计工作是通过全面统计报表的方式开展的，对大量的数据资料进行综合分析，可为制定公务员管理政策法规，加强公务员日常管理工作，监督检查公务员管理政策法规的执行情况，预测公务员队伍发展趋势提供依据。

本章通过阐述公务员统计的概念、基本作用和特点，介绍公务员统计工作机制和主要内容，帮助读者加强对公务员统计的认识，掌握公务员统计的基本方法。

第一节　公务员统计概述

一、公务员统计的概念

公务员统计就是以公务员为统计研究对象，根据公务员管理工作的需要，从数量方面开展公务员统计调查，进行公务员统计资料收集、整理和分析预测工作的全过程。它是公务员管理部门的一项重要基础工作，与各项公务员管理工作之间存在着密切的内在联系，但又有所区别。公务员统计是根据公务员管理工作需要开展的，经过统计设计——统计调查——统计整理——统计分析预测的工作过程，达到对公务员这一客观事物规律性的认识。

公务员统计资料是根据公务员统计数据整理编辑而成的数据资料、图表资料和有关的文字资料，是公务员统计工作的成果。

二、公务员统计制度的建立

公务员制度是我国干部人事制度的重要组成部分，其主要精神、原则、做法与党的干部人事工作的方针政策是一脉相承的，是干部人事制度改革的最新成果。同样，公务员统计脱胎于干部统计，是对干部统计工作的继承和发展，是公务员管理工作发展到一定阶段，根据实际工作需要发展而来的。

2006 年《公务员法》的实施，是我国干部人事制度改革的一项重大举措，标志着我国公务员管理工作进入了一个新的阶段。为适应这一新形势，2006 年 9 月召开的全国党内统计、干部统计、离退休干部统计工作会议提出，要根据公务员管理工作的特点，尽快完成由机关干部统计向公务员统计的过渡。为了做好此项工作，中央组织部、人力资源社会保障部、国家公务员局在总结经验、广泛调研的基础上，于 2008 年正式开展了首次全国公务员年度统计工作，统计时点为 2008 年 12 月 31 日，统计时间为 2008 年 1 月 1 日至 2008 年 12 月 31 日。

【阅读链接】

中共中央组织部、人力资源和社会保障部、国家公务员局联合下发《关于开展全国公务员年度统计工作的通知》（组通字［2008］47 号）

三、公务员统计的基本作用和特点

（一）公务员统计的基本作用

1. 为制定公务员管理政策法规及公务员日常管理工作提供依据

根据公务员工作的需要，准确、及时、系统地收集整理和研究分析统计资料，反映公务员队伍的现状，摸清公务员总量、学历、年龄、性别、政治情况构成等基本素质情况以及公务员分布和变化情况，分析公务员队伍总量变化和学历、年龄、分布结构的合理性及公务员队伍存在的问题等，为公务员管理工作提供基础数据支撑。

2. 监督检查公务员管理政策的执行情况

通过统计和分析，监督检查公务员管理政策执行情况，解释执行政策过程中存在的问题，总结经验教训。

3. 预测公务员队伍发展趋势

顺应经济社会发展和干部人事制度改革对公务员的新要求，对公务员队伍基本状况数据进行综合分析，找出发展变化的规律，科学地预测公务员队伍的发展趋势，为制定公务员队伍建设长远发展规划服务。

(二) 公务员统计的特点

1. 数量性

为科学反映公务员队伍的综合情况，公务员统计通过大量的数据资料来综合反映公务员队伍的发展水平、发展速度、构成和各种比例关系。

2. 总体性

公务员统计是针对公务员总体数量的研究。通过总体统计研究，了解公务员队伍的发展水平、发展速度、构成和各种比例关系，进一步认识公务员队伍的总体情况及发展变化趋势。

3. 唯一性

公务员统计以公务员登记表为基础，严格按照填报单位现有公务员人数进行填报，填报人数必须与现有公务员登记数一一对应。

4. 政策性

公务员统计的指标设置是依据党和政府干部人事工作在不同时期的政治路线和方针政策确定的，体现了党和政府在一定时期对公务员管理工作的要求，具有很强的政治性、政策性。

5. 内部性

公务员统计具有严格的保密程序，公务员统计数据只能用于内部工作，如需对外提供，须按有关规定报批。

第二节　公务员统计工作机制

一、公务员统计工作职责分工

公务员统计工作是由党委组织部门牵头，党委组织部门、政府人力资源社会保障部门分工负责的一项定期统计工作。公务员统计工作于每年年底开始，由各基层报告单位按照统一的填报要求统计本年度该单位的公务员情况，并自下而上逐级审核、汇总，最终由党委组织部门统一审核、汇总。公务员统计现已成为取得全国公务员统计资料的一种重要组织方式，是党和政府了解公务员队伍现状及其发展变化规律，检查、分析公务员管理工作政策法规贯彻执行情况的基本方式。

公务员统计工作的具体职责分工是：地方各级党委组织部门负责本地区公务员统计数据的汇总，并具体负责党的机关、人大机关、政协机关、法院、检察院、各民主党派和工商联机关公务员以及参照公务员法管理的人民团体和群众团体机关、党委直属和部门所属参照公务员法管理的事业单位工作人员的统计；地方各级政府人力资源社会保障部门负责本地区政府机关公务员及政府直属和部门所属参照公务员法管理的事业单位工作人员的统计。

【阅读参考】地方各级党政领导班子成员统计

由本级党委组织部、政府人力资源社会保障厅（局）分工负责统计，要注意互相核对，以防重统、漏统。

在上报报表时，需附人员名单（包括姓名、性别、民族、学历、单位及职务、职务层次等项目）。

(1) 地方各级党委、人大、政协班子成员，法院院长，检察院检察长由本级党委组织部负责统计。在填报部门分布情况时，按照任职情况分别统计在相应栏，兼职人员按其所任较高职务填写。

(2) 党委班子成员中，兼任政府领导班子副职的，由党委组织部负责统计。在填报部门分布情况时，统计在“党的机关”栏。

(3) 政府班子正职，以及在党委、人大、政协班子没有兼职的政府班子副职，由政府人力资源社会保障部门负责统计。在填报部门分布情况时，统计在“行政机关”栏。

例1：某省的省委常委兼下辖某地级市的市长，由该省党委组织部统计在“省部级副职”，部门分布情况统计在“党的机关”栏。

例2：某省检察院检察长，由该省党委组织部统计在“省部级副职”，部门分布情况统计在“检察机关”栏。

例3：某地级市的市委副书记、市长，由该市人力资源社会保障局统计在“厅局级正职”，部门分布情况统计在“行政机关”栏。

例4：某地级市的市委常委、副市长，由该市市委组织部统计在“厅局级副职”，部门分布情况统计在“党的机关”栏。

例5：某地级市的市委常委兼市公安局长，由该市市委组织部统计在“厅局级副职”，部门分布情况统计在“党的机关”栏，而公安局不再统计。

例 6：某地级市的副市长，由该市人力资源社会保障局统计在“厅局级副职”，部门分布情况统计在“行政机关”栏。

地方各级党委、人大、政协领导班子成员，以及法院院长、检察院检察长由同级党委组织部门负责统计；地方各级政府领导班子正职，以及在党委领导班子没有兼职的政府领导班子副职，由同级政府人力资源社会保障部门按照行政机关公务员统计。

乡镇党委书记、专职副书记、纪委书记、专职党委委员，以及人大主席、副主席，由同级组织部门分别按照党的机关公务员和人大机关公务员统计，其他公务员由同级政府人力资源社会保障部门按照行政机关公务员统计。

中央和国家机关各部委、各人民团体干部人事部门负责本范围公务员、参照管理人员的统计。

二、公务员统计工作的范围和流程

（一）公务员统计报表及其统计范围

现行全国公务员年度统计报表主要有“公务员统计表”“参照公务员法管理的群团机关工作人员统计表”“参照公务员法管理的事业单位工作人员统计表”。

关键概念

公务员统计范围是指公务员统计所要调查的统计对象所在的地区、部门或单位。

“公务员统计表”的统计范围为列入《公务员法》实施范围的中国共产党各级机关、各级人民代表大会及其常务委员会机关、各级行政机关、中国人民政治协商会议各级委员会机关、各级审判机关、各级检察机关、各民主党派和工商联的各级机关，统计对象为上述统计范围内已登记的公务员和暂缓登记人员。

“参照公务员法管理的群团机关工作人员统计表”的统计范围为参照公务员法管理的人民团体和群众团体各级机关，统计对象为上述统计范围内已登记的参照公务员法管理的工作人员和暂缓登记人员。

“参照公务员法管理的事业单位工作人员统计表”的统计范围为参照公务员法管理的事业单位，统计对象为上述统计范围内已登记的参照公务员法管理的工作人员和暂缓登记人员。

【案例 10—1】

黄某和王某是A部的两名工作人员，因工作需要，黄某前往陕西省某县挂职，王某到中央政府驻港联络办工作，在两人派出期间，两人由何部门负责进行公务员统计?

［解析］按照公务员统计有关规定，援疆、援藏、对口支援、扶贫、挂职锻炼干部，由派出单位负责统计；到中央政府驻港、驻澳联络办工作的人员，由中央政府驻港联络办、中央政府驻澳联络办统计，派出单位不再重复统计。因此，黄某由A部负责统计，王某由中央政府驻港联络办负责统计。

（二）公务员统计工作流程

第一阶段：一般在每年年底，由党委组织部门、政府人力资源社会保障部门联合下发通知，布置本年度公务员统计工作，明确本年度统计工作要求。

第二阶段：地方各级党委组织部门、政府人力资源社会保障部门按照分工对本级及下级公务员统计数据进行汇总、审核后，分别报送上一级党委组织部门、政府人力资源社会保障部门；各省部级统计汇总单位按统计隶属关系分别将统计汇总数据报送至中央公务员主管部门。

第三阶段：由中央公务员主管部门牵头，组织有关人员成立会审组，对全部汇总数据进行集中会审，并印制本年度统计材料。

三、公务员统计工作要求

公务员统计工作作为为党的建设和组织人事工作提供科学决策依据的一项重要基础性工作，必须遵循统一、真实、准确、保密的要求。

（一）统一

公务员统计必须按照统一的统计报表、统计范围、统计对象、指标解释进行统计和上报。同时，各级统计单位要严格按照报送期限统一上报。

（二）真实

公务员统计是针对公务员的全面统计，是以公务员登记为基础进行的统计工作，具有唯一性的特点。因此，各级统计单位必须按照公务员统计报表的填报要求如实填报统计数据，不能虚报、瞒报、漏报，更不能伪造统计数据。

（三）准确

准确性是统计的生命，各级统计人员都要认真细致对填报数据进行审核校验，要以现有编制数、公务员登记表和往期公务员统计数据为基础，反复核对，严格对待每一个数据。

（四）保密

公务员统计要严格执行国家保密法，严格执行公务员统计资料的密级划分及管理办法，对外提供、披露公务员统计资料必须按有关规定报批。同时，对公务员统计资料要实行档案化管理，分类装订成册，按期归档。

第三节 公务员统计主要内容

一、公务员统计主要指标

公务员统计指标是指在公务员统计工作中反映公务员总体数量的指标名称和指标数值。由一系列相互联系的公务员统计指标构成的整体，称为公务员统计指标体系，它能全面、深入地反映调查对象总体的现状和指标之间相互依存、相互制约的关系，分析事物发展的规律。

公务员统计主要包括公务员数量变化情况，公务员基本情况，公务员晋升职务和公开选拔、竞争上岗情况，公务员交流情况，公务员免职、降职、辞职和受奖惩情况，公务员参加培训情况六个方面。

（一）公务员数量变化情况

公务员的数量变化受本年度公务员数量的增加和减少两方面因素影响。公务员数量的增加主要由以下指标项组成：一是公务员录用，为公务员数量增长的主要途径，按照公务员法和公务员录用有关规定，录用担任主任科员以下及其他相当职务层次的非领导职务公务员。二是军转干部安置，主要针对军队、武警部队中军官和文职干部退出现役后被安置的公务员。三是国有企事业单位调任（入），主要针对从国有企事业单位调入机关，担任领导职务或副调研员及以上非领导职务的公务员。四是机关整建制转入，主要针对由于行政区划调整、机构撤并、重组或管理体制上的变化等原因，从另一机关单位整建制划入本机关的公务员。五是国有企事业单位整建制转入，主要针对由国有企事业单位整建制转为（并入）机关，或国有企事业单位部分内设机构整建制转为（并入）机关的公务员。

公务员数量的减少主要包括以下情况：一是离开公务员岗位的人员，如退休、辞职、辞退、开除等。二是调到国有企事业单位，主要针对从本单位调到国有企事业单位的公务员。三是整建制转到机关，主要针对由于行政区划调整或单位隶属关系调整等原因，整建制转到另一个机关的公务员。四是整建制转到国有企事业单位，主要针对由机关单位整建制转为（并入）国有企事业单位，或机关部分内设机构整建制地转为（并入）国有企事业单位而离开机关的公务员。

（二）公务员基本情况

此项统计主要是了解公务员的学历、学位以及年龄等情况，主要包括以下几方面内容。一是中共党员的统计，对同时又是民主党派成员或是共青团员的，均按“中共党员”统计。二是博士、硕士学位统计，对获得两个及以上不同学位的人员，按获得的最高学位统计；对获得两个及以上同等学位的，仍统计在对应的同等学位栏。三是学历统计，是指在教育机构中接受科学、文化知识训练的学习经历，以经教育行政部门批准，有国家认可的文凭颁发权力的学校及其他教育机构所颁发的毕业学历证书为凭证。对获得两个及以上不同学历的人员，按最高学历统计；对获得两个及以上同等学力的，仍统计在对应的同等学力栏；对在校学习及参加不脱产的夜校、业余学校、函授、自学考试等成人教育学习尚未获得新的学历的，按原有学历统计；对获得中等技工学历的，统计在“中专及以下”栏；对获得硕士及以上学位而未获得研究生学历的，按原有学历统计；对于1970—1976年入学的大学普通班毕业生，统计在“大学专科”栏。四是年龄统计，是指至统计截止时间的实足年龄（周岁）。

（三）公务员晋升职务和公开选拔、竞争上岗情况

此项主要是对公务员的晋升年限和晋升方式等情况的统计，主要包括：

1. 破格晋升

破格晋升指选拔任用公务员时，对特别优秀的年轻公务员或者工作特殊

需要，可以适当放宽《党政领导干部选拔任用工作条件》规定的年龄、基层工作经历、任职年限等资格要求的限制。越级晋升也属于破格晋升。

2. 在下一级岗位任职年限

在下一级岗位任职年限指年度内已晋升职务的公务员，在现职（级）的下一级岗位上的工作年限。越级晋升职务的，统计时不在“不满 2 年”栏中反映。

3. 越级晋升

越级晋升包括由办事员直接晋升为副科长或副主任科员、科员直接晋升为科长或主任科员以上职务，以及下一级副职直接晋升为上一级副职、下一级正职直接晋升为上一级正职。

4. 公开选拔

公开选拔指根据《公务员法》《党政领导干部选拔任用工作条例》和《公开选拔党政领导干部工作暂行规定》，由党委（党组）及其组织（人事）部门面向社会采取公开报名、考试与考察相结合的办法选拔党政领导干部。

5. 竞争上岗

竞争上岗指根据《公务员法》《党政领导干部选拔任用工作条例》和《党政机关竞争上岗工作暂行规定》，在本机关或者本系统内部，通过报名、笔试面试、民主推荐、组织考察等产生竞争职位人选，然后按规定的程序和干部管理权限择优任用公务员。

（四）公务员交流情况

公务员交流，是指按照《公务员法》规定，机关根据工作需要或公务员个人愿望，通过调任、转任、挂职锻炼等形式，在机关内部调整公务员的工作岗位，或者将非公务员身份的公职人员调入机关担任一定层次公务员职务的活动。调任是指根据《公务员法》和《公务员调任规定（试行）》，将国有企业、事业单位、人民团体和群众团体中从事公务的人员调入机关担任领导职务或副调研员以上及其他相当职务层次的非领导职务。转任是指根据《党政领导干部选拔任用工作条例》和《公务员法》的规定，因工作需要或其他正当理由，公务员在本单位内部轮岗或平级调动到其他机关（包括跨地区、跨部门调动）；挂职锻炼是指根据《党政领导干部选拔任用工作条例》和《公务员法》规定，在一定时间内有计划地选拔公务员到基层机关，或者企业、事业单位，或者上级机关担任职务。

（五）公务员考核情况

公务员考核是指按照干部管理权限和规定的程序、方法，对公务员的德、能、勤、绩、廉等方面情况进行的综合性考察、核实和评价。此项主要是了解上年度公务员参加年度考核的情况，主要包括以下内容：一是上年度按照《公务员考核规定（试行）》要求，参加年度考核的公务员的人数；二是考核结果为优秀、称职、基本称职和不称职等次的人数；三是司局级、县处级、乡科级、科员及以下四个级别公务员中被定为优秀、称职、基本称职和不称职等次的人数。

（六）公务员免职、降职、辞职和受奖惩情况

公务员免职，是指根据《党政领导干部选拔任用工作条例》和《公务员法》的有关规定，对在年度考核、干部考察中，民主测评不称职票超过1/3、经组织考核认定为不称职，或者被党委（党组）及其组织（人事）部门责令辞去领导职务而本人拒不执行的干部，被任免机关根据有关法律、法规、章程和规定，按照一定的程序，在管理权限范围内，免除所任领导职务。其中应特别注意的是，因转任、轮换、挂职锻炼、晋升或降低职务等，需要免除原任职务而改任其他职务的（称为“程序性免职”），或因离（退）休而免除原任职务的干部不需要进行统计。

公务员降职，是指根据《公务员法》《党政领导干部选拔任用工作条例》和《公务员职务任免与职务升降规定（试行）》的有关规定，对因工作能力较弱或其他原因，不适宜担任现职的公务员，由任免机关予以降低职务使用；或科员以上职务的公务员在定期考核中被确定为不称职，按规定程序降低职务层次任职。

辞职，是指领导干部本人根据有关规定，通过一定的程序，主动向任免机关提出辞去所担任的领导职务。在特殊情况下，也包括任免机关责令干部辞去所担任的领导职务。其主要包括以下四种形式：一是因公辞职，指领导干部因工作需要变动职务，依照法律或者政协章程的规定，向本级人民代表大会、人大常委会或者政协提出辞去现任领导职务；二是自愿辞职，指领导干部因个人或者其他原因，自行提出辞去现任领导职务；三是引咎辞职，指领导干部因工作严重失误、失职造成重大损失或者恶劣影响，或者对重大事故负有重要领导责任，不宜再担任现职，由本人主动提出辞去现任领导职务；四是责令辞职，指党委（党组）及其组织（人事）部门根据党政领导干部任

职期间的表现，认定其已不再适合担任现职，通过一定程序责令其辞去现任领导职务。

公务员奖励是指依照法律法规的规定，对工作表现突出、有显著工作业绩或者有其他突出事迹的公务员或公务员集体给予一定荣誉或物质激励。《公务员法》和《公务员奖励规定（试行）》规定，对公务员、公务员集体的奖励分为嘉奖、记三等功、记二等功、记一等功、授予荣誉称号。公务员和公务员集体分别进行统计。在年度内同一人（或同一集体）连续受到两次以上奖励，按受到奖励次数累计统计。

公务员处分，是指根据《公务员法》《行政机关公务员处分条例》等规定，公务员受到政纪处分。主要包括警告、记过、记大过、降级、撤职和开除。年度内同一人受到两次以上政纪处分的，按较重一次统计。

（七）公务员参加培训情况

公务员参加培训情况的统计，主要是针对参加培训人员和培训人次的统计。参加培训人员合计，是指本年度内参加脱产培训的公务员数，一年内参加两次以上培训的公务员仍按一人统计；参加培训总人次，是指本单位本年度内参加培训的公务员总人次，一个公务员一年内参加多次培训，按参加培训次数累计统计。

公务员培训分为初任培训、任职培训、专门业务培训和在职培训。初任培训是对新录用公务员进行的培训，重点提高新录用公务员适应机关工作的能力。任职培训是按照新任职务的要求，对晋升领导职务的公务员进行的培训，重点提高其胜任领导工作的能力。专门业务培训是根据公务员从事专项工作的需要进行的专业知识和技能培训，重点提高公务员的业务工作能力。在职培训是对全体公务员进行的以更新知识、提高工作能力为目的的培训。

公务员培训渠道主要有以下几种：

1. 党校培训

指公务员参加经组织（人事）部门批准在县级及以上党校组织的培训。不包括参加基层党委党校组织的培训。

2. 行政学院培训

指公务员参加经组织（人事）部门批准在各级行政学院组织的培训。

3. 其他培训机构培训

指公务员参加经组织（人事）部门认可的管理干部院校、培训中心、普通高等院校等各类培训机构组织的培训。

二、公务员统计分析

做好公务员统计分析工作，首先要对统计分析的理论有一个简单的了解。统计分析，是指对收集到的有关数据资料进行整理归类，并进行解释的过程。在认识统计分析理论的基础上，可以对公务员统计分析作出以下定义，公务员统计分析，是指在统计调查得来的大量公务员数据资料的基础上，运用科学的统计分析方法对公务员现象进行分析研究，找出公务员队伍的内在联系和发展规律，为制定公务员政策和领导决策提供重要的依据的过程。公务员统计分析的任务是检查、监督公务员工作计划的执行情况；分析公务员队伍的规模、素质以及与经济社会发展相适应的公务员相关情况，及时反映问题，找出原因，提出解决问题的建议；找出公务员队伍变动的规律，为组织（人事）部门做好公务员预测工作提供依据。

公务员统计分析的主要指标：

（一）本科学历占比

本科学历占比是指具有大学本科以上学历的公务员数与公务员总数之间的比，它反映了当前公务员具有大学本科以上学历的程度，也从一个侧面反映了当前公务员的整体学历水平。计算公式为：

$$本科学历占比=\frac{具有大学本科以上学历的公务员数}{公务员总数}\times 100\%$$

（二）公开选拔率

公开选拔率是指通过公开选拔走上领导岗位的公务员数与晋升的公务员总数之间的比，它反映了当前通过公开选拔方式走上领导岗位的程度。计算公式为：

$$公开选拔率=\frac{通过公开选拔走上领导岗位的公务员数}{晋升的公务员总数}\times 100\%$$

（三）竞争上岗率

竞争上岗率是指通过竞争上岗走上领导岗位的公务员数与晋升的公务员总数之间的比，它反映了当前公务员通过竞争上岗方式晋升的程度。计算公式为：

$$竞争上岗率=\frac{通过竞争上岗走上领导岗位的公务员数}{晋升的公务员总数}\times 100\%$$

（四）基层工作经历人员录用率

基层工作经历人员录用率是指从具有两年以上基层工作经历人员中录用的公务员数与公务员录用总数的比，它反映了公务员录用具有基层工作经历人员的程度。计算公式为：

$$\text{基层工作经历人员录用率}=\frac{\text{从具有两年以上基层工作经历人员中录用的公务员数}}{\text{公务员录用总数}}\times 100\%$$

（五）考核优秀率

考核优秀率是指年度考核中被确定为优秀等次公务员数与参加年度考核的公务员总数的比。计算公式为：

$$\text{考核优秀率}=\frac{\text{优秀等次公务员数}}{\text{参加年度考核公务员总数}}\times 100\%$$

（六）其他分析指标

各级组织（人事）部门可以根据自身的实际情况，按照本地区、本部门的需求，自行进行相关统计分析的研究，掌握本地区、本部门公务员的发展规律，为政策制定提供数据依据。

三、公务员统计数据的使用和保障

（一）公务员统计数据的使用

公务员统计数据由中央公务员主管部门统一管理，并将公务员统计数据整理编辑形成数字资料、图表资料和有关的文字资料。公务员统计数据主要供组织（人事）部门各业务单位内部使用，在了解和掌握公务员队伍总体状况、数量、结构、分布、流动状况、编制和职数使用等情况的基础上，通过对各项数据信息的分析利用，指导各项业务工作的开展。同时，根据领导决策和工作需要，方便快捷地建立和应用不同的数据模型，分析公务员队伍现状、成长规律、发展需求，科学预测和制定公务员队伍发展规划等，实现公务员队伍的可持续发展，为领导科学决策提供支持。如需对全国公务员统计数据进行引用、公开，须向中央公务员主管部门提出书面申请，根据实际情况，统筹考虑解决。

（二）公务员统计数据的准确性保障

公务员统计数据作为公务员统计工作的核心和基础，主要通过统计数据督察和统计数据集中会审两种方式保证其准确性。

1. 公务员统计数据督察

公务员统计数据督察是在该年度公务员统计工作部署开展之后，由中央组织部、国家公务员局根据时间进度安排，组织相关人员成立公务员统计工作督察小组，前往随机抽取的部分省（区、市）进行统计数据督察工作。具体是在省（区、市）及部分市、县公务员主管部门召开座谈会，听取有关部门公务员统计工作进展情况，并前往有关单位实地检查统计报表的填报工作，及时发现和纠正公务员统计工作中出现的有关问题。

2. 公务员统计数据集中会审

公务员统计数据集中会审是统计资料整理过程中的重要环节，是确保公务员统计数据准确的最关键一步，也是统计资料汇总工作的前提。在各省部级统计汇总单位将统计汇总数据按统计隶属关系分别报送至中央组织部、国家公务员局有关部门后，由中央组织部、国家公务员局组织有关人员成立会审组，对公务员统计数据进行集中审查和核对。它包括三个方面的内容：一是审核资料的完整性。主要检查应调查的单位是否有遗漏，应调查的内容是否齐全，特别是防止应调查的单位及统计对象的重统和漏统。二是审核资料的准确性。主要通过逻辑检查和计算检查两种方式进行。逻辑检查主要是看统计资料各有关指标数值之间相互关系是否合理；计算检查主要是检查资料的计算方法是否正确，计算结果有无误差等。三是审核资料的正确性。主要是检查数据是否真实，同时结合有关公务员管理方面的政策规定，看汇总得到的指标数值是否与政策规定相符。会审人员在审核过程中发现错误时，应根据对统计报表的审核结果出具有关审核意见，并通知有关单位，各有关单位应根据审核意见对本单位统计报表进行复核，查明错误原因，并及时订正。对于数据中反映出的新情况及工作中的问题，要如实加以说明。

【阅读参考】**公务员统计审核部分要点**

为确保公务员统计数据的准确，各单位可从以下几方面对统计材料进行自查：

1. 材料、数据是否齐全（汇总表及数据、说明）；

2. 报告期是否正确；

3. 校核是否通过，用最新软件校核；

4. 对科员、办事员为博士学历的数据进行复核；

5. 对55岁以上的科员、办事员数据进行复核；

6. 对35岁以下（或中专学历以下）的副处级及以上职务人员数据进行复核。

思考题

1. 简述公务员统计的工作要求。

2. 简述公务员统计的特点。

3. 某副部级单位某司的一名处长因工作需要，被任命为该司副司长（正处级），请问在进行公务员统计时，该人员是否为职务晋升？任职时间从何时开始计算？

第十一章

社会保险统计

本章导读

社会保险统计是社会保险业务管理的重要组成部分，具有收集信息、分析信息、提供信息、咨询服务、监督管理、决策支持、科学预测等方面的作用。它将统计的基本原理和方法应用于社会保险领域，通过对社会保险中存在的数量关系进行研究和分析，反映社会保险活动的内在规律，为国家制定社会保险政策、社保机构进行有效管理和广大参保人员了解并参与社会保险活动提供信息。

本章主要介绍了社会保险统计概念、作用、任务、范围和内容，帮助读者了解社会保险统计工作的构成，熟悉社会保险统计指标体系，特别对基本养老保险、基本医疗保险、失业保险、工伤保险和生育保险关键性统计基础指标和分析指标进行了详细的解释。通过对本章的学习可以帮助读者理解社会保险统计的概念及作用，强化对社会保险统计的认识，掌握社会保险统计和分析的方法。

第一节　社会保险统计概述

一、社会保险统计的含义

社会保险统计是国民经济和社会统计的组成部分。广义地讲，社会保险统计有三种不同的含义，即社会保险统计学、社会保险统计工作和社会保险统计资料。

1. 社会保险统计学是关于认识社会保险统计活动中客观现象总体数量特征和数量关系的科学。

2. 社会保险统计工作即社会保险统计实践活动，是指收集、整理、分析和提供关于社会保险活动中数字资料工作的总称。

3. 社会保险统计资料是指社会保险统计实践活动过程所取得的各项数字资料以及与之相联系的其他实际资料的总称。

二、社会保险统计的作用

社会保险统计要为国家制定社会保险政策，社会保险管理机构进行有效管理和广大参保人员了解并参与社会保险活动提供信息。因此，一般具有以下三方面的作用：

(一) 调查分析作用

按照法定程序，依照科学的统计调查方法，通过有组织、有计划地开展社会保险统计调查，可以收集统计资料，使其全面真实地反映社会保险事业发展的规模、速度、水平、结构、比例和效益；通过开展统计分析，可以揭示社会保险事业发展的规律性，并预测其发展趋势，更好地为政策决策提供依据。

(二) 管理服务作用

运用先进的统计科学和现代计算技术实现社会保险统计工作的科学化、现代化、规范化，可以保证统计资料内容丰富，统计数据准确、及时、全面，从而全面提升社会保险管理水平。开展有效的统计服务，为管理和决策提供权威的统计数据，为政府决策提供可靠的依据。

(三) 监督作用

通过社会保险统计，可以系统地跟踪检查国家政策的贯彻实施情况，分析原因，找出社会保险管理中存在的问题，检举和揭露违反国家法令，损害国家、集体和参保人员利益的行为，发挥社会保险统计监督作用。

三、社会保险行政管理机构统计工作的任务

1. 组织国家统计法律法规和相关政策的贯彻落实，拟订本地区社会保险统计工作规章制度，并负责组织实施和监督检查。

2. 根据国家制定的统计标准和社会保障事业发展需要，组织制定本地区社会保险统计指标体系和统计报表制度。社会保险统计指标体系是统计设计的核心，更是开展统计工作的重要基础，它通过社会保险统计指标体系的科

学设计和指标值能客观反映社会保险领域的活动，分析和研究该领域所有现象的特征、规律，为社会保险管理提供决策支持。

3. 组织制订统计调查计划，审核调查方案。统计调查对象必须依照《统计法》和国家规定，如实提供统计资料，不得虚报、瞒报、拒报、迟报，不得伪造、篡改。

4. 组织本地区由人力资源和社会保障部统一开发的社会保险统计信息系统软件的推广应用。

5. 组织本地区开展社会保险主要统计数据的会审评估工作。

6. 负责社会保险综合统计。组织实施上级社会保险管理机构开展的有关专门调查。组织制定本地区有关专门调查，组织开展统计分析和统计科学研究。

7. 负责信息的对外公布和使用，提供社会保险统计资料和统计咨询，负责同外单位统计部门协调工作。按照“统一管理、分工负责、综合协调、统一对外”的原则，对内对外发放社会保险综合情况统计信息资料。属于国家秘密的统计资料必须保密，属于参保人员的调查资料，非经本人同意不得泄露。

【新闻摘录】（中华人民共和国人力资源和社会保障部“政务信息”中收录）

2010 年人力资源和社会保障事业发展统计公报
2009 年人力资源和社会保障事业发展统计公报
2008 年人力资源和社会保障事业发展统计公报
2007 年人力资源和社会保障事业发展统计公报
(http://www.mohrss.gov.cn/gb/zwxx/node_5436.htm)

【阅读链接】

劳动和社会保障部规划财务司编. 劳动保障统计工作手册. 北京：中国劳动社会保障出版社，2006

四、社会保险统计制度的内容和范围

（一）社会保险统计制度的内容

社会保险统计制度的主要内容包括社会保险事业发展情况统计和社会保险综合情况统计。社会保险事业发展情况统计包括养老保险统计、医疗保险统计、失业保险统计、工伤保险统计、生育保险统计、失地农民参加社会保障情况统计；社会保险综合情况统计包括社会保险稽核情况统计、社会化服务情况统计、社会保险经办机构基本情况统计、社会保险基金监督情况统计。

（二）社会保险统计制度的范围

随着覆盖城乡居民的社会保障体系的逐步建立与完善，社会保险统计制度的范围也在逐步扩大。统计范围主要包括参保单位和参保人员两方面：

1. 参保单位范围

（1）企业。指国家统计局、国家工商行政管理局颁布的《关于划分企业登记注册类型的规定》（国统字［1998］200号）（以下简称《规定》）中确定的企业类型。包含执行企业社会保险制度的事业单位。

（2）事业。指根据当地政府规定，参加由人力资源和社会保障部门经办的社会保险业务的事业单位，不包含执行企业社会保险制度的事业单位。

（3）机关。指根据当地政府规定，参加由人力资源和社会保障部门经办的社会保险业务的机关单位。

（4）其他人员。指个体工商户及其帮工、自由职业者、失业后未终止社会保险关系等以个人身份参加社会保险的人员。

2. 参保人员范围

（1）基本养老保险。参加城镇企业职工基本养老保险的人员包括各类企业职工、个体劳动者，开展城镇企业职工基本养老保险的机关、事业单位职工。

参加新型农村社会养老保险的人员包括年满16周岁（不含在校学生）、未参加城镇职工基本养老保险的农村居民。

（2）基本医疗保险。参加城镇职工基本医疗保险的人员包括企业（国有企业、集体企业、外商投资企业、私营企业等）、机关、事业单位、社会团体、民办非企业单位的职工。由各省、自治区、直辖市人民政府规定参保的乡镇企业职工、城镇个体经济组织业主及其从业人员。

参加城镇居民基本医疗保险的人员包括不属于城镇职工基本医疗保险制度覆盖范围的大学阶段［各类全日制普通高等学校（包括民办高校）、科研院所中接受普通高等学历教育的全日制本专科生、全日制研究生］、中学阶段（包括职业高中、中专、技校学生）、小学阶段的学生，少年儿童和其他非从业城镇居民。

特殊人员指报告期末医疗费用由社会保险经办机构单独分账管理的人员，

包括按照国家和各地规定享受医疗照顾或医疗保健待遇的职工、退休人员，离休人员及老红军，1～6级革命伤残军人。

参加新型农村合作医疗保险的人员包括农村居民。

参加补充医疗保险的公务员指符合《国家公务员暂行条例》和《国家公务员制度实施方案》规定的国家行政机关工作人员和退休人员；经人力资源和社会保障部（人事部）或省、自治区、直辖市人民政府批准列入依照国家公务员制度管理的事业单位的工作人员和退休人员；经中共中央组织部或省、自治区、直辖市党委批准列入参照国家公务员制度管理的党群机关，人大、政协机关，各民主党派和工商联机关以及列入参照国家公务员管理的其他单位机关工作人员和退休人员；审判机关、检察机关的工作人员和退休人员。

（3）参加失业保险的人员包括城镇各类企业、事业单位职工。

（4）参加工伤保险的人员包括中华人民共和国境内的各类企业、有雇工的个体工商户中的职工或者雇工。

（5）参加生育保险的人员包括城镇企业、机关、事业单位的职工。

第二节　社会保险发展情况统计

一、基本养老保险

（一）城镇企业职工基本养老保险

1. 基础指标

（1）参保人员情况。参保职工人数指报告期末参加基本养老保险并在社保经办机构已建立缴费记录档案的职工人数，包括中断缴费但未终止养老保险关系的职工人数，不包括只登记未建立缴费记录档案的人数。

灵活就业人员参保人数指报告期末非全日制、暂时性和弹性工作等以灵活方式就业的城镇居民参加基本养老保险的人数。

缴费人数指报告期末参加基本养老保险职工人数中，按规定缴纳基本养老保险费的人员，包括未按时足额缴纳养老保险费并未缴部分已计入欠费的人员。

离休、退休、退职人员期末数指报告期末参加基本养老保险并由养老保险基金支付养老金的离休人员、退休人员、退职人员人数。其中离休人员指离休干部。

农民工参保人数指报告期末非城镇户口在城镇就业人员参加基本养老保险的人数。

（2）基金缴拨情况。缴费基数总额指报告期内参加基本养老保险的单位及个人缴纳基本养老保险费的工资总额，按缴费人员的应缴口径计算。

本期应缴指报告期内参加基本养老保险的缴费单位和个人，按照当地政府规定的标准计算出的应缴纳的基本养老保险费金额，不包括应补上年度末之前历年欠费。

本期实缴指报告期内参加基本养老保险的缴费单位和个人，实际缴纳的基本养老保险费，不包括实际补缴上年度末之前历年的欠费和跨年度（或跨季度）的预缴金额。

本期应发养老金合计指报告期内应发给参加基本养老保险离退休（职）人员的统筹项目内的养老金金额总计，不包括应补发的上年度末之前历年的拖欠金额。

（3）个人账户记账情况。个人账户建账人数指报告期末已建立基本养老保险个人账户的人数，包括职工、离退休（职）人员和其他人员（指因各种原因已中断缴费，但未解除养老保险关系并保留个人账户的人员）。

期末累计记账余额指截至报告期末基本养老保险个人账户累计记账余额。

2. 分析指标

（1）缴费人数占参保职工人数的比例$=\frac{\text{缴费人数}}{\text{参保职工人数}}\times 100\%$

（2）负担系数$=\frac{\text{离退休人员平均数}}{\text{缴费人员平均数}}\times 100\%$

（3）单位费率$=\frac{\text{本期单位应缴}}{\text{单位缴费基数总额}}\times 100\%$

（4）个人费率$=\frac{\text{个人应缴}}{\text{个人缴费基数总额}}\times 100\%$

（5）基金收缴率$=\frac{\text{本期单位个人实缴合计}}{\text{本期单位个人应缴合计}}\times 100\%$

（6）月人均缴费基数（元）$=\frac{\frac{\text{缴费基数总额}}{\text{缴费人员平均数}}}{\text{月数}}$

（7）离退休人员月人均养老金（元）$=\frac{\frac{\text{本期应发养老金合计}}{\text{离退休人员平均数}}}{\text{月数}}$

(8) $\frac{\text{退休（职）人员}}{\text{月人均养老金（元）}}=\frac{\frac{\text{本期应发养老金合计}-\text{本期应发离休金}}{\text{离退休人员平均数}-\text{离休人员平均数}}}{\text{月数}}$

(9) 养老金替代率$=\frac{\text{月人均养老金}}{\text{月人均缴费基数}}\times 100\%$

(10) 个人账户建账率$=\frac{\text{建账职工人数}+\text{建账其他人数}}{\text{参保职工人数}}\times 100\%$

【案例 11—1】

2009 年某省基本养老保险缴费基数总额为 5 743 298 万元，缴费人员平均数为 2 067 712 人，求该省月人均缴费基数。

月人均缴费基数（元）＝缴费基数总额/缴费人员平均数/12

5 743 298×10 000/2 067 712/12≈2 315 元

该省月人均缴费基数为 2 315 元。

(二) 新型农村社会养老保险

1. 参保人数指报告期末已参加农村社会养老保险人数。
2. 新农保参保人数指国务院新农保试点地区参保人数。
3. 领取养老金人数指报告期内领取农村社会养老保险金人数。
4. 新农保待遇领取人数指国务院新农保试点地区新农保待遇领取人数。
5. 退保转移死亡人数指报告期内退保、转移保险关系、死亡人数。

二、基本医疗保险

(一) 城镇职工基本医疗保险

1. 基础指标

(1) 参加城镇职工基本医疗保险人员及特殊人员情况。参保人员指报告期末参加城镇职工基本医疗保险（实施统账结合和单建统筹基金）的职工人数和退休人数的合计。

缴费人数指报告期末参加城镇职工基本医疗保险并按规定缴纳医疗保险费的人数。

享受待遇人数指报告期内享受城镇职工基本医疗保险待遇的人数。

(2) 基金缴拨情况。实施统账结合的缴费基数总额指报告期内参加城镇职工基本医疗保险并实施统账结合办法的单位及个人缴纳基本医疗保险费的工资总额，按缴费人员的应缴口径计算。

实施统账结合的本期应缴指报告期内参加城镇职工基本医疗保险并实施统账结合办法的缴费单位、个人，按规定的标准计算出来的应缴纳的基本医疗保险费，不包括应补上年度末之前历年累计欠缴的基本医疗保险费金额。

实施统账结合的本期实缴指报告期内参加城镇职工基本医疗保险并实施统账结合办法的缴费单位、个人，实际缴纳的基本医疗保险费，不包括补缴的上年度末之前的历年欠费和跨年度（或跨季度）的预缴金额、启动金。

单建统筹基金的缴费基数总额指报告期内参加城镇职工基本医疗保险但未建立个人账户的单位及个人缴纳基本医疗保险费的工资总额，按缴费人员的应缴口径计算。

单建统筹基金的本期应缴指报告期内参加城镇职工基本医疗保险但未建立个人账户的缴费单位、个人，按规定的标准计算出来的应缴纳的基本医疗保险费，不包括应补上年度末之前历年累计欠缴的基本医疗保险费金额。

单建统筹基金的本期实缴指报告期内参加城镇职工基本医疗保险但未建立个人账户的缴费单位、个人，实际缴纳的基本医疗保险费，不包括补缴的上年度末之前的历年欠费和跨年度（或跨季度）的预缴金额。

（3）医疗费用支出情况。普通门（急）诊费用支出指报告期内参加城镇职工基本医疗保险职工在定点医疗机构普通门（急）诊就诊发生的医疗费用的合计。包括基本医疗保险个人账户、社会统筹基金、公务员医疗补助资金、大额医疗费用补助资金支付和个人支付的医疗费用。

普通门（急）诊人次指报告期内参加城镇职工基本医疗保险职工在定点医疗机构普通门（急）诊就诊的人次数。

住院费用支出指报告期内参加城镇职工基本医疗保险的职工在定点医疗机构住院期间所发生的全部医疗费用的合计。包括基本医疗保险个人账户、社会统筹基金、公务员医疗补助资金、大额医疗费用补助资金支付和个人支付（个人自费）的医疗费用。

出院人次指报告期内参加城镇职工基本医疗保险职工在定点医疗机构住院治疗出院（包括死亡）的人次数。

住院床日指报告期内参加城镇职工基本医疗保险职工在定点医疗机构住院治疗累计住院床日数。

2. 分析指标

（1）单位费率$=\frac{\text{本期单位应缴}}{\text{单位缴费基数总额}}\times 100\%$

(2) 个人费率$=\frac{\text{本期个人应缴}}{\text{个人缴费基数总额}}\times 100\%$

(3) 基金收缴率$=\frac{\text{本期单位个人实缴合计}}{\text{本期单位个人应缴合计}}\times 100\%$

(4) 职工普通门（急）诊次均费用$=\frac{\text{职工普通门（急）诊费用支出}}{\text{职工普通门（急）诊人次}}$

(5) 职工门诊大病次均费用$=\frac{\text{职工门诊大病费用支出}}{\text{职工门诊大病人次}}$

(6) 职工次均住院费用$=\frac{\text{职工住院费用支出}}{\text{职工出院人次}}$

(7) 职工平均住院床日数$=\frac{\text{职工住院床日}}{\text{职工出院人次}}$

退休人员医疗费用支出分析指标计算方法与职工相同。

【案例 11—2】

2009 年某省职工住院费用总支出 295 966 万元，出院 419 437 人次，求该省职工次均住院费用。

职工次均住院费用＝职工住院费用支出/职工出院人次

295 966×10 000/419 437≈7 056 元

该省职工次均住院费用为 7 056 元。

(二) 城镇居民基本医疗保险

1. 参保人员情况

城镇居民参保人数指报告期末按照国务院《关于开展城镇居民基本医疗保险试点的指导意见》规定，参加城镇居民基本医疗保险（在经办机构参保登记并已建立当年缴费记录）的人数，由成年人和学生儿童参保人数构成。当年指自然年度或缴费年度。

享受待遇人数指年初到报告期末按规定享受城镇居民基本医疗保险待遇的人数。

2. 缴费和财政补助情况

个人缴费人数指报告期末参加城镇居民基本医疗保险并按规定个人缴纳医疗保险费的人数。

个人缴费金额指年初到报告期末参加城镇居民基本医疗保险并按规定个人缴纳医疗保险费的金额。

本期应补财政补助资金指报告期内按参保居民筹资标准有关规定当年应由各级财政补助的资金额。

本期实补财政补助资金指报告期内按规定当年各级财政实际到位的补助资金额。

3. 医疗费用支出情况

普通门急诊人次指报告期内参加城镇居民基本医疗保险人员在定点医疗机构普通门（急）诊就诊的人次数。同一天在同一家定点医疗机构同一科别就诊的视为一次。

门诊统筹指按照《关于开展城镇居民基本医疗保险门诊统筹的指导意见》（人社部发［2009］66号）开展的城镇居民基本医疗保险门诊统筹。

普通门急诊费用指报告期内参加城镇居民基本医疗保险人员在定点医疗机构发生的普通门（急）诊医疗费用合计。

门诊大病人次指报告期内参加城镇居民基本医疗保险的人员在定点医疗机构门诊大病就诊的人次数。门诊大病指按当地政府有关规定列入城镇居民基本医疗保险统筹基金支付范围的门诊病种。

门诊大病费用支出指报告期内参加城镇居民基本医疗保险的人员在定点医疗机构门诊大病就诊发生的医疗费用的合计。包括统筹基金、其他补充保险和个人支付等费用。

出院人次指报告期内参加城镇居民基本医疗保险的人员在定点医疗机构住院治疗出院（包括死亡）的人次数。

住院床日指报告期内参加城镇居民基本医疗保险的人员在定点医疗机构住院治疗累计住院床日数。

住院费用支出指报告期内参加城镇居民基本医疗保险的人员在定点医疗机构住院期间所发生的医疗费用的合计。包括基本医疗保险统筹基金、其他补充保险和个人支付等费用。

享受门诊统筹待遇人数指报告期内享受统筹基金支付普通门（急）诊费用的人数。

（三）新型农村合作医疗保险

1. 参保人员情况

参保人数指报告期末参加由人力资源和社会保障部门管理的新型农村合作医疗的人数。

享受待遇人数指年初至报告期末享受新型农村合作医疗待遇的人数。

2. 医疗费用支出情况

门诊费用支出指报告期内参加新型农村合作医疗人员在定点医疗机构发生的门诊医疗费用合计。

住院费用支出指报告期内参加新型农村合作医疗人员在定点医疗机构住院期间发生的医疗费用合计。

(四) 补充医疗保险统计

公务员医疗补助列入补助范围人数指报告期末列入公务员医疗补助范围的人数。

公务员医疗补助实际享受补助人数指报告期内享受公务员医疗补助的公务员人数，如报告期内一人享受两次以上待遇，按一人计算。

参加大额医疗费用补助人数指报告期末参加为解决封顶线以上人员的医疗费用和门（急）诊大额医疗费而建立的补充医疗保险的人数。

享受大额医疗费用补助人数指报告期内享受职工大额医疗费用补助待遇的人数，如报告期内一人享受两次以上待遇，按一人计算。

其他补充医疗保险参加人数指报告期末参加由社保经办机构管理的除公务员医疗补助、职工大额医疗费用互助以外其他形式的补充医疗保险的人员数（含职工、退休）。

其他补充医疗保险享受待遇人数指报告期内由社保经办机构管理的享受除公务员医疗补助、职工大额医疗费用互助以外其他形式的补充医疗保险待遇的人数，如报告期内一人享受两次以上待遇，按一人计算。

三、失业保险

(一) 参保人员情况

参加失业保险职工人数指在城镇企业事业单位工作，并由其支付工资的职工已经参加失业保险的人数。

农民工参保人数指报告期末非城镇户口在城镇企业、事业单位就业并参加失业保险的人数。

(二) 领取失业保险金人员情况

领取失业保险金人数是指享受失业保险待遇，领取失业保险金的失业人员人数。

本期新增领取失业保险金人数是指在报告期内开始领取失业保险金的失业人员人数，包括初次失业和再次失业人员。

本期停止领取失业保险金人数是指报告期内按规定开始停止领取失业保险金的人数，包括重新就业、待遇期满及其他原因而停止领取失业保险金的人数。

重新就业人数是指在领取失业保险金期间，因与用人单位签订了劳动合同或领取了工商营业执照自谋职业，而停止领取失业保险金的人数。

待遇期满人数是指规定的享受失业保险待遇期限届满，停止领取失业保险金的人数。

停止领取失业保险金其他人数是指因应征服兵役、移居境外、享受基本养老保险待遇、被判刑收监执行或被劳动教养、无正当理由拒不接受当地人民政府指定的部门或者机构介绍的工作等原因，而停止领取失业保险金的人数。

本期领取一次性生活补助的农民合同制工人数是指报告期内城镇企业事业单位招用的农民合同制工人，因劳动合同期满未续订或提前解除劳动合同，按规定领取一次性生活补助的人数。

四、工伤保险

（一）基础指标

1. 工伤认定情况

（1）认定工伤人数指报告期内认定工伤的人数，包括七种情形：

1）在工作时间和工作场所内，因工作原因受到事故伤害的；

2）工作时间前后在工作场所内，从事与工作有关的预备性或者收尾性工作受到事故伤害的；

3）在工作时间和工作场所内，因履行工作职责受到暴力等意外伤害的；

4）患职业病的；

5）因工外出期间，由于工作原因受到伤害或者发生事故下落不明的；

6）在上下班途中，受到机动车事故伤害的；

7）法律、行政法规规定应当认定为工伤的。

（2）视同工伤人数指报告期内视同工伤的人数，包括三种情形：

1）在工作时间和工作岗位，突发疾病死亡或者在 48 小时之内经抢救无效死亡的；

2）在抢险救灾等维护国家利益、公共利益活动中受到伤害的；

3）职工原在军队服役，因战、因公负伤致残，已取得革命伤残军人证，到用人单位后旧伤复发的。

（3）当期不予认定工伤人数指报告期内不符合《工伤保险条例》第 14 条、15 条规定的情形不认定工伤和属于《工伤保险条例》第 16 条规定情形之一不得认定为工伤的人数。

（4）行政复议件数指报告期内对不予受理和对工伤认定结论不服申请行政复议的件数。

（5）未参保复议件数指报告期内对不予受理和对工伤认定结论不服申请行政复议的件数中，用人单位未给涉案职工办理工伤保险的复议件数。

（6）维持件数指报告期内对不予受理和对工伤认定结论不服申请行政复议的件数中，维持原有结论的复议件数。

（7）行政诉讼件数指报告期内对不予受理和行政复议决定不服申请行政诉讼的件数。

（8）未参保诉讼件数指报告期内对不予受理和行政复议决定不服申请行政诉讼的件数中，用人单位未给涉案职工办理工伤保险的诉讼件数。

（9）胜诉件数指报告期内对不予受理和行政复议决定不服申请行政诉讼的件数中，胜诉的诉讼件数。

2. 劳动能力鉴定情况

（1）初次申请指职工发生工伤，经治疗伤情相对稳定后存在残疾、影响劳动能力，向设区的市级劳动能力鉴定委员会提出的劳动能力鉴定申请。

（2）再次申请指初次申请鉴定的单位或者个人对设区的市级劳动能力鉴定委员会作出的鉴定结论不服，向省、自治区、直辖市劳动能力鉴定委员会提出的再次鉴定申请。

（3）复查申请指自劳动能力鉴定结论作出之日起 1 年后，工伤职工或者其直系亲属、所在单位或者经办机构认为伤残情况发生变化，申请劳动能力复查鉴定。

（4）一至四级指报告期内因工致残被鉴定为一级至四级伤残等级的人数。

（5）五至六级指报告期内因工致残被鉴定为五级和六级伤残等级的人数。

（6）七至十级指报告期内因工致残被鉴定为七级至十级伤残等级的人数。

（7）未达等级人数指报告期内因工致残被鉴定为无伤残等级的人数。

3. 参保人员情况

参保人数指报告期末参加工伤保险的职工人数和有雇工的个体工商户的

雇工数。

农民工参保人数指报告期末非城镇户口在城镇就业人员参加工伤保险的人数。

缴费人数指报告期末参加工伤保险人数中按规定缴纳工伤保险费的人员。

4. 基金缴拨情况

缴费基数总额指报告期内参加工伤保险的单位缴纳工伤保险费的工资总额，按缴费人员的应缴口径计算。

本期应缴指报告期内参加工伤保险的缴费单位，按规定标准计算出来的应缴纳的工伤保险费，不包括应补缴的上年度末之前历年累计欠缴的工伤保险费金额。

本期实缴指报告期内参加工伤保险的缴费单位实际缴纳的工伤保险费，不包括补缴的上年度末之前的历年欠费和跨年度（或跨季度）的预缴金额。

5. 享受待遇情况

享受工伤保险待遇人数指年初至报告期末内由工伤基金支付，享受工伤医疗、伤残、工亡待遇的总人数。不进行重复计算。其中：职业病指职工因患职业病被认定为工伤并享受待遇的人数。

享受伤残待遇的人数指年初至报告期末内，按照《工伤保险条例》规定的工伤保险基金支付标准，享受一至四级、五至六级、七至十级和未评定伤残等级伤残职工待遇的人数。

因工死亡人数指报告期内因工伤事故、职业病死亡和因工致残人员、患职业病人员按因工死亡处理的人数。其中：一至四级死亡指报告期内一至四级伤残职工在停工留薪期满后死亡的人数。

供养亲属人数指报告期内按规定领取供养亲属抚恤金的人数。

门（急）诊费用支出指报告期内参加工伤保险的工伤人员门（急）诊就诊发生的符合规定，并由工伤基金支付医疗费用的合计。

门（急）诊人次指报告期内参加工伤保险的工伤人员门（急）诊就诊的人次数。

住院费用支出指报告期内参加工伤保险的工伤人员在住院期间所发生的符合规定，并由工伤基金支付医疗费用的合计。

出院人次指报告期内参加工伤保险的工伤人员住院治疗治愈（包括死亡）出院的人次数。

住院床日指报告期内参加工伤保险的工伤人员住院治疗累计住院床日数。

工伤康复费用指报告期内参加工伤保险的工伤人员治疗康复期间所发生

的符合规定，并由工伤基金支付的康复费用的合计。

工伤康复人次指报告期内参加工伤保险的工伤人员康复的人次数。

职业康复费用指报告期内参加工伤保险的工伤人员进行职业康复期间所发生的符合规定，并由工伤基金支付的费用的合计。

职业康复人次指报告期内参加工伤保险的工伤人员进行职业康复的人次数。

(二) 分析指标

1. $费率=\frac{本期单位应缴}{单位缴费基数总额}\times 100\%$

2. $基金收缴率=\frac{本期单位实缴}{本期单位应缴}\times 100\%$

3. $伤残津贴次均费用=\frac{(伤残津贴费用-一次性领取费用-基金补差)}{(伤残待遇领取人次-一次性领取人次-基金补差领取人次)}$

4. $生活护理费次均费用=\frac{(生活护理费-一次性领取费用)}{(生活护理费领取人次-一次性领取人次)}$

5. $供养亲属抚恤金次均费用=\frac{(供养亲属抚恤金-一次性领取费用)}{(供养亲属抚恤金领取人次-一次性领取人次)}$

6. $医疗及康复次均门(急)诊费用=\frac{医疗及康复门(急)诊费用}{人次}$

7. $医疗及康复次均住院费用=\frac{医疗及康复住院费用}{人次}$

8. $工伤康复次均费用=\frac{工伤康复费用}{人次}$

五、生育保险

(一) 基础指标

参保职工指报告期末参加生育保险的人数。其中女性是指参加生育保险的女性人数。

缴费基数总额指报告期内参加生育保险的单位缴纳生育保险费的工资总额，按缴费人员的应缴口径计算。

本期应缴指报告期内参加生育保险的缴费单位，按规定标准计算出来的应缴纳的生育保险费金额，不包括应补缴的上年度末之前历年累计欠缴的生育保险费。

本期实缴指报告期内参加生育保险的缴费单位实际缴纳的生育保险费金额，不包括补缴的上年度末之前的历年欠费和跨年度（或跨季度）的预缴金额。

享受待遇的人次指报告期内按规定享受生育保险待遇的总人次数。包括按待遇类别分类享受生育和计划生育待遇的人次数、按支出类别分类享受医疗待遇和津贴待遇的人次数。

（二）分析指标

1. 费率$=\frac{\text{本期单位应缴}}{\text{单位缴费基数总额}}\times 100\%$

2. 基金收缴率$=\frac{\text{本期单位实缴}}{\text{本期单位应缴}}\times 100\%$

六、失地农民参加社会保障情况

失地农民参加新型农村养老保险人数指报告期当年被征地农民中参加新型农村养老保险人数。

失地农民参加城镇养老保险人数指报告期当年被征地农民中参加城镇企业职工基本养老保险人数。

基本生活保障人数指报告期当年被征地农民中参加基本生活保障人数。

第三节　社会保险综合情况统计

一、稽核情况统计

少报基数指报告期内被稽核单位未按照国家统计局《关于工资总额组成的规定》及有关规定，少报的缴费工资基数。

少报基数＝应报缴费工资基数－实报缴费工资基数

少缴社会保险费指报告期内少报基数乘以缴费比例计算出的应缴纳的社会保险费。

征缴稽核追回金额指报告期内已经补缴到账的社会保险费总数。

欺诈冒领金额指报告期内冒领人故意骗取的社会保险基金数额。

支付稽核追回冒领金额指报告期内社会保险经办机构依法追回欺诈冒领社会保险待遇的到账总金额。

违规定点医疗机构、定点药店数指报告期内经稽核查处的违反基本医疗保险协议规定的定点医疗机构和定点药店的总数量。

违规金额指报告期内定点医疗机构和定点药店违反协议规定涉及资金总数。

支付稽核追回违规金额指报告期内已经补缴到账的违规总金额。

二、社会化服务情况统计

社区管理人数指基本与原单位脱离，由街道和社区接收管理的退休人数。

纳入企业社区管理的企业退休人员人数指依托企业建立，在经民政部门和人力资源和社会保障部门认可的街道社区内设立的退休人员管理服务机构接收管理的退休人数。

建立劳动保障工作机构的街道个数指建立劳动保障工作机构并开展社会化管理服务工作的街道个数。

建立劳动保障工作机构的社区个数指建立劳动保障工作机构并开展社会化管理服务工作的社区个数。

建立劳动保障工作机构的乡镇个数指建立劳动保障工作机构并开展社会化管理服务工作的乡镇个数。

街道社会化管理服务工作人员数指街道劳动保障工作机构中，专职从事社会化管理服务工作的工作人员数。

社区社会化管理服务工作人员数指社区劳动保障工作机构中，专职或兼职从事社会化管理服务工作的工作人员数。

乡镇社会化管理服务工作人员数指乡镇（含行政村）劳动保障工作机构中，专职或兼职从事社会化管理服务工作的工作人员数。

三、经办服务情况统计

经办机构数指报告期末隶属于人力资源和社会保障（劳动和社会保障）部门管理的具有独立法人资格的各级社会保险经办机构数。

各险种经办机构数指报告期末隶属于人力资源和社会保障（劳动和社会保障）部门管理的具有独立法人资格的各险种经办机构数。包括养老保险（社保）、医疗保险、工伤保险、农村养老保险、机关事业单位养老保险经办机构。

经办机构规格指报告期末各级经办机构规格情况。包括副厅级规格机构数、正处级规格机构数、副处级规格机构数、科级规格机构数等。

编制人数指报告期末各级经办机构编制人数。

实有人数指报告期末各级经办机构在编和非编的职工人数。

各险种经办机构人数指报告期末各险种经办机构在编和非编职工人数。包括养老保险（社保）、医疗保险、工伤保险、农村养老保险、机关事业单位养老保险经办机构人数。

四、基金监督管理情况统计

基金监管统计指标体系，涉及社会保险基金特别是养老保险个人账户基金、全国社会保障基金、企业年金基金监管统计指标。

社会保险基金累计结余额指报告期末各类社会保险基金资产净值累计数。

社会保险基金投资金额指报告期末实际投资运作的社会保险基金资产净值累计数。

本期社会保险基金投资净收益指报告期内投资管理社会保险基金实现的净收益。本期投资净收益＝期末资产净值－期初资产净值＋期间资金流出－期间资金流入。

养老保险个人账户基金指报告期末做实企业职工基本养老保险个人账户基金总额。

养老保险个人账户基金投资金额指报告期末社保理事会受托管理的个人账户基金拨入、调回资金净额与年终计提风险准备金之后转入的个人账户基金累计净收益之和。

养老保险个人账户基金风险准备金指报告期末反映社保理事会计提的个人账户基金风险准备金余额。

养老保险个人账户基金记账收益指报告期内社保理事会受托管理的个人账户基金承诺收益额加部分超额收益额。

全国社会保障基金权益指报告期末财政历年拨入、调回的全国社保基金资金净额与年终计提风险准备金之后转入的个人账户基金累计净收益之和。

本期全国社会保障基金投资净收益指报告期内社保基金实现的收益（或发生的亏损）净额。

全国社会保障基金风险准备金指报告期末反映计提的个人账户基金风险准备金余额。

企业年金企业账户数指报告期末企业年金基金账户管理机构管理的已获取企业年金计划确认函并在账户管理系统正式建账的企业累计数。

企业年金个人账户数指报告期末企业年金基金账户管理机构管理的已获取企业年金计划确认函并在账户管理系统正式建账的个人账户累计数。

企业年金基金托管金额指报告期末企业年金基金托管机构托管企业年金

基金财产净值累计数，包括受托财产托管账户余额和委托投资资产净值。

企业年金基金投资组合数指报告期末企业年金基金投资管理机构实际投资运作的企业年金基金投资组合累计数。

企业年金基金投资运作金额指报告期末企业年金基金投资管理机构实际投资运作的企业年金基金资产净值累计数。

本期企业年金基金投资净收益指报告期内投资运作企业年金组合实现的投资净收益。本期企业年金基金投资净收益＝期末资产净值－期初资产净值＋期间资金流出－期间资金流入。

社会保险基金管理违纪违规案件数指报告期内被社会保险基金监管机构和其他部门查处的各类社会保险基金在收支、管理和运营中贪污、挤占、挪用、套取等违纪违规案件累计数。

社会保险基金管理违纪违规金额指报告期末被社会保险基金监管机构和其他部门查处的各类社会保险基金在收支、管理和运营中贪污、挤占、挪用、套取等违纪违规基金数额。

社会保险基金违纪违规追回金额指报告期末追回的各类违纪违规社会保险基金数额。

社会保险金欺诈人数指报告期末查出不具备领取资格而骗取社会保险待遇的人数。

社会保险金欺诈金额指报告期末冒领人骗取的社会保险基金数额。

社会保险金欺诈追回金额指报告期末社会保险基金管理和监管机构依法追回欺诈冒领社会保险待遇的到账总金额。

【阅读链接】

《2011 年人力资源社会保障统计报表制度》，由人力资源和社会保障部制定，国家统计局批准

思考题

1. 社会保险统计有哪几种含义？
2. 社会保险统计的作用是什么？
3. 社会保险行政管理机构统计工作的基本任务是什么？
4. 社会保险统计制度包括哪些内容？
5. 社会保险统计制度的范围是什么？

第十二章

职业培训鉴定统计

本章导读

职业能力建设工作涵盖了技能人才队伍建设、技工院校综合管理、建立面向城乡劳动者的职业培训制度、完善职业资格证书制度等方面，通过职业培训鉴定统计，可以直观反映出我国职业能力建设工作的进展情况，为推动技能人才队伍建设工作发现解决问题的途径，为制定相关政策提供依据。

通过对本章的学习，可以帮助读者了解职业培训鉴定统计的意义和任务，掌握职业技能培训统计、职业技能鉴定统计的内容。

第一节　职业培训鉴定统计概述

一、职业培训鉴定统计的意义

职业培训鉴定统计工作是职业能力建设工作的基础和重要组成部分，对于职业能力建设工作具有十分重要的意义。首先，它能全面、系统地反映我国开展面向新成长劳动力的劳动预备制培训、面向失业人员和农村转移就业劳动者的就业技能培训、面向在职职工的岗位技能提升培训、面向创业者的创业培训的情况，反映职业技能鉴定的机构和人员情况、鉴定职业（工种）的总量和技术等级情况，为推动技能人才队伍建设工作发展和制定相关政策提供依据。其次，它能反映党和国家有关职业能力建设政策的贯彻、落实情况，为制订技能人才队伍建设发展计划和长远规划提供可靠的依据。最后，由于职业能力建设体系是反映我国劳动力水平的一个重要内容，因此，职业培训鉴定统计还是开展国情、国力研究必不可少的数据资料。

职业培训鉴定统计的任务在于为党和国家制定有关职业能力建设体系方面的政策提供全面、及时、准确的统计资料。具体包括：

1. 全面、准确、及时地反映职业技能培训、职业技能鉴定的总体水平、规模和发展趋势，反映职业能力体系建设中所取得的成绩和存在的问题。

2. 研究职业技能培训的形式及其效果。

3. 观察职业培训和职业技能鉴定与国民经济发展、人力资源社会保障事业发展的关系及适应程度，为有关决策提供依据。

二、职业培训鉴定统计的主要内容

职业培训鉴定统计包括职业技能培训统计和职业技能鉴定统计两部分内容。其中，职业技能培训统计综合反映国家实施各类培训计划的效果，统计内容包括参加劳动预备制培训、再就业培训、在岗培训、创业培训等培训的人数，技工院校个数，就业训练中心等各类职业培训机构个数，参加各类职业培训后实现就业人数，各类培训实际支出资金数等；职业技能鉴定统计反映了对劳动者技能水平进行评价和认证的情况，统计内容包括参加各等级职业资格鉴定的人数、取得相应等级职业资格证书的人数、各类职业技能鉴定机构数和考评人员人数等。

【阅读参考】

2010—2020 年我国高技能人才队伍发展目标：适应走新型工业化道路和产业结构优化升级的要求，以提升职业素质和职业技能为核心，以技师和高级技师为重点，形成一支门类齐全、技艺精湛的高技能人才队伍。到 2015 年，高技能人才总量达到 3 400 万人。到 2020 年，高技能人才总量达到 3 900 万人，其中技师、高级技师达到 1 000 万人左右。

——摘自：《国家中长期人才发展规划纲要（2010—2020 年）》

（网址：http://www.gov.cn/jrzg/2010-06/06/content_1621777.htm）

第二节　职业技能培训统计

一、职业技能培训统计的主要内容

职业技能培训是职业能力建设工作的重要组成部分，其内容包括面向新成长劳动力的劳动预备制培训、面向失业人员和农村转移就业劳动者的就业技能培训、面向在职职工的岗位技能提升培训、面向创业者的创业培训。职

业技能培训是培养技能人才的重要途径，是持续发展国民经济、促进企业提高劳动生产率和经济效益的可靠保证。

关键概念

1. 劳动预备制培训，是一项对新成长劳动者就业前应当经过职业教育和培训的制度规定。其基本内涵是组织未能升学且有就业要求的初、高中毕业生，在就业前接受一段时间的职业教育和培训，使其取得相应的职业资格或掌握一定的职业技能后，在国家政策的指导和帮助下，通过人力资源市场实现就业。

2. 农村转移就业劳动者培训，是一项专门针对农村劳动力的培训就业计划，内容包括面向未能继续升学的农村应届初高中毕业生、进城求职农村劳动者、企业在岗农民工、返乡农民工等人员开展职业技能培训，根据不同群体的特点，分别组织开展实用技能培训、技能提升培训、劳动预备制培训和创业培训，提高农村转移就业劳动者的技能水平，促进其实现就业。

目前，职业技能培训统计包括职业培训综合统计、技工院校综合情况统计和就业训练中心、民办职业培训机构综合情况统计三部分。其中，职业培训综合统计是综合体现登记失业人员、新成长劳动力、在岗职工、转移就业农村劳动者参加职业培训和创业培训情况的统计报表，统计的内容既有参加劳动预备制培训、中短期订单式技能培训、在职职工的岗位技能提升培训的人数（包括取得职业资格证书和专项能力证书的人数、通过职业培训实现就业的人数），也有参加创业培训的人数（包括培训人数、培训合格人数、成功创业人数、创造岗位数等），还体现了定点培训机构个数情况。技工院校综合情况统计是综合反映技工院校发展情况的统计报表，通过该项统计可以掌握各地、各行业部门、相关企业、有关国务院部委、各类民间机构开办的技工院校数量、在职教职工人数、学校经费来源情况、招生情况、在校学生情况、毕业生情况、学生就业情况以及技工院校对社会人员开展职业培训情况。就业训练中心、民办职业培训机构综合情况统计是专项反映就业训练中心和民办职业培训机构对登记失业人员、新成长劳动力、在岗职工、转移就业农村劳动者开展职业培训情况的统计报表。

【阅读参考】

2010 年年末全国共有技工学校 2 998 所，在校学生 421 万人。全年技工学校面向社会开展培训 468 万人次。年末全国共有就业训练中心 3 192 所，民办培训机构 2 万所。全年共组织开展各类职业培训 1 820 万人次。其中，企业在岗农民工培训 318 万人次，困难企业职工培训 128 万人次，农村“两后生”劳动预备制培训 126 万人次，进城务工农村劳动者技能培训 704 万人次，城镇失业人员技能培训 384 万人次，登记求职高校毕业生技能培训 40 万人次，创业培训 119 万人次。

摘自：《2010 年度人力资源和社会保障事业发展统计公报》

（网址：http://www.mohrss.gov.cn/page.do?pa=402880202405002801240882b84702d7&guid=e60c0ef72ddd4e8eb968ac5f11900f59&og=8a81f0842d0d556d012d111392900038）

二、职业培训综合统计

（一）基础统计指标

1. 失业人员

失业人员指在公共就业服务机构进行失业登记的城镇常住人员。

2. 新成长劳动力

指初、高中应届毕业生，复员转业军人，大中专毕业生等没有工作经历的人员。

3. 农村籍劳动者

指户籍为农村籍的劳动者。

4. 在岗职工

指与企业签订劳动合同的职工。

5. 在岗农民工

指符合政策规定，与企业签订劳动合同的农民工。

（二）总量指标

1. 本期实际参加职业技能培训人数

指在统计期内，参加政府财政补贴的各类职业培训的人数。

2. 取得证书人数

指参加职业技能培训后，取得合格证书、专项职业能力证书和职业资格证书的人数。

3. 参加创业意识培训人数

指统计期内，参加单独创业观念转变教育和创业政策培训（一般为1～2天）的人数。

4. 参加创业能力培训人数

指参加系统的创业能力培训人数，包括参加SIYB培训、创业实训以及各地自主开展的创业培训。

5. 创业能力培训合格人数

指参加创业培训后，取得创业培训合格证书的人数。

6. 培训后当期成功创业人数

指培训结束后成功创办企业（领取企业法人经营执照）、实现自谋职业、领取个体工商户经营执照以及其他摆摊设点的人数。

7. 新创造就业岗位数

指参加创业培训后成功创业人员所创办的企业实际吸纳的就业人数，包括创业者本人在内。

8. 本期职业培训补贴资金金额

指用于职业培训实际补贴支出的金额，不含应支付但在统计期内尚未拨付的金额。

9. 定点培训机构个数

指由人力资源社会保障部等部门通过招投标确定的承担政府财政补贴职业技能培训和创业培训的机构个数。

三、技工院校综合情况统计

（一）基础统计指标

1. 行业办

地方各行业主管部门办技工院校和1998年国务院机构调整后陆续划归地方行业主管部门管理的原国务院部门（单位）所属技工院校。

2. 企业办

专指国有企业办学。

3. 国务院部委办

专指中央部门办技工院校。

4. 民办

专指公民个人或民营企（事）业单位办学。

5. 其他

其他办学形式。

(二) 总量指标

1. 劳动预备制定点培训机构数

指由人力资源社会保障部门认定并向社会公布的劳动预备制定点培训（教育）机构。

2. 技工院校在职教职工人数

指报告期末技工院校编制内在册人员数和由学校正式聘任的专职教师数。

3. 兼职教师人数

指报告期末由学校非正式聘任教师数。

4. 一体化教师

在报告期内同时承担专业理论课教学和生产实习指导的教师或承担一体化教学的教师。

5. 财政性经费

指技工院校从政府财政性经费获得的学校办学经费和学校建设专项经费等。

6. 其他经费

包括原统计年报表中学校从公司经费、企业经费等渠道获得的学校办学经费和学校建设专项经费等，以及 24 项、25 项以外的非财政性经费。

7. 招生人数

指技工院校学制教育招生实到人数。其中：

(1) 高级班学生：指技工院校进入高级技工培养阶段的招生实到人数。

(2) 技师和预备技师班学生：指技工院校进入技师或预备技师培养阶段的招生实到人数。

8. 在校学生人数

指报告期末，技工院校实有在校学生人数。其中，高级班学生、技师和预备技师班学生，指实际进入对应的高级技工、技师和预备技师培养阶段，接受学制教育的学生数。

9. 培训社会人员人数

指报告期内技工院校培训社会人员的人次数。其中：

（1）失业人员：指培训时出具了相应失业证明的人。

（2）劳动预备制人员：指城乡初高中毕业后，未升入更高一级学校，在就业前参加1～3年职业培训的学员。

10. 就业人数

指报告期内技工院校毕业生已升学或已从事一定社会经济活动并取得劳动报酬或经营收入的人员数。

四、就业训练中心、民办职业培训机构综合情况统计

（一）基础指标

1. 就业训练中心个数

指报告期末实有的，由人力资源社会保障部门（包括劳动就业服务机构）举办的就业训练实体数。

2. 民办职业培训机构个数

指经人力资源社会保障部门审批并取得民办职业培训机构办学许可证的民办职业培训机构。

（二）总量指标

1. 在职教职工总人数

指报告期末正式教职工人员总数。其中

教师是指报告期末在职教职工中的教师人数。

2. 经费来源总计

指报告期内就业训练中心或民办职业培训机构的总收入。其中：

（1）财政补助费：指报告期内地方财政用于编制内教职工等方面的费用。

（2）职业培训补贴：指报告期内从失业保险基金、就业补助资金以及地方财政中支出，用于失业人员、新生劳动力职业培训补贴的费用。

3. 培训人数

指报告期内，就业训练中心或民办职业培训机构培训的人次数。

4. 6个月以下

不含6个月。

5. 6个月至1年

含6个月，不含1年。

6. 结业人数

指报告期内完成培训（训练）课程获得结业证书的人次数。

7. 就业人数

指经过培训后实现就业的人数，不含企业在职职工参加培训的人数。

第三节　职业技能鉴定统计

职业技能鉴定统计工作通过对全国职业技能劳动者数量、技术等级状况和结构及其变动趋势的统计和分析，直接反映职业技能鉴定工作和职业资格证书制度的现状和发展趋势。同时，也能间接反映出我国职业培训和技能人才培养的发展变化趋势，对国家和地区的宏观经济管理、就业和人力资源开发决策有重要参考作用；对企业微观经济活动，以及职业院校和社会职业技能培训机构的发展也有积极的指导意义。

职业技能鉴定统计工作通过服务于全国职业技能鉴定工作，进而服务于国家职业资格证书制度建设，以及与此相联系的职业教育、职业培训、劳动就业工作。

【阅读参考】

2010 年年末全国共有职业技能鉴定机构 9 803 个，职业技能鉴定考评人员 21 万人。全年共有 1 658 万人参加了职业技能鉴定，比上年增长 11.1%，1 393 万人取得不同等级职业资格证书。其中取得技师、高级技师职业资格的有 38.8 万人。

摘自：《2010 年度人力资源和社会保障事业发展统计公报》

（网址：http://www.mohrss.gov.cn/page.do? pa=402880202405002801240882b84702d7&guid=e60c0ef72ddd4e8eb968ac5f11900f59&og=8a81f0842d0d556d012d111392900038）

一、职业技能鉴定统计的主要内容

职业技能鉴定统计通过地方人力资源社会保障部门所属职业技能鉴定机构、国务院有关部门所属职业技能鉴定机构上报的职业技能鉴定机构数、考评人员数、参加鉴定考核人数和获取职业资格证书人数等指标按季度反映职业技能鉴定情况。

职业技能鉴定统计工作的内容有以下三方面：

(一) 开展职业技能鉴定统计调查和统计分析

按照规定的调查程序、统计指标体系和统计调查方法，开展职业技能鉴定统计调查，收集统计资料，进行统计分析。

(二) 提供职业技能鉴定统计资料和统计分析报告

充分利用统计调查和统计分析成果，及时、准确、全面地提供统计资料，为职业技能鉴定、职业教育培训和就业工作提供决策依据。

(三) 实施统计监测

根据统计调查和统计分析，客观反映全国职业技能鉴定、职业教育培训和企业技能人才培养工作的运行状态，对全国技能劳动者队伍建设，特别是高技能人才培育状况实行全面、系统、准确的定量检查和监督，以促进我国人力资源开发和高技能人才队伍建设健康发展。

二、职业技能鉴定情况统计

(一) 基础指标

职业技能鉴定的基础统计指标，是国家统一规定的技能劳动者的技术等级标准指标，具体为：

1. 高级技师（一级）

能够熟练运用基本技能和特殊技能在本职业的各个领域完成复杂的、非常规性的工作，熟练掌握本职业的关键操作技能技术，能够独立处理和解决高难度的技术或工艺问题，在技术攻关、工艺革新和技术改革方面有创新，能组织开展技术改造、技术革新和进行专业技术培训，具有管理能力。

2. 技师（二级）

能够熟练运用基本技能和专门技能完成较为复杂的、非常规性的工作，掌握本职业的关键操作技能技术，能够独立处理和解决技术或工艺问题，在操作技能技术方面有创新，能组织指导他人进行工作，能培训一般操作人员，具有一定的管理能力。

3. 高级技能（三级）

能够熟练运用基本技能和专门技能完成较为复杂的工作，包括完成部分非常规性工作；能够独立处理工作中出现的问题；能指导他人进行工作或协助培训一般操作人员。

4. 中级技能（四级）

能够熟练运用基本技能独立完成本职业的常规工作，并在特定情况下，能够运用专门技能完成较为复杂的工作，能够与他人进行合作。

5. 初级技能（五级）

能够运用基本技能独立完成本职业的常规工作。

6. 职业技能鉴定考评人员

在规定职业（工种）及其资格等级范围内，按照国家职业技能鉴定有关规定，对职业技能鉴定对象进行考核、评审的人员。职业技能鉴定考评人员分为考评员和高级考评员。

7. 职业技能鉴定机构

指具体承担对待业人员、从业人员、军地两用人才、各级各类职业技术院校和其他职业培训机构的毕（结）业生，进行职业技能鉴定的事业性机构。包括各级职业技能鉴定（指导）中心、职业技能鉴定所、行业特有工种鉴定站和其他考核鉴定机构（包括工人考核委员会等）。

8. 职业技能鉴定所

指各省、自治区、直辖市人力资源和社会保障行政部门在本地区批准设立的职业技能鉴定所（站）。

9. 行业特有工种鉴定站

指人力资源和社会保障部（含原劳动和社会保障部）批准设立的行业特有工种职业技能鉴定站。

10. 其他考核鉴定机构

指除职业技能鉴定所、行业特有工种鉴定站以外具体承担职业技能鉴定的机构，如工人考核委员会。按人力资源社会保障部有关文件要求，条件成熟的工人考核组织应当逐步过渡到职业技能鉴定所（站）。目前，中直机关和国务院机关等少数部门还保留工人考核委员会。

11. 企业职工

指与企业签订劳动合同的职工。

12. 院校学生

指各级各类职业院校和普通高等院校在校学生。

13. 下岗失业人员

指国有企业下岗职工以及与企业解除劳动关系的就业转失业人员。

14. 其他人员

指除企业职工、院校学生和下岗失业人员以外的人员（含工人考核委员会统计的人员数）。

（二）总量指标

1. 期末职业技能鉴定机构个数

指本期（报告期）末人力资源和社会保障部（含原劳动和社会保障部）及各省、自治区、直辖市劳动保障行政部门批准设立的职业技能鉴定所（站）和其他考核鉴定机构的个数。

2. 期末考评人员人数

指本期末获取考评人员资格证书的人数。

3. 本期参加鉴定考核人数

指本期（报告期）内参加职业技能鉴定考核的人次数。

4. 本期获取职业资格证书人数

指本期（报告期）内获取职业资格证书的人次数。

5. 报告期

年报为上年 12 月 1 日至本年 11 月 30 日，季报为上季度最后一个月的 1 日至本季度第二个月的最后一日。

（三）结构指标

1. 按职业资格等级划分，分别为初级技能（职业资格五级）、中级技能（职业资格四级）、高级技能（职业资格三级）、技师（职业资格二级）、高级技师（职业资格一级）。

2. 按职业技能鉴定机构属性划分，分别为职业技能鉴定所、行业特有工种鉴定站、其他考核鉴定机构。

3. 按参加鉴定人员身份划分，分别为企业职工、院校学生、下岗失业人员、其他人员。

4. 按参加职业技能鉴定的职业（工种）划分。

思　考　题

1. 简述开展职业培训鉴定统计工作的意义。
2. 简述职业培训鉴定统计的主要内容。
3. 简述职业技能培训统计的主要内容。
4. 简述职业技能鉴定统计的主要内容。

第十三章 劳动合同管理和劳动时间利用统计

本章导读

劳动合同管理和劳动时间利用统计是对劳动合同签订情况和劳动时间利用情况的统计，以了解用人单位的劳动用工规范程度和劳动力资源的有效利用程度。通过统计，可以反映出当前劳动合同制度运行状况和有关劳动者权益维护情况，对进一步提高政府劳动用工监管水平，维护劳动者和用人单位双方的合法权益，促进劳动关系的和谐稳定有着重要的意义。

通过本章的学习，了解劳动合同管理和劳动时间利用统计的重要作用，掌握劳动合同管理和劳动时间利用统计的基本内容。

第一节 劳动合同管理和劳动时间利用统计概述

一、劳动合同管理和劳动时间利用统计的概念

（一）劳动合同管理统计的概念

劳动合同管理，是指各级人力资源社会保障部门对劳动合同的运行，包括劳动合同的订立、履行、变更、解除和终止等进行指导、监督，以及集体合同签订履行等一系列职能活动的总称。劳动合同管理统计主要包括劳动合同签订情况统计和集体合同签订情况统计。

（二）劳动时间利用统计的概念

劳动时间利用统计，指在劳动时间总消耗量中实际被利用或占用的程度。它体现着劳动资源的有效利用和产品加工工时消耗的实际水平，并可从劳动时间消耗总量中，分析企业和劳动者对劳动时间的利用水平和利用程度。

二、劳动合同制度和劳动合同签订情况统计的目的

（一）劳动合同制度的重要作用

劳动合同制度是市场经济体制下调整个别劳动关系的基本制度，是劳动关系自主协调机制的重要内容，对于劳动关系和谐稳定具有举足轻重的作用。

1. 劳动合同制度是市场经济体制下政府调整劳动关系的重要制度

劳动合同制度既体现了劳动关系当事人的共同意志，也体现了国家对劳动关系调整的意志。在劳动力市场中，劳动者与雇主无法实现真正的平等，国家必须给予适当的干预，实现劳动关系双方力量的平衡，缓和社会矛盾，维持总体劳动力资源的持续发展。因此，在我国相当长一个时期内资本的强势地位和劳动力的弱势地位难以改变的情况下，需要进一步发挥政府主导作用，在完善劳动合同制度中，充分考虑和兼顾各方面的利益平衡，适当向劳动者倾斜，使每个劳动者都分享到社会财富和社会进步的成果，实现就业稳定和社会福利，实现公平正义，实现劳动关系的和谐稳定，为构建社会主义和谐社会打下坚实的基础。

2. 劳动合同制度是维护劳动者和用人单位合法权益的重要制度

劳动合同制度实现了劳动关系的契约化、法制化。劳动合同是产生和维系劳动者与企业之间劳动关系的法律凭证，劳动合同约定的工作期限、工作岗位、劳动报酬、劳动条件、保险福利等条款，是用人单位和劳动者享受权利和承担义务的依据。用人单位和劳动者按照劳动合同履行义务，使双方都处于法律的保护之下，任何一方违约侵害另一方的权益，都要承担相应的法律责任。因此，劳动合同的依法履行既保障了劳动者的就业权、获取报酬权、健康权、生存权，也保障了用人单位的经营自主权、分配权和管理权。

3. 劳动合同制度是保障劳动力市场规范有序运行的重要制度

劳动合同制度实现了用人单位的用工自主权和劳动者的择业自主权，促进了劳动力的合理流动，使劳动力资源配置实现了市场化，适应了社会主义市场经济体制的要求。同时，劳动合同制度将市场经济的竞争和淘汰机制适度引入劳动力资源的配置过程，一方面，促使用人单位不断改善用工环境，提高职工的劳动条件，吸引和留住优秀人才，保持职工队伍的相对稳定性，有利于促进企业的经营发展；另一方面，促使劳动者积极主动地学习和钻研业务，不断提高技能水平，争取并维持住相对较好的就业岗位，有利于劳动者整体素质的提高，充分保障了劳动力市场运行的统一、开放、公平和规范。

（二）劳动合同签订情况统计的目的

掌握全国及各省（市、自治区）不同类型企业户数、用工规模和企业劳动合同签订情况，分析劳动合同制度运行状况，为进一步提升政府对企业用工的监管和服务水平提供依据，为人力资源社会保障有关决策提供支持。

三、集体合同制度和集体合同签订情况统计的目的

（一）集体合同制度的重要作用

在我国社会主义市场经济体制下，集体协商和集体合同制度是劳动关系调整机制的一项主要内容，在贯彻劳动法律法规，落实各项劳动标准，有效提高劳动报酬水平，指导签订劳动合同等方面都具有重要功能。

1. 建立集体协商和集体合同制度可以更有效地贯彻劳动法律法规

劳动关系双方依法自主开展集体协商，在国家规定的各项劳动标准之上取得共识，签订并实施集体合同，不仅是执行劳动法律法规的过程，而且是贯彻落实法律法规具体要求和具体内容的过程。集体协商有助于劳动关系双方加强沟通、达成共识，集体合同能够对劳动关系双方形成较强的相互制约的关系，同时涵盖的企业和劳动者范围比较广泛，有利于国家的劳动法律法规得到更全面更有效的贯彻实施，在很大程度上预防出现有法不依和违法难究的问题。

2. 建立集体协商和集体合同制度可以更有效地落实各项劳动标准

集体协商和集体合同能够集中体现劳动关系双方的利益诉求，特别是劳动者群体的利益诉求，并将这些利益关系在具体范围内通过平等协商加以妥善处理，并以合同形式确定。在国家劳动法律法规及其规定的各项劳动标准基础上，企业（企业组织）与工会（职工代表）通过集体协商，签订集体合同，可以根据各企业、行业和区域的具体情况，有针对性地对一定范围内企业应执行、可执行的各项劳动标准进行细化或提高，并对执行各项具体劳动标准的有效期限进行明确规定。

3. 建立集体协商和集体合同制度可以将劳动关系双方的市场行为提升为有组织、有秩序和力量更为均衡的市场行为，从而形成更为公平合理的劳动报酬决定机制

在市场经济条件下，由于劳动者个人与企业力量对比并不均衡，由企业与劳动者个人单独约定劳动报酬，难以保证劳动报酬标准的公平合理性。通

过劳动者有组织地与企业或企业组织开展集体协商，由劳动关系双方协商确定劳动报酬标准，可以防止企业一方出于自身利益有意压低劳动者报酬的行为。因此，集体协商和集体合同制度是对市场化的劳动报酬决定机制的进一步完善，有利于保证劳动者工资收入合理有序增长，促进解决我国目前存在的分配秩序乱、普通劳动者劳动报酬难以正常增长的问题。

4. 建立集体协商和集体合同制度可以更好地指导、监督企业与劳动者个人签订更为规范的劳动合同

集体协商和集体合同必须依法确定在集体合同适用范围内切实可行的最低劳动标准。企业与劳动者个人签订劳动合同，其规定的内容不仅要符合法律的规定，也必须符合集体合同的约定，规定的劳动条件和劳动标准不仅不能低于法律规定的标准，而且不能低于集体合同约定的标准。显然，集体合同约定可以进一步为劳动合同签订提供指导原则和明确依据。建立集体协商和集体合同制度，可以凭借工会和劳动者组织监督集体合同与劳动合同的执行过程，形成更直接和更有效的制约力量，从而更好地保障劳动者特别是利益易受侵害的普通劳动者的劳动权益，预防发生群体性纠纷。因此，集体合同的依法签订、顺利实施为劳动合同的依法签订和顺利实施提供了更好的保障基础。

（二）集体合同签订情况统计的目的

了解和掌握各地集体协商、集体合同制度实施和覆盖情况，采取措施，推动集体合同制度覆盖面不断扩大，发挥其在促进企业发展，维护劳动者在就业、收入分配和社会保障等方面的合法权益，有效预防劳动争议和劳动纠纷，促进劳动关系和谐稳定的作用。

四、劳动时间利用统计的目的

劳动者的生产劳动过程，表现为劳动时间消耗的过程。企业或基本生产单位劳动生产率水平的高低，劳动经济效益的大小，直接或间接取决于劳动时间即工作时间的利用程度。节约劳动时间是以集体生产为基础的社会生产的首要经济规律。节约劳动时间，可以在单位时间内生产出更多的产品，使单位产品中包含的活劳动消耗量逐渐减少，劳动生产率水平和企业经济效益不断提高。

工作时间的利用统计核算，是要全面反映企业工人工作时间的利用状况，分析和研究工作时间利用充分与否的原因，以便总结经验，发现问题，有针

对性地及时采取措施，促进企业或基本生产单位更加合理地分配、充分利用工作时间，提高劳动生产率，尽量减少不必要的浪费和损失。

第二节 劳动合同管理统计

一、劳动合同管理统计的主要内容

（一）企业劳动合同签订情况统计

企业劳动合同签订情况统计主要包括：企业户数统计、职工总数统计、在岗职工人数、农民工人数、签订劳动合同人数、农民工签订劳动合同人数、劳动合同签订率和农民工劳动合同签订率。

（二）集体合同签订情况统计

集体合同签订情况统计主要包括：区域性行业性集体合同统计、企业集体合同统计、综合集体合同统计和工资集体合同统计等。

二、企业劳动合同签订情况统计

（一）劳动合同的概念

劳动合同，也称劳动契约、劳动协议，是指劳动者与用人单位之间订立的明确双方权利义务的协议。劳动合同一般分为口头劳动合同和书面劳动合同。《劳动合同法》第10条第1款规定：“建立劳动关系，应当订立书面劳动合同。”

企业劳动合同签订情况：是指在报告期末，按劳动合同法规定，一个地区内企业与劳动者签订书面劳动合同的情况。这是一个总体指标，是反映某个时点企业劳动合同签订情况的指标集合。

（二）企业劳动合同签订情况统计应掌握的概念

1. 企业分类

以工商行政管理部门对企业登记注册的类型为依据，分为内资企业、港澳台商投资企业和外商投资企业三大类。目前，企业劳动合同签订统计范围不包括个体工商户。

内资企业：包括国有企业、集体企业、股份合作企业、联营企业、有限责任公司、股份有限公司、私营公司和其他企业。

港澳台商投资企业和外商投资企业：包括合资经营企业、合作经营企业、独资经营企业和股份有限公司。

2. 职工总数

是指企业招用并与其形成劳动关系的劳动者。既包括已签订劳动合同的，也包括尚未签订劳动合同的劳动者；既包括在岗职工，也包括不在岗职工（如休病、产假，内部退养等职工）；既包括企业招用的城镇职工，也包括农民工。

3. 签订劳动合同人数

指与企业订立书面劳动合同的人数。

4. 劳动合同签订率

指企业中已签订书面劳动合同的人数占与企业建立劳动关系的职工人数比例。

计算公式为：

$$劳动合同签订率=\frac{报告期签订劳动合同人数}{报告期职工总数}\times 100\%$$

5. 农民工劳动合同签订率

指企业中已签订书面劳动合同的农民工人数占与企业建立劳动关系的农民工人数比例。

计算公式为：

$$农民工劳动合同签订率=\frac{报告期签订劳动合同的农民工人数}{报告期招用农民工总数}\times 100\%$$

三、集体合同签订情况统计

（一）集体合同的概念

集体合同又称集体协议，是企业代表与工会或职工代表根据有关法律、法规、规章的规定，就劳动报酬、工作时间、休息休假、劳动安全卫生、职业培训、保险福利等事项，通过集体协商签订的书面协议。一般包括企业集体合同和区域性行业性集体合同。

企业集体合同是企业与本企业职工，就劳动报酬、工作时间、休息休假、劳动安全卫生、职业培训、保险福利等事项，经过集体协商订立的集体合同。对企业和本企业的全体职工具有法律约束力。企业职工一方与企业可以订立劳动安全卫生、女职工权益保护、工资调整机制等专项集体合同。

区域性行业性集体合同是区域内的工会组织或行业工会组织与企业代表或企业代表组织，就劳动报酬、工作时间、休息休假、劳动安全卫生、职业培训、保险福利等事项，经过集体协商签订的集体合同。对当地本行业、本区域的用人单位和劳动者具有约束力。

集体合同签订情况：是指在报告期末，一个地区内企业、行业及区域内通过集体协商签订集体合同（含专项集体合同）并经人力资源社会保障部门审核通过的情况。主要反映某个时点职工代表与企业方面代表就有关劳动权利和利益问题通过集体协商签订的有效集体合同的情况。

（二）集体合同签订情况统计应掌握的概念

1. 有效的集体合同

是指经人力资源社会保障部门审核生效且在合同期限内的集体合同。

2. 区域性行业性集体合同签订数

指在某个时点，经过人力资源社会保障部门审查的且在有效期内的区域性和行业性集体合同数量，实际统计过程中对区域性和行业性分类统计。

3. 企业集体合同签订数

指在某个时点，经过人力资源社会保障部门审查的且在有效期内的企业集体合同数量。

4. 工资集体合同签订数

指在某个时点，经过人力资源社会保障部门审查的且在有效期内的工资专项集体合同数量。

5. 首次签订

指首次签订集体合同。

6. 中断后重新签订

曾签订过集体合同，但到期后未续签，间隔一段时间后又重新签订的集体合同。

7. 续签

指集体合同到期后，双方经协商一致，继续签订与原集体合同内容相同或者不同的集体合同。（到期日与续签日首尾相接）

8. 计算公式

截至当期末累计有效集体合同数＝上期末累计有效集体合同数＋当期审核通过集体合同数－当期终止集体合同数

【阅读参考】

2008年，在全国正式启动了以扩大集体协商和集体合同制度覆盖面为重点的“彩虹计划”。各地按照部署采取各种措施，积极推进集体协商集体合同制度建设，特别是在金融危机期间，普遍开展“共同约定”行动，引导企业和劳动者开展集体协商，鼓励和引导职工与企业相互合作，共渡难关，推动集体合同制度覆盖面不断扩大。截至2009年年底，经人力资源社会保障部门审核备案的当期有效集体合同70.3万份，覆盖职工9 400多万人。然而，在实际工作中，集体协商集体合同制度建设仍存在覆盖面不够广、协商机制不完善、实效性不够强等问题。为进一步推进集体合同制度的实施，2010年5月，人力资源和社会保障部、中华全国总工会、中国企业联合会/中国企业家协会下发了《关于深入推进集体合同制度实施彩虹计划的通知》(人社部发［2010］32号)，在过去两年工作的基础上，力争用3年时间（2010—2012年），通过采取多项措施，基本在各类已建工会企业实行集体合同制度，对未建工会的小企业通过签订区域性、行业性集体合同提高集体合同覆盖比例。增强集体协商集体合同的实效性，推动完善劳动关系双方利益协调机制，努力实现企业与职工协商共谋、机制共建、效益共创、利益共享。

第三节　劳动时间利用统计

为了准确地核算劳动时间，必须弄清劳动时间的计算单位、构成内容及核算方法。劳动时间是衡量劳动量的尺度。马克思曾指出，劳动本身的量是用劳动时间来计量，而劳动时间又是用一定的时间单位如小时、日等作尺度。由此可见，工作时间是用来测量工人活劳动消耗量的。工作时间的计量单位，一般是采用工时和工日。工日是指一个工人一个工作日的工作时间，按现行制度规定，工作日长度是8小时；工时是指一个工人一个小时的工作时间，制造业工人的工作时间的核算，一般采用工时为计量单位。建筑业工人的工作时间一般用工日作为核算单位。

一、工作时间构成指标

（一）日历时间

日历时间是生产工人可供用于工作的自然极限时间。分别用日历工日和日历工时表示。工业企业用工时，建筑企业用工日。

日历工日＝报告期日历日数

日历工时＝报告期日历工日×工作日规定长度

（二）制度公休时间

制度公休时间是指按法律规定，生产工人应享受的公休日和节假日的休息时间。我国的法定休息日包括每周的六、日，全体公民的11天节日假期，日历年度的休息日总数为115天。

制度公休工日＝报告期制度公休天数

制度公休工时＝报告期制度公休工日×工作日规定长度

（三）制度工作时间

制度工作时间是指按法律规定，生产工人应该工作或上班的时间。它反映出最大可能利用的工作时间，是考核企业或基本生产单位工人工作时间利用充分与否的基准线。根据劳动和社会保障部2008年的规定，职工全年月平均工作天数和工作小时数分别调整为20.83天和166.64小时。

制度工作工日＝报告期规定工作日数

＝日历工日－制度公休工日

制度工作时间＝报告期制度工作工日×规定工作日长度

＝日历工时－制度公休工时

（四）缺勤时间

按规定应工作或上班时间内，职工由于个人原因未上班的时间，即为缺勤时间。缺勤有全日缺勤和非全日缺勤两类。全日缺勤是指工人在一个工作日内都未上班；非全日缺勤是指工人在一个工作日内仅有几个小时未上班，其他的几个小时都上班了。

缺勤工日是按生产工人的全日缺勤汇总计算的，不包括非全日缺勤。缺勤工时既包括了全日缺勤，也包括了非全日缺勤。即：

缺勤工时＝缺勤工日×规定工作日长度＋非全日缺勤工时

（五）出勤时间

出勤时间是指按规定工作的时间里工人实际上班的时间。只要在一个工作日内，工人不论上班满一个工作日规定长度，或者是未满一个工作日规定长度，均按出勤对待，但实际核算时须区别处理。

出勤工日是报告期每一制度工作日实际上班人数的累计。一个工人在制度工作日上班了，则不管是否够一个规定工作日长度，都应按一个出勤工日计算。

出勤工时是按制度工作小时的实际上班人数累计的，即报告期每一工人累计上班小时数的汇总。

出勤工日＝制度工作工日－缺勤工日

出勤工时＝出勤工日×规定工作日长度－非全日制缺勤工时

＝制度工作工时－缺勤工时

（六）停工时间

在制度规定工作时间内，工人出勤后，由于企业或单位的原因，如材料供应中断、动力不足、检修设备、任务安排不足、等待图纸和设计更改等，无法从事生产作业的时间，称为停工时间。停工时间有全日停工和非全日停工等。

停工工日是工人在整个出勤的一个工作日都未从事生产作业活动的累计。其计算公式是：

停工工日＝∑报告期工人出勤工日中的全日停工工日

停工工时是工人在出勤时间中的全日停工与非全日停工的时间总和。

停工工时＝全日停工工时×规定工作日长度＋非全日停工工时

（七）非生产时间

在制度规定工作时间内，工人出勤后，企业或单位安排从事非生产作业活动的时间，如占用生产时间的选举、党团组织活动、开会、参观和各种公益活动等，称为非生产时间。

非生产工日指的是全日非生产工日。它是生产工人在出勤时间内，整个工作日都从事非生产作业活动时间的累计。

非生产工时包括了全日非生产工日和非全日非生产工时。其计算公式为：

非生产工时＝非生产工日×工作日规定长度＋非全日非生产工时

（八）制度内实际工作时间

制度内实际工作时间是指在规定工作时间内，工人出勤后实际从事生产作业活动的时间。它是工作时间的核心部分。制度内实际工作时间，是报告期工人实际从事生产作业活动时间的累计。

制度内实际工作工日是报告期工人每日实际从事生产作业活动人数的累计，至于一个工人是否实际作业满一个工作日规定长度无关紧要。其计算公式是：

$$\text{制度内实际工作工日}=\text{日历工日}-\text{制度公休工日}-\text{缺勤工日}-\text{停工工日}-\text{非生产工日}$$

$$=\text{出勤工日}-\text{停产工日}-\text{非生产工日}$$

制度内实际工作工时是报告期每人每日实际从事生产作业活动小时数的累计，既包括全日作业时间，也包括非全日作业活动时间。其计算公式是：

$$\text{制度内实际工作工时}=\text{制度内实际工作工日}\times\text{工作日规定长度}-(\text{非全日缺勤工时}+\text{非全日停工工时}+\text{非全日非生产工时})$$

$$=\text{制度工作工时}-(\text{缺勤工时}+\text{停工工时}+\text{非生产工时})$$

（九）加班加点时间

加班加点时间是指制度工作时间以外，由于生产经营活动需要，企业安排工人实际从事生产作业活动的时间。

加班工日是在公休日和节假日，工人作业活动满一个工作日规定长度的累计。

加点工时是工人在规定工作时间以外，实际生产作业未满一个工作日规定长度的每人作业时间（小时）的累计。

加班加点工时＝加班工日×工作日规定长度＋加点工时

若由于事先安排，将工作日与公休日调换，则公休日出勤作业不视为加班，而相应的工作日休息，应作为出勤处理。

（十）全部实际工作时间

全部实际工作时间是指在规定工作时间以内和以外，实际从事生产作业活动的总和。

全部实际工作工日＝制度内实际工作工日＋加班工日

全部实际工作工时＝制度内实际工作工时＋加班加点工时

各种工作时间指标之间的关系见表 13—1。

表 13—1　　各种工作时间指标之间的关系

<table>
<tr><td colspan="5">日历时间</td></tr>
<tr><td>制度公休时间</td><td colspan="4">制度工作时间</td></tr>
<tr><td></td><td colspan="3">出勤时间</td><td>缺勤时间</td></tr>
<tr><td>加班加点时间</td><td>制度内实际工作时间</td><td>停工时间</td><td>非生产时间</td><td></td></tr>
<tr><td colspan="2">全部实际工作时间</td><td></td><td></td><td></td></tr>
</table>

二、工作时间利用程度分析

为了分析研究工人工作时间的利用程度，必须建立反映工作时间利用程度的指标，并展开基本分析，作出基本的综合评价。常用的基本分析指标主要有以下几种：

(一) 出勤率

出勤率表明工人在规定的工作时间内，实际上班（出勤）的比重，可以分别按工日与工时计算。其计算公式是：

$$出勤率=\frac{出勤时间}{制度工作时间}\times 100\%$$

按工日计算出勤率，仅受全日缺勤的影响；按工时计算，全日缺勤和非全日缺勤都一并考虑在内了。

(二) 出勤时间利用率

工人出勤时间，会由于种种原因不能全部用于生产作业活动。出勤时间利用率反映的就是工人出勤后实际用于生产作业活动时间的状况。其计算公式为：

$$出勤时间利用率=\frac{制度内实际工作时间}{出勤时间}\times 100\%$$

按工日计算出勤时间利用率，只受全日停工和全日非生产时间的影响；而按工时计算，全日或非全日停工和非生产时间，都会影响到出勤时间利用率。

（三）制度工作时间利用率

由于制度工作时间是制度规定的最大可能利用的工作时间，实际从事作业时间越接近制度工作时间，说明工作时间利用越充分。研究工作时间的利用，应以制度工作时间为标准，因而制度工作时间利用率是工作时间利用统计的核心指标，它反映制度工作时间实际被利用的程度。其计算公式是：

$$\text{制度工作时间利用率}=\frac{\text{制度内实际工作时间}}{\text{制度工作时间}}\times 100\%$$

按工日计算，只反映全日缺勤、全日停工和全日非生产等占用时间的影响程度；按工时计算，除了前述影响原因外，还反映非全日的缺勤、停工和非生产等占用时间的影响程度。

出勤率、出勤时间利用率和制度工作时间利用率之间存在着密切关系：

$$\begin{aligned}\text{制度工作时间利用率}&=\text{出勤率}\times\text{出勤时间利用率}\\&=\frac{\text{出勤时间}}{\text{制度工作时间}}\times\frac{\text{制度内实际工作时间}}{\text{制度工作时间}}\end{aligned}$$

除此以外，对于工人工作时间的利用状况，还可以通过工作日利用率、工作月利用率、加班加点程度指标、工作日损失原因分析等方法进行分析，以补充和完善基本分析。为全面完整地反映工作时间的利用情况，分析工作时间的利用程度及其影响原因，在核算工作时间的基础上，可以编制工作时间平衡表，全面清晰地直观反映工作时间的利用状况。综合分析各个时期的工作时间平衡表，有助于发现影响工作时间未能充分利用的相对长期、较为稳定的因素，以及不同时期影响工作时间利用的主要因素的变迁，有利于发现企业在工作时间利用上的薄弱环节，从而采取对策，加以改进。

三、特殊工时制度实行情况统计

（一）特殊工时制度的概念

特殊工时制度是指不定时工作制和综合计算工时工作制。

不定时工作制是指用人单位因生产工作特点、岗位职责需要限制，对无法按标准工作时间衡量、需要机动作业岗位（工种）的劳动者，实行的不固定工作时间的工时制度。

综合计算工时工作制是指用人单位因行业生产特点或受季节及自然条件限制，无法实行标准工时制度，对需在一段时间内连续作业岗位的劳动者，实行的以月、季、半年或年为周期综合计算工作时间的工时制度。

（二）特殊工时制度实行情况统计

根据《劳动法》第39条和《国务院关于职工工作时间的规定》，1994年劳动部发布《关于企业实行不定时工作制和综合计算工时工作制的审批办法》（劳部发［1994］503号），建立了特殊工时审批制度。近年来，随着劳动保障法律法规的不断完善，特别是《劳动合同法》实施后，企业的守法和劳动者的维权意识大大提高，企业为了增强用工灵活性，提高市场竞争力，对实行特殊工时的需求度和认知度大大增强，申请审批的企业数量呈几何式增长。为及时了解和应对这一变化，在2009年，人力资源和社会保障部建立了企业实行特殊工时统计报表制度。

企业特殊工时制度实行情况统计应掌握以下概念：

1. 截至当期末已审批并在有效期内的企业户数

在报告期末所有在审批实行特殊工时制度有效期内的企业数量，包括实行不定时工作制的企业、实行综合计算工时工作制的企业和针对不同职工同时实行两种特殊工时制的企业，同一企业不能重复计算。

2. 当期审批企业户数

在报告期内获得审批，实行特殊工时制度的企业数量。

3. 截至当期末已审批并在有效期内特殊工时涉及职工人数

在报告期末所有在审批有效期内的企业中实行特殊工时制度的职工人数，包括实行不定时工作制的职工和实行综合计算工时工作制的职工。

4. 当期审批企业在岗职工人数

在报告期内获得审批实行特殊工时制度的企业的所有在岗职工总数。

5. 当期实行特殊工时制度岗位职工人数

在报告期内获得审批的企业中实行特殊工时制度的职工人数。

思　考　题

1. 简述工作时间的概念及构成。
2. 什么是综合计算工时工作制和不定时工作制？
3. 劳动合同签订情况统计的目的是什么？
4. 论述集体合同制度的作用。

第十四章 劳动人事争议调解仲裁统计

本章导读

劳动人事争议调解仲裁，是基于争议当事人的申请，法定专门机构居中做出调解意见或仲裁裁决的一项准司法制度。在实现社会公平、平衡社会利益、维护争议双方合法权益、完善社会主义法制建设、加强社会管理等方面已经和正在发挥着越来越难以替代的作用，

劳动人事争议调解仲裁统计是人力资源和社会保障统计体系的重要组成部分，调解仲裁统计数据是劳动关系和谐程度的“晴雨表”，调解仲裁统计分析是制定、修改和执行有关法规政策的依据。

本章通过阐述劳动人事争议调解仲裁统计的意义，介绍调解仲裁统计的主要指标和统计分析方法，帮助读者了解掌握调解仲裁统计的内容。

第一节 劳动人事争议调解仲裁统计概述

一、劳动人事争议的含义

劳动争议是指劳动关系当事人之间的劳动权利义务纠纷。是在执行劳动方面的法律法规政策和劳动合同、集体合同过程中，因劳动权利义务发生分歧而引起的争议。劳动争议不同于民事争议，用人单位和劳动者双方存在管理和被管理关系，双方并不处于平等主体地位。人事争议是劳动争议的一种特殊形式。目前我国人事争议的范围主要是指聘任制公务员、事业单位、军队文职人员和社会团体的工作人员与单位因履行聘用合同、解除人事关系发生的争议。

关键概念

劳动争议，有学者将其区分为广义上的劳动争议与狭义上的劳动争议。广义上的劳动争议与劳动纠纷同义，是指劳动关系当事人因劳动问题引起的纠纷。狭义上的劳动争议是指劳动者与用人单位之间，基于劳动关系，因劳动权利与义务上的冲突而产生的争议。[①]

劳动是人民群众维系生活、寻求尊严和自我价值实现的主要渠道，随着我国经济社会的不断发展，当前劳资矛盾已成为社会矛盾的主体之一。究其原因，既有经济转型、社会发展中的深层次问题，也有企业管理问题，又有政府职能缺位、工作机制不健全等原因。主要表现在以下几方面：

1. 宏观经济形势下劳动争议多发

在后金融危机时期，既有金融领域仍然存在的风险，以及其他经济发展的不确定因素可能影响劳动关系稳定的问题，更有经济发展过程中劳动者利益诉求变化引发的新矛盾，劳动者要求提高工资收入、提高劳动保护水平引发的争议增多。

2. 企业内部管理仍不规范，社会责任不强

据统计，劳动争议案件主要发生在规模较小的非公企业，这些企业法制意识不强，缺乏科学的人力资源管理方法，注重短期利益，人员流动率较大。同时，企业社会责任缺位，未能及时有效化解矛盾，导致个别争议可能发展成跨地区、跨行业的群体性事件，提高薪酬待遇等经济诉求可能演变为影响广泛的政治诉求，影响社会稳定。

3. 仲裁维权无门槛

《劳动争议调解仲裁法》规定免费仲裁后，劳动者的维权成本大为降低，引发了大量滥诉现象。2008年以来，争议双方当事人部分胜诉率不断提高，表明劳动者在积极维权的同时，理性维权意识不足。

4. 调解仲裁能力不强

企业内部尚未普遍建立劳资双方沟通协商机制，企业劳动争议调解组织组建率不足10%，乡镇街道劳动争议调解组织进展不均衡。全国相当部分地区尚未实现仲裁机构实体化，专职仲裁员数量严重不足，案多人少的矛盾十

① 陆敬波主编. 纷争与和谐——劳动争议与处理实务精要. 北京：中国劳动社会保障出版社，2009. 3～4

分突出，仲裁员难以在法律规定的期限内做到案结事了、平息纠纷。

二、劳动人事争议调解仲裁基本制度

劳动人事争议调解仲裁，是基于争议当事人的申请，法定专门机构居中做出调解意见或仲裁裁决的一项准司法制度。它是发展和谐劳动关系的重要环节，一般具有法定性、专门性、社会性的特点。

《劳动争议调解仲裁法》颁布后，我国的劳动争议处理制度基本上还是延续以前的“一裁两审”的处理体制，即劳动争议发生后，当事人之间协商不成，可以向调解机构申请调解（也可以直接向劳动争议仲裁委员会申请仲裁）；调解不成的，当事人可以向劳动争议仲裁委员会申请仲裁；对仲裁裁决不服的，劳动当事人可以在收到裁决书之日起十五日内到人民法院提起诉讼，人民法院按照两审制继续审理。法律有关程序规定适用于人事争议处理。

我国发展中的劳动人事争议调解仲裁制度，在实现社会公平、平衡社会利益、维护争议双方合法权益、完善社会主义法制建设、加强社会管理等方面已经和正在发挥着越来越难以替代的作用，与我国现行民事诉讼和国外一般市场经济国家劳动争议处理制度相比，具有快捷、灵活、低成本的优势。从经济快速发展中加强调解仲裁到目前应对企业经济困难加快调解仲裁，从《劳动争议调解仲裁法》颁布实施到各地制定贯彻法律的地方性法规规章，劳动人事争议调解仲裁已成为各级党委和政府发展和谐劳动关系，保持社会和谐稳定的不可忽视的重要手段。

三、劳动人事争议调解仲裁统计的意义

劳动人事争议调解仲裁统计是对各调解组织、仲裁机构调解仲裁的劳动人事争议案件数量、类型和处理结果等情况进行统计，是人力资源和社会保障统计体系的重要组成部分。随着我国经济社会的快速发展，特别是科学发展观的提出，就业、社会保障和人力资源开发等工作在国家经济社会发展中的地位和作用越来越突出，社会的期待和要求也越来越高。做好劳动人事争议调解仲裁统计工作对于了解中央政策方针落实情况、劳动关系和谐状况和及时调整制定有关政策具有十分重要的意义。

（一）调解仲裁是维护群众权益的重要机制

党的十七大报告提出健全维护群众权益机制，胡锦涛总书记在十七届三中全会上的讲话中提出，要健全正确处理人民内部矛盾的工作机制，形成科

学有效的利益协调机制、诉求表达机制、矛盾调处机制、权益保障机制等。温家宝总理在中央经济工作会议讲话时强调，要加强对影响社会稳定因素的分析和把握，完善维护社会稳定的体制机制，高度重视和正确处理新形势下人民内部矛盾，加强源头治理，依法按政策及时妥善处理群众反映的问题，切实抓好维护社会大局稳定工作。劳动关系和谐，是社会稳定的重要基础。调解仲裁作为劳动纠纷处理的重要机制，在多元化的纠纷处理制度中具有十分重要的地位。长期以来，调解仲裁工作按照我国改革发展的总体要求，紧紧抓住劳动人事关系、工资分配、社会保险、就业和人力资源开发等中心任务来开展工作，预防和处理了大量劳动人事争议案件和群体性事件，及时解决用人单位用人制度改革和管理中的不和谐因素，较好地发挥了服务与保障功能。

（二）调解仲裁统计数据是劳动关系和谐程度的“晴雨表”

劳动关系是最重要、最基本的一种社会关系，是生产关系的重要组成部分。劳动关系的状况是衡量一个国家或地区社会和谐程度的重要标志。劳动人事争议调解仲裁作为调整、矫正劳动关系的重要手段，所处理的劳动人事争议案件数量变化，可直接反映出劳动关系的状况。如2008年以来，在历史积累的、经济体制改革中出现的、应对国际金融危机突发的多种不利因素的共同冲击下，劳动争议呈“井喷”态势。据统计，2008年全国各级劳动人事争议仲裁机构共立案受理劳动争议案件69.3万件，是2007年的1.98倍；涉及劳动者121.4万人，是2007年的1.9倍，超过之前两年立案涉及劳动者人数之和。2009年立案受理劳动争议案件68.4万件，仍处于高位态势。这些统计数据表明，当前我国的劳动关系面临的形势比较严峻。

（三）调解仲裁统计分析是制定、修改和执行有关法规政策的依据

根据《劳动争议调解仲裁法》第2条规定，用人单位与劳动者之间，因确认劳动关系，订立、履行、变更、解除、终止劳动合同，工作时间、休息休假、社会保险、福利、培训以及劳动保护，劳动报酬、工伤医疗费、经济补偿或者赔偿金，解除人事关系以及履行聘用合同等发生的争议，都可以申请调解仲裁。从调解仲裁的受案范围来看，调解仲裁工作涉及劳动者切身利益。通过对调解仲裁统计数据的分析研究，可评价和检验有关决策是否科学可行，并可及时对决策执行过程中出现的偏差提出矫正意见。

【新闻摘录】

劳资矛盾忧患

据人力资源和社会保障部统计，近年来各地劳动争议仲裁机构受理劳动争议案件数量从 2005 年的 31.4 万件，攀升至 2008 年的 69 万件，翻了一倍还多。

最高人民法院给出的数据则是，各级法院在2008 年受理的劳动争议案件达 28 万余件，同比上升 93.93％。2009 年上半年受理近 17 万件，同比又增 30％。有的地区此类案件更呈激增之势，如 2009 年一季度，广东、江苏、浙江增幅分别高达 41.63％、50.32％和 159.61％。

与此同时，由劳资矛盾引发的群体性事件在 2009 年以更加激化和暴力的形式，给公众留下了深刻印象。多位受访专家学者对此的认识更加趋于一致——劳资矛盾已经成为中国社会的一个主要矛盾。

（杨琳．瞭望．2009，50：6）

第二节 劳动人事争议调解统计

一、劳动人事争议调解的含义

（一）劳动争议调解的概念和特征

劳动争议调解，是指在第三方主持下，依据法律规范和道德规范，劝说劳动争议双方当事人，通过民主协商，互谅互让，达成协议，从而消除争议的一种方法和活动。第三方既可以是各类调解组织，也可以是劳动人事争议仲裁委员会或者人民法院。

调解具有三个基本特征：第一，调解是在第三方主持下进行的，调解与当事人之间自行和解不同，自行和解由发生争议双方自主进行，也可以邀请第三方参加。第二，调解活动的进行和双方是否达成协议，完全出于双方当事人的自愿和同意。虽然主持调解的第三方常常提出建议，但这种建议必须为双方当事人所接受，成为双方之间的协议。第三，调解是通过宣传教育、劝说疏导、民主协商的方式，通过提高当事人的认识，消除当事人之间的隔阂，从而解决争议，排除任何压制、强迫的做法。因此，调解活动的方式和性质与仲裁、诉讼活动有着明显的区别。

（二）人事争议调解的概念

人事争议调解是解决人事争议的重要手段，是指由中立的第三方主持，以人事政策法规为依据，按照自愿原则，通过说服教育的方式，使当事人在互谅互让的基础上达成协议，从而解决人事争议的活动，是及时处理人事争议、化解矛盾的有效方法。

相对于其他争议，人事争议冲突性较弱，申请人往往不以把被申请人“推上被告席”为最终目的，大多是想迅速有效地解决纠纷，明确双方权利义务，维护自身合法权益，因而人事争议调解成功的可能性很高。

【阅读链接】

杨志明．强化劳动人事争议调解．瞭望．2009，50：13

二、劳动人事争议调解统计的内容

（一）调解案件数量的统计

调解案件数量的统计主要是对企业劳动争议调解委员会，依法设立的基层人民调解组织，在乡镇街道设立的具有劳动争议调解职能的组织以及机关、事业单位人事争议调解组织所调解争议案件数量进行统计。另外，仲裁机构在立案受理前一般也进行调解，经调解没有进入仲裁程序的案件数也应作为调解数统计。

（二）调解案件类型的统计

调解案件类型的统计主要是根据劳动人事争议调解的受案范围，将所调解的案件进行分类统计。根据不同时期劳动人事争议的重点不同，可以选择所关注的争议类型进行统计。

（三）调解结果的统计

调解结果的统计主要是统计当期调解结案数、涉及劳动者人数、涉案金额、达成调解协议及和解等内容。

三、劳动人事争议调解统计指标

(一) 用人单位

我国《劳动法》中的用人单位是指依法招用和管理劳动者，与劳动者签订劳动合同，并按照法律规定或劳动合同约定向劳动者提供劳动条件、劳动保护和支付劳动报酬的劳动组织。调解仲裁统计主要涉及以下几类单位：

1. 国有企业

国有企业是指国有独资或控股的营利性经济组织。

2. 集体企业

集体企业是指企业资产归集体所有，并按《企业法人登记管理条例》规定登记注册的营利性经济组织。

3. 港澳台及外资企业

港澳台及外资企业是指港澳台地区及外国投资者在中国设立的营利性经济组织。包括合资、合作、独资企业。

4. 私营企业

私营企业是指由自然人投资设立或由自然人控股，以雇佣劳动为基础的营利性经济组织。包括按照《公司法》《合伙企业法》《私营企业暂行条例》规定登记注册的私营有限责任公司、私营股份有限公司、私营合伙企业和私营独资企业。

5. 机关

机关指工作人员属于公务员范围的七类机构，即中国共产党机关、人大机关、行政机关、政协机关、审判机关、检察机关、民主党派和工商联。

6. 事业单位

事业单位是指按照国家法律法规规定，在国家编制部门取得事业单位登记许可的单位。依据《事业单位登记管理暂行条例》规定，事业单位是指国家为了社会公益目的，由国家机关举办或者其他组织利用国有资产举办的，从事教育、科技、文化、卫生等活动的社会服务组织。

7. 社会团体

社会团体是指依据《社会团体登记管理条例》，在国家有关部门取得社会团体登记许可的单位。包括各类学会、协会、研究会、促进会、联谊会、联合会、基金会、商会等。

8. 军队文职人员聘用单位

按照《中国人民解放军文职人员条例》，军队文职人员聘用单位，是指按照规定的编制可以聘用非现役人员履行现役军官（文职干部）同类岗位相应职责的单位。

（二）调解组织

1. 劳动争议基层调解组织

按照《劳动争议调解仲裁法》的规定，劳动争议基层调解组织包括企业劳动争议调解委员会，依法设立的基层人民调解组织，在乡镇、街道设立的具有劳动争议调解职能的组织。

（1）企业劳动争议调解委员会。企业劳动争议调解委员会是设在用人单位内部，负责调解本企业劳动争议的群众组织。企业劳动争议调解委员会由职工代表和企业代表组成。职工代表由工会成员担任或者由全体职工推举产生，企业代表由企业负责人指定。企业劳动争议调解委员会主任由工会成员或者双方推举的人员担任。

（2）依法设立的基层人民调解组织。主要是村民委员会和居民委员会下设的调解民间纠纷的群众性自治组织，在基层人民政府和基层人民法院指导下进行工作。近些年来，在有关部门的推动下，一些乡镇、街道等也设立了人民调解组织。

（3）在乡镇、街道设立的具有劳动争议调解职能的组织。主要是指在乡镇、街道设立的劳动争议调解组织。包括依托乡镇、街道劳动保障服务所（站）的劳动争议调解组织和依托地方工会、企业代表组织等设立的劳动争议调解组织。2010 年 3 月底，人力资源和社会保障部出台《关于印发进一步整合资源加强基层劳动就业社会保障公共服务平台和网络建设指导意见的通知》（人社部发［2010］22 号），指导各地在基层劳动就业社会保障公共服务平台增加和健全“劳动争议调解”服务功能，落实各项保障条件，发挥政府部门在乡镇街道劳动争议调解工作中的主导作用。

2. 人事争议调解组织

人事争议调解组织，就是专门开展人事争议调解活动，化解人事矛盾的组织，包括设立在机关、事业单位和军队文职人员聘用单位内部，及上述单位的上级主管部门的调解组织。

原人事部、人力资源和社会保障部都非常重视人事争议调解组织的建设工作。1999 年，原人事部办公厅下发了《〈关于在国务院各部委、直属机构、直属事业单位开展人事争议调解工作的意见〉的通知》，要求国务院各部门成立人事争议调解委员会，调解委员会可由人事司（局）和有关方面人员组成，调解委员会主任一般由各部门分管人事工作的负责人或者人事司（局）的主要负责人担任，调解委员会组成人员数为单数，日常工作由人事司（局）负责。2009年，人力资源和社会保障部、司法部、中华全国总工会、中国企业联合会/中国企业家协会联合下发了《关于加强劳动人事争议调解工作的意见》，要求事业单位积极建立有人事部门代表、职工代表、工会代表、法律专家等组成的人事争议调解组织。积极创造条件，推动在教育、科技、文化、卫生等事业单位及其主管部门建立行业性人事争议调解组织。

3. 仲裁机构（案外调解）

调解原则贯穿于劳动争议处理程序始终。调解不仅限于劳动争议调解组织的调解行为，而是指一种处理劳动争议的一般工作原则，即除了劳动争议调解组织的调解行为外，仲裁机构在立案受理争议案件前也要进行调解。通过调解结案的可以不进入仲裁程序。如果达成调解协议后不履行的，还是可以申请仲裁。

(三) 案件受理情况

1. 上期末未结争议案件数

上期末未结争议案件数是指上一个统计期间内调解组织立案后未结案的争议案件数。

2. 当期受理案件总数

当期受理案件总数是指在本统计期内调解组织立案受理的案件总数。

3. 十人以上劳动人事争议案件数

十人以上劳动人事争议案件数是指发生劳动人事争议的劳动者一方，人数十人以上，并有共同请求的争议案件。

4. 当期受理案件涉及劳动者人数

当期受理案件涉及劳动者人数是指在本统计期内调解组织立案受理的案件中涉及劳动者的总数。

(四) 调解结果

1. 当期结案数

当期结案数是指调解组织在统计期内调解处理的案件总数，包括达成调解协议案件数、达成和解案件数、未达成调解协议案件以及当事人申请撤销的案件数。

2. 涉及劳动者人数

涉及劳动者人数是指当期调解案件总数中涉及的劳动者总人数。

3. 涉案金额

涉案金额是指当期调解案件总数中涉及的金额总数。

调解案件争议类型指标与仲裁案件争议类型指标基本相同，放在下一节统一解释。

第三节　劳动人事争议仲裁统计

《劳动人事争议仲裁办案规则》的出台，从上到下统一了劳动人事争议仲裁办案程序；《劳动人事争议仲裁组织规则》的出台，统一了劳动人事争议仲裁机构。因此，目前劳动争议处理与人事争议处理在仲裁办案程序和仲裁机构上是同一的。

一、劳动人事争议仲裁委员会

劳动人事争议仲裁委员会是指依法设立，由法律授权依法独立对劳动人事争议案件进行仲裁的专门机构。劳动人事争议仲裁委员会的设立原则是统筹规划、合理布局和适应实际需要，要有利于方便劳动者仲裁，有利于化解纠纷，有利于及时处理争议。

【阅读参考】

2008 年人力资源和社会保障部组建后，对劳动争议和人事争议处理的体制机制进行了整合。2010 年 1 月 20 日颁布实施的《劳动人事争议仲裁组织规则》第 2 条规定："劳动人事争议仲裁委员会由人民政府依法设立，专门处理劳动、人事争议案件。"各地在机构改革过程中，新组建的委员会通称为劳动人事争议仲裁委员会。

劳动人事争议仲裁委员会的组成遵循"大三方"原则，即政府、雇主组织和工会组织。《劳动人事争议仲裁组织规则》规定了仲裁委员会的组成是：干部主管部门代表，人力资源社会保障等相关行政部门代表，军队及聘用单位文职人员工作主管部门代表，工会代表和用人单位代表。

《劳动争议调解仲裁法》第 19 条规定了仲裁委员会的主要职责，即聘任、解聘专职或者兼职仲裁员，受理劳动争议案件，讨论重大或者疑难的劳动争议案件，对仲裁活动进行监督。

二、劳动人事争议仲裁统计内容

劳动争议仲裁的统计制度，是 1987 年《国营企业劳动争议处理暂行规定》颁布后逐步建立和完善的，为掌握全国劳动争议处理工作进展情况、制定相关政策提供了依据。由于人事争议处理制度起步较晚，争议案件相对较少，以前没有专门的统计制度。在 2008 年国家机构改革中，人力资源和社会保障部成立了调解仲裁管理司，整合劳动、人事争议仲裁资源，也统一了劳动人事争议调解仲裁统计制度。

劳动人事争议仲裁统计的内容主要有：

（一）仲裁案件受理情况的统计

仲裁案件受理情况的统计主要是统计仲裁机构当期受理案件总数、涉及劳动者人数、涉及劳务派遣等内容。根据所要掌握的情况，还可设计一些如十人以上争议案件数、涉及农民工案件数等指标。

（二）争议案件类型的统计

争议案件类型的统计主要是按照劳动争议仲裁受案范围，对受理案件的类型进行统计。统计指标可根据所关注的类型进行选择。

（三）案件处理结果的统计

案件处理结果的统计主要是统计当期调解结案数、涉及劳动者人数、涉案金额、仲裁调解与裁决、胜诉情况等内容。

三、劳动人事争议仲裁统计指标

（一）案件受理情况

1. 上期末累计未结争议案件数

上期末累计未结争议案件数是指本统计期开始前仲裁机构立案后未结案的争议案件数。它是一个时点指标，包括上一个统计期间仲裁机构立案后未结案件以及之前累计未结案件。

2. 当期提出仲裁申请数

当期提出仲裁申请数指本统计期内申请人向仲裁机构提出的仲裁申请数。

3. 当期不予受理案件数

当期不予受理案件数指仲裁机构对申请人提出的仲裁申请依法决定不予受理的案件数。《劳动争议调解仲裁法》第 29 条规定，劳动争议仲裁委员会收到仲裁申请之日起 5 日内，认为不符合受理条件的，应当书面通知申请人不予受理，并说明理由。

4. 当期立案受理案件总数

当期立案受理案件总数指本统计期间内仲裁机构以立案方式受理的争议案件数。仲裁机构决定不予受理或通过调解结案的争议案件数不应计算在内。

5. 涉及农民工争议案件数

涉及农民工争议案件数指争议当事人劳动者一方是农民工的争议案件数。农民工是一个阶段性的名词，目前没有明确的定义。这里所指的农民工，一般是指具有农业户口，从事非农生产的劳动者。

6. 涉及劳务派遣案件数

涉及劳务派遣案件数指当事人为被派遣员工和派遣公司的争议案件数。

7. 立案受理案件涉及劳动者人数

立案受理案件涉及劳动者人数指在全部立案受理的案件中涉及的劳动者人数。

8. 涉及农民工人数

涉及农民工人数指在全部立案受理的案件中农民工劳动者的人数。

（二）争议案件类型

1. 因确认劳动关系发生的争议

因确认劳动关系发生的争议是指劳动者与用人单位就双方之间是否存在劳动关系而发生的争议。劳动和社会保障部于 2005 年颁布了《确立劳动关系有关事项的通知》（劳社部发［2005］12 号），提出认定劳动关系应具备四项条件：（1）当事人双方主体资格是否合法；（2）用人单位的各项规章制度是否适用于劳动者，包括劳动纪律、奖惩规则；（3）劳动者接受用人单位管理，从事用人单位安排的有报酬的劳动；（4）劳动者提供的劳动是用人单位业务的组成部分。实践中，因确认劳动关系发生的争议，只要劳动者能提供初步的证据（如证人证言、门诊病历等间接证据），劳动人事争议仲裁委员会均应予以受理，并视案情再予以处理。

2. 因订立、履行、变更、解除、终止劳动合同发生的争议

（1）订立劳动合同争议。劳动者和用人单位在劳动关系存续期间因未订立劳动合同，或劳动合同涉嫌无效，或在劳动合同订立过程中引发的争议，

称为订立劳动合同争议。用人单位在尚未用工前与劳动者因订立劳动合同发生的争议不属于订立劳动合同争议，仲裁委员会不应受理。

（2）履行劳动合同争议。因履行劳动合同约定的义务，享有劳动合同约定的权利而引发的争议，称为履行劳动合同争议。

（3）变更劳动合同争议。实践中，劳动人事争议仲裁委员会受理的变更劳动合同争议主要集中在用人单位未与劳动者协商，擅自变更劳动合同的有关条款，劳动者不愿意接受而引发的争议；或者用人单位和劳动者虽然在劳动合同中约定用人单位有权根据生产经营需要随时调整劳动者工作内容或岗位，但实际工作中依然引起劳动者不满，引发争议。

（4）解除劳动合同争议。实践中，劳动人事争议仲裁委员会受理的解除劳动合同争议主要集中在：①用人单位以劳动者严重违反其规章制度而与劳动者解除劳动合同，劳动者不服；②劳动者以用人单位未及时足额支付劳动报酬、未依法为其缴纳社会保险而向用人单位提出解除劳动合同，请求劳动人事争议仲裁委员会确认双方之间的劳动合同解除，并裁决用人单位补缴社会保险、补发工资、支付经济补偿金的；③用人单位以劳动者不胜任工作而与劳动者解除劳动合同，劳动者不服的；④用人单位解除试用期、医疗期、“三期”劳动者合同，劳动者不服的等。

（5）终止劳动合同争议。实践中，仲裁委员会受理的终止劳动合同争议主要集中在用人单位违法终止劳动合同上，包括用终止劳动合同的方式替代解除劳动合同，劳动者符合法定的延缓终止条件仍被终止劳动合同等情形。

关键概念

劳动合同是在劳动者与用人单位之间的一种法律事实或法律文件，是确立具体劳动关系的法律形式。我国劳动合同法明确规定，劳动合同应当以书面形式订立。用书面形式订立劳动合同严肃慎重、有据可查，一旦发生争议，便于查清事实，分清是非，也有利于主管部门和劳动行政部门进行监督检查。

3. 因工作时间、休息休假、社会保险、福利、培训以及劳动保护发生的争议

（1）工作时间争议。因用人单位执行的工作时间是否符合国家法定标准或依法订立的集体合同、劳动合同约定标准而引起的争议，称为工作时间争议。

（2）休息休假争议。因用人单位不执行休息休假法律规定而引发的争议，称为休息休假争议。

（3）社会保险争议。劳动者和用人单位基于劳动关系，因缴纳社会保险费或要求支付依法应由用人单位支付的社会保险待遇而引发的争议，称为社会保险争议。

（4）福利争议。劳动者与用人单位因履行依法订立的集体合同、劳动合同和依法制定、修订的劳动规章制度中有关职工个人福利待遇的规定、约定而发生的争议，称为福利争议。

（5）培训争议。用人单位与劳动者因执行或者履行法律、法规、规章及依法订立的集体合同、劳动合同、培训协议、服务期协议和依法制定、修订的劳动规章制度中有关培训事项等规定、约定而发生的争议，称为培训争议。

（6）劳动保护争议。用人单位是否为劳动者提供符合有关法律、法规、规章及依法订立的集体合同和依法制定、修订的劳动规章制度规定的劳动安全卫生条件、劳动保护措施等标准而发生的争议，称为劳动保护争议。

4. 因劳动报酬、工伤医疗费、经济补偿金或者赔偿金等发生的争议

（1）劳动报酬争议。劳动报酬一般包括计时工资、计件工资、奖金、津贴、补贴、加班加点工资以及特殊情况下的保障工资等。因用人单位未执行国家及用人单位依法制定的有关工资支付的规定或者未履行劳动合同中有关工资支付的约定条款而引发的争议，称为劳动报酬争议。

（2）工伤医疗费争议。劳动者与用人单位因工伤或职业病的医疗待遇的支付问题引发的争议，称为工伤医疗费争议。工伤医疗费主要包括挂号费、检查费、治疗费、药费、住院费、住院伙食补助费、就医路费、统筹地区以外就医交通食宿费等与工伤或者职业病治疗有关的费用。

（3）经济补偿金争议。劳动者与用人单位因经济补偿金的支付而引发的争议，称为经济补偿金争议。经济补偿金支付的类型可参照《劳动合同法》《劳动合同法实施条例》《违反和解除劳动合同的经济补偿办法》等相关规定。

（4）赔偿金争议。劳动者与用人单位因劳动法律法规规定的赔偿金发生的争议，称为赔偿金争议。目前，劳动合同法规定的赔偿金支付范围主要包括依据《劳动合同法》第 48 条规定违法解除（终止）劳动合同的赔偿金、依据《劳动合同法》第 83 条规定违法约定试用期的赔偿金、依据《劳动合同法》第 82 条规定未签订劳动合同的二倍工资的赔偿金。

5. 因履行聘用合同发生的争议

因履行聘用合同发生的争议指事业单位与工作人员之间因履行聘用合同

发生的争议。

6. 因解除人事关系发生的争议

因解除人事关系发生的争议指事业单位、社会团体与工作人员之间因辞职、辞退等解除人事关系发生的争议。

除上述类型的劳动人事争议以外，法律法规也规定了其他一些争议也应作为劳动争议由劳动人事争议仲裁委员会予以受理，并进行处理。如《劳动合同法》第56条规定，因履行集体合同发生争议，经协商解决不成的，工会可以依法申请仲裁、提起诉讼。新修订的《工伤保险条例》第66条规定，非法经营单位的伤残职工或者死亡职工的直系亲属就赔偿数额与单位发生争议的；以及使用童工的用人单位的伤残童工或者死亡童工的近亲属就赔偿数额与单位发生争议的，按照处理劳动争议的有关规定处理。

(三) 仲裁结果

1. 当期审结案件数

当期审结案件数指本统计期间内仲裁机构经审理并已结案的争议案件数。

2. 涉案金额

涉案金额指已结案案件的裁决书或调解书所确认的金额总数。

3. 仲裁调解

仲裁调解指立案后进入仲裁程序的案件，仲裁机构经过调解方式解决的争议案件数。因仲裁和解或仲裁调解而撤诉的案件也在本统计指标项目内统计。

4. 仲裁裁决

仲裁裁决指仲裁机构已裁决结案的争议案件数。

5. 一裁终局

一裁终局指仲裁机构一裁终局的争议案件数。裁决中既有终局裁决项又有非终局裁决项的，不纳入此项统计。

6. 用人单位胜诉

用人单位胜诉指用人单位完全胜诉、劳动者完全败诉的案件数。

7. 劳动者胜诉

劳动者胜诉指劳动者完全胜诉、用人单位完全败诉的案件数。

8. 双方部分胜诉

双方部分胜诉指用人单位和劳动者双方均未完全胜诉的案件。

9. 申请人撤诉

申请人撤诉指已经进入仲裁程序的案件，仲裁申请人因某种原因撤诉的案件数。

10. 期末累计未结案数

期末累计未结案数指本统计期间结束时，仲裁机构立案后未结案的案件数。

第四节　劳动人事争议调解仲裁统计分析

劳动人事争议调解仲裁统计有信息、咨询、监督三大职能。信息职能是设计一套科学的调解仲裁统计指标体系，运用科学的统计方法，及时、系统地采集、处理、传递和提供完整的以数量描述为基本特征的争议案件信息，是最基本的职能。咨询职能是利用已掌握的统计数据，进行科学的研究分析，为科学决策和管理提供咨询建议和对策方案。监督职能是根据对劳动人事争议案件的统计分析，及时、准确地反映人力资源和社会保障有关法规政策的运行状况，提醒有关部门对其进行检查、监督和预警。

要想发挥好调解仲裁统计的咨询和监督职能，必须对统计数据进行研究分析。统计研究分析的基本方法有：大量观察法、统计分组法、统计指标法、统计模型法、统计推断法等。目前，劳动人事争议调解仲裁的统计采用的是统计指标法，统计报表中的项目都属于总量指标。本节主要对调解仲裁统计的一些相对指标分析作简要介绍。

关键概念

总量指标是反映社会经济现象发展的总规模、总水平的综合指标，也称为数量指标或统计绝对数。它的表现形式为绝对数，且指标值的大小与总体范围的大小直接相关。

相对指标又称统计相对数。它是两个有联系的现象数值的比率，用以反映现象的发展程度、结构、强度、普遍程度或比例关系。

【阅读链接】

孙静娟主编. 杨光辉，杜婷副主编. 统计学（第一章“绪论”，第五章“总量指标和相对指标”）. 北京：清华大学出版社，2009

一、动态相对指标分析

动态相对指标又称发展速度，是同类事物的报告期水平与基期水平对比所得，反映事物发展变化的速度。它是将不同时期的同类现象进行对比计算的相对指标，也可以叫动态相对数，通常用“%”表示。其计算公式为：

$$动态相对指标（发展速度）=\frac{报告期水平}{基期水平}\times100\%$$

$$增长速度=发展速度-1$$

调解仲裁统计经常用到的是对受理案件总数的对比分析，计算案件的增幅，一般进行环比和同比。其计算公式分别为：

$$环比增幅=\frac{本统计期间受理案件总数}{上一个统计期间受理案件总数}\times100\%-1$$

$$同比增幅=\frac{本统计期间受理案件总数}{上年同一统计期间受理案件总数}\times100\%-1$$

如果一个统计期内受理案件总数增幅出现异常，就要及时分析原因，并提出相应的建议对策。

【案例 14—1】

2007 年全国劳动争议仲裁机构立案受理案件总数为 35 万件，2008 年全国劳动争议仲裁机构立案受理案件总数为 69.3 万件。

$$同比增幅=69.3/35\times100\%-1=98\%$$

原因分析：一是随着《劳动合同法》《劳动争议调解仲裁法》的相继实施，往年的争议案件被提起。二是受国际金融危机的影响，沿海城市的一些企业关闭停产，有的老板欠薪逃逸。三是《劳动争议调解仲裁法》规定仲裁不收费，降低了维权成本。

建议：一是加大仲裁办案力度，及时维护劳动者的合法权益。二是力争通过调解方式结案，使企业和劳动者“互利共赢”，稳定就业岗位。

相应措施：2009 年 1 月 4 日，人力资源和社会保障部印发了《关于进一步做好劳动人事争议调解仲裁工作的通知》（人社部发［2009］3 号）。

二、结构相对数分析

结构相对数是在对总体分组的基础上，以总体总量作为标准，求出各组总量占总体总量的比重，来反映总体内部组成情况的综合指标。通常用“%”

表示。由于分子分母为同一总体，因此各部分比重之和应为100％或1。其计算公式为：

$$结构相对数=\frac{总体中某部分数值}{总体全部数值}\times 100\%$$

对结构相对数进行分析，可以反映总体单位数的结构，从而深刻认识事物各个部分的特殊性质及其在总体中所占的地位。

调解仲裁统计经常要对所辖各地区劳动人事争议案件数进行分析，以便掌握案件分布状况。对争议类型进行结构相对数分析，可了解当前争议多发在什么类型，以便采取相应的对策。对调解仲裁结案方式、调解仲裁处理结果进行结构相对数分析，也很有价值。其计算公式举例如下：

$$某地区案件比重=\frac{该地区案件总数}{其上一级行政地区案件总数}\times 100\%$$

$$某类型案件比重=\frac{该类型案件数}{受理案件总数}\times 100\%$$

$$仲裁裁决结案比重=\frac{仲裁裁决案件数}{当期结案总数}\times 100\%$$

$$劳动者胜诉率=\frac{劳动者胜诉案件数}{当期结案总数}\times 100\%$$

【案例 14—2】

2009 年天津市各区域单位受理劳动争议案件量如图 14—1 所示。

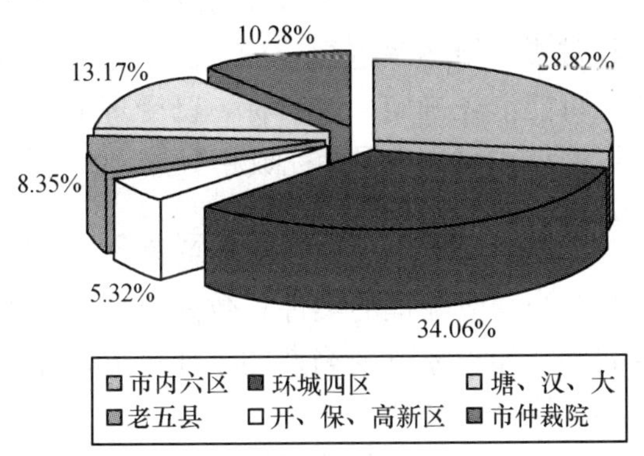

图 14—1　2009 年天津市各区域单位受理劳动争议案件量

三、强度相对指标分析

强度相对指标是两个性质不同但有一定联系的总量指标之间的对比，表明某一现象在另一现象中发展的强度、密度和普遍程度，通常是有名数。其计算公式为：

$$强调相对指标=\frac{某一总量指标数值}{另一有联系但性质不同的总量指标数值}$$

调解仲裁统计需要用到的人均涉案金额指标，就是强度相对指标。其计算公式为：

$$人均涉案金额=\frac{调解仲裁结案案件涉及的总金额（元）}{调解仲裁结案案件涉及的劳动者总人数（人）}$$

注意，涉案金额应是调解仲裁机构结案认定的金额，并不是当事人申请时所提出的金额。有的当事人因为不懂法律规定，申请时提出的金额往往与最后结案时认定的金额差距较大。

另外，为了反映调解员、仲裁员的工作强度，有时也用人均办案量这个指标。其计算公式为：

$$人均办案量=\frac{该统计单位已办理案件总数}{该统计单位实际办案人员数}$$

四、计划完成相对数分析

计划完成相对数，又称计划完成百分比，是现象在某一段时间内的实际完成数与计划任务数之比，通常用“%”表示。其计算公式为：

$$计划完成相对数=\frac{实际完成数}{计划任务数}\times 100\%$$

调解仲裁统计经常要对结案率进行分析，由于调解仲裁工作的任务数是无法事先确定的，只可能事先确定一个目标，已受理的案件数就是要完成的任务数。因此，可以把结案率称为目标完成相对数。其计算公式为：

$$结案率=\frac{当期结案案件数}{当期应处理的案件总数}\times 100\%$$

这里要注意的是，当期应处理的案件总数是当期受理的案件总数与上期末累计未结案件数之和。如果要反映当期的工作进度，用当期结案率这个指标更能说明问题。其计算公式为：

$$当期结案率=\frac{当期结案案件数}{当期受理案件总数}\times 100\%$$

对相对指标进行分析，还有比例相对数分析、比较相对数分析等方法，因为调解仲裁统计不常采用，这里不再详述。

思 考 题

1. 简述劳动人事争议调解仲裁统计的意义。

2. 解释因确认劳动关系发生的争议、解除和终止劳动合同争议、劳动报酬争议、经济补偿金和赔偿金争议等指标的含义。

3. 调解仲裁统计相对指标有哪些？分别论述其作用。

第十五章

劳动保障监察统计

本章导读

1994年，我国正式建立了劳动保障监察统计制度，并随着《劳动法》《行政处罚法》《劳动保障监察条例》等法律法规的颁布实施进行了相应调整，逐步成熟完善。

劳动保障监察统计是对劳动保障监察工作的全面反映，主要包括对人力资源社会保障违法违规案件的查处情况、执法工作成效和劳动保障监察机构队伍建设情况进行的统计。认真做好监察统计工作，对于推进执法工作发展具有重要意义。

劳动保障监察统计目的就在于对监察数据进行分析并应用于指导监察执法工作实践。因此，应从工作开展、案件查处、处理处罚等多方面对监察统计数据进行分析利用，为领导决策和执法工作提供有力支持。

通过本章的学习，了解劳动保障监察统计的发展过程和意义，掌握劳动保障监察统计的主要内容，包括各项统计指标的含义、分类和计算方法，掌握统计分析的一般方法和技巧。

第一节　劳动保障监察统计概述

在我国，劳动保障监察是人力资源社会保障行政部门依法对用人单位、职业介绍机构、职业技能培训和职业技能考核鉴定机构以及个人遵守人力资源社会保障法律、法规和规章的情况进行监督检查，发现和纠正违法行为，并对违法行为依法进行处理或处罚的行政执法活动。劳动保障监察对于保证人力资源社会保障法律法规和规章的全面贯彻实施，维护劳动者合法权益、维护劳动关系和谐和社会稳定、促进人力资源社会保障事业的健康发展具有十分重要的作用。

劳动保障监察统计是对人力资源社会保障违法违规案件的查处情况、执法工作成效和劳动保障监察机构队伍建设情况所进行的统计，是一项重要的基础性工作，经过多年的发展和完善，为劳动保障监察事业的发展提供了有力的支持。

一、劳动保障监察统计的发展

我国的劳动保障监察统计工作是随着劳动保障监察事业的发展而产生和发展起来的，其发展过程大体上可分为两个阶段。

第一阶段：1994—2003 年。1993 年，《劳动监察规定》发布实施，我国开始正式实施劳动保障监察。1994 年颁布实施的《劳动法》确立了劳动保障监察的法律地位。为推进劳动保障监察工作的科学化、规范化发展，原劳动部下发了《关于建立劳动监察统计报表制度的通知》（劳部发［1994］227 号），正式建立了劳动保障监察统计制度，并随着《行政处罚法》等法律法规的颁布实施进行了相应调整，逐步成熟完善。在统计数据的汇总报送和分析利用方面，初期由于计算机配备少，地方基本是手工汇总并通过纸质报表上报，难以对数据进行有效的分析利用。进入 21 世纪后，随着计算机和网络的普及，逐步形成了电子和纸质报表并行的汇总上报形式，统计数据的分析利用水平也逐步提高。

第二阶段：2004 年至今。2004 年，《劳动保障监察条例》颁布实施，进一步完善了我国劳动保障监察法律体系。2008 年，国务院机构改革，在人力资源社会保障部设置劳动监察局，并承担劳动保障监察统计工作，编制劳动保障监察年度报告。劳动保障监察事业进入了一个全新的发展阶段，劳动保障监察统计工作也随之进入了一个新的发展时期。统计报表根据条例进行了较大调整，内容更加全面，形式更加规范。随着劳动保障监察信息管理系统建设在全国逐步推进，监察统计的自动化已是大势所趋，统计数据的内容将进一步扩展，汇总、分析和利用的水平将进一步提高，将为科学决策和监察执法工作提供更加有力的支持。

【阅读参考】国际劳工组织第 81 号公约《工商业劳动监察公约》

第 21 条　中央监察当局印发的年度报告应涉及下列方面，以及由该当局管辖的其他有关事项：

(a) 与监察机构的工作有关的法律和条例；

(b) 劳动监察机构的工作人员；

(c) 有关应受监察的工作场所及其雇用工人数目的统计；

(d) 监察巡视统计；

(e) 违反规定和所课惩罚统计；

(f) 工业事故统计；

(g) 职业病统计。

【阅读参考】国际劳工组织第 81 号建议书《劳动监察建议书》

第 9 条　已公布的关于监察工作的年度报告应尽可能提供下列方面的详尽信息：

(a) 列出以前报告未提及的与监察制度的工作有关的法律和条例；

(b) 劳动监察系统工作人员的详细情况，包括：

(ⅰ) 监察员总数；

(ⅱ) 各类监察员人数；

(ⅲ) 女监察员人数；

(ⅳ) 监察机构的地理分布详情；

(c) 应受监察的工作场所及其所雇人员人数的统计，包括：

(ⅰ) 应受监察的工作场所数目；

(ⅱ) 此类工作场所全年雇用人员的平均数；

(ⅲ) 雇用人员按下列项目分类详情：男、女、年轻人和儿童；

(d) 监察巡视统计，包括：

(ⅰ) 巡视过的工作场所数目；

(ⅱ) 已进行巡视的次数，按白天或夜间分类；

(ⅲ) 巡视过的工作场所雇用人员的数目；

(ⅳ) 全年巡视过一次以上的工作场所数目；

(e) 关于违法的惩罚的统计，包括：

(ⅰ) 向主管当局报告过的违法情况数目；

(ⅱ) 按有关法律规定分类的这些违法情况详情；

(ⅲ) 定罪的数目；

(ⅳ) 主管当局就不同案例课以惩罚的性质的详情（罚款、监禁等）；

(f) 工业事故统计，包括通报过的工业事故的起数以及这些事故的分类详情，包括：

（ⅰ）按产业和职业划分；

（ⅱ）按原因划分；

（ⅲ）按致命与否划分；

(g) 职业病统计，包括：

（ⅰ）已通报过的职业病案例数目；

（ⅱ）对这些案例按产业和职业分类详情；

（ⅲ）对这些案例按原因或特征分类详情，诸如疾病性质，因有毒物质或不卫生的工作而致病。

二、劳动保障监察统计的意义

（一）劳动保障监察统计是一项重要的基础性工作

劳动保障监察统计作为人力资源社会保障统计工作的一个重要方面，是劳动保障监察工作的重要组成部分。它与劳动保障监察工作同步创立和发展，内容囊括了劳动保障监察工作的各个方面，是反映监察执法工作形势和成效的一面镜子。近年来，随着执法工作形势的日益复杂化，监察统计工作也随之不断创新发展，制度日益健全，内容更加全面，指标更加科学，应用更加广泛，在为监察执法工作服务方面打下了更为坚实的基础。

（二）劳动保障监察统计在支持执法工作中发挥着重要作用

监察统计数据汇总了劳动保障违法案件的查处结果，反映了各类案件在各个时期的数量变化和发展趋势，也反映出各类案件在不同地区和行业、企业的分布情况，是劳动关系变化的“晴雨表”，为劳动保障监察机构正确判断执法工作形势，全面掌握各类违法案件变化的动向，及时调整工作思路，合理确定工作重点，灵活调配监察执法力量，集中开展专项行动，有效打击用人单位违法行为，依法维护劳动者合法权益提供了重要依据。

（三）劳动保障监察统计是科学管理的重要手段

经过多年的发展，劳动保障监察法律法规和制度逐步建立健全，监察工作的管理也逐步走上了法制化、规范化的发展道路，目标管理、绩效管理等现代管理方法在监察管理中得到了广泛应用。监察统计报表中每一项统计指标的设置，都直接体现出对相关工作的重视和要求，对工作的开展具有重要的指导意义。根据这些指标统计汇总出来的数据，客观、量化地反映了监察执法活动的开展状况，是执法工作成效的集中体现，为实施科学管理，落实工作责任制，提高工作效率，提供了数据基础。同时，统计数据还真实地反映出各地区、各层级监察机构、队伍的发展现状，为合理制订工作计划，规划监察机构的长远发展目标，提供了可靠的依据。

第二节　劳动保障监察统计的主要内容

劳动保障监察统计的内容是依据《劳动法》《行政处罚法》《劳动保障监察条例》等法律法规以及工作实际需要而确定的，大致可分为执法工作开展情况、案件情况、案件处理处罚情况、执法效果情况和机构队伍建设情况五个方面。

一、执法工作开展情况统计

劳动保障监察执法属于行政执法的范畴。目前，具有日常巡视检查、举报投诉调查、书面审查、专项检查、大要案专查、群体性事件应急检查六种执法方式。同时，“网格化”“网络化”管理工作发展迅速，也逐渐成为对用人单位日常监管的主要手段之一。执法工作开展情况统计，主要是围绕以上六种执法方式和“两网化”管理展开。在内容上，主要包括监察执法涉及的用人单位和劳动者以及案件的数量。

（一）主动监察统计

主动监察是指劳动保障监察员到被检查单位及其经营场所或劳动场所实施的检查，既包括监察员日常巡查，也包括专项检查。对主动监察进行的统计，能够全面反映监察机构开展工作的主动性和执法方式由被动反映向主动预防转型的进展情况。反映主动监察的指标主要是主动检查的用人单位户数和涉及的劳动者人数。

1. 主动检查的用人单位户数

主动检查的单位户数指报告期内劳动保障监察员实施主动检查的用人单位户数。其中，因同一劳动保障违法案件对同一单位进行多次检查的，应按一个检查单位数填报；因不同违法案件对同一单位进行多次检查，应按违法次数计算。

2. 主动监察涉及的劳动者人数

主动监察涉及的劳动者人数指报告期内劳动保障监察员到用人单位实施

主动检查所涉及的劳动者人数。需要注意的是，这里的劳动者仅指每次检查的事项和场所范围内的劳动者，而不是被检查单位的全部劳动者。

（二）举报投诉调查统计

举报投诉调查是人力资源社会保障行政部门对于任何组织和个人对用人单位的违法行为进行举报或投诉进行调查并作出处理的行政执法活动。举报投诉是劳动保障监察案件的主要来源，做好举报投诉案件的查处工作是劳动保障监察工作的重中之重。为加强对这项重要执法工作的管理，统计上分别设置了举报案件和投诉案件两类指标。

关键概念

劳动保障监察举报是指任何组织和个人对违反劳动保障法律、法规或者规章的行为，有权向人力资源社会保障行政部门举报，人力资源社会保障行政部门依法予以受理、查处的活动。

劳动保障监察投诉是指劳动者认为用人单位侵犯其劳动保障合法权益的，有权向人力资源社会保障行政部门投诉，人力资源社会保障行政部门依法予以受理、查处的活动。

---

1. 举报案件统计

按照举报案件的接收和查处过程，对举报案件的统计设置了群众举报数、举报立案数、举报结案数、举报逾期未结案数和举报结案率等指标。

群众举报数是指群众对违反人力资源社会保障法律法规规章的行为的举报件数。

举报立案数是指人力资源社会保障行政部门依法对群众举报的用人单位存在违反人力资源社会保障法律法规规章行为立案查处的案件数。

举报结案数是指人力资源社会保障行政部门依法对群众举报的用人单位违反劳动保障法律法规规章行为查处结案的案件总数。

举报逾期未结案数是指报告期内人力资源社会保障行政部门在法定期限内未办结的举报案件数。

举报结案率是一个相对数指标。计算公式为：

举报结案率＝举报结案数/(举报结案数＋举报逾期未结案数)×100％

2. 投诉案件统计

投诉案件的统计指标设计与举报案件类同，其统计方法也基本一致。需要引起注意的是劳动者投诉数与投诉立案数的区别。

劳动者投诉数是指人力资源社会保障行政部门接到的投诉的件数，而投诉立案数是指接到的劳动者投诉中符合立案条件并立案查处的案件数。

（三）书面审查统计

书面审查是指人力资源社会保障行政部门根据工作需要，要求用人单位定期或不定期报送其遵守人力资源社会保障法律法规和规章情况的书面材料，并对用人单位报送的书面材料进行审查。其中，包括对用人单位书面材料进行的集中年检，也包括针对具体违法行为要求用人单位报送书面材料并进行审查。目前，部分地区正在探索实施网上书面审查，以进一步提高书面审查的效率。反映书面审查的指标主要包括书面审查的用人单位户数和涉及的劳动者人数。在统计方法上，对书面审查用人单位的户数和涉及的劳动者人数的计算方法与对主动监察用人单位户数和涉及的劳动者人数的计算方法类同。

（四）参与处理突发事件统计

人力资源社会保障突发事件是指因人力资源社会保障问题引发的造成较大社会影响的突发事件。突发事件的特点，一方面是涉及的劳动者人数较多，并组织聚集上访或与用人单位发生冲突；另一方面是事发突然，并造成较大的社会影响。近年来，随着劳资矛盾的加剧，人力资源社会保障突发事件数量有增多的趋势，劳动保障监察机构参与处理突发事件的压力越来越大。反映对突发事件处理的指标主要包括劳动保障监察机构参与处理的突发事件数和涉及的劳动者人数。

（五）专项检查统计

专项检查是指为了集中解决人力资源社会保障法律法规和规章在执行过程中存在的突出问题，人力资源社会保障行政部门可以依据工作需要，集中一定时间和人员，对一定范围的用人单位劳动用工情况开展专项检查。专项检查有人力资源社会保障行政部门独立开展的，也有和有关部门共同组织开展的。专项检查统计的内容总体上与日常检查相对应，但是指标更加具体，更加细化。主要包括对监察中发现的违法案件数量、涉及的劳动者人数、作出的处罚处理决定数以及实施检查的工作人员数量和检查的用人单位数等。由于专项检查的内容随着工作形式的发展而变化，因此，统计指标的内容也随之作出调整。

【新闻摘录】(考试吧网 2010 年 4 月 14 日)

从 2 月下旬到 4 月中旬，安徽省有关部门在全省范围内组织开展了清理整顿人力资源市场秩序专项行动。这次专项行动中，全省人力资源社会保障部门、公安、工商等部门参加人员约 3 000 人次，检查户次 2 700 多户，查处违反就业管理规定的行政违法案件近 400 件，取缔非法职介活动 180 件，吊销营业执照 1 件。严厉打击了以职业中介为幌子的违法犯罪分子，有效维护了求职者的合法权益。

(http://www.exam8.com/zige/renli/hangye/201004/1221641.html)

(六)“两网化”管理统计

“两网化”管理有力地加强了对用人单位的实时动态监管，将大量问题解决在萌芽状态，维护了劳动者的合法权益。随着“两网化”管理的发展，相应的统计工作也将逐步展开。为如实反映“两网化”管理工作的情况，相应的统计应重点集中在以下方面，即协管员走访的用人单位户次、协管员走访中发现和接到劳动者反映的违法行为数、经协管员调处改正的违法行为数、协管员转交监察员的违法案件数等，并对违法行为按照案情进行分类统计。

【阅读参考】劳动保障监察“两网化”管理

劳动保障监察网格化管理是指根据劳动保障监察管理规定，按照管辖区域内用人单位的数量和监管难度，以街道（乡镇）或社区为基础划分为若干网格，每一网格配备一定数量的监察工作人员，明确职责和任务，包括实时采集和监控网格内用人单位招用工、劳动合同、工资支付、劳动条件、社会保险等方面的信息及情况，实现横向到边、纵向到底、责任明确、跟踪及时的覆盖城乡用人单位的劳动保障监察执法网。

劳动保障监察网络化管理是指在网格化监察的基础上，利用现代信息技术，汇集用人单位用工信息，建立用人单位用工信息数据库，同时在省（自治区、直辖市）或市（地区）劳动保障信息系统中整合开发运用具有信息共享、数据比对、动态监控、分类监管、统一受理、统计分析、预警预测等主要功能的劳动保障监察监控管理平台，实现管理信息化、执法规范化、监管一体化，进一步提高劳动保障监察执法效能。

二、案件情况统计

案件的数量直接反映执法工作的形势，有必要对其进行分类别、分用人单位类型、分行业加以统计，为确定下一步执法工作重点提供参考。

（一）案件总数统计

案件总数应包括总立案数、总结案数、总逾期未结案数和结案率等。总立案数和总结案数分别指报告期内人力资源社会保障行政部门依法立案查处和结案的案件总数。原则上，立案数和结案数与逾期未结案数之和应为一一对应关系，但考虑到跨报告期办理案件的存在，对于每一报告期的数据，并不严格存在这种对应关系。

（二）案件类别统计

按照法律法规的规定和工作需要，可将案件分为多个类别进行统计，具体可分为：内部劳动保障规章制度不符合法律法规规定、不依法订立和解除劳动合同、使用童工、违反女职工特殊劳动保护规定、违反未成年工特殊劳动保护规定、违反关于工作时间和休息休假的规定、不按时支付工资、工资低于最低工资标准、不办理社会保险登记、欠缴社会保险费、非法职介、违反职业培训和职业技能考核规定以及其他违反人力资源社会保障法律法规和规章的行为。在实际工作中，可根据需要将以上部分分类合并或进一步分解统计。

【阅读链接】

《劳动合同法》，2007 年 6 月 29 日第十届全国人民代表大会常务委员会第二十八次会议通过。（http://w1. mohrss. gov. cn/gb/zt/2007-09/29/content_198892. htm）

《劳动保障监察条例》，2004 年 10 月 26 日国务院第 68 次常务会议通过。

（http://www. gov. cn/banshi/2005-08/05/content_20619. htm）

《女职工劳动保护规定》，1988 年 6 月 28 日国务院第十一次常务会议通过。

（http://www. gov. cn/banshi/2005-08/05/content_20642. htm）

《社会保险费征缴暂行条例》，1999 年 1 月 14 日国务院第 13 次常务会议通过。

（http://www. gov. cn/banshi/2005-08/04/content_20250. htm）

1. 使用童工类案件

使用童工类案件指人力资源社会保障行政部门依法查处的用人单位违反国家有关禁止使用童工的法律法规规定的案件数。

关键概念

童工是指用人单位招用的未满16周岁的未成年人。以下两种情况不属于童工：(1) 文艺、体育单位经未成年人的父母或者其他监护人同意，可以招用不满16周岁的专业文艺工作者、运动员。(2) 学校、其他教育机构以及职业培训机构按照国家有关规定组织不满16周岁的未成年人进行不影响其人身安全和身心健康的教育实践劳动、职业技能培训劳动，不属于使用童工。

2. 不按时支付工资类案件

用人单位应按照与劳动者约定的时间按月足额支付工资，并按照法律法规的规定足额支付加班工资，否则便构成拖欠工资。

【阅读参考】**工资支付暂行规定**

第七条 工资必须在用人单位与劳动者约定的日期支付。如遇节假日或休息日，则应提前在最近的工作日支付。工资至少每月支付一次，实行周、日、小时工资制的可按周、日、小时支付工资。

第十八条 各级劳动行政部门有权监察用人单位工资支付的情况。用人单位有下列侵害劳动者合法权益行为的，由劳动行政部门责令其支付劳动者工资和经济补偿，并可责令其支付赔偿金：

(一) 克扣或者无故拖欠劳动者工资的；

(二) 拒不支付劳动者延长工作时间工资的；

(三) 低于当地最低工资标准支付劳动者工资的。

经济补偿和赔偿金的标准，按国家有关规定执行。

(http://www.mohrss.gov.cn/zcfgklb.do? method=pageiframe&guid=14ed5aa36b8a4960b71f22351f49c70c&0bjectguid=8a81b73d2d590ea8012d59318cd60202)

3. 参加社会保险和缴纳社会保险费类案件数

参加社会保险和缴纳社会保险费类案件数指人力资源社会保障行政部门

依法查处的用人单位违反国家有关参加社会保险和缴纳社会保险费的法律法规规章的案件数。

（三）用人单位类型分类统计

为分析各类案件在不同类型用人单位中的分布情况，以采取针对性措施，监察统计中将各类案件按照用人单位的不同类型进行分类。依据国家有关标准和监察工作实际需要，可将用人单位分为多个类型。具体包括国有企业、集体企业、私营企业、港澳台商投资企业、外商投资企业、其他企业、个体经济组织、非企业单位和非法用工主体。其中，企业的分类依照企业中占主导地位的经济成分划分；非企业单位中包括机关、事业单位、社会团体等；非法用工主体是指无营业执照或者已被依法吊销营业执照，有劳动用工行为的生产经营者。对于职业介绍、职业技能培训和职业技能考核鉴定机构，可依据其性质对应以上类别进行分类。

【阅读链接】

中国标准研究中心．经济类型分类与代码（GB/T 12402—2000）．北京：中国标准出版社，2004

三、案件处理处罚情况统计

对用人单位的违法违规行为作出行政处理或处罚，是制止违法行为和防止蔓延的有效手段。劳动保障监察统计针对行政处理和处罚设置了比较全面的统计指标，主要包括：作出责令改正、行政处理和行政处罚决定的案件数，行政处罚中包括作出警告和罚款决定的案件数、作出其他行政处罚决定的案件数、强制执行案件数、行政复议和行政诉讼案件数，以及罚款金额等。一个案件涉及不同行政处罚决定类别的，分别计入行政处罚分类，除警告和罚款以外的行政处罚决定都归类到其他行政处罚决定。

【阅读参考】

人力资源社会保障行政部门对用人单位违法行为进行处理可以分为三类，即责令改正、行政处理、行政处罚。其中，行政处罚又分为六种情况，包括警告，罚款，没收违法所得，责令停产停业，吊销许可证和法律、行政法规规定的其他行政处罚。依法向社会公布重大违法行为，也是加大对违法用人单位的震慑力度的一种手段。

对拒不执行行政处理或处罚决定的违法用人单位，人力资源社会保障行政部门将申请法院强制执行。用人单位对行政处理或行政处罚决定不服的，可以提起行政复议或行政诉讼。

四、执法效果情况统计

对劳动保障监察执法工作成效的统计，与前述案件相对应，大体可分为以下几个方面：

（一）用人单位劳动用工管理

用人单位劳动用工管理主要可以分为四类：一是督促用人单位依法与劳动者签订劳动合同的人数，二是清退童工的人数，三是清退风险抵押金的金额和涉及的人数，四是审查用人单位规章的数量和纠正违法规章的数量。

（二）追发劳动者工资等待遇

追发劳动者工资等待遇主要是人力资源社会保障行政部门依法责令用人单位支付劳动者工资、经济补偿金、赔偿金等经济待遇的金额和涉及的劳动者人数。其中，工资包括用人单位拖欠的正常工作时间的工资、未按规定支付的加班工资和年休假工资等。

（三）社会保险费征缴

社会保险费征缴主要可分为两类：一是督促未依法办理社会保险登记、申报的用人单位到社会保险经办机构办理社保登记、申报的户数；二是督促用人单位依法缴纳欠缴的社会保险费的金额、单位数和涉及的人数。

（四）规范职业中介和职业培训

规范职业中介和职业培训主要可分为两类：一是取缔非法职业中介机构的数量，二是纠正违反职业资格和职业培训规定的单位数量。

五、机构队伍建设情况统计

劳动保障监察机构队伍建设情况统计，包括对各级劳动保障监察机构的机构设置、人员编制、人员配备和装备配备情况的统计，能够比较客观地反映某一地区对劳动保障监察工作的重视程度和工作发展状况。

（一）机构设置

按照规定，县级以上各级人民政府劳动保障行政部门主管本行政区域内的劳动保障监察工作，应设立相应的劳动保障监察机构。在实际中，有专门设立机构的，也有和其他机构合设的。机构的性质可以分为行政机构和专门的事业编制执法机构。经费方面也存在全额财政拨款、差额财政拨款等情况。

（二）人员编制和配备

与上述两类机构性质相对应，劳动保障监察员的编制也分为行政编制和事业编制两种。按照是否专门从事劳动保障监察工作，分为专职监察员和兼职监察员。

1. 专职监察员

专职监察员是专门从事劳动保障监察工作的人员，其编制属于劳动保障监察机构。

2. 兼职监察员

兼职监察员是非专门从事劳动保障监察工作的人员，其编制隶属于人力资源社会保障部门其他机构。

（三）办公场所和装备

劳动保障监察由于需要履行进入用人单位检查和调查取证、接待上门投诉举报的劳动者、为用人单位办理年检、举行听证等工作职能，对办公场所和车辆、计算机、办案设备等硬件具有需求。了解和掌握基层劳动保障监察机构在这方面的情况，对于指导地方加强劳动保障监察工作，做好支持保障，具有重要的意义。

第三节　劳动保障监察统计分析

劳动保障监察统计的目的就在于对监察数据进行分析并应用于指导监察执法工作实践。监察统计分析的关键点：一是对数据进行分析比较，根据数据的分布和变化趋势，判断工作形势；二是分析数据变化的原因，为下一步拟采取的措施提供依据。

一、执法工作开展情况分析

（一）计划完成情况分析

将实际完成工作量同计划工作量进行比较，以确定总体的工作计划完成情况，找出工作中的突出点和薄弱环节，并分析原因。

（二）年度比较分析

将本年度实际工作量与往年进行比较，或将多年数据按时间序列进行排列，分析工作走势。

（三）工作比重分析

对不同类别监察工作量进行对比，分析监察机构的工作重点。

【案例 15—1】

对全国 2001—2009 年进行主动监察的情况进行比较（见图 15—1），可以发现从 2001 年以来主动监察的用人单位数量一直呈上升趋势，直到 2009 年略有下降。从 2006 年起，上升速度较快。反映了近几年来，劳动保障监察工作力度不断加大的发展趋势。

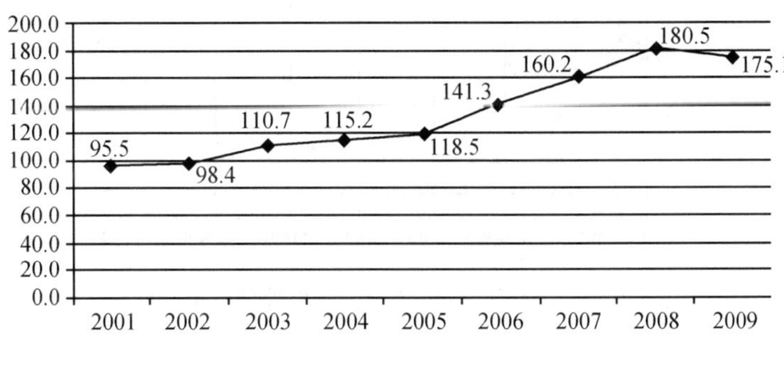

图 15—1　历年主动监察用人单位数（万户）

二、案件处理情况分析

（一）执法力度分析

通过在作出责令改正、行政处理、行政处罚决定的案件数之间以及行政处罚的各个种类间进行比较分析，可以看出一个地区对违法行为的处理、处罚力度。进行年度数据间的比较分析，也可以反映出一个地区对违法行为进行处理、处罚的思路变化。

(二) 执行情况分析

通过对申请强制执行案件数量的年度比较，结合案件数变化，可以反映出一个地区违法用人单位对劳动保障监察行政处罚的执行情况。

(三) 行政复议、诉讼分析

对行政复议和行政诉讼的案件数量进行年度比较分析，结合结案率分析，可以反映出劳动保障监察执法工作的规范化水平。

【案例 15—2】

对 2008—2009 年全国劳动保障监察机构对案件的处理情况进行分析（见图 15—2），可以发现从全国来看，劳动保障监察机构对用人单位的违法行为仍然是以责令改正为主，处理、处罚为辅。

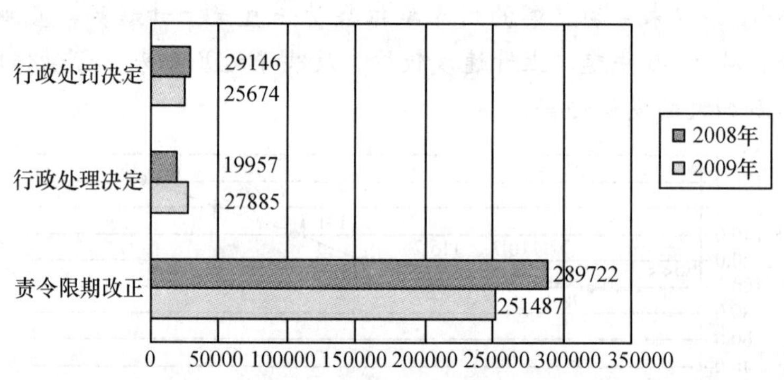

图 15—2　2008—2009 年全国案件处理情况（件）

三、案件情况分析

对案件情况进行分析是监察统计分析的重点，分析的方法和角度也比较多。

(一) 案件趋势分析

对案件总数和各类案件数进行年度比较分析，可以确定案件总数和各类案件的发展变化趋势。

（二）案件结构分析

对案件类别进行结构分析，可以确定各类案件在案件总体中所占的比重，以确定执法重点。

（三）地域分析

对案件总数和各类案件数量进行地域分布分析，可以发现不同案件在不同地区的发生情况差异。通常，案件总数与地区经济发展程度呈正相关，各类案件的地区分布则受多种因素的影响而各不相同。

（四）单位类别分析

对案件总数和各类案件进行单位类别和行业分析，可以找出各类案件在不同类型单位和行业的分布情况，进而确定某类案件的高发用人单位类型和行业类型。

【案例 15—3】

对 2009 年案件在全国各地的分布情况进行分析（见图 15—3），可以发现山东、江苏、浙江、上海和广东这些沿海经济发展较快的省份，案件数量在全国所占的比重最多。

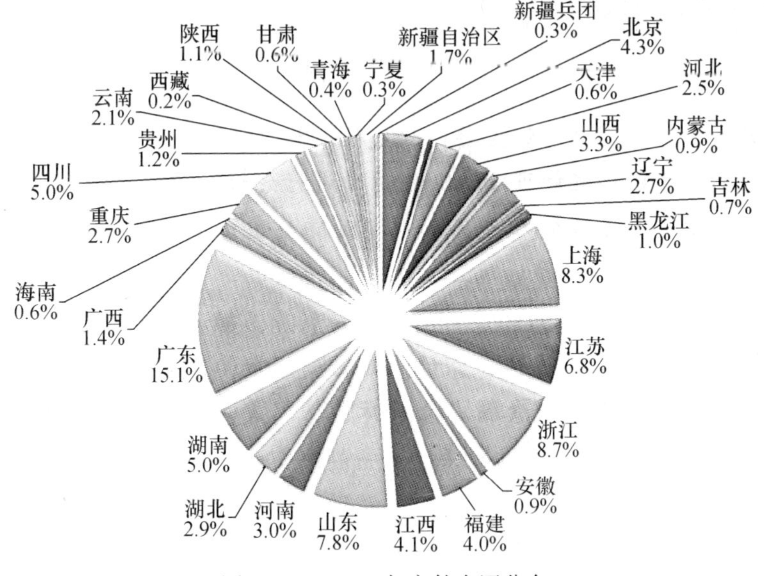

图 15—3　2009 年案件全国分布

四、执法效果情况分析

对执法效果情况进行分析，一方面可以反映执法工作取得的成效，另一方面也可反映出案件变化的一些趋势。此类分析主要是进行年度趋势分析，具体不再赘述。补签劳动合同、追发劳动者工资等待遇、社会保险费征缴、取缔非法职业中介机构等情况的年度比较分析，都可以结合对各类案件情况的分析，对案件的变化趋势作出判断。

五、机构队伍建设情况分析

对机构队伍建设情况的分析，一是要掌握某一时点机构队伍建设的总体情况，二是要结合工作开展情况和案件情况判断机构队伍建设现状是否满足工作发展的需要。例如，通过主动监察用人单位户数与监察员数量计算出平均每个监察员主动监察的用人单位户数，通过结案总数与监察员数量计算出平均每个监察员的办案数量，都可以反映出一个地区劳动保障监察员的工作量；通过经费总额与监察员数量计算出人均经费，反映监察机构的工作经费充足程度；通过计算人均计算机和车辆台数，反映装备保障情况等。

以上这些分析都是基于劳动保障监察自身的数据进行的分析，可以根据监察工作需要展开更多角度更多维度的分析，如进行与其他业务领域数据的关联性分析等。关键是要通过分析，准确判断监察工作形势，为正确决策和采取新措施提供有效的参考。

思 考 题

1. 劳动保障监察统计的主要内容是什么？
2. 劳动保障监察统计可以从哪些角度进行分析？
3. 简述劳动保障监察统计的重要意义。

下　篇

信息化建设部分

第十六章
人力资源社会保障信息化建设概述

本章导读

从20世纪80年代我国政府实施办公自动化开始，我国电子政务建设已经走过了30年的历程。目前，我国电子政务的基本框架已经初步形成，初步支撑起各地区和各部门职能业务发展，并逐步迈向部门间信息共享和业务协同的新阶段。

人力资源社会保障信息化建设（金保工程）是一项关注民生、服务民众的电子政务工程，对于构建社会主义和谐社会具有重要的作用，在我国电子政务建设体系中占有非常重要的地位。

本章通过对电子政务的概念、建设现状，以及人力资源社会保障信息系统建设的目标、原则和内容的介绍，帮助读者了解我国电子政务和人力资源社会保障信息化建设工作的基本情况。

第一节　我国电子政务建设的现状

电子政务是国民经济和社会信息化的重要内容，也是当前我国信息化工作的重点。世界各国推进信息化发展的实践证明，在经济和信息全球化加快发展的情况下，一个国家政务信息化程度的高低，已成为影响其国际竞争力的主要因素之一，也被国际社会普遍视为提升国家公共管理最有效的方式之一。

一、电子政务基础知识

电子政务（E-government）的相关概念国内外有多种说法，如电子政府、数字政府、政府信息化、网络政府、电子化政府等。在我国，E-government对应的翻译是“电子政务”，而不仅是“电子政府”，是全面涉及党委、人大、政府、政协等部门的信息化建设，是融司法、行政、立法为一体，具有中国特色的电子政务体系。

电子政务是政务与信息技术相结合的产物，是利用信息技术和其他相关技术来构造更适合时代要求的政府结构和运行方式。电子政务建设与政府改革、工作流程重组、科学决策紧密结合，是信息技术与现代管理体制的有机融合，其实质是对现有的、工业时代的政府形态的一种改造，是通过运用信息技术推进政务改革和政府管理体制变革的创新工程，是利用先进信息技术来推进政府组织机构的改革、优化政府业务流程、提高决策制定的科学性的重要手段，是现代政府官员治事理政不可缺少的工具。

二、我国电子政务的发展现状

我国电子政务建设最早可以追溯到 20 世纪 80 年代。随着计算机的普及和计算机产业的发展，我国在 1982 年进行第三次全国人口普查时，第一次大规模地采用计算机进行人口普查数据的处理。“六五”（1981—1985 年）期间，计算机在一些单位的使用主要是进行数据处理和管理信息系统应用。“七五”（1986—1990 年）期间，我国提出了公安信息系统、国家经济信息系统等 12 个应用系统工程的建设，开始了我国政府信息化的第一个高潮。到“七五”后期，我国出现了一个办公自动化热潮。1992 年国务院办公厅下发了《关于建设全国行政首脑机关办公决策服务系统的通知》，要求各级政府部门进行办公自动化的建设。

在办公自动化建设的同时，对我国电子政务发展具有重要影响的“金”字工程也开始从无到有地发展起来。1993 年年底，为适应全球建设信息高速公路的潮流，我国正式启动了“三金”工程，即金桥、金关和金卡工程。“三金”工程的实施为以后电子政务的发展打下了良好的基础。1999 年，由中国电信和国家经贸委联合 40 多个部委（局、办）的信息主管部门共同倡议发起的“政府上网工程”，标志着电子政务向前迈出了实质性的一大步。

相对完整意义上的电子政务，在我国的发展基本上是 2000 年以后的事。2002 年，国家颁布了《国家信息化领导小组关于我国电子政务建设指导意见》（中办发［2002］17 号），明确指出，“十五”期间，电子政务建设的指导思想是：适应改革开放和现代化建设对政务工作的要求，转变政府职能，提高工作效率和监管的有效性，更好地服务人民群众；以需求为导向，以应用促发展，通过积极推广和应用信息技术，增强政府工作的科学性、协调性和民主性，全面提高依法行政能力，加快建设廉洁、勤政、务实、高效的政府，促进国民经济持续快速健康发展和社会全面进步。指导意见确立我国电子政务建设工作将主要围绕“两网一站四库十二金”重点展开，初步形成了我国电子政务建设的基本框架。2006 年，《国民经济和社会发展第十一个五年规划纲要》指出，要建设统一的电子政务网络，构建政务信息网络平台、数据交换中心、数字认证中心，推动部门间信息共享和业务协同，标志着我国的电子政务建设开始进入新阶段。

关键概念

“两网一站四库十二金”中，“两网”是指政务内网和政务外网，“一站”是指政府门户网站，“四库”是指建立人口、法人单位、空间地理和自然资源、宏观经济四个基础数据库，“十二金”是指要重点推进十二个重点业务系统建设，这十二个重点业务系统可以分为三大类：第一类是对加强监管、提高效率和推进公共服务起到核心作用的办公业务资源系统、宏观经济管理系统建设；第二类是增强政府收入能力、保证公共支出合理性的金税、金关、金财、金融监管（含金卡）、金审 5 个业务系统建设；第三类是保障社会秩序、为国民经济和社会发展打下坚实基础的金盾、金保、金农、金水、金质 5 个业务系统建设。

经过近些年的建设，我国电子政务取得了很大的成就。国家电子政务外网投入运行，可承载中央和地方部门的部分政务业务，为实现国家电子政务网络的互联互通和政务业务系统的协同互动奠定了基础；中央政府门户网站已开通运行，各级政府网站基本建立，为党和政府有效联系和服务群众建立了新的桥梁和纽带。政务信息系统建设已经覆盖了税务、海关、农业、银行、公安和社会保障等关系国计民生的重要领域，为政务部门履行经济调节、市场监管、社会管理和公共服务职能提供了重要的技术支撑；人口、法人、自然资源和空间地理等基础信息库建设取得积极进展。电子政务治国理政和服务于民的架构已具雏形。

第二节　人力资源社会保障信息系统建设概述

一、信息系统设计框架

（一）数据分布

人力资源社会保障信息系统采用中央—省—市三级分布的数据分布策略，在中央、省、市三级分别建设统一的人力资源社会保障数据中心，三级数据中心相互配合，共同为各项业务的开展提供技术支持。各级数据中心根据功能设立生产区、交换区和决策区三个逻辑分区。生产区主要承载相关业务数据的集中管理，支持各项业务工作，同时承担面向社会公众的各类信息服务；交换区是部、省、市，以及与外部机构之间的数据交换共享平台，支持联网监测、基金监管等本级业务应用，其数据由生产区转换获得，并进一步为决策区提供数据基础；决策区主要支持相应层级的宏观决策类应用及本级内部办公应用，其数据主要来源于交换区。全国人力资源社会保障数据分布如图16—1所示。

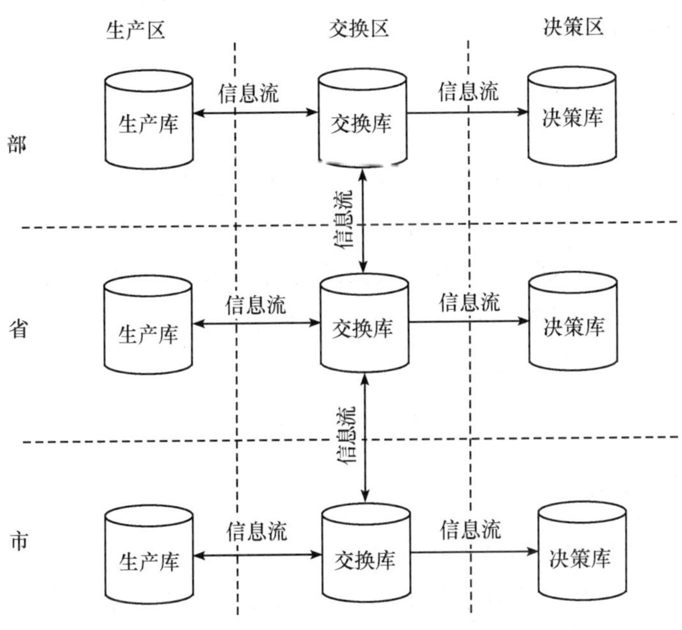

图16—1　全国人力资源社会保障数据分布

（二）网络架构

人力资源社会保障信息系统网络系统由办公网、业务专网和公众服务网构成。办公网在部、省、市三级分别部署，主要支持各级人力资源社会保障部门内部办公和宏观决策类应用；业务专网在全国整体部署，以人力资源社会保障部网络中心为主节点，省级网络中心为二级节点，地级以上城市网络中心为基础节点，覆盖各级人力资源社会保障行政部门、经办机构和服务机构，并延伸到街道、乡镇等地，主要支持各项就业服务、社会保障、人力资源管理、基金监管、联网监测等应用；公众服务网部署在互联网上，主要用以支持公共服务类应用。

（三）安全体系

采用全国统一的基于 PKI/CA 技术的网络安全信任体系，为相关应用提供统一的安全信任支撑。其中，业务专网和互联网按照证书生产系统统一、认证系统分设的原则，在部省市三级统筹进行部署，支持基于业务专网和互联网的相关应用（包括跨地区应用）。办公网网络安全信任体系与业务专网、互联网网络安全信任体系物理隔离，在部级和有条件的省级分别部署，支持办公网上的相关应用。

关键概念

PKI（public key infrastructure）指的是公钥基础设施，CA（certificate authority）指的是认证中心。PKI 从技术上解决了网络通信安全的种种障碍，CA 从运营、管理、规范、法律、人员等多个角度解决了网络信任问题，由此，人们统称其为“PKI/CA”。从总体构架来看，PKI/CA 主要由最终用户、认证中心和注册机构组成。

（四）应用系统

重点建设社会保障系统、人力资源管理系统、监察监管系统、公共服务系统、监测分析系统、宏观决策系统、内部管理系统、基础支撑系统八类应用系统。基于数据中心、网络架构和安全信息体系等信息基础设施的统一支撑，实现各项人力资源社会保障信息系统的协同运转。

二、建设目标和建设原则

（一）建设目标

以全面提高人力资源社会保障行政能力和服务社会的水平为目标，紧密围绕人力资源和社会保障事业的重点工作和发展方向，构建统一、高效、安全的信息系统应用支撑平台，实现各项业务领域之间、各地区之间的信息共享、协同办理和有效衔接，实现社会保障一卡通，为建立统一规范的信息化公共服务体系和科学有效的决策支持体系提供有力支持。

【新闻摘录】（新华社 5 月 23 日讯）

中共中央政治局 2009 年 5 月 22 日下午进行第十三次集体学习，胡锦涛总书记在讲话中强调，“要加强统筹协调和政策衔接，推进各类社会保障制度整合，抓紧制定实施全国统一的各种社会保险关系转续办法，完善社会保障公共服务管理平台”，“要加快推进公共服务设施和服务网络建设，早日实现社会保障一卡通”。

（二）建设原则

人力资源和社会保障信息化建设要按照“完整、正确、统一、及时、安全”的总要求，坚持统一建设、应用为先、体制创新的基本原则，具体体现在以下五个方面：

1. 统一规划，统一建设

统筹考虑各类人力资源社会保障业务信息化工作，进行整体规划，做好顶层设计。整体推进各项信息化建设任务，协调推进全国信息化建设进度，实现各项人力资源社会保障业务领域全程信息化。

2. 数据集中，服务延伸

以中央、省级和地市三级数据中心为依托，在金保工程一期数据市级集中的基础上，逐步向省级及部级集中过渡。通过信息网络将服务延伸到区县、乡镇、街道、社区和行政村，为广大服务对象提供更加便捷、有效的服务。

3. 标准统一，资源共享

严格执行人力资源社会保障信息化建设的统一技术标准。推动集约化建设，实现软硬件设备、网络等资源共享。加快信息资源的有效整合与共享交换，努力实现人力资源社会保障信息系统间的业务协同。

4. 深化应用，务求实效

以人力资源和社会保障业务发展需求为导向，确定系统建设的优先顺序，抓好系统规划和实施方案的制定。把信息化建设的重点从铺网络、建系统转移到提升人力资源社会保障服务和管理能力上来，提升应用创新能力。

5. 安全可靠，高效便捷

建立健全信息安全保障体系，建设统一的网络安全信任体系，面向全系统发放使用数字证书，建设部、省两级灾备中心，以提高数据安全性和重要信息系统业务服务的连续性。

三、主要建设内容

人力资源社会保障信息系统建设的内容包括以下几个方面：

1. 重要业务系统

建设社会保障系统、人力资源管理系统、监察监督系统、公共服务系统、监测分析系统、宏观决策系统、内部管理系统、基础支撑系统八类应用系统。

2. 数据中心和信息网络

扩建各级数据中心，推进各级网络扩容和备份线路建设，推进部级灾备中心建设，指导省级灾备中心建设，提升系统支持服务能力，提升信息安全保障能力。

3. 信息安全基础设施

按安全等级保护和分级保护的要求，进一步完善基础安全防护系统和监控审计平台的建设，提高各级信息系统的基础安全防护能力。全面推进网络安全信任体系建设，加强省市电子认证系统和证书应用支撑平台的建设。

4. 基础数据资源和服务系统

在部本级实现与人口、法人、信用、统计等基础信息资源的共享，实现人员、单位等基本信息交换与核查，并以部为中间平台，进一步实现与地方人力资源社会保障部门的信息交换。

5. 共建共享的基础设施

在部本级实现与中国人民银行的业务协同，实现与残联部门、组织部门、教育部门、军转部门等的信息交换。在省、市级实现与银行、邮局、医院、药店等机构的业务协同，逐步推进与财政、民政等部门的信息交换。

【阅读参考】人力资源社会保障部与中国人民银行开展信息共享

2006 年 5 月，劳动和社会保障部与中国人民银行共同签署了《中国人民银行劳动和社会保障部信息共享协议》，并下发了《关于开展信息共享试点工作有关事宜的通知》（劳社厅发［2006］18号），在北京、天津、石家庄、大连、南京、长沙、广州、成都和西安9个城市开展信息共享试点工作。2008年7月，人力资源和社会保障部与中国人民银行又下发了《关于社会保险信息纳入企业和个人征信系统扩大试点工作的通知》（人社厅发［2008］53号）。目前，试点工作进展顺利，共享信息在帮助商业银行控制信贷风险、帮助人力资源社会保障部门开展社会保险扩面征缴工作方面作用突出，有力地支持了双方各自业务的开展。

6. 办公资源

改建人力资源社会保障部办公系统，提供信息服务、网上办公、公文管理功能。建设系统内部远程办公系统，提供各级人力资源社会保障部门联动办公服务。

7. 基础支撑系统

针对全局业务系统，建设社会保障卡管理系统，扩建统一的电子认证服务系统，支撑社会保障一卡通和网络安全认证服务；建立集成平台级系统、与其他部门间的数据交换和业务协同平台，支撑内部、外部的业务联动与信息交换。

8. 标准规范、数据质量与系统内部培训

加强与信息系统建设相关的标准化工作，为信息系统应用提供基础保障。切实提高各地数据质量。对全系统领导干部、业务人员、技术人员提供多方面、多层次的系统规划、管理、操作等培训。

四、标准化管理的基本要求

(一) 基本要求

人力资源社会保障管理信息系统在标准化管理方面的基本要求是：

1. 信息编码和信息分类代码的编制必须遵守《人力资源社会保障管理信息系统信息结构通则》。

2. 应分别采用组织机构代码和公民身份号码作为单位信息库和个人信息库的主关键字。

3. 同属性同内涵的业务数据库（表）和业务指标编码在各业务系统中应保持统一。

4. 信息分类代码有国家、行业标准的，原则上要参照执行，可选择使用，不可重新编码，有扩充需求时，按新编制标准处理。

(二) 常用标准

人力资源社会保障管理信息系统常用的标准，包括国家强制性标准（代码标志为GB)、国家推荐性标准（代码标志为GB/T)、人力资源社会保障行业标准（代码标志为LD）和人力资源社会保障信息系统标准（代码标志为LB)。

【阅读参考】有关标准和标准化的一些基础知识

“标准”是指对重复性事物和概念所做的统一规定，其含义是为了在一定的范围内获得最佳秩序，经协商一致制定并由公认机构批准，共同使用的和重复使用的一种规范性文件。“标准化”的含义是，为了在一定范围内获得最佳秩序，对现实问题或潜在问题制定共同使用和重复使用的条款的活动。

我国标准被划分为国家标准、行业标准、地方标准和企业标准四级，各级之间有一定的依从关系和内在联系。根据标准的性质，国家标准、行业标准分为强制性标准和推荐性标准两类性质的标准，其中保障人体健康，人身、财产安全的标准和法律、行政法规规定强制执行的标准是强制性标准，其他标准是推荐性标准。

(三) 指标体系编制原则

1. 业务类指标

业务类指标是信息系统中反映信息主体（如单位、个人）的属性和度量的原始指标，对指标的定义一般包括指标名称、编码、类型、长度和指标解释等属性。人力资源社会保障业务类指标编码采用四层六位字符形式表示。

2. 指标分类代码

指标分类代码是根据指标所具有的不同属性特征，按一定的原则和方法进行区分和归类，并对其进行编码所形成的。对指标分类代码的定义一般包括代码名称、代码值和解释。代码值优先采用已经颁布的国家标准或行业标准。

思 考 题

1. 电子政务的内涵是什么？

2. 我国电子政务建设分为哪几个发展阶段？

3. 人力资源社会保障信息系统的设计框架是怎样的？

4. 人力资源社会保障信息系统建设的基本原则是什么？

第十七章 人力资源社会保障网络系统建设

本章导读

网络系统建设是人力资源社会保障信息化建设的重要组成部分，是人力资源社会保障工作信息化的基础。

本章通过对计算机网络基础知识、数据中心机房建设、网络系统规划设计，以及信息系统灾难恢复等的介绍，帮助读者了解人力资源社会保障网络系统的建设情况。

第一节　计算机网络基础

一、计算机网络体系结构

TCP/IP 是供已连接因特网的计算机进行通信的通信协议。

TCP/IP 指传输控制协议/网际协议（Transmission Control Protocol/Internet Protocol）。

TCP/IP 定义了电子设备（比如计算机）如何连入因特网，以及数据如何在它们之间传输的标准。

TCP/IP 是一个四层的分层体系结构。高层为传输控制协议，它负责聚集信息或把文件拆分成更小的包。这些包通过网络传送到接收端的 TCP 层，接收端的 TCP 层把包还原为原始文件。低层是网际协议，它处理每个包的地址部分，使这些包正确地到达目的地。网络上的网关计算机根据信息的地址来进行路由选择。即使来自同一文件的分包路由也有可能不同，但最后会在目的地汇合。TCP/IP 使用客户端/服务器模式进行通信。TCP/IP 通信是点对点的，意思是通信是网络中的一台主机与另一台主机之间的。TCP/IP 与上层应用程序之间可以说是“没有国籍的”，因为每个客户请求都被看做是与上一个请求无关的。正是它们之间的“无国籍的”释放了网络路径，才使每个人都可以连续不断地使用网络。

TCP/IP 协议并不完全符合 OSI 的七层参考模型。传统的开放式系统互联参考模型，是一种通信协议的 7 层抽象的参考模型，其中每一层执行某一特定任务。该模型的目的是使各种硬件在相同的层次上相互通信。这 7 层是：物理层、数据链路层、网络层、传输层、会话层、表示层和应用层。而 TCP/IP 通讯协议采用了 4 层的层级结构，每一层都呼叫它的下一层所提供的网络来完成自己的需求。这 4 层分别为：

应用层：应用程序间沟通的层，如简单电子邮件传输（SMTP）、文件传输协议（FTP）、网络远程访问协议（Telnet）等。

传输层：在此层中，它提供了节点间的数据传送，应用程序之间的通信服务，主要功能是数据格式化、数据确认和丢失重传等。如传输控制协议（TCP）、用户数据包协议（UDP）等，TCP 和 UDP 给数据包加入传输数据并把它传输到下一层中，这一层负责传送数据，并且确定数据已被送达并接收。

互联网络层：负责提供基本的数据封包传送功能，让每一块数据包都能够到达目的主机（但不检查是否被正确接收），如网际协议（IP）。

网络接口层（主机一网络层）：接收 IP 数据包并进行传输，从网络上接收物理帧，抽取 IP 数据包转交给下一层，对实际的网络媒体的管理，定义如何使用实际网络（如 Ethernet、Serial Line 等）来传送数据。

二、政务网络建设

政务网络建设是一项复杂的系统工程。它既是建设一个集计算机网络技术与各类信息的收集、传递、处理、加工为一体的信息枢纽中心，又是一项为政府领导决策服务的综合性工程。

政府网络建设是电子政务的基础。具体包括以下几个方面的内容：

1. 计算机的广泛利用；

2. 政府内部网的建立并与外界实现网络互连；

3. 可方便访问和利用的信息资源；

4. 生产过程控制方面的信息技术应用；

5. 政府服务信息系统有效运转并利用信息网络等手段与外界进行信息往来；

6. 建立政府综合管理信息系统；

7. 建设一支企业信息化人才队伍；

8. 制定、实施政府信息化标准规范及规章制度。

政府信息网络建设一般有两大任务：一是政府信息网络支撑平台建设；二是网上信息的组织管理。

信息网络支撑平台的建设要从技术和经济两方面来考虑。以当前最流行的协议为网络组建协议，由网络服务器、通信设备、网络安全设备等组成；应用网间互联、路由、网络交换、网络管理、Internet 技术、防火墙以及虚拟专网等技术；同时包容现有网络应用支撑系统，支持上网应用软件的运行，建立起先进、安全、可靠、稳定和开放的网络应用平台。

根据《国家信息化领导小组关于我国电子政务建设指导意见》，电子政务网络由政务内网和政务外网构成，两网之间物理隔离，政务外网与互联网之间逻辑隔离。政务内网主要是副省级以上政务部门的办公网，与副省级以下的办公网物理隔离。政务外网是政府的业务专网，主要运行政务部门面向社会的专业性服务业务和不需在内网上运行的业务。要统一标准，利用统一网络平台，促进各个业务系统的互联互通、资源共享。

三、网络测试

网络测试是对网络设备、网络系统以及网络对应用的支持进行检测，以展示和证明网络系统是否满足用户在性能、安全性、易用性、可管理性等方面需求的测试。网络测试的实施一般包括以下环节：

1. 根据测试目的，确定测试目标；
2. 在对关键网络技术和实现细节透彻掌握的基础上，设计测试方案；
3. 建立网络负载模型；
4. 配置测试环境，包括测试工具的选择；
5. 采集和整理数据；
6. 分析和解释数据；
7. 准确、直观、形象地表示测试结果。

第二节　人力资源社会保障数据中心机房建设

一、设计思路

数据中心机房是人力资源社会保障信息系统的中枢，是整个系统数据处理和交换的中心。为保证机房设备正常运行、系统正常有效地工作，以及为工作人员提供一个良好的工作环境，必须确保机房设计合理、安全可靠、舒适，同时至少能够满足今后十年业务发展的需要。

二、总体布局

一个完整的数据中心机房主要包括主机房区、基本工作间、第一类辅助间、第二类辅助间、第三类辅助间等功能间。具体功能间划分情况见表17—1，各功能间划分可以根据实际情况适当增减。

表17—1　功能间划分表

<table>
<tr><th>房间分类</th><th>系统房间</th></tr>
<tr><td>主机房区</td><td>各业务系统机房</td></tr>
<tr><td rowspan="5">基本工作间</td><td>网管监控区</td></tr>
<tr><td>终端数据录入区</td></tr>
<tr><td>调试及试验室</td></tr>
<tr><td>配线间和网络设备间</td></tr>
<tr><td>备份介质储存室</td></tr>
<tr><td rowspan="10">第一类辅助间</td><td>硬件维护室</td></tr>
<tr><td>软件调试和开发室</td></tr>
<tr><td>备件库</td></tr>
<tr><td>资料室</td></tr>
<tr><td>储藏室</td></tr>
<tr><td>演示教学室</td></tr>
<tr><td>值班监控室</td></tr>
<tr><td>业务指挥中心</td></tr>
<tr><td>决策室</td></tr>
<tr><td>楼层配线间</td></tr>
<tr><td rowspan="4">第二类辅助间</td><td>电源配电和不间断电源室</td></tr>
<tr><td>蓄电池室</td></tr>
<tr><td>发电机室</td></tr>
<tr><td>空调器室</td></tr>
<tr><td rowspan="3">第三类辅助间</td><td>更衣室</td></tr>
<tr><td>前厅接待区和缓冲区</td></tr>
<tr><td>走廊</td></tr>
</table>

三、机房系统组成

机房系统由以下几部分组成：装修系统、空调新风系统、电气系统、UPS系统、门禁系统、环境监视系统、泄露检测系统、机房场地设备监控系统、消防系统、屏蔽机房系统、综合布线系统。每个系统都是一门专业性极强的学科，限于篇幅，下面仅对屏蔽机房系统和综合布线系统进行简要介绍，欲了解其余系统建设情况需阅读专业资料。此外，需聘请有专业资质的设计施工单位进行各个系统的设计和实施。

四、屏蔽机房

应根据实际需求建设屏蔽机房，建设时首先需根据中华人民共和国保密标准《处理涉密信息的电磁屏蔽的技术要求和测试方法》（BMB3—1999）中建设屏蔽机房的要求确定屏蔽机房等级（A、B、C），然后根据相关等级标准进行专业化施工建设。

（一）屏蔽门

屏蔽门必须采用经国家保密局测试，同时获得了产品合格证书的产品。

（二）主体与框架

如在现有建筑基础上建成的屏蔽机房，设计上应合理利用建筑空间，以满足屏蔽效能为目的，并减少损失的使用面积。

（三）滤波系统

所有进入屏蔽室的强、弱电均应经过滤波后，方可进入屏蔽机房。可根据实际需要考虑视频滤波、空调滤波处理、屏蔽接地、消防滤波、消防滤波处理等。

（四）屏蔽性能测试

应在屏蔽工程完成后、室内装修前进行屏蔽性能测试，测试工作需要邀请有专业资质的机构进行，并在测试后出具相应的鉴定报告。如未达到相关保密要求的，应进行整改，并在整改达标后机房方可投入使用。

五、综合布线

（一）设计原则

综合布线系统是数据中心机房建设必不可少的一部分，设计时应遵循以下原则：

保密性：采用有效的技术手段来保证涉密计算机网络系统中信息的绝对安全，避免涉密数据在线路过程中的泄漏。

适用性：从该系统能提供综合服务这一基本功能出发，主要满足以下诸项对布线系统的需求并且能够适应未来网络通信技术的发展的需求。能支持各种数据通信、多媒体技术以及信息管理系统等，并且能适应现代和未来技术的发展，保证 25 年不落后于科技的发展。

灵活性：能满足楼内各种通信设备的功能要求，即在不同楼层里搭建特定的通讯子网；在大楼任意的信息点上能够连接不同类型的设备；如计算机、电话机、传真机、打印机、终端机等。即提供统一的线路接口，适应不同类型的设备。

可扩展性：实施后的结构化布线系统是可扩展的，以便能适应网络发展的需要。

模块化结构：结构化布线系统中除去固定于建筑物内的水平线缆外，其所有的接插件都是积木式的标准件，以方便使用管理和扩充。可以使得在投入运行后的维护工作中，备品备件储备少，故障检查定位快，运行管理简单。

开放性：即能支持任何厂家的任意网络产品，支持任意网络结构（总线型、星型、环型等）。

经济性：在满足应用要求的前提下，尽可能降低造价，降低运行维护成本。

（二）设计指标

线缆及布线装置满足技术国家标准和规范要求，同时应运行安全可靠且维护操作方便，安装使用后的电气寿命及使用寿命应达到 25 年以上。

所有标牌、标签的颜色和字体直观、醒目、可视角度大且有规律，并在可能的情况下均使用中文，以便于操作维护人员方便识别和查找。

（三）工作区子系统

工作区由建筑物内从计算机设备连接到信息插座的连接线和信息插座组成。

（四）水平子系统

水平子系统由各分管配线间至各个工作区之间的电缆构成。

（五）垂直子系统

垂直子系统由连接设备间与各层管理间的干线构成。其任务是将各楼层管理间的信息，传递到设备间并送至最终接口。

（六）设备间子系统

设备间子系统是安装各种设备的房间，对综合布线而言是安装配线设备，由主配线间（MDF）和楼层配线间（IDF）构成。

（七）管理子系统

应对设备间和工作区的配线设备、缆线、信息插座等设施，按一定的模式进行标志和记录。

第三节　人力资源社会保障网络系统规划设计

人力资源社会保障网络是以国家电子政务网络平台/公共通信网络平台为基础，以各级人力资源社会保障部门局域网为主体，以网络应用为核心，多种通信方式并存，跨平台、支持分布式处理的计算机广域网络系统。

一、设计原则

人力资源社会保障网络建设要从人力资源社会保障工作的实际需求出发，不仅要考虑人力资源社会保障业务的近期需要，还要为系统的扩充和发展留有空间；不仅要考虑系统本身的建设问题，还要考虑系统安全的建设问题。设计原则如下：

(一) 安全性

人力资源社会保障信息系统对网络的整体安全性有较高的要求，系统安全建设应同步建设，除了能够在多个层次上实现安全目标，还需要建立完善的安全管理体系，满足国家等级保护和分级保护的要求。

(二) 适用性

一切从人力资源社会保障工作实际需要出发，保护和利用已有资源，急用先行，网络系统建设与应用系统开发同步进行，在满足应用需求的前提下，具有经济的建设成本。

(三) 先进性

依照国际标准和规范，采用成熟的组网技术和先进的网络体系结构，广泛汲取信息系统建设经验，统一规划，统一标准。

(四) 可扩展性

按照统一规划、分步实施的建设原则进行系统设计，满足不同建设规模和建设进度的需要，适应业务系统扩充和技术发展的要求。

(五) 可管理性

建立完善的运行管理体系，提供强大的网络管理工具与手段，确保系统性能充分发挥，系统运行可靠、稳定。

二、总体结构

人力资源社会保障网络纵向采用部、省、市三级网络拓扑结构形成内部网络系统，横向与政府相关部门（公安、财政等）和其他相关单位（医院、药店、银行、邮局等）等网络连接。其总体结构如图 17—1 所示。

内网与业务专网和外网物理隔离，业务专网与外网物理隔离；内网分级建设，暂不进行互联；外网可通过 Internet 网进行连接。

业务专网采用中央、省、市三级网络拓扑结构，纵向为人力资源社会保障系统内部网络，包括连接中央、省两级节点的全国主干广域网络，连接省、市两级节点的省级主干广域网络，连接市级节点及下属各业务经办点、终端延伸到乡镇、街道（社区）的市域网；横向为外部网络，包括以各级节点为

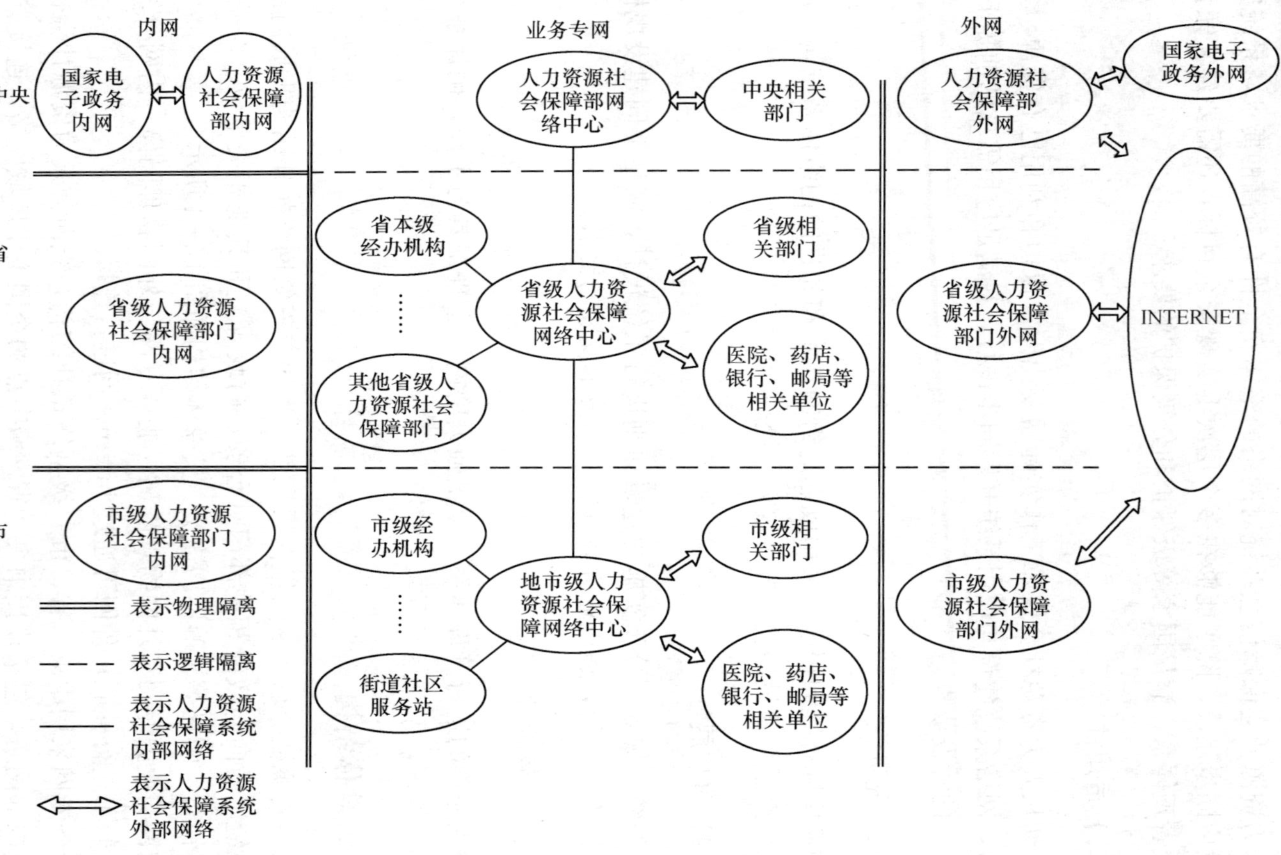

图 17—1 人力资源社会保障网络总体结构

中心，向外辐射，连接公安、财政等相关政府部门和医院、药店、银行等相关单位的网络。

三、建设方案

(一) 网络连接方式

根据人力资源和社会保障部广域网线路规划，各省（省网络中心节点，简称省中心节点）与人力资源和社会保障部（部网络中心节点，包括生产中心节点和灾备中心节点）的连接，第一条线路（即省中心节点主路由器上连线路）连接至人力资源和社会保障部生产中心节点，第二条线路（即省中心节点备份路由器上连线路）连接至人力资源和社会保障部灾备中心节点，两条线路互为备份、负载均衡。

(二) 配置策略

根据人力资源和社会保障系统网络结构的特点，部中心节点到省级网络为骨干域，各省中心节点到市级网络为一个二级子域，使用省会城市长途区号作为域的标志。

分别在部省两端和省市两端备份路由器上配置策略路由，用于区分业务流，以此保证主、备线路上传输各自的业务流。在主用线路或主路由器发生故障时，主用线路的业务流自动切换到备用线路传输；在备用线路或备份路由器发生故障时，备用线路的业务流自动切换到主用线路传输。

在部省主、备份路由器上配置策略路由，将业务流划分成两种类型：主线路业务流和备线路业务流。主线路业务流包括除视频流和语音流之外的数据流；备线路业务流包括视频流和语音流。

第四节　人力资源社会保障信息系统灾难恢复

一、信息系统灾难恢复的相关概念

(一) 灾难 (disaster)

由于人为或自然的原因，造成信息系统严重故障或瘫痪，使信息系统支持的业务功能停顿或服务水平不可接受、达到特定的时间的突发性事件。

（二）灾难恢复（disaster recovery）

为了将信息系统从灾难造成的故障或瘫痪状态恢复到可正常运行状态、并将其支持的业务功能从灾难造成的不正常状态恢复到可接受状态，而设计的活动和流程。

（三）恢复时间目标（RTO，recovery time objective）

灾难发生后，信息系统或业务功能从停顿到必须恢复的时间要求。

（四）恢复点目标（RPO，recovery point objective）

灾难发生后，系统和数据必须恢复到的时间点要求。

（五）灾难备份系统（backup system for disaster recovery）

用于灾难恢复目的，由数据备份系统、备用数据处理系统和备用的网络系统组成的信息系统。

【阅读参考】《信息系统灾难恢复规范》（GB/T 20988—2007）

2007年7月，国务院信息化工作办公室编制的《重要信息系统灾难恢复指南》正式升级成为国家标准《信息系统灾难恢复规范》（GB/T 20988—2007）。

二、信息系统灾难恢复概述

（一）灾难恢复的工作范围

信息系统的灾难恢复工作，包括灾难恢复规划和灾难备份中心的日常运行、关键业务功能在灾难备份中心的恢复和重续运行，以及主系统的灾后重建和回退工作，还涉及突发事件发生后的应急响应。

其中，灾难恢复规划是一个周而复始、持续改进的过程，包含以下几个阶段：灾难恢复需求的确定；灾难恢复策略的制定；灾难恢复策略的实现；灾难恢复预案的制定、落实和管理。

（二）灾难恢复的组织机构

建立灾难恢复的组织机构，并明确其职责。灾难恢复的组织机构由管理、业务、技术和行政后勤等人员组成，一般可设为灾难恢复领导小组、灾难恢复规划实施组和灾难恢复日常运行组。

(三) 灾难恢复规划的管理

评估灾难恢复规划过程的风险、筹备所需资源、确定详细任务及时间表、监督和管理规划活动、跟踪和报告任务进展以及进行问题管理和变更管理。

(四) 灾难恢复的外部协作

与相关管理部门、设备及服务提供商、电信、电力和新闻媒体等保持联络和协作，以确保在灾难发生时能及时通报准确情况和获得适当支持。

(五) 灾难恢复的审计和备案

灾难恢复的等级评定、灾难恢复预案的制定，应进行审计和备案。

三、信息系统灾难恢复规划和实现

(一) 灾难恢复需求的确定

对信息系统进行风险分析和业务影响分析，根据分析结果确定灾难恢复目标：

1. 关键业务功能及恢复的优先顺序；
2. 灾难恢复时间范围，即 RTO 和 RPO 的范围。

(二) 灾难恢复策略的制定

根据灾难恢复目标，按照成本风险平衡原则确定每项关键业务功能的灾难恢复策略，不同的业务功能可采用不同的灾难恢复策略。

1. 灾难恢复资源 7 个要素

(1) 数据备份系统；
(2) 备用数据处理系统；
(3) 备用网络系统；
(4) 备用基础设施；
(5) 专业技术支持能力；
(6) 运行维护管理能力；
(7) 灾难恢复预案。

2. 灾难恢复能力等级

灾难恢复能力划分为 6 级。

第 1 级　基本支持；

第 2 级　备用场地支持；

第 3 级　电子传输和部分设备支持；

第 4 级　电子传输及完整设备支持；

第 5 级　实时数据传输及完整设备支持；

第 6 级　数据零丢失和远程集群支持。

灾难恢复能力等级越高，对于信息系统的保护效果越好，但成本也会急剧上升。因此，要根据成本风险平衡原则，确定业务系统的合理的灾难恢复能力等级。

（三）灾难恢复策略的实现

1. 灾难备份系统技术方案的实现

根据灾难恢复策略制定相应的灾难备份系统技术方案，包含数据备份系统、备用数据处理系统和备用的网络系统；进行技术方案的验证、确认和系统开发；进行系统安装和测试。

2. 灾难备份中心的选择和建设

选择或建设灾难备份中心时，应根据风险分析的结果，避免灾难备份中心与主中心同时遭受同类风险。灾难备份中心包括同城和异地两种类型，以规避不同影响范围的灾难风险。

灾难备份中心应具有数据备份和灾难恢复所需的通信、电力等资源，以及方便灾难恢复人员和设备到达的交通条件。

新建或选用灾难备份中心的基础设施时，计算机机房应符合有关国家标准的要求；工作辅助设施和生活设施应符合灾难恢复目标的要求。

3. 专业技术支持能力的实现

根据灾难恢复策略的要求，获取对灾难备份系统的专业技术支持能力。

4. 运行维护管理能力的实现

灾难备份中心应建立各种操作规程和管理制度。

5. 灾难恢复预案的实现

制定灾难恢复预案；进行灾难恢复预案的教育、培训和演练；管理灾难恢复预案。

四、人力资源社会保障信息系统灾难恢复

人力资源社会保障信息系统应遵循《信息系统灾难恢复规范》（GB/T 20988—2007），考虑人力资源社会保障业务系统的特点，进行人力资源社会保障信息系统的灾难恢复工作。

1. 建立灾难恢复组织机构；
2. 确定灾难恢复需求；
3. 制定灾难恢复策略；
4. 实现灾难恢复策略；
5. 制定灾难恢复预案；
6. 进行应急响应和灾难恢复。

灾难恢复的规划和建设是一个持续改进的过程。当人力资源社会保障信息系统及相关业务流程发生重大变更时，应重新进行灾难恢复需求分析，修订灾难恢复策略，进行相关灾难恢复策略的实施等工作。

思　考　题

1. TCP/IP 体系结构分为哪几层？
2. 简述人力资源社会保障网络系统的设计原则和总体结构。
3. 灾难恢复能力划分为哪几级？

第十八章

人力资源社会保障应用系统总体设计

本章导读

人力资源社会保障应用系统直接服务于各项人力资源社会保障工作，要在遵循应用系统设计的一般规律的基础上，紧密结合人力资源社会保障工作特点和需求进行设计。

本章简要介绍了应用系统设计方法，阐述了人力资源社会保障应用系统构成及外系统信息共享的基本思路，帮助读者了解人力资源社会保障应用系统总体设计框架。

第一节　应用系统设计的基本方法

应用系统设计是指从系统的总体目标出发，在系统分析的基础上，针对系统的逻辑功能要求，并考虑到经济、技术和运行环境等方面的条件，确定系统的总体结构和系统各组成部分的技术方案，提出系统的实施计划。

一、基本设计原则

（一）简单性

只要能达到预定的目标和实现预定的功能，系统就应避免一切不必要的复杂环节，尽量简单。

（二）灵活性

系统对外界环境条件的变化有很强的适应性。这样其可保持长久的生命力。为此，系统应具有较好的开放性和结构的可变性。

(三) 完整性 (系统性)

系统是作为一个整体而存在的。因此，在系统设计中要从整个系统的角度进行考虑，系统的代码要统一，设计规范要标准，传递语言要尽可能一致，对系统的数据采集要做到数出一处、全局共享，使一次输入得到多次利用。

(四) 可靠性

指系统抵御外界干扰的能力及受外界干扰时的恢复能力。一个成功的信息系统必须具有较高的可靠性，如安全保密性、检错及纠错能力、抗病毒能力等。

(五) 经济性

系统应该给用户带来一定的效益（直接经济效益、间接经济效益）。系统的投资和经营费用应尽快得到回收。

二、系统设计的内容

系统设计主要包括以下几个方面：

(一) 系统总体设计

包括系统目标和任务的确定、模块子系统设计、计算机系统选择、软件设计、代码设计、界面设计等。

(二) 数据库详细设计

包括概念设计、逻辑设计、物理设计、数据模型选择等。

(三) 系统功能设计

包括总体模块功能设计、属性数据库管理系统结构与功能设计、图形数据库管理、系统结构与功能设计等。

(四) 应用模型和方法设计

包括常用应用模型设计、方法设计等。

（五）输入、输出设计

包括输入设计、输出设计、人一机对话设计等。

三、系统分析、设计和实施的步骤

系统设计要在系统分析基础上进行，同时，系统设计又是系统实施的前提和基础。系统分析、设计和实施，需要用户和开发人员相互配合，共同来完成。

（一）系统分析

系统分析包括需求分析和可行性研究。

在需求分析阶段，用户承担的主要工作有：提出所要解决的问题，指出所需要的信息，详细介绍现行系统，提供各种资料和数据等。开发人员承担的主要工作有：听取用户要求，回答用户的问题，详细调查现行系统，收集资料和数据，进行总结和分析等。

在可行性研究阶段，用户承担的主要工作有：评价现行系统，协助提出各种方案，选择最适宜的方案等。开发人员承担的主要工作有：提出多种备选方案，与用户一起讨论各方案的优劣，提出开发费用估计和时间估计等。

（二）系统设计

系统设计包括总体设计和详细设计。

在总体设计阶段，用户承担的主要工作有：讨论子系统模块的合理性并提出看法，对设备选择提出意见等。开发人员承担的主要工作有：说明系统目标和功能，进行子系统和模块划分，进行计算机系统选择等。

在详细设计阶段，用户承担的主要工作有：讨论设计和用户界面的合理性，提出修改意见等。开发人员承担的主要工作有软件设计、代码设计、功能设计、数据库设计、用户界面设计、输入输出设计等。

（三）系统实施

系统实施包括编程、调试和培训。

在编程阶段，用户要随时准备回答一些具体的业务问题，开发人员则要分头进行编程和调试。在调试阶段，用户承担的主要工作是检查界面的友好性，并评价系统的总调。开发人员要承担的主要工作有模块调试、分调（子系统调试)、总调（系统调试）等。在培训阶段，用户主要是接受培训，开发人员要编写用户手册并承担培训工作。

【阅读链接】

张月玲，范丽亚主编. 管理信息系统（第 6 章“系统设计”）. 北京：清华大学出版社，2010

第二节　人力资源社会保障应用系统构成

人力资源社会保障应用系统是直接服务于各项人力资源社会保障工作的应用系统，它的设计、开发和建设，是人力资源社会保障信息化的重要内容。

一、应用系统总体架构

人力资源社会保障应用系统由若干既相对独立，又相互关联的子系统构成。

人力资源社会保障信息系统要实现业务经办（管理）、公共服务、基金监管和决策支持四项功能。相应的，应用系统包括三个层级，即基础支撑层、业务管理层和服务决策层。

（一）基础支撑层

基础支撑层位于架构的最底层，由支撑人力资源社会保障应用系统的整体运转的各类基础性系统构成。如支持各应用系统之间、上下部门之间数据交换、流程交互、界面整合的系统集成平台，支持各应用系统安全认证的 PKI/CA 认证系统，支持各应用系统与其他部门信息交换、业务协同的系统协同交换平台，以及与各应用系统相关的社会保障卡管理系统等。

（二）业务管理层

业务管理层位于基础支持层与服务决策层之间，由直接服务于各项人力资源社会保障业务管理工作的应用系统构成。根据人力资源社会保障工作的业务范畴，主要包括社会保障、人力资源管理、监察监管三大类应用系统。社会保障系统支持城镇各类社会保险、农村社会保险及社会保险财务管理等业务，从地域上，又可划分为本地业务系统和异地业务系统（支持跨地区社保关系转移接续、异地医疗联网结算等）；人力资源管理系统支持就业服务、各类人事人才管理、公务员管理等业务，其中就业服务也可分为本地系统和异地系统（支持跨地区的就业服务）。监察监管系统实现对社会保险基金的监管，对行政复议和应诉、劳动用工备案、劳动人事争议调解仲裁、劳动保障监察等工作提供支持。

业务管理层的各应用系统在日常运行中直接“生产数据”，是人力资源社会保障信息系统最重要的数据来源。

（三）服务决策层

服务决策层位于业务管理层，由支持各类公共服务、基金监管和宏观决策的应用系统构成。具体可包括支持统计和监测的监测系统、支持政策制定和决策的宏观决策系统、面向社会公众提供服务的公共服务系统构成。此外，一些支持部门内部办公、系统办公的应用系统也可以纳入服务决策层之中。

二、应用系统关联关系

综上所述，人力资源社会保障应用系统可分为 8 类，分别是社会保障（一卡通）系统、人力资源管理系统、监察监督系统、公共服务系统、监测分析系统、宏观决策系统、内部管理系统、基础支撑系统。如图 18—1 所示。

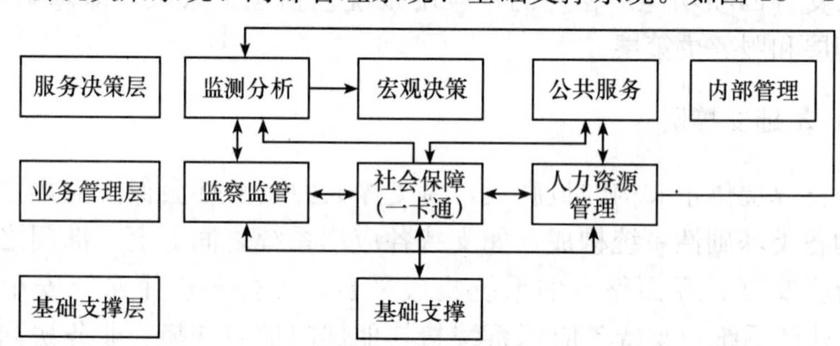

图 18—1　人力资源社会保障应用系统构成

上述 8 类应用系统中，基础支撑系统对各应用系统起支撑作用。社会保障（一卡通）信息系统、人力资源管理信息系统、监察监管信息系统同位于业务管理层，之间相互存在着信息层面的交换，并一同为监测分析系统提供数据支持（社会保险基金监督信息系统需要从监测分析系统获取数据）。人力资源管理信息系统、社会保障（一卡通）信息系统还与公共服务系统之间存在着信息交换。在服务决策层，监测分析系统为决策支持系统提供数据支持。内部管理系统与其他应用系统不直接进行信息交换。

第三节　与外部系统的信息共享

一、基础信息共享需求

随着人口、法人、地理、信用、统计等国家基础信息资源的建设发展，人力资源社会保障领域需要与国家基础信息间建立信息共享和交换。社会保险参保扩面、社会保险业务办理管理等人力资源社会保障各个业务领域业务办理过程中需要从国家基础信息库中提取人口基础信息、法人基础信息、死亡人员信息、统计等信息与人力资源社会保障信息系统进行比对，为各类业务办理提供信息基础。

关键概念

信息共享指不同层次、不同部门信息系统间，信息和信息产品的交流与共用，以合理配置资源，节约社会成本，创造更多的财富。其基础是信息标准化和规范化。

二、与外部系统的信息共享现状

（一）集中开展的信息共享

1. 人民银行

为加快企业和个人征信体系建设，促进企业和个人参保缴费，人力资源和社会保障部与中国人民银行共同签署了信息共享协议，并开发了专用软件用于支撑该项工作的开展。截至目前，信息共享试点范围已经由初期的 9 城市扩展到了全国所有省会城市和计划单列市，双方已经完成了 9 次信息交换，为商业银行了解企业遵守劳动法规、履行社会责任的情况，控制信贷风险作出了突出的贡献，同时也为人力资源和社会保障系统社会保险扩面征缴等工作提供了参考数据。

2. 公安部门

根据《国家信息化领导小组关于我国电子政务建设指导意见》（中办发〔2002〕17 号）要求，人力资源和社会保障部作为成员单位之一，参加了由公安部牵头的人口基础信息库建设项目。

3. 质监部门

2007年劳动和社会保障部与全国组织机构代码管理中心就双方进行数据交换共享事宜进行初步接洽，并就信息共享思路达成一致。代码管理中心向劳动和社会保障部提供注册单位基本信息查询服务。劳动和社会保障部及时核对、补充组织机构代码管理中心提供的单位基本信息，双方对差异信息进行共同核实以提高数据质量。

【阅读参考】社会信用体系建设的背景

1. 恶意拖欠和逃废银行债务、商业欺诈、非法集资等现象屡禁不止，加快建设社会信用体系，对于防范和化解金融风险，促进金融稳定和发展，保护群众利益，推进政府更好地履行职能，具有重要的现实意义。

2.《国务院办公厅关于社会信用体系建设的若干意见》（国办发［2007］17号）明确提出促进社会信用体系和信用服务市场的健康发展。

3. 近年来，随着社会各界对社会信用建设的重要性、必要性和紧迫性认识的提高，社会信用体系建设已经在全国范围内展开。并正逐步形成以政府、信用服务机构和单位、个人等多方共同参与建设的良好局面。

（二）地方开展的信息共享

1. 公安部门

地方已经开展了与当地公安部门的信息共享。通过信息共享，核实社会保险业务办理过程中参保人员身份的合法性，为公安部门抓捕在逃犯等犯罪嫌疑人，维护社会稳定和治安秩序等工作提供了很大的支持。

2. 质检部门

地方已经开展了与当地质检部门的信息共享。通过信息交换和比对，进一步提高双方单位基本信息的准确性，为双方业务工作的开展提供信息基础。

3. 税务部门

地方在收缴社会保险费时，通过地税部门采用委托征收的方式进行社会保险费用的收缴。

4. 金融

地方在收缴社会保险费、发放社会保险待遇时，通过与银行、邮局等金融部门的数据交换和共享，实现社会保险费用的收取或者待遇的发放。

5. 医疗服务机构

地方通过与定点医疗机构的联网信息共享，实现参保人员就医联网费用结算，定点药店、定点医院等医疗机构与人力资源社会保障部门间就医明细信息的实时回传。

三、信息共享建设思路

人力资源社会保障系统与外部系统对接的总体建设思路是，集中交换、一个平台、统一标准、安全高效、分类实现。见表 18—1。

表 18—1　数据交换和业务协同平台功能列表

功能分类	功能	描　述
数据交换	数据汇总	支持各个分支数据源向数据中心汇总，经过比对、校验、转换得到交换基础数据
	数据分发	依照数据使用权限的规则，从数据中心把数据分发到各个数据使用部门，实现数据共享、信息联动
	数据访问	通过统一标准的数据接口，统一的标准数据格式，通过标准的 Web 服务对各种技术平台提供访问支持
	数据转换	把相关数据库的数据转换成标准数据格式的数据集
	数据交换	实现部门间交换平台间的点对点的数据交换。可以实现一对一、一对多的数据交换
	数据清洗	对于其他部门提供来的及我部门交换出的各类交换数据确定质量检查规则，对数据进行质量检查并生成分类结果报告
	数据比对	对外部提供的共享交换数据与系统内部数据按照需求进行比对并生成结果报告
	数据监管	对数据服务进行监控管理，用户权限管理，运行日志查看，性能统计
业务协同	协同系统接口	在业务协同的系统间建立接口，实现跨系统间的应用衔接
	信息传输	实现对实时系统间信息的通讯，信息的横向跨部门接收、发送，纵向跨级间信息的传输
	交易信息管理	建立实时交易类信息通讯机制，并实现统一的交易信息队列、并发、实时传输等的管理

集中交换：人力资源社会保障部门与其他部门信息共享和交换工作，以部端集中交换为主，地方交换核对为辅。

一个平台：建立一个统一的信息共享平台，支持与人口、法人、地理、信用、统计等国家基础信息资源及其他部门的信息共享。

统一标准：统筹考虑与各部门外部系统信息共享需求，统一数据交换口径，制定一套完整的信息共享标准体系。

安全高效：运用全面的网络、系统、信息等安全管理手段，实现信息的安全高效交互。

分类实现：支持定时数据交换，实现数据的全量比对和检查。支持实时基础数据核查，实现在业务经办中的信息核查。

思考题

1. 在人力资源社会保障应用系统设计开发过程中，人力资源社会保障部门发挥什么样的作用？

2. 简述人力资源社会保障应用系统总体架构。

3. 简述人力资源社会保障系统与外系统对接的建设思路。

第十九章
本地业务系统之一——社会保险信息系统

本章导读

本地社会保险信息系统的数据属性，不同数据间的内在关系以及与外部系统的交换关系。

通过本章的学习，可以了解本地社会保险信息系统的数据属性，不同数据间的内在关系以及与外部系统的交换关系；本地社会保险信息系统的发展历程、总体设计思路、工作流程、技术架构、业务功能、业务特点及应用场景。

第一节　社会保险业务系统分析

一、信息资源分析

所有社会保险业务活动均由基础数据、业务处理数据、管理数据支持，不同类型的数据为管理活动中不同层次的决策者和使用者提供服务。不同类型的数据由于其描述的事务的作用、特点、产生的方法不同，决定了描述的数据指标不同。

（一）基础数据

基础数据是社会保险业务运行的基础性数据，主要包括参保人员、参保单位的基本信息，各种管理服务机构信息和政策参数信息，如社会保险经办机构、定点医疗服务机构、社会化发放机构。基础信息来源于各项社会保险登记业务和系统参数维护业务。

（二）业务处理数据

业务处理数据由社会保险关系数据、社会保险待遇数据和基金管理数据构成。社会保险关系数据包括单位、个人关系信息，单位、个人缴纳社会保险费信息及个人账户信息。社会保险待遇数据包括各种待遇的审核信息和待遇信息。社会保险基金数据主要是与单位、个人、地税部门、医院药店、银行邮局、财政和其他统筹地区社会保险基金管理机构的基金往来信息。

（三）管理数据

管理数据主要包括根据业务信息按一定规则进一步形成的统计、稽核、绩效、内控等数据。

社会保险系统数据关系属性如图 19—1 所示。

二、业务流程分析

近年来，随着社会保险业务的不断发展，各项社会保险业务的关联越来越多，业务精细化管理的要求日趋加强。各地社会保险经办机构在做好业务经办工作的基础上，越来越多地强调对经办过程和经办效果的管理。

（一）业务经办内容

社会保险业务实行各项社会保险费统一征收、待遇分别支付的“统收分支”经办方式，形成公共业务与专项业务相结合、收缴基金与支付基金相隔离、待遇与缴费挂钩、公平与效率结合的机制，最终为参保人员提供各项社会保险待遇。

1. 公共业务

主要内容为社会保险登记：包括单位的参保登记、变更登记、注销登记、验证等。参保人员登记和变更：包括参保人员基本信息、参保关系登记及变更等。社会保险费申报核定：包括工资申报受理、缴费核定等。社会保险基金征集：包括费用征收、补缴欠费、编制征缴计划等。社会保险个人账户管理：包括建账、记账、转入、转出、中断缴费和恢复缴费账户处理、终止缴费账户处理、对账等。

2. 养老待遇审核与支付

养老待遇审核包括离退休资格行政审批、离退休（职）待遇审核、待遇调整审核、一次性待遇审核、供养直系亲属待遇审核等。养老待遇支付环节包括离退休（职）人员待遇支付、一次性待遇支付和供养直系亲属待遇支付等。养老待遇管理包括领取养老保险待遇资格认证、待遇社会化发放、养老待遇调整、养老待遇变更等。

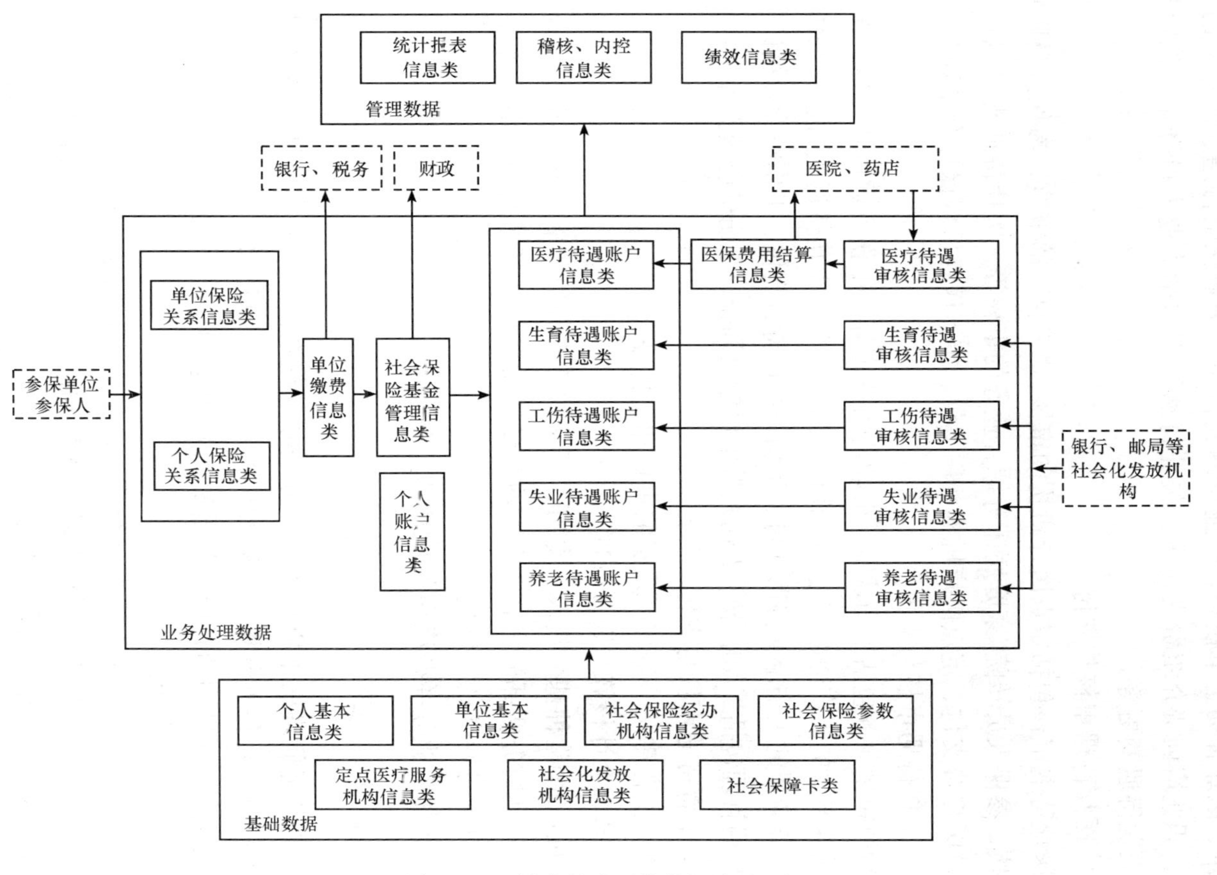

图 19—1　社会保险系统数据关系属性

3. 失业待遇审核与支付

失业待遇审核包括失业待遇资格认定、失业待遇核定、职业培训费介绍费核定、医疗补助金审核等。失业待遇支付包括失业保险待遇、医疗补助金报销、职业培训费介绍费支付等。失业待遇管理包括失业人员登记、失业报到、失业待遇变更等。

4. 医疗待遇审核与支付

医疗待遇审核包括定点医疗机构的审核、“三目”的审核、参保人员医疗费审核、参保人员转院/家庭病床等综合业务的审核等。医疗待遇支付包括参保人员医疗费支付、定点医疗机构费用支付、定点医疗机构保证金结算等。

5. 工伤待遇审核与支付

行政审批业务包括工伤认定、劳动能力鉴定等。工伤待遇审核包括工伤人员或供养亲属的工伤待遇核定、工伤医疗费核定等。工伤待遇支付包括工伤人员或供养亲属的工伤定期待遇支付、工伤一次性待遇支付、工伤医疗费报销等。工伤待遇管理包括工伤申报、工伤人员生存健康调查、工伤待遇变更等。

6. 生育待遇审核与支付

包括生育津贴、生育医疗费的审核和支付等。

7. 基金会计核算与财务管理

包括各个险种基金收入、支出、会计核算和预决算管理等。此部分业务涉及业务和财务两部分内容，在实收确认、实支确认环节与财务管理系统联动，实现业务财务的一体化。

社会保险业务经办流程图如图 19—2 所示。

(二) 业务管理

加强业务管理的本质是要在业务经办过程中留痕，并以审计的视角对这种操作痕迹进行各种分析、判断和监控，从而实现外部稽核和内部控制，提升社会保险经办机构的管理服务质量。主要包括以下内容：

1. 社会保险稽核

即对参保单位和个人的参保登记、缴费申报，待遇人员的领取资格和领取标准等内容进行核查，即把好基金入口和出口关，这一过程需要信息系统提供数据源，记录稽核过程和结果。

2. 业务经办的绩效考核

即对业务经办人员和经办机构的工作量和工作效果进行量化考核，辅助降低工作的出错率，提高经办人员的工作积极性。这要求信息系统在业务经

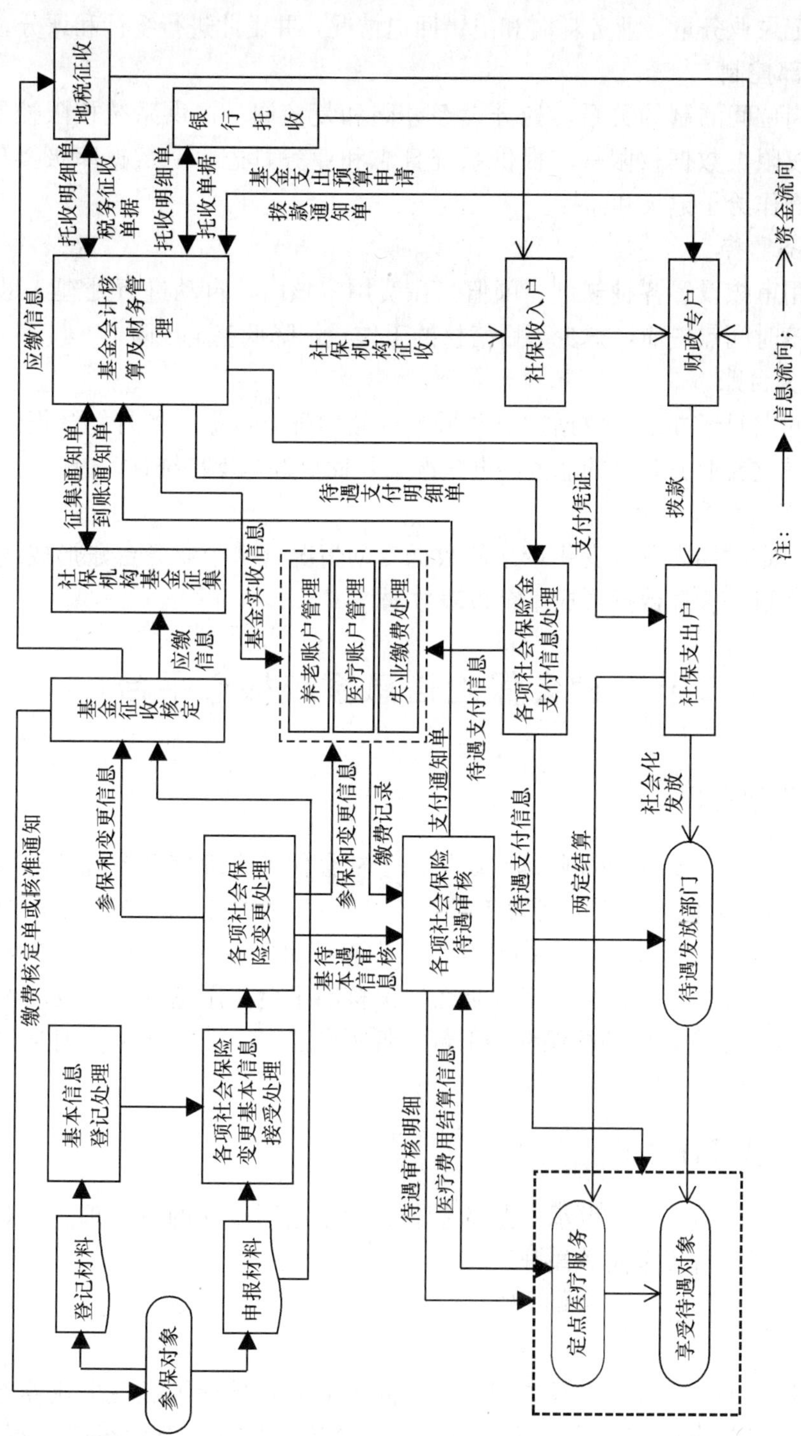

图 19—2　社会保险业务经办流程图

办的同时记录业务量、业务耗时和出错回退情况，并由此进行统计和评分。

3. 内部控制

提供岗位间的制约关系，如分设经办岗和复核岗。提供系统权限控制，包括功能权限、数据权限等。提供系统日志和业务日志，对数据库级操作、重要业务操作给予记录和监控。

4. 业务监控

对费用审核设置各种规则、阈值，在费用审核时，自动进行处理，尽量将费用审核时间点提前，减少事后稽核的工作量，降低基金风险。

5. 业务台账

按时间点对经办结果数据抽取并另行存储为静态数据，如月结数据，这样可以重现重要业务时点的业务经办情况，从而更好地支持统计。

6. 业务统计和基金报表

根据一定时期内业务变化带来的数据变动情况，基于业务台账形成统计数据，基于财务凭证数据形成基金报表数据。

第二节　社会保险信息系统核心平台

一、发展历程

1999 年 8 月，原劳动保障部组织策划了社会保险管理信息系统核心平台（简称社保核心平台）一版的研发工作，于 2000 年 4 月正式发布。根据业务和技术发展带来的新需求，于 2003 年 7 月发布社保核心平台二版。目前各地使用的社会保险管理信息系统多数是在社保核心平台二版基础上开发的本地化版。2006 年年底，启动社保核心平台三版研发工作，于 2009 年 6 月通过人力资源社会保障部验收并对外发布。

二、总体设计思想

社保核心平台三版在继承二版的基础上，采用了全新的设计理念，对业务、技术体系进行了全面的提升。

（一）“多险”合一

社保核心平台三版在继承二版基本五险的同时，扩展了机关事业养老保险和城镇居民基本医疗保险，针对公务员、离休人员、一至六级残疾军人、老红军等特殊参保人群设计了相应的处理功能，并设计预留了对其他保险的支持能力。

（二）以人为本

强调以参保者为核心，将人与单位松耦合，通过参保关系实现个人与单位的关联，为一个数据中心多统筹区、个人身份参保提供了系统结构上的支持，体现社保服务于民的宗旨，努力保障参保者的切身利益。

（三）强化管理

加强业务日志管理，引入了业务事件模型，在经办的过程中保留业务操作信息，加强对业务环节的监控，使业务管理的概念进一步落到实处，为稽核、内控、业务回退等操作奠定基础。

三、业务功能

社保核心平台三版共包括13个子系统，295个模块（见图19—3）。

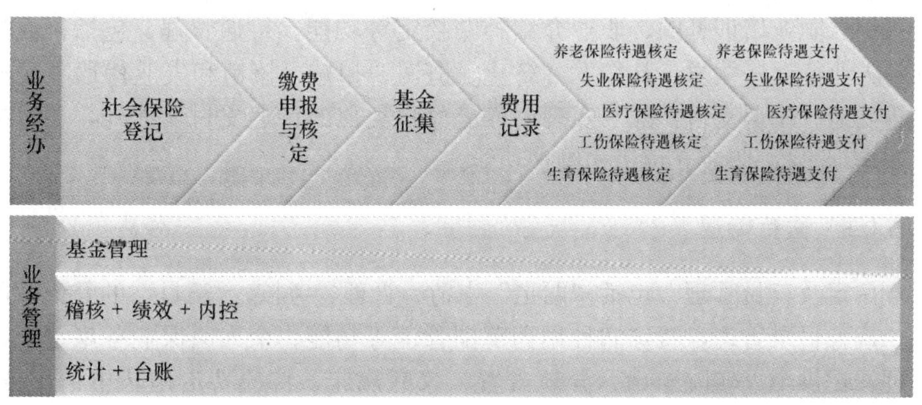

图19—3　社保核心平台三版业务功能结构

（一）公共业务

参保登记：将单位与人相剥离、基本信息与参保信息相剥离，建立统一的基本信息库以方便与其他系统共享。缴费申报与征集：按照“统收分支、多险合一”的模式，建立缴费规则参数库，对各险种的缴费申报、基金征集等业务环节进行归并。个人账户管理：采用金融账户管理的设计思路，将账户与人关联，通过账户类型区别养老、医疗等不同账户，可较好地满足养老保险个人账户做实、日常账户结息、年度账户结转、账户实时查询、账户返还、社保关系转移等业务。

（二）养老待遇

申报核定：实现离退休资格审批信息登记、（机关事业单位）待遇信息登记、基于算法参数和规则引擎的离退休人员和遗属的待遇核定。待遇管理：一是离退休养老待遇管理：实现了离退休人员/遗属的待遇停续发、补扣发、终止、追回、核销和待遇领取资格认证信息登记等功能。二是待遇调整：包括离退休人员零星/批量待遇调整功能。三是待遇支付：包括离退休人员/遗属的社会化发放信息登记与变更、拨付计划、社会化发放信息银行回盘、养老待遇实付处理功能。

（三）失业待遇

申报核定：包括失业登记、失业待遇资格审批、失业待遇核定等功能。失业待遇核定细分为失业待遇核定、失业死亡待遇核定、失业人员医疗补助金报销、职业培训补贴、职业介绍补贴核定等功能。待遇管理：包括失业报到、失业待遇停续发、补扣发、终止、追回、扣减、核销和失业待遇零星调整等功能。待遇支付：除了实现与养老保险类似的待遇支付功能外，还包括职业培训机构/职业介绍机构维护功能。

（四）医疗待遇

两定及三目管理：包括“两定”申请、管理、考核，“三目”的登记和匹配，病种目录管理，特殊病种用药范围管理等功能。个人医保业务申请审批管理：提供个人转院申请、异地安置、家庭病床、特检特治用药申请服务。报销和结算管理：建立统一的医疗费用记录模式，支持个人报销和医疗费用核算，包括个人医疗费用报销、医保退费、医疗费用审核扣款、月结算、保证金结算等功能。支付管理：包括个人报销结算支付、定点医疗机构结算支付等功能。

（五）工伤待遇

工伤申报与行政审批信息登记：包括工伤申报、工伤认定信息登记、劳动能力鉴定信息登记、工伤人员生存健康调查和工伤供养亲属情况调查信息登记等功能。待遇核定：包括工伤职工/供养亲属待遇核定申请、基于算法参数和规则引擎的待遇核定功能和工伤医疗费报销核定、辅助器具报销、康复性治疗费报销等功能。待遇管理：包括工伤职工/供养亲属待遇停续发、补扣发、终止、追回、扣减、待遇调整和工伤浮动费率管理、辅助器具配置机构管理、康复治疗机构管理等功能。待遇支付：功能与养老保险待遇支付类似。

（六）生育待遇

生育待遇资格认定、生育医疗费核定、生育津贴核定等。

（七）基金财务接口管理

征集通知、财务实收、财务分解、财务自收、拨付通知、财务实付、财务自付等，并以自动生成凭证为目的实现了与财务管理软件的有效衔接。

（八）绩效信息管理

个人绩效信息管理：包括个人绩效信息统计、个人绩效评分、绩效考核加权参数管理等功能。机构绩效信息管理：包括机构绩效信息统计、机构绩效评分等功能。

（九）稽核信息管理

外部受理稽核：包括疑点问题受理、稽核范围确立、稽核信息记录、稽核结论、稽核结论传达、稽核结论执行情况跟踪、稽核信息查询。稽核点主动监控：包括缴费基数稽核点、医疗费用稽核点、高龄离退休人员、四险待遇发放稽核点。稽核台账统计。

（十）内控管理

登录日志监控和回退日志监控。

（十一）社会保障卡应用

制卡、发卡、挂失、解挂、补卡、换卡、卡激活、卡注销、卡锁定、卡解锁、制卡清单等。

（十二）报表

嵌入报表工具，实现了部分部颁报表，支持用户本地化定制，实现灵活查询、数据展示、打印、计划任务。

(十三) 系统管理

对业务回退、统筹区、业务参数、功能模块、机构和操作员、消息和公告等部分的管理，及日常信息、统计台账查询。

四、系统技术架构

技术架构主要解决在技术上如何对业务进行支撑的问题，主要包含技术总体结构的设计、技术框架的设计、网络拓扑设计、部署结构设计等问题，分为 LEAF 框架、J2EE 平台、操作系统、基础设施四部分。

以下重点描述 LEAF 平台的架构分层模型（见图 19—4）。

关键概念

LEAF 框架（LBS Enterprise Application Framework）基于 J2EE 标准，是统一应用软件业务功能实现、页面流转和权限控制的底层技术支撑平台，可支持系统的高效运转。LEAF 框架采用了适应面向服务的 SOA 体系，通过分层设计使业务接口与技术实现剥离，方便了社保核心平台三版与其他信息系统的互联互通。

五、软件特点

社保核心平台三版根据社会保险的业务特点和参保单位、参保个人对社会保险服务的新要求，业务上进行了较大的扩充和完善；技术上采用了 B/S/S 和 C/S/S 兼容的体系架构，引入了面向服务的架构（SOA）等最新设计理念；并为降低本地化工作量和系统建设成本，对数据模型做了大幅度的调整和优化。

关键概念

面向服务的体系架构（SOA）是一个组件模型，它将应用程序的不同功能单元（称为服务）通过这些服务之间定义良好的接口和契约联系起来。接口是采用中立的方式进行定义的，它应该独立于实现服务的硬件平台、操作系统和编程语言。这使得构建在各种各样的系统中的服务可以以一种统一和通用的方式进行交互。

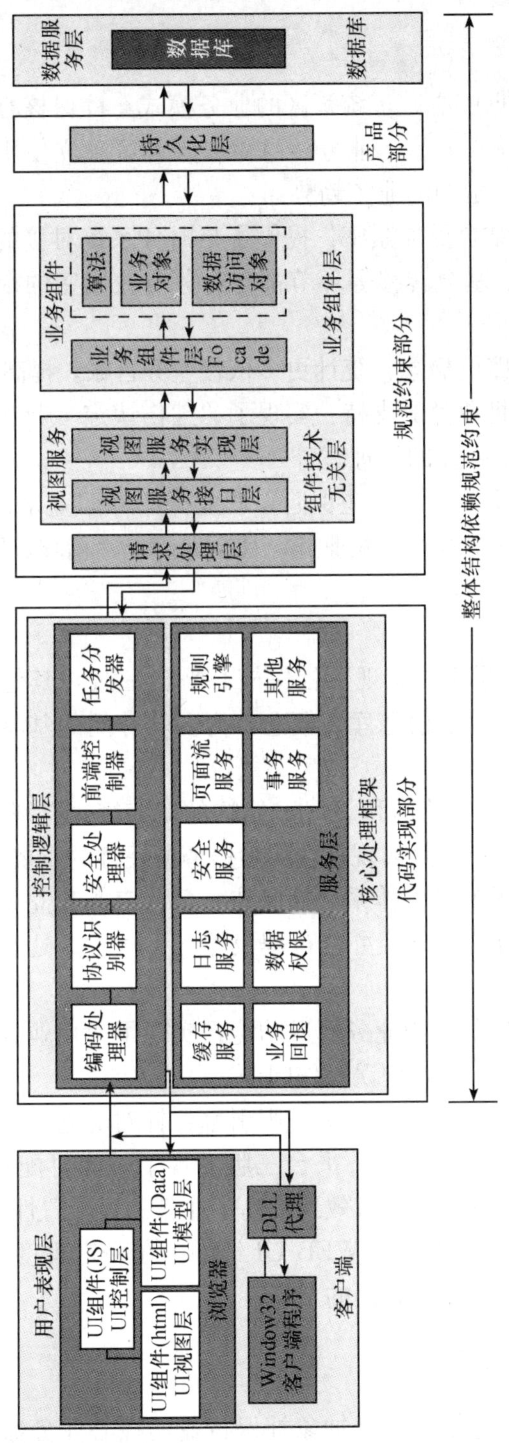

图 19—4　LEAF 平台架构逻辑总图

（一）业务特点

1. 支持一个数据中心、多统筹区的业务模式：社保核心平台三版基本信息在数据中心一级统一共享，业务信息由各统筹区独立使用，可以适应数据向上集中、服务向下延伸的业务趋势

2. 业务与财务结合更加紧密：提供了与财务系统对接的业务模块，在基金征集、待遇支付、基金转移等环节都与财务有较紧密的衔接，可由财务接口系统自动生成凭证。

3. 引入业务台账的概念：统计更多依赖业务台账，提高了统计效率。

4. 加强行政审批业务的支持：实现了“工伤认定＋劳动能力鉴定＋工伤保险业务经办”三位一体的管理。

5. 加强养老保险业务、失业保险、职业介绍和职业培训费、“两定”和“三目”、城镇居民基本医疗保险业务、社会保障卡、稽核、绩效的管理。

（二）技术特点

1. 引入了SOA思想：实现了社保核心平台三版与其他软件间的业务逻辑集成。同时提出“基本信息库”概念，为多软件间的基本信息共享提供了可行方案。

2. 实现了对C/S/S结构和B/S/S结构的双兼容：有利于建立基层平台、互联网等多种访问渠道，是实现社会保险服务便民性的重要手段。

3. 实现了可回溯的事件体系：社保核心平台三版建立了事件体系，完整地记录了每个操作员的业务经办全过程及输入、输出、处理的数据，适应了精细化管理的要求。

4. 提供了可配置的通用业务回退功能：实现了通用业务回退功能，提高开发效率，方便经办人员处理误操作问题。

5. 提供了四险待遇核定的算法规则引擎：针对养老、失业、工伤、生育四险的待遇核定业务，社保核心平台三版实现了一套可配置的政策参数库、过程参数库、算法规则引擎，有效地提高了业务的可配置性和兼容性。

6. 使用了便于快速开发的WEB UI组件：在一定程度上降低了Web页面的开发难度，提高了交互界面的友好性。

（三）数据模型特点

社保行业数据参考模型用于抽象社保行业的核心业务数据，能有效地对

业务数据进行概括和描述，可更好地解决数据模型的弹性问题，适应社会保险覆盖面不断扩大的趋势。包括三个基础主题：当事人（参与者）、资产、产品；四个关联主题：协议、基金、资产流动账、账户，如图 19—5 所示。

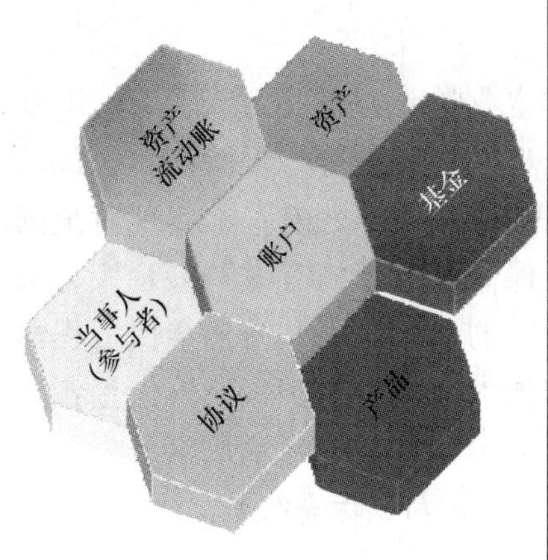

1.当事人：泛指提供、开展、进行、享受社保业务和服务的主体或目标对象，即社保业务中的所有参与方，包括参保单位、参保个人等主体。

2.资产：社保业务各参与方（重点指社保机构、参保单位或参保个人）拥有的可作用于社保业务的经济资源。

3.产品：对所有社会保险具体险种的统称，阐明了产品适用的参保对象范围、参保对象应该履行的责任义务、参保对象可获得的权利。

4.协议：指当事人选择了具体社会保险险种（产品）的证明和约定，它界定了各方在该项社会保险具体社会保险业务中应履行的责任义务及可获得的权利（如参保个人/参保单位、经办机构建立的参保关系）。

5.基金：指由参保单位或参保个人等主体缴纳的社会保险费、其他渠道划拨资金、利息等组成的社会保险基金。

6.资产流动账：当事人在履行社会保险责任或行使社会保险权利过程中有关资产的变化记录，如社会保险缴费、退费、享受待遇等业务记录。

7.账户：指具有当事人和产品双重专属性质的资产，如为参保个人建立的养老保险、医疗保险等个人账户。

图 19—5　社保核心平台三版的社保行业数据参考模型

六、应用场景

根据金保工程统一规划，社保核心平台三版是面向城市级的，集业务数据模型、业务流程建议、标准业务实现、标准底层技术架构于一体的社会保险管理信息系统解决方案。社保核心平台三版是公共服务、异地业务、联网监测、基金监管、宏观决策等业务的基础，各地根据自身的业务状况、数据要求的不同，按最小必须原则进行程序本地化后使用，优先采用配置方式实现对本地政策算法的适应调整。鼓励以省为单位统一本地化，减少省内软件版本差异。

【案例 19—1】嵊州劳动保障一体化系统

嵊州结合本地的实际，对原软件裁剪和消化吸收，并在此基础上互相融合拓展，最终建成了集公共管理、劳动就业、社会保险、执法监督、决策支持、公共服务、机关政务于一体的业务管理平台。

系统覆盖了市劳动和社会保障局、25 个街镇/社区，共 26 个网点，直接经办的业务终端约 150 台，对外与地税局、11 家银行、14 家医院、27 家药店进行信息交互。

第三节　新型农村社会养老保险系统

一、总体设计思想

根据《国务院关于开展新型农村社会养老保险试点的指导意见》（国发[2009] 32号）的要求，从2009年起开展新型农村社会养老保险试点。2009年试点覆盖面为全国10%的县（市、区、旗），2020年之前基本实现对全国范围内农村适龄居民的全覆盖。为配合新农保试点业务的有效开展，人力资源和社会保障部遵循“统一建设、应用为先”的建设原则，结合金保工程总体规划，以社保核心平台三版的业务功能和技术框架为基础，充分借鉴各地在新农保信息化建设方面的实践经验，于2009年组织多家厂商联合开发，推出新型农村社会养老保险管理信息系统（以下简称新农保系统）。

【阅读参考】

《国务院关于开展新型农村社会养老保险试点的指导意见》（国发[2009] 32号）对新农保信息化工作提出的总体要求：

1. 开展新农保试点的地区，要认真记录农村居民参保缴费和领取待遇情况，建立参保档案，长期妥善保存；

2. 建立全国统一的新农保信息管理系统，纳入社会保障信息管理系统（“金保工程”）建设，并与其他公民信息管理系统实现信息资源共享；

3. 要大力推行社会保障卡，方便参保人持卡缴费、领取待遇和查询本人参保信息。

二、业务功能

（一）系统功能

新农保系统由中心系统和单机系统组成。中心系统包括参保登记、缴费管理、账户管理、待遇发放、关系转移、财务管理、公示信息、系统接口、综合查询、稽核管理、社会保障卡管理、统计报表、系统管理13个子系统，148个功能模块；单机系统包括单机业务和公示信息2个子系统，11个功能模块。新农保系统作为部级统一开发的标准版软件系统，提供了大量的参数配置以提高软件的适应性。各地在实际应用实施中，主要通过参数配置实现本地化需求，同时，对有新业务点和新流程变化的部分，本着“少量必须”的原则进行本地化改造。

(二) 系统特点

1. 支持参保范围多样性

新农保系统在支持农村居民参保的同时，还充分考虑了城镇居民养老保障、新老农保的衔接问题。对重度残疾人员、五保户、军烈属等特殊群体进行了标志，地方可以针对这些特殊群体制定相应的缴费和待遇享受规则。

2. 支持筹资渠道多样性

新农保系统利用缴费规则设置，实现筹资多样性，对个人缴费、集体补助、各级政府补贴均可给予筹资情况的有效记录。

3. 支持缴费标准多样性

新农保系统提供多种缴费档次的定制，为每个筹资项目设置不同的缴费额度计算标准，并且根据地方实际需要进一步扩充。

4. 支持缴费途径多样性

新农保系统支持了银行托收、经办机构自收等缴费模式，通过数据导入导出方式实现了与金融机构的数据接口。地方还可扩展实现联网情况下银行代核代收的缴费模式。

5. 支持待遇享受差异性

针对各地在新农保待遇核定和领取方面存在的差异性，系统基于通用框架，设计出能兼容各地典型模式的基本流程，通过参数配置或算法调用的形式实现。

6. 对新农合参保缴费业务的支持

新农保系统同步考虑了新农合的参保缴费业务，其中的缴费标准、缴费形式可与新农保不同。

7. 加强社会保障卡的管理

新农保系统还提供了社会保障卡初始数据生成、发卡、补卡、挂失、应用管理等一系列功能。

三、技术架构

新农保系统适应全省大集中的部署要求，基于最新的新农保国家政策和部级经办规程，支持“省—市—县—镇—村”五级业务管理模式，实现了新农保业务的全过程经办功能。新农保信息系统省级部署结构如图 19—6 所示。

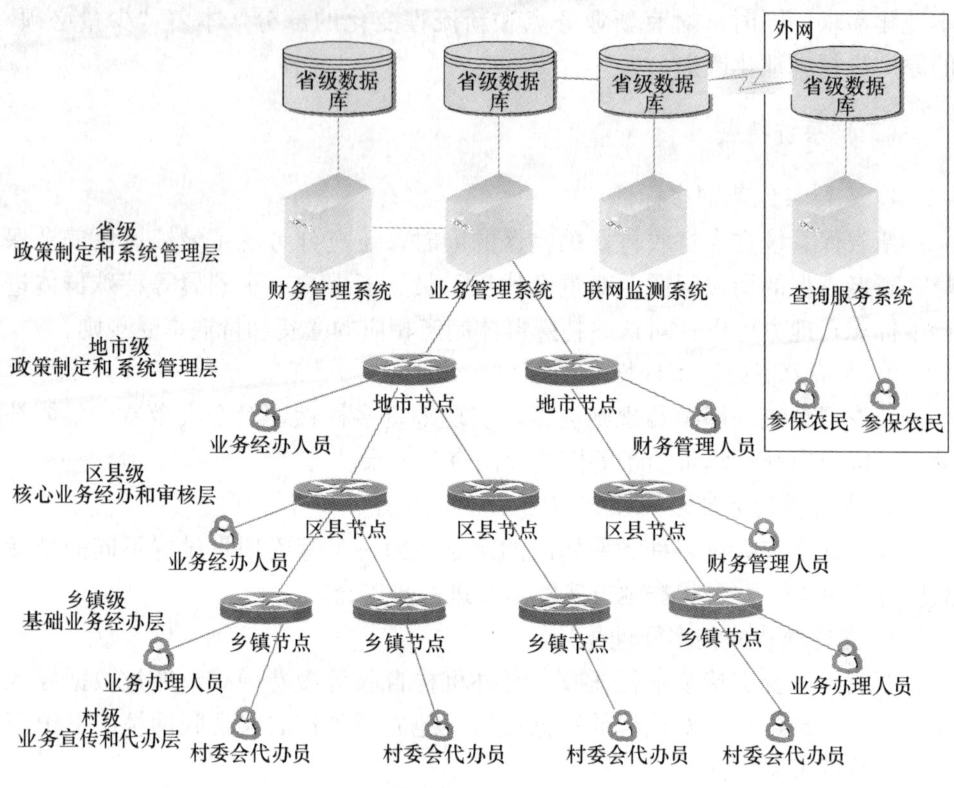

图 19—6 新农保信息系统省级部署结构

新农保系统向省、市经办机构提供统计查询等服务，向市、县经办机构以及各基层服务单位提供参保登记、缴费管理、待遇发放、财务管理、综合查询、统计报表等服务。省、市、县、镇四级主要通过使用 B/S/S 结构的中心系统完成日常业务操作。省级部门还需负责系统管理工作，管理整体系统安全，分配用户管理权限，协调沟通与外部的接口，统一管理对外服务系统。村委会直接面向农村居民，宣传新型农村养老保险政策、制度，收集农村居民参保材料，协办新型农村社会养老保险业务。村一级主要通过使用 C/S 结构的单机版系统完成日常业务操作。

四、应用场景

考虑到金保工程一期已经初步建成各级数据中心和部省市业务专网雏形，且新农保业务与城保业务相对独立，在规划新农保数据分布策略时，优先选用省级集中的系统模式，即系统和数据部署在省级，下辖地市、区县、乡镇通过网络管理本级的数据。条件不具备的地区，暂放到地市级，且数据分布的最低层级即在地市。新农保系统与社保核心平台三版具有相同的底层框架和数据库结构，有条件的地区可以进行集成部署。

【案例 19—2】

新农保系统建设时间紧、任务重，直接关乎政策的落实效果。各地克服各种困难，努力加快新农保系统建设进度，取得了较好的成效。如河南省，先行完成部级新农保系统的快速部署上线，通过软件满足数据采集、待遇发放环节的工作需要，并同步研究本地业务需求，进行部分功能的本地化调整，并在条件成熟后进行系统功能升级。如福建省，在省级完成系统部署后，先行选择一至两家试点县进行系统试用，并在完善系统的基础上，进一步扩展在所有试点县范围内应用。如江苏省，在明确分步建设全省数据大集中系统的目标后，在省级部署新农保信息系统，先期支撑苏北地区信息化程度较低的试点县工作，再逐步将苏中、苏南地区试点县数据集中至省。如黑龙江省，将全省新农保信息管理系统纳入到统一的人力资源和社会保障省级数据平台和业务平台中，与城镇社会保险各项业务信息实现资源共享，与公安部门实现人口信息交换。

第四节　社会保险基金财务系统

一、总体设计思想

随着社会保险业务的快速发展，社会保险基金量日益庞大。目前，全国基金收支规模已经达到万亿级的水平，与 20 年前相比是近十倍的增长。如此庞大规模的基金量，要求我们在日常经办过程中要首先做好基金财务的记账、核算等工作，提升基金财务精细化管理能力。以实现社会保险基金财务管理的全过程信息化为目标，进一步加强社会保险业务、财务数据的衔接性，实现社会保险业务财务系统一体化，提升社会保险基金财务管理系统的统一性和规范性，综合利用业务和基金财务数据实现基金预算编制。

二、基金财务生产接口软件业务功能

按照金保工程的总体规划，以实现社会保险业务和基金财务系统一体化

建设为目标，人力资源和社会保障部组织制定了一套业务管理系统与财务管理系统的数据接口方案并开发完成了相应系统软件，以实现社会保险业务管理系统与基金财务管理系统的数据共享。社会保险基金财务生产接口软件流程如图 19—7 所示。

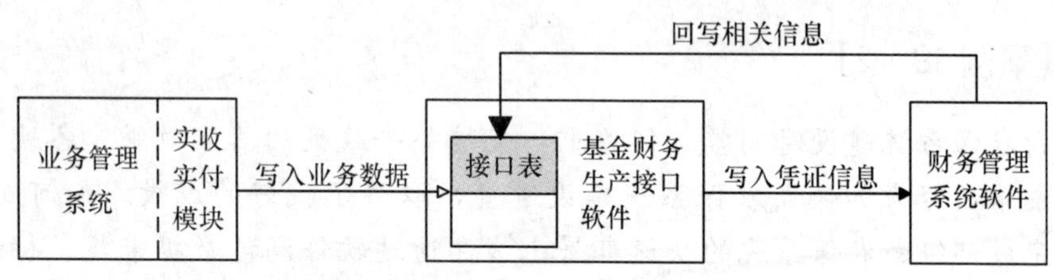

图 19—7　社会保险基金财务生产接口软件流程

财务人员在社会保险业务管理系统中，对将委托银行托收、扣款、两定结算或待遇发放的数据进行复核确认，并通过建立与金融机构的接口交互资金收发往来数据，根据金融机构回单完成实收实支确认。社会保险业务管理系统在实收实支确认后产生财务核算所需的业务原始数据，并将实收实支数据存入中间表。社会保险基金财务生产接口系统接收中间表的业务数据，由财务人员确认并转换为财务记账凭证数据，向社会保险基金财务管理系统传递。

社会保险基金财务生产接口软件主要由数据库初始化、账套信息设置、转换方案管理、生成凭证、凭证管理、工作组管理和操作员管理等部分组成。通过在业务管理系统和财务管理系统之间建立统一的接口规范，并且建立一条能互相传递数据以及获取对方系统数据的数据通道，辅助实现自动凭证的编制。

三、财务管理软件业务功能

财务管理软件主要通过采购商品化财务软件实现，系统功能需实现审核财务生产接口产生的凭证数据，使得凭证生效，完成记账过程，并向中间表返回凭证编号等信息供其他业务使用。同时，财务管理系统也应支持其他基金收支类业务的会计凭证录入及管理，查询各类会计科目的明细分类账和总分类账等账簿，以及各个会计科目的余额表，并能够生成资产负债表、收支表、暂收暂付款表等各类基金财务报表。

随着社会保险统筹层次的不断提高，基金管理的职责逐步向上级机构转移，相应的基金财务管理系统的统一性和规范性需要进一步加强，包括规范科目代码、核算细度等事项，提高财务管理系统的统一性。

四、技术架构

以社会保险业务和基金财务系统一体化建设为目标，实现业务数据和财务数据的衔接，可以分为两种实现模式。一是接口模式，即指业务功能和财务功能分别由不同的系统实现，且业务和财务之间通过接口的形式进行衔接，数据流在多个系统间进行流转；二是集成模式，即指在一个系统中既包含业务功能，也包含财务功能，数据流在一个系统内部流转。接口模式相比集成模式，技术实现较简单，业务、财务、接口等系统不需要部署在同一台服务器上，对硬件的要求以及用户的访问请求压力都较低。

以接口模式为例，可采用三种部署方式。一是业务、财务、接口系统分别部署在不同服务器；二是业务、接口系统部署在同一台服务器中，财务系统单独部署；三是财务、接口系统部署在同一台服务器中，业务系统单独部署。三种方式均需划分不同的用户和数据权限，相互间保证物理上实现连接。

五、应用场景

要合理设定财务管理系统和基金财务生产接口系统的部署层级，考虑到信息共享的要求，应与业务管理系统做同级部署。随着社会保险统筹层次的不断提高，金保工程相关系统部署要求也在逐渐提高，这种情况下，就需要选择采购可适应统一集中部署、多级经办管理、分级独立核算要求的财务管理系统，并在系统部署层级范围内统一核算规则和科目代码等标准。

财务管理系统和基金财务生产接口系统，都应该充分适应开发式业务管理系统与商品化财务管理系统衔接的要求，符合基于现有系统扩建接口的模式。同时，在理想情况下，还可以进一步实现业务财务的一体化，即业务、财务前台界面、后台库表完全衔接，形成一套软件，两边的数据可以充分共享。无论哪种方案，本质是实现业务、财务的信息共享，提升财务管理系统层级。

思　考　题

1. 社会保险的数据属性有哪些？

2. 社会保险管理信息系统核心平台具有哪些先进的设计思想？该软件特点如何？

3. 新型农村社会养老保险信息系统有哪些特点？

4. 如何实现社会保险业务财务一体化？

第二十章 人力资源管理应用系统

本章导读

加强人力资源信息化建设，是人力资源社会保障信息化工作的重要建设任务，是建设服务型政府、提高为民服务能力和水平的重要基础。人力资源管理信息系统是人力资源管理领域各类业务系统的总称，涉及公共就业人才服务、人事人才管理、劳动关系、公务员管理等业务领域，为各级人力资源社会保障部门开展相关业务工作提供技术支持，现已成为规范人力资源工作管理、提高管理服务水平的有效举措。

本章通过对人力资源管理应用系统的概括介绍，帮助读者掌握人力资源管理系统的设计思想、建设目标、总体架构及相关业务应用系统的主要功能、特点及建设情况，了解人力资源业务领域信息化建设所取得的成果和未来建设的发展方向，提高读者对人力资源管理信息化工作的认识。

第一节　人力资源管理业务系统分析

随着经济体制改革的不断深入和人才强国战略的实施，人力资源已成为社会生产力中最为活跃的重要因素，为不断提高人力资源开发与管理的水平，及时反映人力资源供求关系变化，科学指导人力资源合理配置和发展方向，通过利用信息化的技术方法和手段，建设布局科学合理的人力资源业务应用系统成为必然。人力资源的信息化管理是实现人才合理流动、推进城乡统筹就业，扩大人力资源市场规模，促进人才合理配置、转变政府职能，提高管理水平和服务质量的重要保证。

【新闻摘录】

人才资源是第一资源，人才问题是关系党和国家事业发展的关键问题，人才工作在党和国家工作全局中具有十分重要的地位。

——摘自《胡锦涛在全国人才工作会议上的讲话》，人民网，2010-5-27

人力资源管理业务按照管理内容分为三大领域：公共就业服务、劳动关系管理和人力资源管理与服务。各领域的主要业务职能分别为：

一、公共就业服务领域业务

公共就业服务领域业务主要是人力资源社会保障部门提供的公益性就业服务，主要内容包括：

职业介绍——招聘登记、求职登记、推荐岗位、现场招聘服务、专场招聘、委托招聘、用工调查、用人推荐、跟踪服务、农民工职业介绍服务、农民工维权服务、推荐跟踪指导。

职业指导——前台一般指导、个体专门指导、专项小组指导、职业素质测评、就业困难群体指导、跟踪指导、企业用人指导。

培训与创业服务——技能培训推介、创业咨询指导、创业跟踪指导、创业项目征集、创业项目推介展示、核定职业培训补贴、核定职业技能鉴定补贴、街道社区指导。

就业和失业管理——就业登记、失业登记、解聘备案、录用备案、企业吸纳下岗失业人员认定、核定失业保险待遇、失业人员档案管理、“再就业优惠证”管理、核定社保补贴、核定公益性岗位补贴、小额担保贷款服务、核定职业介绍补贴、公益性岗位开发、就业扶持政策咨询指导。

二、劳动关系领域业务

劳动关系领域业务是指为进一步维护劳动者和用人单位的合法权益，构建和谐劳动关系，采取的一系列管理措施。主要内容包括：

劳动用工备案——所有用人单位招用依法形成劳动关系的职工，需到登记注册地的县级以上人力资源社会保障行政部门办理劳动用工备案手续。备案的信息包括：用人单位信息，招用职工信息，与职工签订劳动合同的起止时间，终止或解除劳动合同的人数等。

劳动监察——通过劳动保障监察“两网化”（网格化、网络化）管理体制，实现对用人单位遵守劳动法律、法规情况的有效监管，全面维护职工合法权益。

劳动人事争议仲裁——跟踪监督检查争议案件的处理情况，管理全国劳动人事争议调解员、仲裁员队伍。

三、人力资源管理领域业务

人力资源管理领域业务主要是根据各类人群不同特征进行相应的管理与服务，具体内容包括：

公务员管理——逐步健全具有中国特色的公务员管理体制，实现录用、考核、职务任免、升降、培训、奖惩、交流与回避、辞职辞退等管理内容的规范化。

转业军官管理——按照现行军队转业干部安置管理体制，对军队转业干部安置计划执行情况、教育培训计划组织实施情况、企业军转干部维稳情况、自主择业军转干部退役金发放及再就业情况的及时了解和掌控。

专业技术人员管理——负责全国专业技术人员和专业技术队伍建设，高级专门人才规划、培养，组织有突出贡献中青年专家、享受政府特殊津贴专家的选拔工作，以及其他各类专业技术骨干人才管理服务。

国际职员管理——指导和协调国际交流与合作，负责派往国际组织职员的选拔、管理及协调服务工作，承担国际人力资源机构中中方牵头的协调工作。

机关事业单位工资管理——拟定机关、事业单位和驻外使领馆工作人员的工资制度、政策和标准及调控措施，建立地区津贴制度，完善艰苦岗位津贴制度。

第二节　人力资源管理应用软件系统设计

一、设计思想

1. 坚持全国一体化建设的设计思想，按照人力资源社会保障信息化建设的总体思路进行系统的规划设计，发挥信息化建设的整体效应。

2. 坚持资源共享的设计思想，依托金保工程统一建设的数据中心、信息网络、安全防护设施和相关业务应用系统，通过软件系统的开发和集成应用，形成覆盖全国的人力资源信息系统。

3. 坚持统一平台的设计思想，搭建统一应用平台，实现通用模块标准化，特殊业务模块个性化。

4. 坚持面向服务的体系架构（SOA），减小外界对系统的影响，减小因服务的改变给系统带来的风险。

5. 坚持松散耦合的设计思想，提高系统对环境的适应能力。

二、建设目标

按照人力资源和社会保障信息化建设的总体要求，建设统一的人力资源指标代码体系和目录交换体系，为信息交换与资源共享提供保障；建立结构合理、内容齐全，逻辑集中统一、物理分布存储、适时更新的全国动态人力资源数据库群，使信息资源开发利用和信息共享得到明显提高；整合人才与劳动力市场资源，建立统一、规范、高效的人力资源市场信息化支撑平台，为各类人员择业就业提供全流程信息化服务；优化业务流程，建立技术先进、功能齐全并与业务工作要求相适应的业务应用系统，实现人力资源各项业务处理过程的信息化和管理决策的科学化；整合公共服务资源，建立统一的公共服务门户，实现公共服务网络化，提高公共服务的水平；建立以办公网、业务专网和互联网为基础的网络支撑环境；构建人力资源信息化安全保障体系，确保应用系统运行的安全稳定；建立决策支持系统，为制定政策和科学决策提供适时、准确的数据依据。

三、技术架构

系统基于 J2EE 平台，采用面向服务的体系架构（SOA），将系统划分为基础设施层、数据层、业务应用层和展示层等多层结构，系统以安全保障体系和标准化体系为保证，通过层次化、模块组件化的实现，使系统具有最大程度的灵活度，从而能对业务需求的变化作出快速的反应，使系统具有很好的扩展性（见图 20—1）。

关键概念

1. J2EE，是由 SUN 公司开发的一套企业级应用规范，由一整套服务、应用程序接口和协议构成，对开发基于 Web 的多层应用提供了功能支持。

2. B/S/S，即客户端为浏览器的三层结构。在这种结构下，用户工作界面是通过 WWW 浏览器来实现，应用服务集中在服务器端，从而实现客户端的零维护。

图 20—1 清晰地描述了整个系统的层次划分，系统从最底部的数据库层开始，一层一层地向上提供接口服务，最终实现用户按业务要求的可见操作

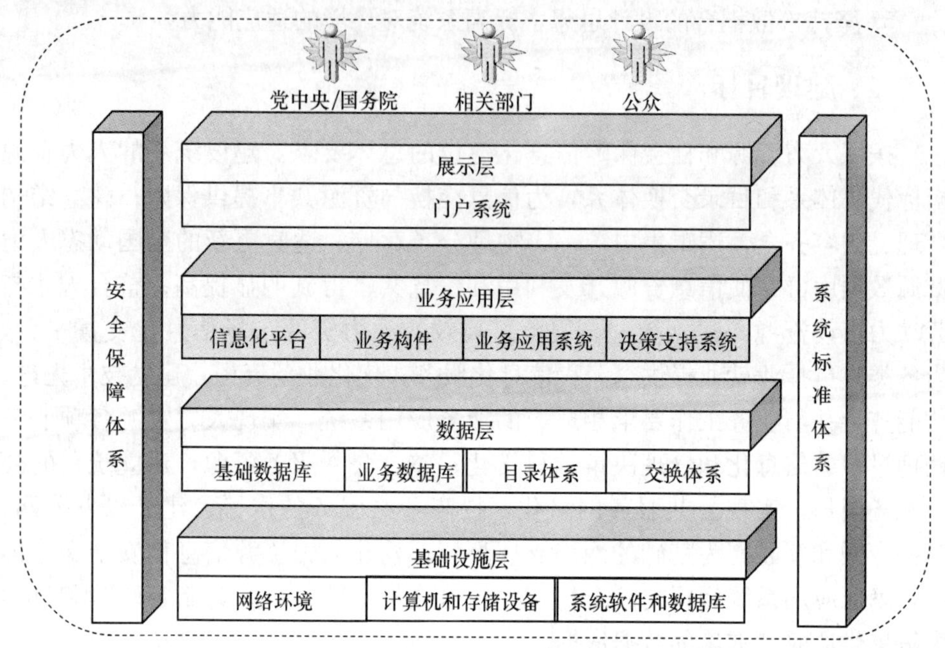

图 20—1　三（N）层应用体系结构

界面和其他系统接口。各层次专著于自身功能的接口实现，整个层次保持相对的稳定。系统通过不改变接口，各个层次、各个组件进行优化的策略，能在不影响整个业务的前提下，不断地完善和改进。

四、总体业务功能框架

人力资源管理业务系统，遵循人力资源社会保障信息化建设的数据标准和技术规范，依托金保工程的技术平台和基础设施，以基础数据库和动态业务数据库群为核心，以公共就业管理、劳动关系管理、公务员、军转干部、专业技术人员、事业单位人员管理与服务等业务应用系统为重点，以网络和统一的人力资源管理信息化平台为支撑，以制度、标准和安全系统为保障，完善相关应用软件的业务功能、运行环境和基础设施，服务于党中央、国务院、全国各级业务管理部门和社会公众。

其总体业务功能框架如图 20—2 所示。

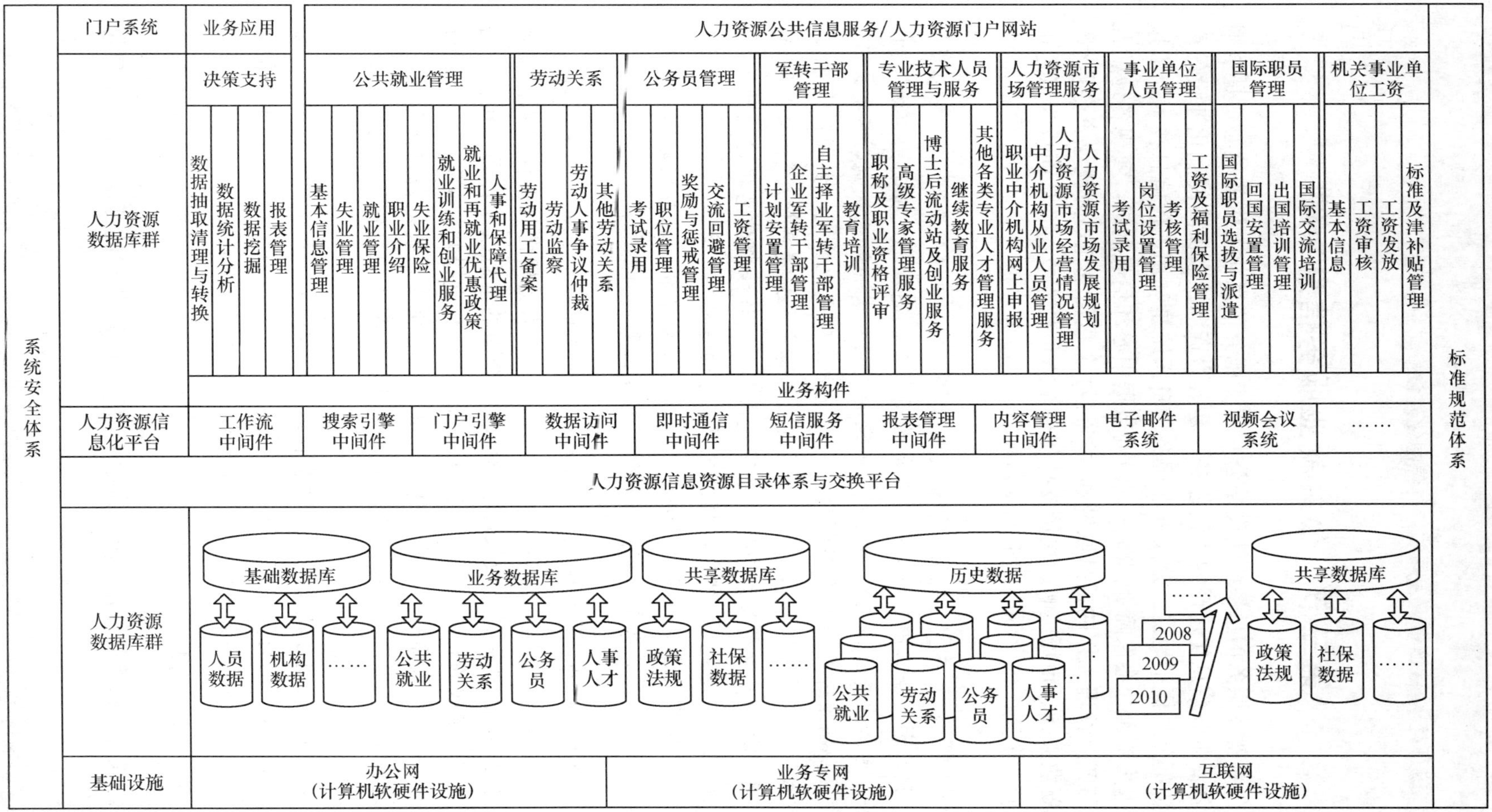

系统安全体系

门户系统 | 业务应用 | 人力资源公共信息服务/人力资源门户网站

人力资源数据库群

决策支持：数据抽取清理与转换、数据统计分析、数据挖掘、报表管理

公共就业管理：基本信息管理、失业管理、就业管理、职业介绍、失业保险、就业训练和创业服务、就业和再就业优惠政策、人事和保障代理

劳动关系：劳动用工备案、劳动监察、劳动人事争议仲裁、其他劳动关系

公务员管理：考试录用、职位管理、奖励与惩戒管理、交流回避管理、工资管理

军转干部管理：计划安置管理、企业军转干部管理、自主择业军转干部管理、教育培训

专业技术人员管理与服务：职称及职业资格评审、高级专家管理服务、博士后流动站及创业服务、继续教育服务、其他各类专业人才管理服务

人力资源市场管理服务：职业中介机构网上申报、中介机构从业人员管理、人力资源市场经营情况管理、人力资源市场发展规划

事业单位人员管理：考试录用、岗位设置管理、考核管理、工资及福利保险管理

国际职员管理：国际职员选拔与派遣、回国安置管理、出国培训管理、国际交流培训

机关事业单位工资：基本信息、工资审核、工资发放、标准及津补贴管理

业务构件

人力资源信息化平台：工作流中间件、搜索引擎中间件、门户引擎中间件、数据访问中间件、即时通信中间件、短信服务中间件、报表管理中间件、内容管理中间件、电子邮件系统、视频会议系统、……

人力资源信息资源目录体系与交换平台

人力资源数据库群

基础数据库：人员数据、机构数据、……

业务数据库：公共就业、劳动关系、公务员、人事人才

共享数据库：政策法规、社保数据、……

历史数据：公共就业、劳动关系、公务员、人事人才、……

2008、2009、2010、……

共享数据库：政策法规、社保数据、……

基础设施：办公网（计算机软硬件设施）、业务专网（计算机软硬件设施）、互联网（计算机软硬件设施）

标准规范体系

图 20—2　人力资源业务总体功能架构图

第三节　公共就业服务信息系统

公共就业服务信息系统建设是公共就业服务信息化工作的核心，是全国公共就业服务信息化建设的主要任务，是人力资源社会保障信息化建设的重要组成部分。概括地讲，公共就业服务信息系统是利用现代信息技术，依托各级人力资源社会保障部门统一建设的数据中心和信息网络，实现各地就业服务与就业管理工作的信息联网和业务经办全程信息化，为就业资金监管、异地就业服务、市场监测、决策支持提供全方位技术支持，从而成为以地市为基础、全国一体化的应用于就业领域的电子政务工程。

【阅读参考】**公共就业服务信息化建设背景**

党的十四届三中全会提出“改革劳动制度，逐步形成劳动力市场”的任务。为加快建立适应社会主义市场经济体制要求的就业机制，原劳动保障部在全国推进劳动力市场科学化、规范化、现代化建设，要求各地“初步建成城市劳动力市场信息网，在再就业工作中充分发挥作用”。自开展以来，各地纷纷启动劳动力市场信息网建设工作，逐步将信息化建设作为政府促进就业、转变就业机制、规范就业服务的基础性工作。

信息化建设已成为我国促进就业工作的重要举措，在我国颁布的多部法律法规中，对公共就业服务信息化工作提出了明确要求。

按照人力资源社会保障信息化工作的总体规划，公共就业服务信息系统建设涉及多项信息化建设内容，涵盖部、省、市人力资源社会保障部门在就业信息化领域的所有建设成果，已形成较为全面的信息技术体系，包括由各类应用软件组成的软件体系，以及技术标准规范和支撑软件运行的计算机硬件、网络和通信设备等。其中，建立标准统一的应用系统是公共就业服务信息系统建设的基本任务，也是推进全国公共就业服务信息化工作协同发展的重要措施。

本节以支持地方就业服务与就业管理工作的业务应用软件为对象，主要介绍该系统建设的有关内容。除特殊说明，后续内容中“公共就业服务信息系统”专指支持地方公共就业服务机构业务经办的应用软件。

一、发展历程

公共就业服务信息化建设工作始于20世纪80年代的劳动力市场信息网

络和人才市场信息网络建设。原有的信息网络包含了业务应用软件、计算机网络、信息数据库和相关网站等方面的建设。

我国公共就业服务信息系统建设与我国促进就业工作的发展息息相关，已经历 20 多年的建设发展历程。1989 年，开展劳动力市场信息微机管理试点工作，组织开发了功能较为单一的职业介绍应用系统软件，基本实现了劳动力市场前台业务计算机化。到 1998 年，我部积极推进劳动力市场三化建设，要求各地建设劳动力市场信息系统，并推广产品化的劳动 99 软件，使大多数地区实现了前台业务的信息化管理。到 2004 年，为了适应就业工作发展的要求，支持就业服务向基层工作平台的延伸，组织开发了三层结构的劳动 99 三版软件。目前，已形成以劳动 99 软件为代表的公共就业服务信息系统，供地方选择使用。

关键概念

所谓三层体系结构，是一种软件技术架构的设计方法，即在客户端与数据库之间加入了一个中间层，负责处理业务规则、数据访问、合法性校验等工作，使得软件结构更清晰，分工更明确，以提高系统效率，便于软件系统的后期维护和升级。

二、业务功能

公共就业服务信息系统由各地建设，专为本地就业服务与就业管理工作提供技术支持的核心应用系统。一般情况下，部署在地级以上城市的数据中心，以集中式数据库为基础，通过信息网络将系统服务延伸至辖区内所有公共就业服务机构及基层工作平台，以支撑各项业务活动的顺利开展。部分有条件的省份，建设了全省集中式的公共就业服务信息系统，对全省就业服务与就业管理工作提供支持。通过建设统一集中的公共就业服务信息系统，对本地公共就业服务工作和公共人才服务工作提供服务，实现公共就业服务机构各项前台业务的计算机处理和规范化管理，并为异地就业服务和网上就业服务提供支持，逐步实现从柜台式服务向一站式服务、从属地服务向异地服务、从前台服务向自助式服务转变。

目前，我部在公共就业服务信息系统建设方面，要求地级以上城市普遍使用全国统一的公共就业服务业务应用软件，并可以根据实际需要进行本地化实施，业务功能应覆盖就业与失业管理、职业介绍与职业指导、职业培训、创业服务、失业保险、就业援助、劳动力资源调查、人事劳动保障事务代理，以及政策性补贴审批、就业政策落实和就业专项资金使用等就业服务与就业管理工作领域，实现各项业务之间的数据关联和业务协同，提高工作效率和管理精度。在此基础上，地方可通过公共就业服务信息系统与社会保险管理信息系统之间的业务联动，在劳动者个人的就业、失业状态发生变化时，实现就业登记和失业登记、社会保险费征缴、失业保险金待遇发放，以及各种政策补贴发放等业务之间的联动。

三、软件特点

为了支持地方对全国统一软件的本地化开发，公共就业服务信息系统软件采用了“平台加标准化软件”的设计思路。各地在实施全国统一软件时，可以专注于业务差异分析、数据指标扩充等本地化工作，而不用考虑复杂、底层的技术问题，减低了本地化工作量和工作难度、缩短了工作周期，同时也为全国统一的数据交换、宏观监测奠定了基础。

全国统一建设的公共就业服务信息系统，采用基于 J2EE 技术的 B/S/S 三层结构模式，以全市集中式资源数据库为基础，为系统向街道、社区的延伸提供了技术保障。在业务功能设计方面，公共就业服务信息系统实现了对劳动力资源的动态管理，全过程记录劳动者的就业历程，全面管理劳动者的就业、参保、失业、求职、培训及失业保险待遇享受等相关信息，力求准确把握劳动者就业和失业状况；建立统一的单位和个人基本信息管理模块，为各项业务提供基础数据，实现基本信息的共享，也为地方在各项业务应用软件之间实现“同人同城同库”提供了可靠的数据管理模式。

四、应用场景

为保证地方用户的根本利益，公共就业服务信息系统采用市场化的推广模式，部里统一认证一批高资质的前台技术支持商，地方城市可通过市场化竞争的形式从中选择，授权其进行本地化实施和技术支持，以获得更为贴身的就近服务。

各地在公共就业服务信息化建设过程中，依托各级人力资源社会保障部门统一建设的数据中心、网络系统、安全防护体系等基础设施，建立集中式的公共就业服务信息系统，并购置部分软硬件设备，以支持应用系统的正常运行；通过推进本地市域网建设，以覆盖各级公共就业服务机构及基层工作平台；购置终端设备，以支持公共就业服务机构的工作开展。各地通过建立就业服务网站（包括就业工作网站和公共招聘网站），为社会公众提供方便、快捷的信息服务，以及自助式的网上业务办理功能。

第四节　劳动关系管理系统

一、总体概述

随着劳动关系法律法规体系的逐步健全和管理体制改革的深入推进，我国劳动关系调整工作正处在一个前所未有的快速发展期，面对日益繁重的劳动关系调整工作，推动劳动关系管理信息化建设已成为构建和谐劳动关系的客观要求，也是现阶段人力资源社会保障信息化建设的重要任务。

【新闻摘录】

要切实发展和谐劳动关系，建立健全劳动关系协调机制，完善劳动保护机制，让广大劳动群众实现体面劳动。

——摘自胡锦涛总书记在 2010 年全国劳动模范和先进工作者表彰大会的讲话。

梳理劳动关系业务需求和信息标准，建设劳动关系领域的全国统一应用系统，是劳动关系信息化建设的首要任务。按系统功能划分，劳动关系领域的应用系统包括劳动关系管理系统、劳动关系监控系统、劳动用工备案系统。其中，劳动关系管理系统部署在地市级或省级数据中心，用于支持地方人力资源社会保障部门各项劳动关系业务工作；劳动关系监控系统以数据交换的方式，实现对全国劳动关系调整工作的监督管理，并对异地违法案件、争议案件的协查协办提供支持；劳动用工备案系统以全国集中的劳动用工信息基础数据库为核心，实现对全国用人单位用工情况的动态管理。

劳动关系业务应用系统总体部署如图 20—3 所示。

二、劳动关系管理信息系统

根据劳动关系调整工作的业务特点，开展劳动关系管理信息系统的建设（见图 20—4）。围绕劳动关系的建立、运行、监督、调处等环节，实现对劳动关系管理、调解仲裁、劳动保障监察等工作的一体化管理，既便于有关部门之间的协调配合，也有利于该系统与各地建设的公共就业服务、社会保险

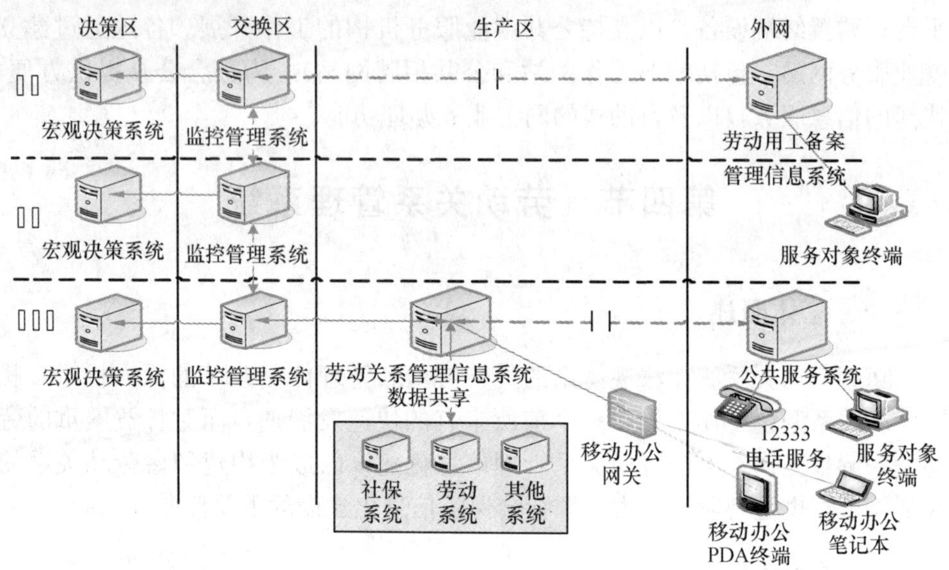

图 20—3　劳动关系业务应用系统总体部署

等业务应用系统的数据交换与共享，能够有效降低应用集成的技术难度。在此基础上，劳动关系管理信息系统需要与各地建设的公共服务系统衔接，为社会公众提供政策法规咨询、投诉举报、信息发布与查询等社会化服务。

按照属地化管理原则，多数劳动关系调整工作由地市级、区县级人力资源社会保障部门负责组织、处理。因此，劳动关系管理系统应采取地级城市集中建设的模式，在市级数据中心建立集中式数据库，全面支持辖区内劳动合同管理、工资支付调控、劳动保障监察执法、劳动人事争议处理等业务的办理，通过各地统一建设的市域网，将系统服务延伸至市、区县、街道（乡镇）、社区（村）等各级劳动关系相关部门，实现市内各区县、各项业务之间的信息共享和协同管理。通过与就业服务、社会保险管理信息系统的集成应用，实现劳动关系各项业务与就业、社会保险等业务的衔接，实现对用人单位遵守人力资源社会保障法律法规情况的动态监控，为维护劳动者合法权益提供技术保障。有条件的地区，可以基于劳动关系管理信息系统，利用移动办公技术和无线网络，实现对移动办案、现场执法、调查取证等工作的支持，为劳动关系相关部门及工作人员提供便利。根据各地业务应用系统建设的整体规划，劳动关系管理信息系统应与就业服务、社会保险等业务应用系统部署在同一层级，以便于系统之间的数据交换，如以省为单位建设业务应用系统的地区，应建设全省集中式的劳动关系管理信息系统。

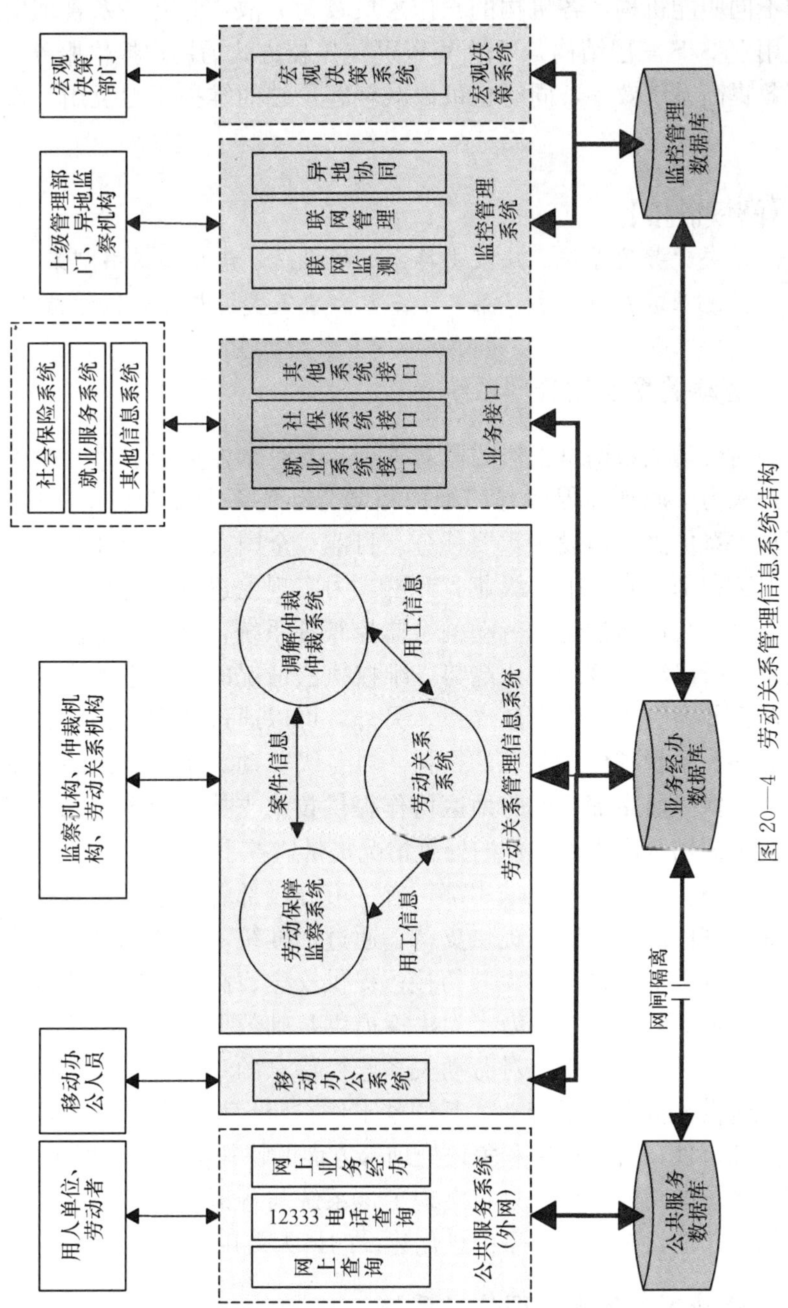

图 20—4 劳动关系管理信息系统结构

考虑到劳动关系管理、劳动保障监察、调解仲裁分属人力资源社会保障部门的不同职能机构，各机构的工作人员较为分散，劳动关系管理信息系统适合采用B/S/S三层结构，通过WWW浏览器方式为用户提供服务，一方面能够有效提高系统效率，同时也可以减轻客户端的维护压力及用户操作的技术难度。

【阅读链接】

关于异地系统、决策支持系统的概念，请查阅本书“第二十一章　异地业务系统”和“第二十三章　决策支持与基金监管信息系统”。

三、劳动关系监控管理系统

加强对劳动关系调整工作的监督管理，及时掌控重大群体性事件并进行处理，是人力资源社会保障部门维护和谐劳动关系和社会稳定的职责所在，也是劳动关系信息化建设的重要任务。目前，全国人力资源社会保障部门建设的金保工程部、省、市三级业务专网，为实现上述目标提供了安全、畅通的信息渠道，我们通过建立劳动关系监控管理系统，可以满足国家、地方对劳动关系运行状况、争议变化趋势、维权执法情况的及时掌控、动态管理和监督控制，并为决策提供有效支撑。另外，可以通过数据交换的方式，实现与各地劳动关系管理信息系统的衔接，对各级劳动关系协调组织、调解仲裁机构和劳动保障监察部门的跨地区协作提供技术支持，为各级人力资源社会保障部门掌握辖区内重大案件的处置情况提供监控手段。

劳动关系监控管理系统采用部、省、市分级部署的形式，对各级人力资源社会保障部门的分级监控提供支持；通过标准统一的数据接口，实现与各地劳动关系管理信息系统的无缝衔接；提供安全、高效、便捷的信息交换功能，支持异地业务协同，并为宏观决策提供基础数据；通过灵活多样的信息展现方式，以满足各类用户对劳动关系监控信息的不同需求。劳动关系监控管理系统建设充分考虑了劳动关系调整工作在跨地域协作、实时监控、跟踪重大群体性事件、规范执法和争议处理等方面的特殊需求，不同于异地系统、决策支持系统的功能设计，只有实现了该系统与各地劳动关系管理信息系统集成应用，才能发挥劳动关系信息化建设的最大效用。

四、劳动用工备案管理信息系统

建立劳动用工备案制度，是加强劳动用工管理、构建和谐劳动关系的重要保证。2009年初，人力资源社会保障部建设了劳动用工备案管理信息系统。该系统采用B/S/S架构，在人力资源社会保障部集中部署，劳动者、用人单位、各级劳动用工备案主管部门可通过互联网实现对系统的访问。该系统以全国集中的劳动用工信息基础数据库为核心，支持各级劳动用工备案主管部门的分级管理，通过互联网实行网络备案，方便用人单位办理劳动用工备案手续，并为劳动者提供用工备案信息的网上查询服务。

劳动用工备案信息是开展各项人力资源社会保障工作的基础。为保证劳动用工备案信息内容的客观性，劳动用工备案管理信息系统面向各级劳动用工备案主管部门和各类用人单位，提供劳动用工备案管理、劳动合同管理、集体合同管理等功能，并对规模解除劳动合同、未按期备案的用人单位进行重点监控，便于主管部门及时采取应对措施，督促用人单位认真履行备案义务，维护劳动者的合法权益，以行政督促与技术监督相结合的方式，确保劳动用工备案制度的实施。在此基础上，可以通过数据接口与各地劳动关系管理信息系统共享用工信息，以支持各级人力资源社会保障部门对用人单位守法情况的动态监控和分类重点管理。

第五节 其他人力资源管理系统

一、公务员管理系统

公务员管理信息系统将实现畅达、精准、快捷的公务员信息管理，实现公务员“进、管、出”各环节的信息化，提高日常管理的效率和质量，为各级公务员主管部门准确把握公务员队伍发展现状和趋势，科学制定战略规划和法规政策提供准确、完善的数据服务和辅助决策支持，提高宏观管理的科学化水平。

该系统要建立实现公务员录用、考核、职务任免、升降、培训、奖惩、交流与回避、工资福利保险、辞职辞退、申诉控告等业务的全流程管理。为了准确掌握全国公务员管理情况，必须能够将信息系统连通到中央、省、市、县四级和有关单位，支持业务联网办理和信息报送，为各级公务员主管部门提供准确、完善的数据服务和辅助决策支持。

二、公务员招考网上报名系统业务功能

公务员招考网上报名系统由考生网上报名及信息查询、中央各录用单位

资料上报及审查、中组部和公务员局审核管理及分类统计三个主要功能模块组成，实现了招考单位职位计划上报、考生报名、招考单位实时资格审核、审查结果实时公布、笔试及面试成绩在线查询、调剂报名及审核、报考人员情况录用职位计划情况分类统计、录用人员备案等全过程的网络化处理。利用该系统，考生可登录网站直接输入报名信息，并可随时查询和修改个人信息；同时，各招考单位也可随时登录网站对考生数据进行统一管理，全过程实现动态实时监控、分析及维护，做到了“凡不涉及国家机密和工作秘密的，能公开的都要公开”，成为“阳光考录”不可或缺的技术平台。

该系统采用了B/S架构。由于公务员招考网上报名系统具有网上访问时段集中、并发数高、安全要求高、逻辑关系复杂等特点，系统设计时采用了一些行之有效的技术措施：所有存取数据的操作均使用存储过程，利用负载均衡技术平滑分配多台web服务器上的访问流量，采用静态页面动态页面结合以防止频繁读取数据库，防止动态信息因系统和网络中的缓存功能造成数据串扰等等。

公务员招考网上报名系统于2000年开始建设使用，现已历经10年的实践，为共计700余万考生提供了网上报名服务。

三、全国军官转业安置管理系统业务功能

全国军官转业安置管理系统是采集、分析、处理、传输军队转业干部信息，掌握军队转业干部的数量、分布、工作、生活状况及变化情况，对其工资收入水平、补助补贴及退役金发放情况等进行监控，按照现行军队转业干部安置管理体制，对军队转业干部安置工作实施动态管理。通过系统的建设，实现对军队转业干部的妥善安置、科学管理和周到服务。

系统由军队转业干部信息库、军队转业干部安置工作辅助管理、军队转业干部网上服务、退役金管理四个功能模块构成。实现了军队转业干部安置情况、培训情况、统计分析、经费划拨和文档资料等日常业务的计算机辅助管理；实现对军队转业干部信息的采集、录入、审核、处理和更新，通过信息库直接生成各种统计报表，实现对上下级库之间的信息传输、数据复制与数据备份；利用网络平台，为用人单位和军队转业干部提供网上择业、就业服务、远程教育服务；对自主择业军转干部退役金发放情况实施动态管理和有效监控，通过与财政部门的联网，保证自主择业人员和国家的利益不受损失。

系统以部本级为中央数据中心，31个省级军转安置单位为分节点，覆盖

全国地市以上军队转业干部安置工作部门的统一的军转业务应用系统，每年定期进行数据汇总，系统自 2005 年开始运行，取得了良好的社会经济效益。

四、专业技术人员管理服务系统业务功能

专业技术人员管理服务系统是以专业技术人员信息资源建设为基础，以业务应用为核心的系统。系统由职称评审与认证、人才评价、专家管理与服务、留学人员管理与服务、继续教育和成果管理等功能模块构成，实现了对各类专业技术人员信息的动态管理和相关业务的网上申报、审批与备案服务；利用网络作为数据资料传输通道，实现了职称评审材料的网上报送和审核、评审结果的公布、证书发放及评审相关数据统计等；在人才评价方面实现了人才评价体系标准的设定、人才评价指标的筛选、人才评价结果统计、人才评价结果的跟踪、人才评价结果的测评；对于高级专家遴选可提供专家材料的网上申报、审批备案与个性化服务及动态管理，包括申报和选拔、专家信息的采集、专家个人情况动态跟踪、政府津贴发放、网上交流、专家自助服务；其他与专业技术人员业务相关的来华（回国）定居专家管理、留学人员回国安置、工作调整和有关的科研经费资助管理、专业技术骨干人才出入国（境）和国外机构在我国招聘专业技术骨干人才管理等方面，系统也提供了相应业务功能模块。

专业技术人员管理服务系统的建设，及时反映了专业技术人才的数量、分布、结构及发挥作用情况，为调整人才结构、优化资源配置、促进人才合理流动、强化人才能力建设和制定有关政策提供信息支撑与服务。

五、人力资源市场管理系统业务功能

全国人力资源市场管理系统是实现对全国经营性人力资源服务机构进行实时监管，掌握全国经营性人力资源服务机构业务开展情况，定期了解全国人力资源市场供求变化情况，为宏观决策提供科学的数据依据的业务系统。

系统由许可证申报、经营监管、从业人员管理、统计分析四个功能模块构成，实现经营性中介机构行政许可网上审批办理的申报、受理、审批、备案、年检、许可证发放；中介机构管理的场所、注册资金、资信证明；从业人员基本信息管理；全国性人才招聘会管理包括主办单位资格审核、登记备案；中外合资（合作）职业介绍机构审批、管理；网上投诉、违法举报、人才招聘广告监管；业务开展情况上报、统计分析。通过系统应用，逐步完善行政许可制度、规范工作流程、提高市场监管水平。

系统在互联网上运行，部署在部省地市三级，用户为各级人力资源市场管理部门、经营性人力资源服务机构和社会公众，各类用户根据权限分配，进行相应的操作，实现不同的功能。

六、全国机关事业单位工资管理系统业务功能

全国机关事业单位工资管理系统是实现建立科学完善的工资制度，理顺收入分配关系，构建科学合理、公正公平的收入分配体系，规范工资发放的重要手段。

系统主要由信息维护、工资审核、工资发放、报表管理、标准管理、用户管理、数据交换等几个功能模块构成。实现对机构和人员两类信息的维护，包括新增人员和机构的录入、修改和维护，在职人员、离退休人员、调转人员以及自定义人员类别的管理；下级单位上报工资计算结果到上级单位进行审批，上级单位接收下级单位报送的工资计算结果并进行审核；进行月工资发放、补发工资计算、台账处理、工资报表以及银行报盘等具体业务；实现各类代码标准、津补贴标准和其他自定义工资业务标准的设定；报表管理实现各类人员花名册、登记表、统计表和各类台账报表的绘制和生成。

思考题

1. 人力资源管理领域主要包括哪些方面的业务?
2. 人力资源管理系统的设计思想是什么?
3. 人力资源管理系统的总体建设框架是什么?
4. 公共就业服务信息系统建设应坚持哪些基本原则?
5. 劳动关系领域业务应用系统的总体结构及各应用系统的主要功能是什么?
6. 公务员招考系统的应用情况如何?

第二十一章

异地业务系统

本章导读

异地业务系统指全国跨地区应用系统，包括社会保险关系转移系统、异地居住退休人员社会化管理服务系统、基本养老保险参保缴费信息查询服务系统、异地就医联网结算系统、异地就业服务系统等。

通过本章学习，可以了解各项跨地区业务的工作流程数据分布策略和传输模式，及异地应用系统的种类、功能、设计思路、架构和作用等。

第一节　异地业务系统分析

一、信息资源分析

异地业务系统信息资源分类与本地业务系统相同，跨地区交换的信息主要涉及人员基本信息、基金信息、个人账户信息、就医信息、职业供求信息等。

二、业务流程分析

通过搭建全国异地业务系统，实现跨地区信息交换与协作。

（一）在职人员社会保险关系转移流程分析

在职人员由于自主流动或组织调动等原因，从原参保地区流动到省内其他统筹地区或外省市，需要进行养老、医疗、失业等社会保险关系转移接续，包括同一制度模式内转移、各制度间转移（如城镇企业职工基本养老保险和新型农村社会养老保险间，城镇职工基本医疗保险和城镇居民基本医疗保险、新型农村合作医疗间）。传统上，转出地、转入地社会保险经办机构间通过邮寄传递各类信息表，经办效率较低，不方便参保人员，易出现差错。建立社会保险关系转移信息系统（简称异地转移系统），可通过电子化和网络方式及时转移各类信息表，提高经办效率。以城镇企业职工基本养老保险关系转移系统功能为例，主要支持基本养老保险关系转移、建立临时缴费账户通知、临时建账地发起的临时缴费账户转移、转入地发起的临时缴费账户转移四类转移业务流程。

（二）异地居住退休人员社会化管理服务流程分析

职工办理退休手续后，因随子女居住或回乡居住等原因从参保地移居到其他地区，其养老金由参保地社会保险经办机构通过邮寄等方式异地发放，相关的社会化管理服务事项需要处理，如为防止虚报冒领养老金进行的人员生存状态核查。异地居住的供养亲属、领取工伤津贴的一至四级工伤职工也涉及此类问题。传统上，各地社会保险经办机构一般请退休人员每年定期邮寄证明，或派人到退休人员现居住地实地核查，管理成本较高。通过建立异地居住退休人员社会化管理服务系统（简称异地退管系统），形成两地社会保险经办机构协作机制，将异地业务转化为本地业务办理的方式，既节省管理成本，又提高工作效率。参保地社会保险经办机构将需委托认证的个人信息传递到异地退管系统，居住地社会保险经办机构代为核查并反馈结果。

（三）基本养老保险参保缴费信息查询流程分析

随着市场经济的快速发展，人员流动的日益频繁，参保人员要求随时可以查询自己的参保权益。通过建立全国集中式基本养老保险参保缴费信息查询系统（简称集中查询服务系统），将分散在各地的参保缴费信息集中到中央数据中心，可以进一步有效支持分散记录的转移接续，保障个人权益。

（四）异地就医结算流程分析

异地就医是指参保人员在参保地以外的其他地区就医，发生医疗费用后及时结算报销的处理过程。传统上，经批准到外地就医（或出差期间临时就医）的，发生的医疗费用先由本人垫付，事后回参保地社会保险经办机构结算报销，这一过程基本为手工处理。对于长期在外地工作的职工或退休后移居外地的离退休人员，垫付压力大，报销不方便。通过建立异地就医联网结算系统（简称异地就医系统）和相应的管理机制，使就医地就医信息及时传回参保地进行结算，两地定期进行清算，可减少参保人员垫付负担和跑腿过程，为参保人员提供便利服务。

（五）异地就业流程分析

通过建立跨地区的就业信息交换平台，实现各地就业服务信息资源的交换，以拓宽异地就业渠道，有序引导跨地区流动转移就业；强化输出地与输入地间的信息对接，便于输出地组织开展实用技能培训、企业上岗和技能提升培训、预备制技能培训，提高培训促进就业的实效性；实现跨地区的合作维权，保障劳动者的平等就业权利。

第二节　社会保险关系转移系统

一、设计思想

在部级建设异地转移系统平台，基于金保工程业务专网与各地社会保险业务系统建立连接，遵循城镇企业职工基本养老保险关系转移、基本医疗保障关系转移、失业保险关系转移等业务流程，采用统一的数据规范，及时准确交换转移信息，保障参保人员权益的及时转移接续。

【阅读链接】

《城镇企业职工基本养老保险关系转移接续暂行办法》（国办发［2009］66号）；《关于贯彻落实国务院办公厅转发城镇企业职工基本养老保险关系转移接续暂行办法的通知》（人社部发［2009］187号）；《关于印发流动就业人员基本医疗保障关系转移接续暂行办法的通知》（人社部发［2009］191号）。

二、业务功能

异地转移系统包括支持转移信息交换的业务流程、异常和辅助处理流程。以城镇企业职工基本养老保险关系转移为例，主要流程如下：

（一）基本养老保险关系转移

参保人员流动就业满足关系转移条件时，可在新就业地申请办理基本养老保险关系转移接续手续。新就业地发起转移流程，发出基本养老保险关系转移接续联系函，原参保地据此返回转移接续信息表并办理基金转出。两地往来的联系函、信息表等信息通过异地转移系统传递。

（二）建立临时缴费账户通知

符合建立临时缴费账户条件的，新就业地社会保险机构为临时缴费账户人员办理登记手续并通知原参保地，建立临时缴费账户通知书信息通过异地转移系统传递。

（三）临时建账地发起的临时缴费账户转移

临时缴费账户人员再次跨省流动时，在临时建账地申请将临时缴费账户转回原参保地或待遇领取地。临时建账地发起转移流程，发出临时缴费账户转移接续联系函，获取原参保地或待遇领取地转入账号等信息，然后传递转移接续信息表并办理基金转出。两地往来的联系函、信息表等信息通过异地转移系统传递。

（四）转入地发起的临时缴费账户转移流程

未能及时办理转移手续的临时缴费账户人员，可在原参保地或待遇领取地申请办理临时缴费账户转移手续，流程与“基本养老保险关系转移流程”相同。

除上述主要业务流程外，异地转移系统提供了业务拒绝、业务撤销、错误信息反馈等异常处理流程，用于对接收的有问题信息做拒绝处理，对发送的错误信息做撤销处理。提供了机构信息管理、公告与消息、业务查询、数据统计等辅助处理流程，可供各地及时了解机构入网情况、建立各地间沟通渠道，并提供待办业务、督办业务、业务状态、传输日志等查询服务。

三、技术架构

异地转移系统（见图21—1）是基于J2EE技术架构的B/S/S三层结构业务应用平台，并考虑与各地社会保险业务系统连接需要，为各地提供浏览器远程登录和后台接口调用两种接入方式，满足定时手工、自动联网两种系统连接方案。其中的后台接口方式，可以进一步分为嵌入式接入、前置系统接入模式。

异地转移系统主要部署在部级（一级平台），省级仅作为网络传输节点，

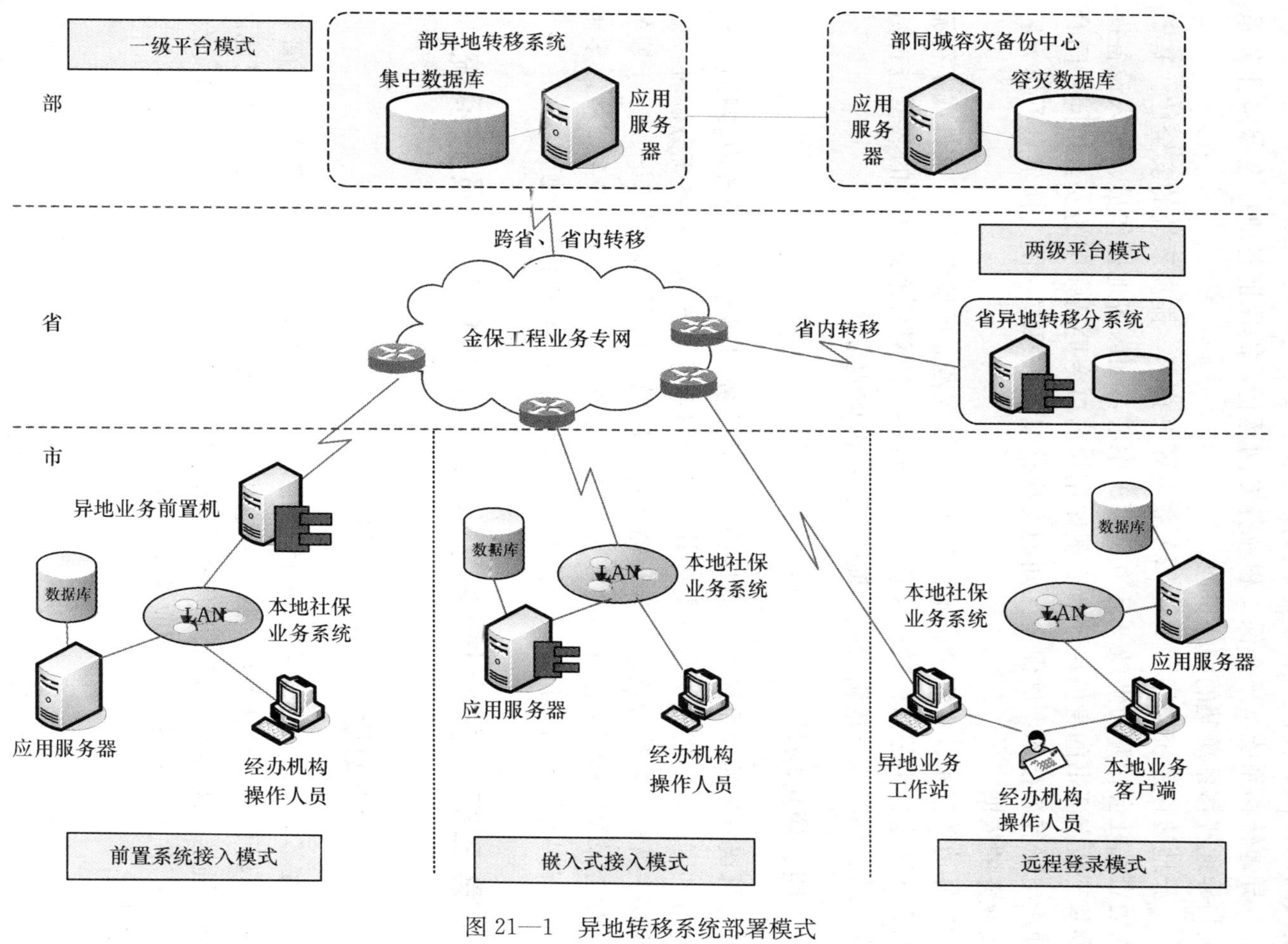

图 21—1　异地转移系统部署模式

各地业务系统与部级异地业务系统建立直接衔接关系。省级可根据省内转移政策的差异性、转移的业务量，决定是否建设省级平台（二级平台）。

异地转移系统基于金保工程业务专网运行，需保证各地社会保险业务系统与异地转移系统间的网络贯通。

异地转移系统采用了PKI/CA数字证书技术，提高系统的安全性。基于人力资源社会保障行业统一建立的CA中心，面向各地操作员、接入设备提供基于数字证书的身份认证，实现比用户名口令更高强度的安全访问。同时使用电子签名技术，确保地区间的交换信息不被篡改，使交换信息可作为后续业务的依据。

异地转移系统设定全国统一的接口数据规范。各地以TXT文件或字符流的方式传递标准格式的数据文件。异地转移系统对传递过程中的数据进行数据格式校验和业务逻辑校验，提高信息传递的规范性。

四、应用场景

部级异地转移系统主要支持跨省转移业务和部分省份的省内转移业务。部分地区建设的省级平台可支持其省内转移业务。异地转移系统分险种设定转移主流程、多险种共用异常和辅助处理流程，可有效满足养老、医疗等各项社会保险转移时信息交换的需要。随着业务发展，异地转移系统将逐步由制度内的转移信息交换，进一步扩展支持制度间的转移信息交换。

第三节　异地居住退休人员社会化管理服务系统

一、设计思想

在部级建设异地退休人员社会化管理服务系统（以下简称异地退管系统），基于金保工程业务专网与各地社会保险业务系统建立连接，实现地区间异地居住退休人员养老金等社会保险待遇领取资格协助认证信息的交换。异地居住退休人员就近领取养老金的需求，可通过金融机构跨地区服务来实现。

二、业务功能

异地退管系统主要支持两大业务功能，一是支持异地居住人员社会保险待遇资格协助认证，现已经启用异地居住退休人员、供养亲属的资格协助认证功能。具体包括参保地经办机构发出认证通知、居住地办理认证手续、居住地反馈认证结果信息、参保地下载认证结果等环节。二是支持异地居住人员信息变更。由居住地经办机构将在本地居住的异地人员数据变更至部级异地退管系统，参保地经办机构可查询、下载人员变更信息。认证流程中，辅助使用认证校验码提高认证真实性。

关键概念

认证校验码是由参保地生成并打印在邮寄给异地居住人员的领取资格协助认证表上。居住地办理协助认证手续时，将表单上的认证校验码及认证结果反馈到异地退管系统，并回传到参保地。参保地可在比对认证校验码后确认数据的有效性。

异地退管系统同时提供多样化的查询统计功能，支持对本地在外地（外地在本地）人员、人员信息变更情况、本地协助认证情况、待办业务、督办业务、业务状态等信息的查询和统计。

三、技术架构

异地退管系统与异地转移系统的技术架构相同，提供了两级平台和三种接入方式的选择方案，基于金保工程业务专网运行，采用了 PKI/CA 数字证书技术。考虑到各地社会化服务工作主要基于基层平台实现，异地退管系统除文件传递方式外，还提供了较多的在线反馈认证结果和变更信息等办理功能，并可通过下载上传 EXCEL 电子表格实现协助认证信息交换。

四、应用场景

异地退管系统的有效应用需要地区间建立协作机制。各地在规定的认证周期内，相互协作办理认证工作。在认证周期外，如果异地居住人员已被纳入居住地当地的社会化管理服务范围，居住地可以主动发起信息变更。

第四节　基本养老保险参保缴费信息查询服务系统

一、设计思想

根据《国务院办公厅关于转发人力资源社会保障部财政部城镇企业职工

基本养老保险关系转移接续暂行办法的通知》(国办发［2009］66号)要求，将在部级建设集中查询服务系统，集中各地分散的参保缴费信息，支持参保人员对自身参保缴费权益信息进行查询，协助社会保险经办机构确定待遇领取地服务。

二、业务功能

集中查询服务系统的功能主要针对参保人员和社会保险经办机构提供信息查询服务。面向参保个人提供国家政策、业务流程、个人基本信息、缴费信息、变更信息、养老保险待遇信息查询。面向社会保险经办人员和12333话务员，除提供所有个人用户查询服务内容外，还提供经办机构信息和判断参保人员退休地的相关查询。

三、技术架构

集中查询服务系统包括专网查询、互联网查询、数据整理、异地总线四个子系统。各地社会保险业务系统首先产生标准规范的数据，通过异地总线子系统实现与集中查询服务系统的数据传输。数据整理子系统对上传的数据进行整理、过滤、合并，错误数据或问题数据反馈到各地进一步核实。整理合并后的数据通过业务专网和互联网查询服务子系统分别实现，两网通过网闸实现安全隔离，并定期进行数据同步。同时，查询服务系统还将与各地社会保险业务系统、12333系统、短信平台系统留有接口。基本养老保险参保缴费信息查询服务系统总体架构如图21—2所示。

四、应用场景

查询服务系统服务对象包括参保人员、经办人员、12333话务员、系统管理人员等。互联网的查询服务子系统主要支持各地12333电话咨询服务中心查询和个人的网上查询服务。业务专网的查询服务子系统主要支持各地社会保险经办机构查询(包括经办大厅触摸屏查询)。

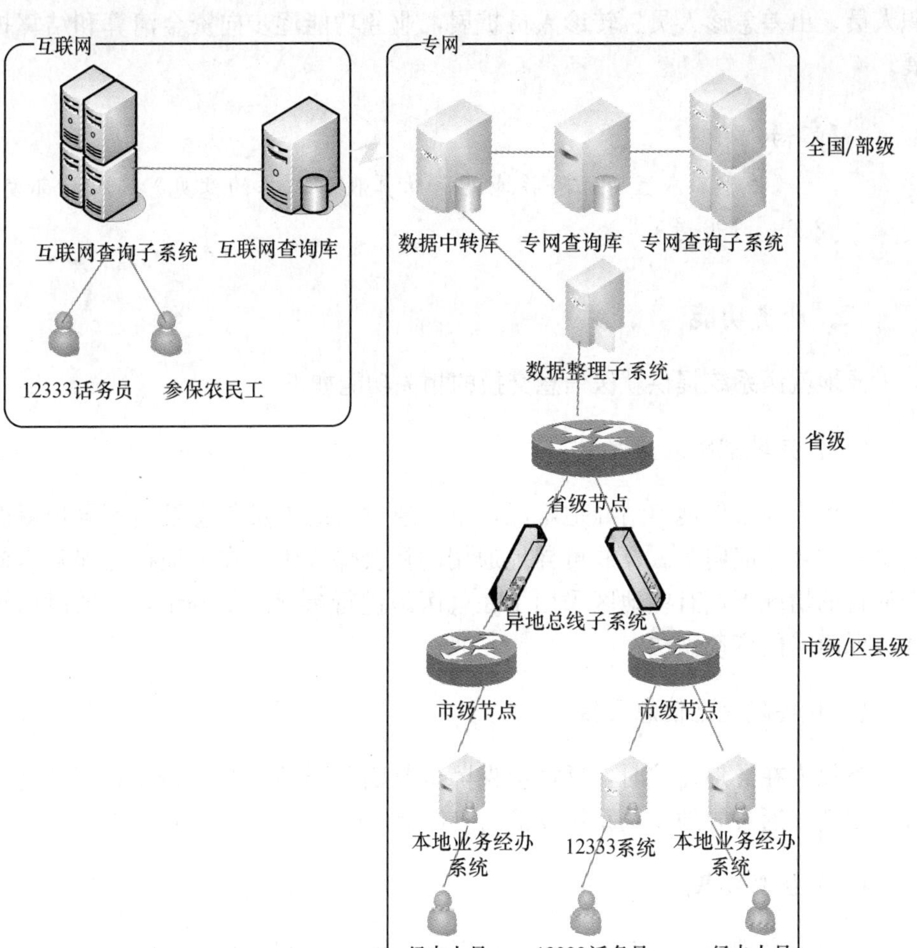

图 21—2　基本养老保险参保缴费信息查询服务系统总体架构

第五节　异地就医联网结算系统

一、设计思想

将异地居住的离退休人员作为重点人群，规范信息标准，建设异地就医系统，在现阶段重点实现异地就医人员就医费用结算信息交换，即信息流，解决老百姓的跑腿和垫资难题。在此基础上，逐步探索实现向长期驻外的在职人员、出差急诊人员、转诊人员扩展，业务功能逐步向资金清算和结算扩展。

【阅读链接】

《关于基本医疗保险异地就医结算服务工作的意见》（人社部发［2009］190号）

二、业务功能

异地就医系统提供就医信息交换的相关功能如下：

（一）异地就医人员登记

参保人在参保地申请异地就医，审核通过后的人员信息发送到异地就医系统，此环节应向个人发放可异地通用的社会保障卡。在两地社会保障卡尚未通行的情况下，有些地区采用了在就医地进行参保人员登记，发放就医地社会保障卡的变动做法。

（二）住院登记信息回传

参保人在异地住院时，凭社会保障卡判断其异地人员身份。就医地将入院登记情况通过异地就医系统反馈给参保地。此环节不是必备环节。

（三）出院结算

参保人办理出院手续时，医药费用明细数据由就医地医疗服务机构发起，回传至就医地社会保险业务系统，经标准转换后进一步传递到异地就医系统，由异地就医系统或参保地社会保险业务系统进行费用结算，计算统筹支付及个人自费、自付金额并反馈，就医地医疗服务机构依据反馈信息与参保人进行结算，统筹支付部分由医疗服务机构垫付，实际结算结果信息反馈至异地就医系统和参保地社会保险业务系统。

就医地社会保险经办机构与就医地医疗服务机构定期结算，参保地与就医地社会保险经办机构定期清算。异地就医系统提供清算服务和仲裁服务。受参保地委托，就医地社会保险经办机构代参保地履行对医疗服务机构的监督职责。异地就医系统同时提供业务状态、就医人数、费用和结算金额、两地清算金额等的查询统计服务。

三、技术架构

根据金保工程统一规划，异地就医系统将在部级、省级两级部署，分别支持跨省、省内异地就医联网实时结算服务。根据两地联网结算需得到实时响应的要求，异地就医系统基于交易中间件实现信息交换。清算、仲裁、查询统计等功能可通过B/S/S系统实现。

关键概念

交易中间件是专门针对联机交易系统设计的。联机交易系统可处理大并发进程，可实现交易路由、负载均衡、恢复服务、线程控制、故障后系统和服务重启，保证在异地就医结算时，从医疗服务机构发起至接收到回传信息的一个完整事务过程。

异地就医系统基于金保工程业务专网运行，需与各地社会保险业务系统实时联网，各地社会保险业务系统进一步与定点医疗服务机构系统相连。

异地就医系统需使用全国通用的社会保障卡判断人员身份，需使用PKI/CA数字证书技术保障交换信息不被篡改。

异地就医系统需要保持地区间“三目”、疾病分类、费用分类等信息标准的衔接一致或可对照转换，同步维护各地通用的信息标准。

四、应用场景

异地就医需要政策、管理、技术、服务等多方位联动。首先要统一地区间医疗结算有关信息标准，使信息可互认与流动；其次参保地、就医地均发行社会保障卡，并建有支持社会保障卡应用的良好系统环境；再次在中央、省建立结算平台，与各地医疗保险系统连接，支持地区间费用信息交换与结算；最后，这一业务需要各地区经办机构的充分协作与配合，将参保地异地医疗机构管理转为就医地本地医疗机构管理。这样，先行实现异地就医中的信息流，资金流在目前阶段主要由地区间点对点划账实现。目前，福建、云南、广东、江苏等省份在省内已建有良好的信息标准环境和协作机制，建立系统开展了异地就医联网结算业务。

【新闻摘录】

截至2009年末，长三角12个以联网实时结算或委托代理结算方式开展异地就医结算工作的城市，累计为1.2万人次办理异地就医结算，共计受理医疗费用2 300余万元，支付医保基金1 600余万元。

——摘自《截至2009年末　长三角1.2万人次办理异地就医结算》，新华网，2010年3月26日。

第六节　异地就业服务信息系统

异地就业服务信息系统建设以支持地区间公共就业服务机构的业务衔接、实现全国就业信息的整合应用为目的，为建设全国统一的就业信息服务平台提供技术保障，进而发挥全国公共就业服务信息化建设的整体效用。

【新闻摘录】

要提高就业组织、指导、服务的质量和效率，建立全国统一的就业信息服务平台，减少求职人员的盲目流动。

——摘自张德江副总理在2010年1月12日就业工作部际联席会议全体会议的讲话。

一、设计思想

异地就业服务信息系统作为公共就业服务信息化建设的组成部分，按照人力资源社会保障信息化建设的总体设计，遵守全国统一的数据标准和技术规范，依托各地人力资源社会保障部门建设的信息化成果，以各地建设的公共就业服务信息系统为基础，建立服务于公共就业服务领域的异地信息交换系统，整合全国就业服务信息，为建设全国统一的就业信息服务平台提供基础技术支撑，并对社会公众提供标准统一的就业信息服务。

二、业务功能

异地就业服务信息系统是实现跨地区信息交换的基础技术平台，支持实时和批量异地信息的采集和信息交换，对实现跨地区的就业服务提供技术支撑。基于全国统一的就业服务信息系统，不断完善的社会化服务功能，使之成为全国统一的公共就业信息服务门户，提供宣传就业政策、发布市场信息、跟踪服务和维护劳动者权益等公共服务功能，并提供“订单式”就业服务和培训服务。

三、技术架构

异地就业服务信息系统基于金保工程业务专网运行，并与各地公共就业服务信息系统实施联网。通过基于人力资源社会保障电子认证系统的集成开发，提供用户身份认证、数据加密解密等安全机制。

四、应用场景

异地就业服务信息系统由目录服务系统、支撑环境、标准与管理、安全保障等组成。制定统一的就业信息目录体系规范是建立异地就业服务信息系统的首要任务。目录服务系统按照统一的就业信息目录体系规范，基于实时连接的信息网络，采集各地公共就业服务信息系统的基础信息，汇集成为全国集中管理的就业目录信息，以实现对就业信息资源的导航、检索、定位和交换服务。

思考题

1. 社会保险关系转移系统的主要业务功能是什么？

2. 异地退管系统的主要业务功能有哪些？

3. 基本养老保险参保缴费信息查询服务系统提供了哪些查询服务内容？

4. 社会保险关系转移系统、异地居住退休人员社会化管理服务系统和异地就医联网结算系统共同采用了什么机制保障信息安全？

5. 异地就医联网结算的基本流程是什么？

6. 异地就医联网实时结算的基础条件有哪些？

7. 异地就业服务信息系统提供哪些技术服务？

第二十二章

公共服务信息系统

本章导读

在金保工程总体设计中，公共服务和业务经办、基金监管、宏观决策并列为四大应用，公共服务信息系统主要包括电话咨询服务系统、网上服务系统、劳动保障基层管理信息系统等，业务范围涉及就业服务、社会保障和劳动关系。

本章结合人力资源和社会保障部金保工程开发的有关统一应用软件，以及近年来下发的有关文件和开展的相关工作，对公共服务信息系统进行较为全面的阐述。

本章首先介绍了公共服务的基本概念、特点、关键技术，同时对基层管理信息系统、网上服务系统，尤其是12333电话咨询服务系统进行了阐述，通过本章的学习，读者可以了解在金保工程的总体设计中，人力资源社会保障公共服务信息的内涵、外延、定位、系统架构，及其与相关系统的关系。

第一节　公共服务信息系统

一、公共服务系统

（一）公共服务和人力资源社会保障公共服务

公共服务就是政府利用公共资源，为满足公民的生活、生存与发展的某种直接需求而提供的各种服务，它是与经济调控、市场监管、社会管理相并列的国家的又一项职能。

人力资源社会保障公共服务包括劳动关系、就业和社会保障三个方面，人力资源社会保障公共服务机构除各级人力资源社会保障部门和经办机构外，还包括电话咨询服务部门，以及设在街道（乡镇）的劳动保障事务所和社区（行政村）的劳动保障工作站。

（二）人力资源社会保障公共服务的特点

人力资源社会保障公共服务体系建设要以科学发展观为统领，以最大程度地方便社会公众，最大限度地降低社会成本为总体目标，要注重公共服务的公益性、便利性、透明性和可控性。

1. 公益性

政府工作人员利用公共设施，或者通过协管员等公益性岗位，采用政府购买服务的方式免费向社会公众提供各种服务。

2. 便利性

政府提供的公共服务以服务对象为中心，梳理和优化业务流程；根据服务对象的特点和需求，以灵活多样的形式提供贴近百姓的服务。

3. 透明性

根据政务公开的要求，政府所提供的公共服务要具有公开性和透明性，将服务流程、办理状态和办理结果告知服务对象和社会公众。

4. 可控性

政府所提供的公共服务要接受服务对象和社会公众的监督和评价，积极引入外部评估机制，建立多元化的绩效评估体系，对服务质量进行评估。

（三）金保工程中的公共服务

【阅读参考】公共服务相关政策文件

1.《中共中央关于构建社会主义和谐社会若干重大问题的决定》中提出的到2020年构建社会主义和谐社会的目标和主要任务之一是“基本公共服务体系更加完备，政府管理和服务水平有较大的提高”，并在加强制度建设中提出：“健全公共财政体制，调整财政收支结构，把更多资金投向公共服务领域，加大财政在就业再就业服务、社会保障等方面的投入。”

2. 十七大报告提出了“健全政府职责体系，完善公共服务体系”的要求。

3. 2010年政府工作报告中进一步提出“加快健全覆盖全民的公共服务体系，全面增强基本公共服务能力”。

4. 中共中央办公厅、国务院办公厅印发的《2006—2020年国家信息化发展战略》把“增强政府公共服务能力”和“电子政务应用和服务体系日臻完善，社会管理与公共服务密切结合，网络化公共服务能力显著增强”作为我国信息化发展的战略目标，并把“推行电子政务，改善公共服务，逐步建立以公民和企业为对象、以互联网为基础、中央与地方相配合、多种技术手段相结合的电子政务公共服务体系”，“推动服务型政府建设”和“完善就业和社会保障信息服务体系”作为信息化发展的战略重点。

在金保工程中公共服务与业务经办、基金监管和宏观决策并称为四大功能。公共服务信息系统建设的主要内容包括将就业和社会保险管理和服务延伸至街道（乡镇）、社区（行政村）的劳动保障基层管理信息系统、电话咨询服务（12333）系统，以及将各项业务推向互联网的网上业务经办系统。

事实上，在金保工程四大功能中业务经办和公共服务是一体的，如涵盖登记、申报、缴费核定、基金征集、账户管理、待遇核定和待遇支付的社会保险业务经办，对参保企业和参保人员来说就是公共服务。金保工程中的公共服务就是在业务经办系统的基础上，进一步强化对社会公众的服务能力，加强公共服务的便利性和服务形式的多样化，提高服务流程和服务状态的透明度，并实现对服务过程的监督管理。

二、互联网技术

互联网（Internet）是广域网、局域网及单机按照一定的通信协议组成的国际计算机网络。互联网是“连接网络的网络”，是任何分离的实体网络的集合，这些网络以一组通用的协定相连，形成逻辑上的单一网络。互联网中计算机之间的通信一般使用传输控制协议/Internet 协议，即 TCP/IP。互联网上的计算机采用客户/服务器体系架构，即由远程服务器提供文件和服务给用户的本地客户机器。为了利用最新的存取技术，可以把软件安装在客户计算机上。

互联网用户可以获得多种服务：电子邮件、文件传输、大量的信息资源、兴趣小组、交互式协作、多媒体显示、实时广播、购物、重要新闻传送等。互联网包含多种访问控制协议，支持这些协议的程序可以让用户查询到相应的信息。

三、Call Center 技术

电话咨询服务中心又称呼叫中心，它是以电话作为主要接入手段，结合传真、E-mail、Web 等接入方式，快速、准确、友好地完成大规模信息分配

和业务处理的客户服务中心，它是客户关系管理的一部分。

现代呼叫中心涉及计算机软硬件、Internet、计算机电话集成、数据仓库和业务智能 BI、客户关系管理、交换机通信、企业 ERP 等技术以及企业管理、项目管理、团队管理等多方面的内容。

电话咨询服务中心按呼叫类型区分包括呼入型、呼出型和混合型，按运营模式分为自建型、外包型和虚拟型，按硬件技术分为数字交换机式、板卡式和一体机式呼叫中心。

四、自助服务终端

自助服务终端又称自助服务一体机，指服务提供者提供的实施自助服务的专用设备或装置。社会公众可以利用自助服务终端通过人机交互自主选择所需服务的方式。自助服务一体机集成了网络技术、触摸屏技术、图像技术、图像识别技术以及多媒体技术，包含的功能模块有键盘、触摸屏、电话、指纹采集器、摄像头、图像采集仪、读卡器、打印机等。

第二节　人力资源社会保障网站及网上服务

人力资源社会保障网站是政府发布政务信息、提供在线服务、与公众互动交流的重要平台。通过政府网站实现政府信息网上公开，政府网站是利用现代信息网络技术提高人力资源社会保障部门的服务质量、工作效率和社会效益的有效方法。人力资源社会保障部门的网站包括门户网站，以及中国就业网、人事人才网、12333 网站、培训网等专业网站。

一、人力资源社会保障门户网站

门户网站是各级各地政府部门在互联网上建立的正式站点，用于推动政府办公自动化与政府网上便民服务，在网络上实现政府在政治、经济、社会、生活等诸多领域中的管理和服务职能。政府网站所能承担的职能主要包括：介绍政府部门机构职能等基本信息，向社会公开政府部门的政策法规、办事程序等政务信息，提供政府电子公共服务窗口，接收公众反馈信息，宣传相关事业发展计划等。

人力资源社会保障门户网站是发布党和国家的人力资源社会保障政策、法律法规和工作动态，全面宣传人力资源社会保障事业、各级机构和相关业务信息的权威性网站，也是为社会提供各类人力资源社会保障公共服务和社会事务管理的公益性服务网站。网站建设应按照《政府网站发展评估核心指标体系（试行）》的要求，将本级门户网站建设成为政府信息公开、网上办事、政民互动的重要平台。

二、人力资源社会保障网站域名规范

人力资源社会保障网站域名应依照以下规范进行编制：

(一) 人力资源和社会保障部域名命名规则

人力资源和社会保障部：
英文域名：mohrss. gov. cn
中文域名：人力资源和社会保障部．中国
部级社会保险机构：
英文域名：si. gov. cn
中文域名：社会保障．中国

(二) 省级人力资源社会保障部门域名命名规则

省级人力资源社会保障政府机构：
英文域名：省级地名缩写．hrss. gov. cn
中文域名：省级地名＋人力资源社会保障厅（局）．中国
省级社会保险经办机构：
英文域名：省级地名缩写．si. gov. cn
中文域名：省级地名＋社会保险．中国

(三) 地市级人力资源社会保障部门域名命名规则

地市级人力资源社会保障政府机构：
英文域名：省级地名缩写＋地市级地名缩写．hrss. gov. cn
中文域名：地市级地名＋人力资源社会保障局．中国
地市级社会保险经办机构：
英文域名：省级地名缩写＋地市级地名缩写．si. gov. cn
中文域名：地市级地名＋社会保险．中国

(四) 县区级人力资源社会保障部门域名命名规则

县区级人力资源社会保障政府机构：

英文域名：省级地名缩写＋县区级地名全称．hrss. gov. cn

中文域名：省级地名＋县区级地名＋人力资源社会保障局．中国

(五) 关于缩写与简称的说明

英文域名中的地名缩写，指地名的汉语拼音缩写并符合国家有关标准。

中文域名中，“. 中国”前部分最多不超过十个汉字。

中文域名中，省级、地市级、县区级地名全称中不包含“省”“区”“市”“州”“盟”“县”“旗”等类字样，全称超过四个汉字的，按习惯称谓，取其相应简称。

三、人力资源社会保障网上业务

金保工程启动后，各级劳动保障部门在做好业务经办系统应用的同时，依托各类人力资源社会保障网站开展公共服务。人力资源社会保障部统一组织开发了相关的网上公共服务软件，涉及就业服务、社会保险、劳动关系三方面。

在就业服务方面，人力资源社会保障部开发了网上公共职业介绍系统。该系统依托安全应用支撑平台，为各级公共就业服务机构提供方便和有效的业务管理服务功能，社会求职者、用人单位可通过互联网完成公共职业介绍的全过程。

在社会保险方面，人力资源社会保障部基于社会保险管理信息系统核心平台二版开发了统一的网上社会保险服务系统。该系统可依托安全应用支撑平台，为参保单位提供社会保险网上申报、业务变更、信息查询等服务，为参保个人提供社会保险缴费、个人账户、待遇等信息查询服务。

在劳动关系方面，人力资源社会保障部开发了基于互联网的劳动用工备案管理信息系统。该系统为用人单位提供劳动用工备案网上申报服务，为劳动者提供劳动用工备案情况的查询服务，并支持各级人力资源社会保障部门对劳动用工信息的查询和管理。

第三节　人力资源社会保障电话咨询服务中心建设

一、人力资源社会保障公益服务号码

公益服务号码是指电信主管部门为政府职能部门核配的，专门用于政府

为社会公众提供公益性服务的电话号码，如 12315 为全国工商系统用于打假举报和消费者投诉的号码，12345 为全国各级政府的市长（政府）热线号码。

原劳动保障部和人事部分别申请了用于劳动保障公共服务的 12333 号码和人事人才服务的 12370 号码。人力资源和社会保障部成立后，重新界定了两个号码的使用范围，12333 号码的服务范围定位于人力资源和社会保障公共服务，12370 号码用于开展公务员管理的业务政策咨询及公务员招考等服务。各地可以根据本地的实际情况调剂使用 12333 和 12370 两个号码资源，也可以将 12333 号码的业务扩展到公务员管理和公务员招考等服务，用 12333 号码完成所有人力资源社会保障电话咨询服务，实现前端接入和后端系统的一体化。

【阅读参考】电话咨询服务中心建设有关文件

1. 2003 年，劳动保障部下发了《关于开展劳动保障电话咨询服务的通知》（劳社部函［2003］84 号）。

2. 2004 年，劳动保障部下发了《劳动保障电话咨询服务系统建设指导意见》（劳社信息函［2004］13 号），包括《省和省会城市联合建设电话咨询服务中心参考方案》《电话咨询服务中心建设技术要点》《劳动保障电话咨询服务系统标准规范》等附件。

3. 2009 年，人力资源社会保障部下发了《关于继续使用全国性公益服务号码 12370 与 12333 的通知》（人社信息函［2009］35 号）。

4. 2010 年 4 月，人力资源社会保障部下发《关于使用 12333 和 12370 全国统一短消息号码开展公益服务的通知》（人社信息函［2010］43 号）。

5. 2010 年 10 月，人力资源社会保障部下发《关于加强人力资源社会保障系统电话咨询服务工作的指导意见》（人社厅发［2010］92 号）。包括《人力资源社会保障电话咨询服务业务流程》和《人力资源社会保障电话咨询服务系统建设要点和技术导则》等附件。

6. 2010 年 12 月，人力资源社会保障部下发《人力资源社会保障公共服务信息资源库分类和编码规范》（人社信息函［2010］52 号）。

另外，人力资源和社会保障部还申请了 12333 和 12370 短信服务号码，用于提供手机短信服务。

二、电话咨询服务系统平台

（一）系统基本架构

电话咨询服务系统技术架构如图 22—1 所示，从系统功能角度考虑，可将电话咨询服务系统分为用户接入层、支持层和服务层。

1. 用户接入层：用户通过电话、传真、短信以及互联网等方式访问电话咨询服务系统。提供交换接入、智能业务处理、智能外设以及完成业务支持提交的业务控制任务等功能。

2. 支持层：提供业务的解释、生成及控制功能，完成自动、人工等话务功能，通过计算机及计算机网络实现具体业务系统的数据信息的交互，建立独立数据库系统。

3. 服务层：在接入层和支持层的支撑下，提供系统维护管理、人工坐席、统计报表、大屏幕显示等功能。

（二）系统平台要素

1. ACD/PBX（排队机）：自动呼叫分配器，根据策略或 CTI 指令选择坐席。

2. CTI 服务器：排队机通过网络连接到 CTI Server 上，通过协议处理所有业务系统站点与排队机之间的通信。

3. CCS（核心服务器）：完成呼叫的控制、呼叫的智能路由、呼叫的话务分配，提供与呼叫同步的用户数据及监视信息等。

4. IVR 服务器：对自动流程进行控制，在自动流程运行过程中，调用收号资源、语音资源和传真资源，用于语音播放和传真的收发。

5. TTS 服务器：计算机自动地把给定的文本信息转换成语音，提供将文本信息动态实时地转换成语音数据的服务。

6. FAX 服务器：通过传真软件把多种格式的文档资料转换成传真格式文件，通过 IVR 或专用传真软件和设备发送给用户。

7. 坐席：完成话务的人工受理，它和排队机可以通过多种方式连接，可设立在呼叫中心，也可设立在远端，均接受核心服务器 CCS 的控制。

8. SMS 服务器：与短信网关连接，提供短信的发送和接收功能。

9. E-mail 服务器：提供电子邮件的发送和接收功能。

10. WEB 服务器：提供外部 WEB 接口，为用户提供 Internet 服务。

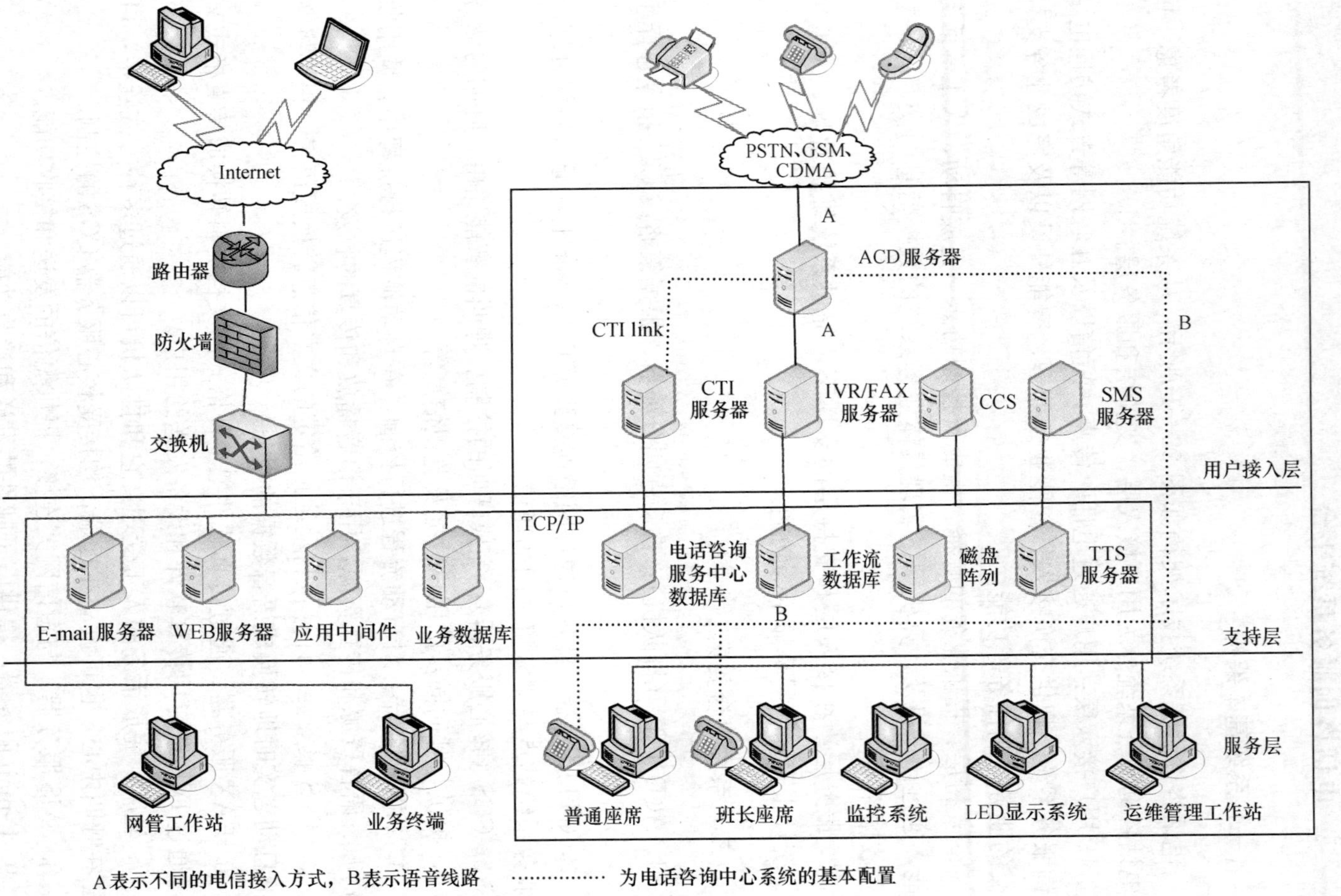

图 22—1　电话咨询服务系统拓扑结构

11. 业务数据库：存放用户信息、咨询信息、话务记录、日志信息及统计报表等数据。

12. 录音系统：包括录音设备和录音控制软件，对用户与坐席员的通话过程进行全程同步录音，并将录音文档保存以备查询。

13. 监控系统：提供图形化的界面供维护人员监视系统设备和资源运行状态，监视系统运行的性能效率，跟踪系统受理呼叫的流程。

14. 运维管理系统：配置平台资源，进行日常维护，动态加载或卸载自动业务流程。通过监控系统实时动态地获取各种设备的运行数据和状态，统计系统的话务量、服务质量以及坐席员工作情况等报表。

15. LED 显示系统：用以显示当前的呼叫、队列、坐席工作状态和统计等业务信息，也可显示通知、公告、欢迎语等管理信息。

16. 磁盘阵列：存放咨询服务系统中重要数据和海量的多媒体数据资料，数据资料主要包括备份数据库、录音资料、视频资料、培训资料等。

17. 应用中间件：是一种独立的系统软件或服务程序、分布式应用软件，借助这种软件在不同的技术之间共享资源。

三、电话咨询服务中心基本功能

电话咨询服务中心是人力资源社会保障公共服务的一个重要平台，面向社会公众和人力资源社会保障部门内部两个方面开展服务，是人力资源社会保障部门与社会公众的连接点，是人力资源社会保障部门各项政策措施协同、配套程度的验证点。

电话咨询服务中心的主要功能可分为咨询、办事、整合应用三个层面。解答政策咨询、接受投诉举报、提供社保账户等查询服务为其基本职能，在此基础上，电话咨询服务中心应逐步提供参保登记、工伤登记、社保卡挂失与信息变更以及简单的职业介绍等业务办理服务，在中心建设的成熟阶段，电话咨询服务应能够完成投诉举报受理及转后台处理业务的全程督办，并协助业务部门验证各项政策的配套、有效程度，及时分析咨询信息和辅助决策等。

四、电话咨询服务中心规模测算

电话咨询服务中心规模的确定须满足以下指标：5×8 小时人工及 7×24 小时自动语音服务，80％的用户来电在 10 秒钟内接听，用户不耐久候而挂断的比例低于 3％，80％的来电可于第一线解决问题。

衡量电话咨询服务中心建设规模的主要参数包括人工坐席数、IVR 数、总进线数、录音存储量和网络带宽。

（一）人工坐席数

$$人工坐席数=\frac{目标服务人口\times 日拨打率上限\times 忙时集中率\times 平均通话时长}{3\,600\times 咨询员最大负荷率}$$

其中：

1. 目标服务人口

目标服务人口＝当地常住人口×城市系数×预计未来数年增长率

当地常住人口：当地统计部门发布的常住人口数。

城市系数：其取值主要决定于当地经济发展水平。如沿海经济发达城市，由于外来人口较多，为净流入，城市系数＞1；西部不发达地区，由于外来人口较少，本地流出多，为净流出，城市系数＜1。

各地可根据当地情况确定城市系数，其取值范围介于 0.9～1.2 之间。

预计未来数年增长率：一般按未来三年进行预估，有两种计算方法。

公式 1（1＋年平均增长率）^年数，其中年平均增长率为一定值。

公式 2$\prod_{i=1}^{n}$（1＋年增长率）$\prod_{i=1}^{n}$ $[1+f(i)]$，其中 $f(i)$ 为年增长率，随年份的不同取值不定。

2. 日拨打率上限

由于各地服务项目和宣传程度不同，日拨打率呈现明显差异。可参考已建有电话咨询服务中心的城市，根据现有的统计数据计算出日拨打率上限。日拨打率上限计算公式如下：

日拨打率上限＝日最大呼入量/目标服务人口

例如：

$$上海市电话咨询服务中心日拨打率上限=\frac{57\,000}{19\,000\,000}=0.3\%$$

$$杭州市电话咨询服务中心日拨打率上限=\frac{11\,200}{7\,000\,000}=0.16\%$$

3. 忙时集中率

忙时集中率指一天当中通话最忙的一个小时内的通话次数与全天通话次数的比率。经验值一般在 15%～18%之间。

4. 平均通话时长

平均通话时长指通话持续时间的平均值，根据现有人力资源社会保障电话咨询服务特点，通话时长均在 1～4 分钟之间，平均时长可按 120 秒计算。

据统计，通话时长各区域有所不同，如南方地区为 60 秒，东部地区为 150 秒，北部和中西部地区约 120 秒。

5. 咨询员最大负荷率

咨询员最大负荷率指咨询员最多能将多大比例的时间用于话务，其计算公式为：

$$咨询员最大负荷率=\frac{通话时间+持线等待时间}{通话时间+持线等待时间+空闲时间}$$

一般坐席员最大负荷率为 80%。

根据坐席数计算公式，目前上海、杭州和成都三地的人工坐席数如下：

$$上海市人工坐席数=\frac{19\ 000\ 000\times0.3\%\times15\%\times150}{3\ 600\times80\%}\approx445$$

$$杭州市人工坐席数=\frac{7\ 000\ 000\times0.16\%\times15\%\times150}{3\ 600\times80\%}=87.5$$

（二）IVR 数

对于有自动语音查询业务的电话咨询服务中心，IVR 数与人工坐席数的比例约为 1.1∶1；无自动语音查询业务的咨询服务中心，该比例约为 0.5∶1。

（三）总进线数

模拟线路采用传统的模拟信号传输语音，通常 1 根线路只包含 1 路信号，目前在国内已经较少使用。

数字线路采用时分或码分复用来传输多路信号，国内采用的标准为 T1 制式，1 根线路里包括 30 路信号，为进线的主流方式。进线数计算公式为：

$$进线数=\frac{人工坐席数+自动\ IVR\ 数}{30}\ （结果取整）$$

例如：

$$杭州市\ 12333\ 咨询服务中心进线数=\frac{87.5+87.5\times1.1}{30}=6.125\approx7$$

（四）录音存储量

假设一天中来电一直保持全满，坐席有 1/3 时间用于话后处理及休息（包括午休），得出：

$$日录音存储量=每小时录音存储量\times工作时间\times2/3$$

每小时录音存储量＝1.6 kB/s×3 600 s×人工坐席数（GSM 格式的语音编码率是 13 kps）

各地可根据录音保存时长确定存储量，录音存储量可做相应调整。

例如：

杭州市 12333 咨询服务日录音存储量＝5.85 MB×87.5×8×2/3＝2.7 GB，计算所得年存储量约为 688.5 GB。

（五）网络带宽

按每 5 个 IP 坐席至少 256 k 带宽计算（单个语音坐席需占带宽 64 k）。

五、电话咨询服务系统与相关系统之间的关系

（一）电话咨询服务系统与业务经办系统

电话咨询服务系统接收社会保险管理信息系统和劳动力市场管理信息系统两大核心业务系统中的账户信息、参保缴费信息、求职信息、招聘信息，供社会公众查询或通过短信等方式通知服务对象；核心业务系统也可以接收从电话咨询服务系统中获取的社会保险参保登记和申报等信息。

（二）电话咨询服务系统与办公管理系统

电话咨询服务系统中受理的投诉举报和疑难问题，转入办公管理系统中，经内部流转后将办理结果通过电话咨询服务系统通知咨询者；而政策法规库可以提供给电话咨询服务系统，作为知识库的一部分用于电话咨询服务系统的政策咨询。

（三）电话咨询服务系统与决策支持系统

电话咨询服务系统中获取的信息可以作为决策支持系统数据的有益补充。

（四）电话咨询服务系统与政务外网

两者之间有些业务重合，如政策法规查询、网上办事等，应保持两者数据的一致性，保持对外服务口径的一致。

第四节　劳动保障基层管理信息系统

一、劳动保障基层管理信息系统的基本功能

按照“数据向上集中，服务向下延伸”的建设原则，人力资源和社会保障部组织开发了劳动保障基层管理信息系统（以下简称基层管理信息系统）。

基层管理信息系统包括就业服务、社保服务和劳动关系管理三个方面，共159个功能模块。

在就业服务方面，基层管理信息系统提供了丰富的管理服务功能。零就业家庭管理子系统，以社区为单位，登记各家庭及家庭成员信息，实现零就业家庭的动态管理。就失业管理子系统，实现了劳动者的就失业登记、解聘备案以及劳动者就业状态转换的管理。再就业优惠管理子系统，提供下岗和失业人员享受再就业优惠政策的管理。职业介绍子系统，提供岗位信息和求职信息的查询、登记和管理功能。职业培训子系统，发布上级部门的培训信息并组织培训报名。农村劳动力转移子系统，管理失地农民的就业情况、登记求职意愿和培训愿望。劳务输出子系统，管理辖区内外出求职人员的就业情况，以及外地单位在辖区内的招聘活动。补贴申请管理子系统，提供各种就业优惠政策待遇的申请、审核、发放管理。

在社保服务方面，基层管理信息系统提供了相关参保信息采集、社会化管理服务的业务功能。居民医保基本信息采集子系统，实现城镇居民基本医疗保险参保信息采集、参保登记。离退休人员社会化管理子系统，支持退休人员转入、转出、人员状态变化管理，记录退休人员退休待遇领取资格和享受社会化服务的情况。

在劳动关系管理方面，通过劳动用工和合同子系统可对辖区内单位的用工、劳动合同和招工备案情况进行管理，并对用人单位的工资支付情况进行登记和管理。

【阅读参考】劳动保障基层机构建设有关文件

1. 2000年，《国务院关于印发完善城镇社会保障体系试点方案的通知》（国发［2000］42号）明确提出：

（1）从企业剥离出来的社会保障事务性工作，除了社会保险经办机构承接一部分外，主要由街道和社区服务组织承担。

（2）街道办事处要设立或确定负责社会保障事务的机构。

2. 2001年，劳动和社会保障部等九部委《关于推动社区就业工作的若干意见》（劳社部发［2001］7号）要求：

各地劳动保障部门就业服务机构要把工作职能主动向社区延伸和拓展，并在当地政府领导下，与民政等部门相互配合，统筹规划，合理布局，建立起市、区、街三级社区就业服务工作网络。

3. 2002年，《中共中央、国务院关于进一步做好下岗失业人员再就业工作的通知》（中发［2002］12号）要求：

（1）城乡基层组织要承担起做好下岗失业人员再就业和企事业单位退休人员的管理、服务工作的责任。街道和工作任务重的乡镇，可设立或确定负责劳动保障事务的机构，具体由各地党委、政府根据实际情况决定。

（2）要充分发挥社区在就业和社会保障方面的服务功能，街道劳动保障工作机构要在社区聘用专门的服务人员，并提供工作经费，建立统一的社会保障和劳动就业工作体系。

二、基层管理信息系统与核心业务系统的关系

考虑到地方信息系统建设的状况，基层管理信息系统基本实现了劳动力市场信息系统的所有功能。基层管理信息系统在实施过程中针对就业有三种模式：一是直接利用各地已有的劳动力市场信息系统实现就业管理和服务业务向基层延伸；二是利用基层管理信息系统替换已有的劳动力市场信息系统，在满足基层业务的同时支持市区两级就业部门的业务经办；三是劳动力市场信息系统和基层管理信息系统的就业部分并存，相互补充，前者支持市区两级业务经办，后者支持就业服务向基层延伸。针对第一种模式，基层管理信息系统提供了统一的前台业务界面和权限管理；对于第三种模式，两套系统中的数据同步问题采用实体化视图技术加以解决。

基层管理信息系统与社会保险管理信息系统核心平台之间设计了数据接口，通过基层管理信息系统，采集到的城镇居民医保人员以及退休人员的相关信息可以顺利地转入社会保险管理信息系统，同时，可以从社会保险管理信息系统中接收转入本辖区的退休人员的相关信息。

思考题

1. 公共服务系统在金保工程中的定位是什么？
2. 公共服务系统的主要内容是什么？
3. 如何调剂使用 12333 和 12370 公益服务号码？
4. 如何处理电话咨询服务系统与相关系统之间的关系？
5. 如何处理基层管理信息系统与核心业务系统之间的关系？

第二十三章
决策支持与基金监管信息系统

本章导读

2003年起劳动和社会保障部陆续组织开发了养老保险全国联网系统、失业登记和失业保险监测系统，并在全国范围内开始上报联网数据，率先建立养老保险联网数据集中库，为联网数据应用打下了坚实的基础。

2009年全国信息化工作会议提出信息化工作要以支持经办为主，向经办、服务、监管、决策支持等全部功能转变。

本章通过对数据仓库及联机分析技术等技术手段现状及发展趋势的介绍，对联网监测管理系统、财务交换库和基金报表系统、决策支持系统、统计分析系统及基金监管系统等系统的介绍，帮助读者了解金保工程交换区及决策区各项应用系统的设计思路、业务功能、技术架构、应用场景等，最终有效运用上述系统，提高管理决策能力。

第一节　数据仓库及联机分析技术

一、数据仓库技术

（一）数据仓库的定义

数据仓库概念始于被誉为“数据仓库之父”William H. Inmon的*Building the Data Warehouse*一书中。随着对大型数据系统研究的增多和理论知识的逐步完善，数据仓库定义更加完善，即数据仓库是决策支持系统和联机分析应用数据源的结构化数据环境。数据仓库研究和解决从数据库中获取信息的问题。

（二）数据仓库的特征

1. 面向主题：是指数据按照主题域进行组织，在数据存储时不仅描述了数据本身，还涉及数据间的关系。

2. 集成的：是指对原有分散数据进行加工、整理和转换，消除源数据中的不一致性，保证信息是统一的全局信息。

3. 相对稳定的：是指数据将被长期保留用于决策分析，数据所涉及的操作不包括修改或删除，保证数据仓库的数据能够真实地反映历史变化。

4. 反映历史变化：是指数据仓库中的数据包含了从过去某一时点到当前阶段的所有历史信息。

(三) 数据仓库的构成

数据仓库是一个过程而不是一个项目。数据仓库系统主要包括数据源、数据的存储与管理、OLAP（联机分析处理）服务器、前端工具四大部分(见图 23—1)。

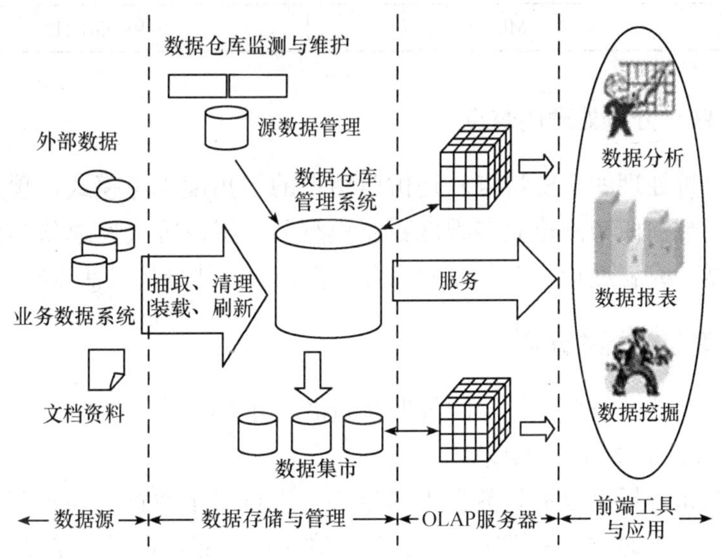

图 23—1　数据仓库总体结构

二、联机分析技术

(一) 数据处理分类

数据处理方式大致分成两大类：联机事务处理（OLTP，on-line transaction processing)、联机分析处理（OLAP，on-line analytical processing)。OLTP 是传统的关系型数据库的主要应用，主要用于处理基本的、日常的事务。OLAP 是数据仓库系统的主要应用，主要用于支持复杂的数据分析操作，提供灵活多样的分析结果，用于决策支持。表 23—1 列出了二者的差异。

表 23—1　OLTP 与 OLAP 之差异对比

项目	OLTP	OLAP
用户	操作人员、低层管理人员	决策人员、高级管理人员
功能	日常操作处理	分析决策
数据库设计	面向应用	面向主题
数据	当前的、最新的、细节的、二维的、分立的	历史的、聚集的、多维的、集成的、统一的
存取	读/写数十条记录	读上百万条记录
工作单位	简单的事务	复杂的查询
用户数	上千个	上百万个
数据库大小	100 MB-GB	100 GB-TB

（二）联机分析处理的特点

联机分析处理的主要特点，是仿照用户的多角度思考模式，预先为用户组建多维的数据模型。建立多维度数据模型后，用户可快速地从不同分析角度获取数据，或者进行多个角度的综合分析，从而使分析灵活多样。

（三）联机分析的分类

联机分析技术按照存储器的数据存储格式分为以下三种类型：

1. 关系联系分析（ROLAP）

关系联系分析是以关系数据库为核心，进行多维数据的表示和存储，并将维表和事实表通过主关键字和外关键字联系在一起，形成“星型模型”。也称为虚拟 OLAP。

2. 多维联机分析（MOLAP）

多维联机分析是以多维数据组织方式为核心，多维形式存储数据，形成“立方体”的结构。对“立方块”的“旋转”“切块”“切片”是产生多维数据报表的主要技术。又称为物理 OLAP。

3. 混合型联机分析（HOLAP）

混合型联机分析是将 MOLAP 和 ROLAP 两种结构的优点有机结合起来，满足用户各类复杂分析需求的一种分析方法。

三、数据挖掘技术

（一）数据挖掘技术的含义

数据挖掘是从大量的、不完全的、有噪声的、模糊的、随机的数据中提取隐含在其中的、人们事先不知道的但又是潜在有用的信息和知识的过程，是知识发现的关键步骤。数据挖掘的方法包括神经网络、遗传算法、决策树、粗集、覆盖正例排斥反例、统计分析、模糊集等方法。

（二）数据挖掘与数据仓库、联机分析

数据挖掘需将数据从数据仓库中拿到数据挖掘库或数据集中库。数据挖掘库既可独立建立也可是数据仓库的一个逻辑子集。数据挖掘是在数据库中自己寻找模型，而联机分析是证实或推翻实现系列假设的演绎推理过程。

第二节　联网监测及数据采集模式

一、联网监测系统的设计思想

联网监测系统作为金保工程最先推广的应用系统之一，在总结原有养老保险全国联网系统和失业登记和失业保险监测系统基础上，进行了全面的升级完善。用于支撑全国联网数据的采集、管理，为公共服务、基金监管和宏观决策等应用，同时为其他相关单位的数据共享提供基础。

联网监测系统的总体设计思路是一套标准、一条总线、三大功能。一套标准是基于金保工程交换区内，建立一套全国统一的联网数据交换标准，形成联网数据集中库；一条总线是在部省市三级建立统一安全的数据交换异地通道，实现跨级联网数据的统一交换；三大功能指系统提供数据传输、质量检查、统计查询三大功能。

二、数据采集

（一）数据采集模式

联网系统数据采集包括横向和纵向两个方面的数据采集。

1. 横向数据采集

横向数据采集即同级数据采集。每月各地市、省本级通过本地开发的数据转换程序，按照全国统一的交换区联网数据采集标准从本级生产库中提取、加载数据至交换库，形成本级交换库数据集合，同时利用联网系统进行数据质量检查、汇总，生成统计库数据。

2. 纵向数据采集

纵向数据采集即部、省、市三级数据报送。每月各地市、省本级利用联网系统向省级数据中心报送交换库和统计库数据，形成省级交换库数据集合。省级数据中心利用联网系统生成全省统计库数据，并向部数据中心报送交换库和统计库数据，在部数据中心形成集中的交换库和统计库数据集合，为全国数据管理与分析、社会保险基金监测与监管、决策支持等应用提供支持。联网监测软件数据采集流程如图 23—2 所示。

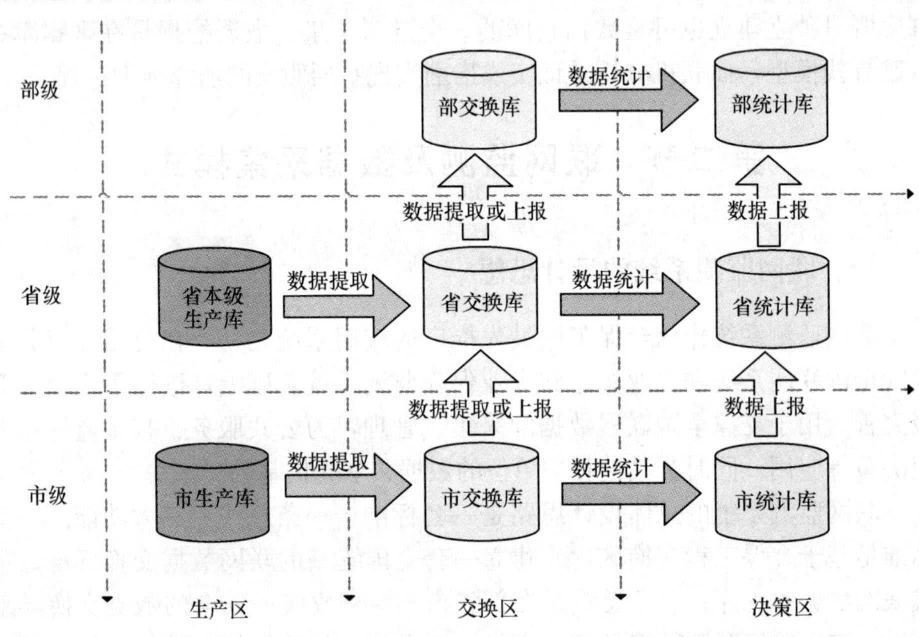

图 23—2　联网监测软件数据采集流程

（二）数据采集方式

联网系统通过金保工程异地业务服务总线（以下简称“异地总线”）实现跨级部省市间数据采集。为适应大数据量上传的稳定性要求，基于交易中间件，统一设计并开发了异地总线，部署在部省市三级，用于支撑部省市间跨级数据的安全稳定传输，并引用了 PKI/CA 技术，通过数字证书实现了对传输设备的身份认证。

三、指标设计

由于各地社会保险政策存在一定差异性，各地社会保险业务经办管理信息系统的数据口径和标准存在一定差异，因此，要实现社会保险数据联网应用，建立标准一致、项目齐全、准确无误的数据集是基础。目前，联网系统在交换区建立的标准数据集合，包括养老保险 180 项、失业登记和失业保险 44 项、医疗保险 420 项、工伤保险 165 项、生育保险 75 项，共计 884 项指标。

四、主要功能

联网监测系统在金保工程业务专网上采用 B/S/S 架构，通过分级部署等方式支持各级用户的联网应用。

（一）数据传输

数据传输用于支持联网监测系统与异地总线间信息通信的连接管理。数据发送时，按照既定标准将待发送数据自动提取生成传输文件传送到本级异地总线服务器上；数据接收时，将本级异地总线上已接收的数据文件自动接收到联网监测系统中。

（二）数据质量检查

联网监测系统可根据定制的数据质量检查条件和检查方案，对交换库数据进行检查和筛选。筛选出的异常数据被打上标记，不参与统计，从而使统计结果更加合理有效。同时，各地可参照数据质量检查结果进一步开展数据整理工作。

（三）统计查询

在统计方面，联网监测系统提供了固定常规统计和临时统计两种模式，支持对选定报表的单表统计和批量统计，用户还可根据需求定制任务计划，实现报表的自动统计。在数据查询方面，联网监测系统提供对交换库和统计库数据的固定和灵活查询，并支持查询结果的导出、保存、打印和图表展现等。

第三节　财务交换库和基金报表

一、财务交换库和基金报表概述

社会保险基金财务数据包括两类形态：一类是以记账凭证、科目余额及发生额表等形态出现的原始数据；另一类是以资产负债表、收支表等形态出现的报表数据。为做好基金监督、分析决策工作，人力资源和社会保障部组织开发了社会保险基金财务交换库管理信息系统（简称“财务交换库软件”）和社会保险基金报表管理信息系统（简称“基金报表软件”），分别支持社会保险基金财务交换库数据的采集上报和社会保险基金报表的电子化管理。

目前，已在全国范围内积极开展财务交换库和基金报表数据上报工作，不断提高社会保险基金数据的标准化和财务管理工作的精细化管理水平。

二、财务交换库系统介绍

1. 财务交换库系统有两大功能，一是完成数据从财务生产库向财务交换库的转换，二是支持对财务交换库数据的维护、上报、查询等功能。

2. 财务交换库系统的设计核心是为了采集各级社会保险基金管理部门的基金财务原始数据，由此搭建基金财务基础数据交换平台，为基金监管、宏观决策等应用提供数据支撑。

3. 财务交换库数据主要包括社会保险基金记账凭证数据和科目余额数据，涵盖养老保险、失业保险、医疗保险、工伤保险和生育保险五险共 13 个账套，可进一步向其他险种（如新型农村社会养老保险）扩充。

4. 为更好地实现各级基金财务数据的共享，人力资源和社会保障部规定了统一的财务交换库科目代码，并且每年进行科目代码更新，然后统一下发。按统一的科目代码，系统针对主流财务管理软件预置了财务生产库到交换库的数据转换方案，还预置了指标检查校验规则，在数据转换和接收入库过程中，能够进行指标项检查和财务数据逻辑性校验，对不符合要求的数据拒绝转换或入库，以提高入库数据质量。

财务交换库系统业务流程如图 23—3 所示。

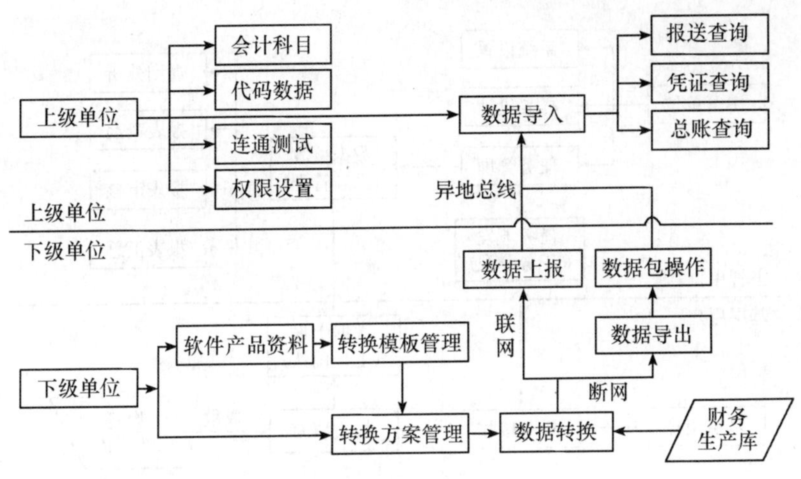

图 23—3 财务交换库系统业务流程

三、基金报表系统介绍

1. 基金报表系统的核心是采集并汇总各级社会保险基金管理部门的基金报表数据，目前承载了人力资源和社会保障部统一规定的各类社会保险基金报表，支持社会保险基金财务报表任务下达、数据上传、报表查询、报送管理等功能。

2. 系统既支持文件导入报表数据，也支持手工录入。在与本地财务管理软件联网的情况下，可通过软件中取数功能直接从财务生产库提取并生成报表数据。另外，财务交换库数据和基金报表数据具有内在的业务关联性，基金报表系统支持从财务交换库数据生成报表数据，有助于双方的数据校核。

3. 各级用户可在权限范围内查询报表上报情况，实现多期间、多单位、多任务、多报表、多指标的查询分析。上级部门既可查询下级的汇总数据，又可直接查询下级所有基金核算单位的明细数据。

基金报表系统业务流程如图 23—4 所示。

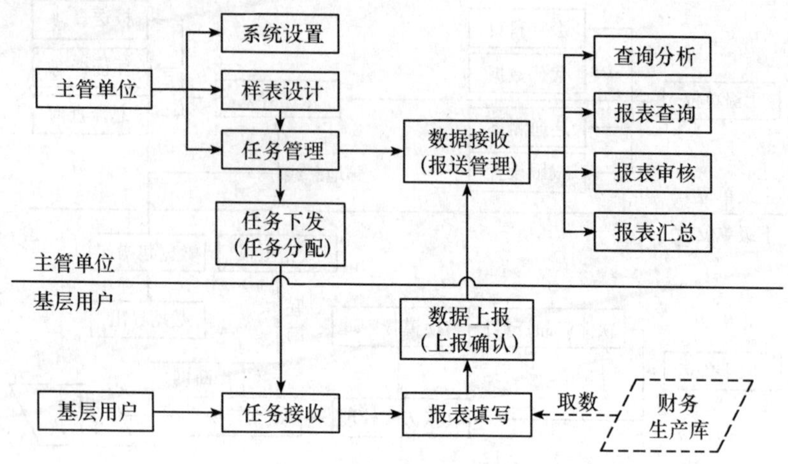

图 23—4　基金报表系统业务流程

第四节　决策支持系统

一、设计思想

随着人力资源和社会保障信息化建设工作的开展，数据资源日趋丰富，质量逐步完善，充分利用这些数据资源，运用现代化手段全面支持宏观决策工作，将有利于提高决策支持水平，对于完善管理体系有着重要意义。

宏观决策支持应用系统在金保工程一期建设中，将利用现有可用的社会保险联网数据等各种数据源，初步建立人力资源社会保障数据仓库，实现主题分析、数据展现等功能，并利用简单模型实现初步的监测预警和预测分析功能。随着数据资源的逐步丰富，分析思想的逐步成熟，分析模型的逐步完整完善，最终会对包括各业务经办明细数据、常规分析统计数据、调查数据、其他部门调查统计数据等的数据源进行整理、整合和加工处理，形成完整的宏观决策数据仓库，在此基础上针对人力资源社会保障各项业务领域及业务之间的关系，进行主题分析和挖掘，从而对政策执行情况进行监测预警，为领导决策提供科学、准确、及时的依据。

宏观决策支持系统框架如图 23—5 所示。

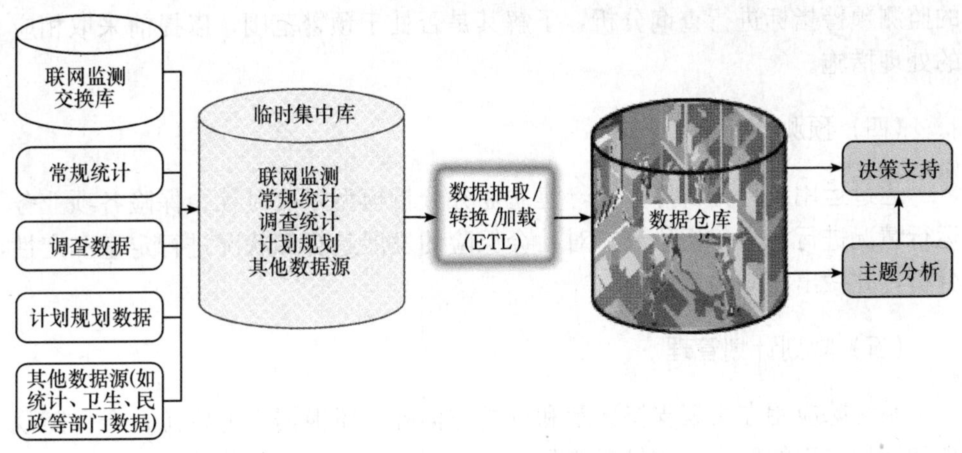

图 23—5　宏观决策支持应用系统框架

二、业务功能

(一) 建立数据仓库

根据社会保险业务的发展要求，设计数据仓库的建设模型和数据组织形式。根据社会保险业务管理的需要，制定数据转换规则、数据装载周期等数据集成策略，保证抽取、转换、加载并形成数据仓库过程的准确和高效。

(二) 主题分析

在形成的数据仓库基础上，根据业务需求，对制定的分析主题进行多维分析，并通过表格、图形、文字等多种形式予以展现，以快速了解分地区、分时间、分险种的就业参保、基金收缴、基金支付、待遇水平等综合信息。目前已设定基本养老保险、失业保险和生育保险、基本医疗保险、工伤保险、生育保险等分析主题。分析形式包括领导视图、总体报告、主题主析等，系统还支持用户根据需求自定义分析主题及展示形式等。

(三) 监测预警

通过建立单项业务和整体业务的监测预警指标体系和监测预警模型，确定预警线，并协助管理人员制定处理预案。通过对数据仓库特定域的数据进行分析与监测，对达到预警线临界状态的情况提供预警信息，供各级管理决策层参考，以便采取及时有效的控制措施。例如，通过对某地区数据按设定的监测预警指标进行查询分析，了解其是否处于预警范围，以提前采取相应的处理措施。

（四）预测分析

通过运用统计分析等方法，建立业务分析模型，可对社会保险各项业务运行情况进行深入分析研究，对社会保险的发展趋势和状况进行定量和定性分析，并做出相应的预测。

（五）规划计划管理

系统除应用在决策支持展示和分析方面外，还根据人力资源社会保障规划和计划管理的要求，提供对规划统计月报、季报、年报等统计工作的基本支撑，对规划计划工作的初步支持。

三、技术架构

1. 系统采用了B/S架构、J2EE体系结构、联机分析处理和数据挖掘等新技术，对社会保险等相关数据进行整理、整合和深加工处理。

2. 系统采用了先进的数据仓库技术，在业务交换数据库数据以及其他相关数据基础上形成数据仓库，对社会保险制度运行情况和相关业务关系进行主题分析、数据挖掘和展现，对政策执行情况进行监测预警，为领导科学决策、情况分析提供重要依据。

3. 系统采用了Flash技术实现数据的图表化和动态演示，采用人机交互方式使展示的信息更具特色。

第五节　数据采集与统计

一、常规统计报表数据处理

人力资源和社会保障统计信息系统由常规统计报表子系统和抽样调查子系统组成。常规统计报表数据处理是通过常规统计报表子系统完成的。

（一）系统功能

常规统计报表系统功能结构如图23—6所示，与其他人力资源和社会保障业务系统通过接口实现数据交换。

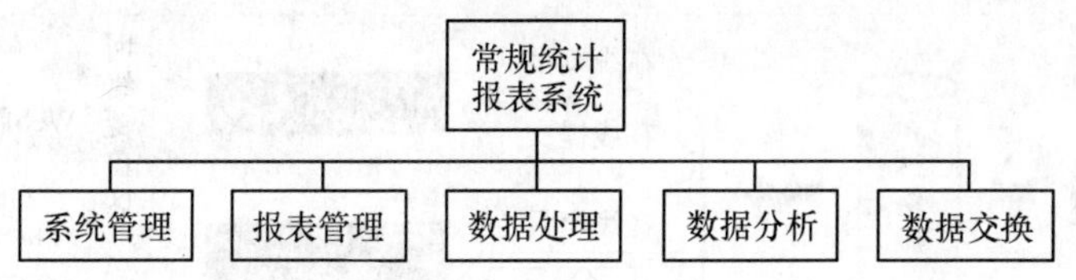

图 23—6　常规统计报表系统功能结构

（二）管理流程

根据现行人力资源社会保障统计业务的行政管理体制，统计业务处理纵向管理流程如图 23—7 所示。网络层级架构可以根据不同的业务需求进行延伸；可逐级填报，也可越级直报。

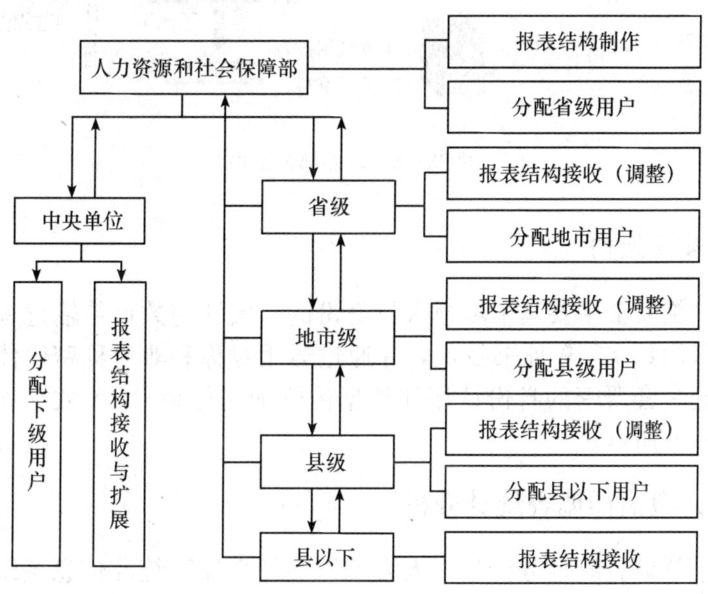

图 23—7　统计业务处理纵向管理流程

（三）技术架构

软件采用了先进的 B/S 和 C/S 混合架构作为客户端技术。根据填报单位网络覆盖和硬件配置差别，分为三种情况：网络覆盖区内的填报单位（以下称单位 A）；无网络覆盖、有 PC 机（计算机）的填报单位（以下称单位 B）；没有 PC 机（计算机）的填报单位（以下称单位 C）。如图 23—8 所示。

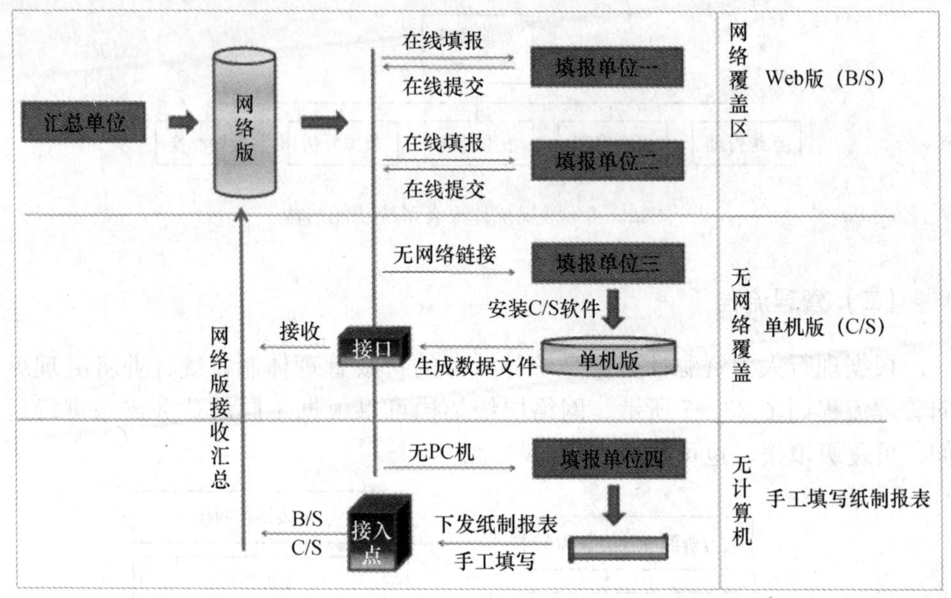

图 23—8　软件部署架构

（四）安全架构

系统网络安全主要基于填报人员身份的真实性与数据传输过程中的安全性。系统采用数字 CA 证书技术，并通过运用对称和非对称密码体制等密码技术建立起一套严密的身份认证和数据传输加密体系。CA 数字证书部署架构如图 23—9 所示。

二、大型抽样调查统计分析

大型抽样调查统计分析基于人力资源和社会保障统计信息系统中抽样调查子系统完成数据采集、管理和初步分析，高级分析一般通过专业分析软件完成。

（一）系统功能

抽样调查子系统功能结构如图 23—10 所示。该系统与其他人力资源和社会保障业务系统通过接口实现数据交换。

（二）管理流程

抽样调查一般在选定被调查单位后采用直报的方式，通过网络上报至系

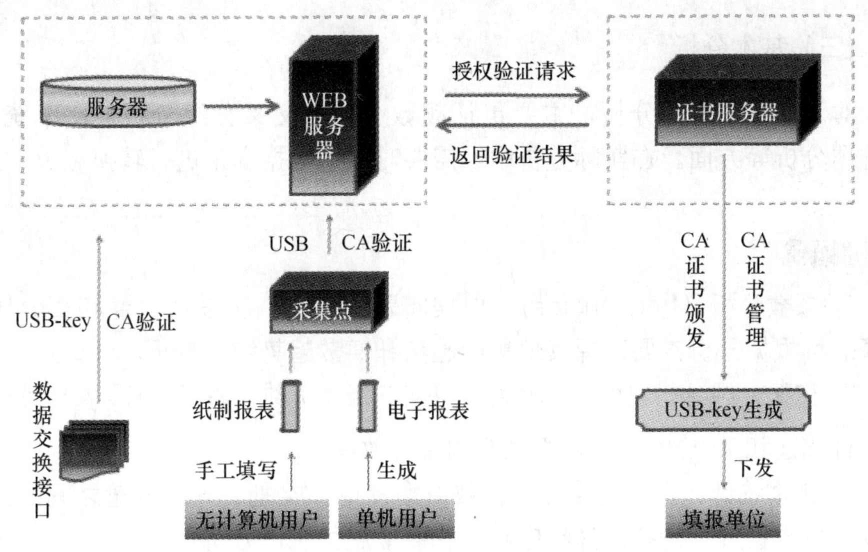

图 23—9　CA 数字证书部署架构

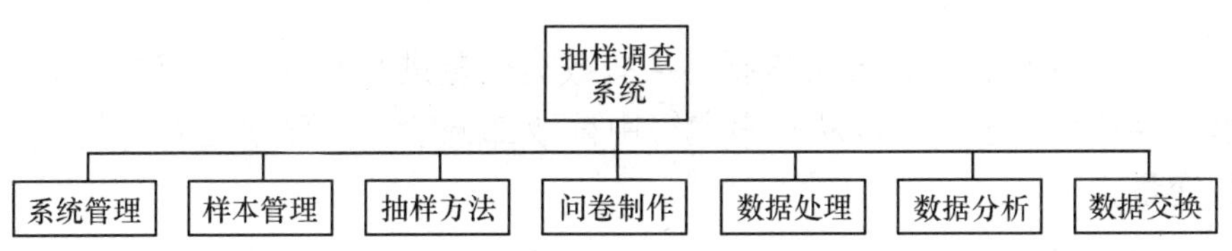

图 23—10　抽样调查子系统功能结构

统，各级管理部门可以下载本级数据分析使用。

抽样调查管理流程如图 23—11 所示。

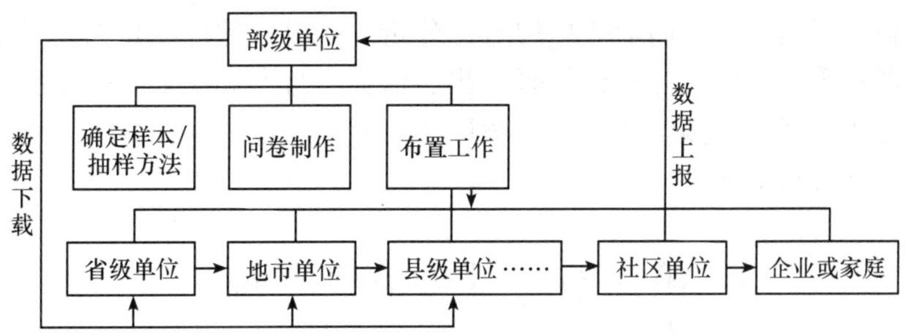

图 23—11　抽样调查管理流程

（三）基本分析

对于抽样调查的分析，主要包括频数分析、交叉分组分析、比率统计、多选项分析等方面。在实际分析中，需要对某些数据变量进行转换。

关键概念

1. 频数分析（frequencies）：根据问题的填写情况进行数量和百分比的计算。可根据分析需要选择其他集中趋势和离散趋势统计分析。

2. 交叉分组分析（crosstabs）：可对二维至 n 维列联表（RC 表）资料进行统计描述和 χ^2 检验，并计算相应的百分数指标。

3. 比率统计：用此过程可进行数值型变量和类别、等级变量之间的比率计算。可根据分析需要选择集中趋势和离散趋势统计分析。

4. 多选项分析：对调查中一个问题的回答需要多个选项的情况的汇总分析。

5. 变量转换：根据分析需要对某些数据变量进行转换，常用方法有：数值型与字符型变量转换，从一串字符中截取部分字符，日期型变量转换为数值型变量。

三、联网监测统计分析

联网监测系统提供了基于金保工程交换区联网基础数据的统计分析，实现多险种、多地区、多期别数据的对比分析。同时，软件支持对统计数据的过录、汇总等，并提供对查询结果导出、保存、打印和图表展现等功能，方便用户使用。联网监测统计与常规统计和大型抽样调查共同构成了全面的多层次的统计分析模式。

第六节　基金监管系统

一、设计思想

近年来，我国社会保险事业发展迅速，独立核算的社会保险基金已达十余种，基金收支规模达到万亿级。传统的报送报表、手工分析核实的方式已经不能满足基金监督业务需要。金保工程社会保险基金监管系统（以下简称基金监管系统），依托金保工程信息业务专网，建立多部门网络互联、信息互通、数据共享，全面支持部、省、市、县各级社会保险基金非现场监督工作，实现微观监管目标（及时发现社会保险基金薄弱环节和疑点问题，加强基金管理）和宏观监管目标（及时了解基金运转情况和支撑能力，实现制度平稳运行），为提升各级基金监督机构的监督工作水平提供有效保证。

【阅读参考】建立基金监管应用系统工作提出的背景

2005 年，为充分履行监督职责，积极开展非现场监督工作，劳动和社会保障部下发了《关于开展社会保险基金非现场监督工作的通知》（劳社部发［2005］13 号），并开始着手研究确定社会保险基金监管指标体系和数据库结构，制定数据标准和工作流程，统一开发软件，建立基金监管应用系统工作，主要是贯彻落实以下两文件的精神和要求。

1.《社会保险基金行政监督办法》（劳社部令［2001］第 12 号）明确要求劳动和社会保障部主管全国社会保险基金监督工作，并提出社会保险基金监督方式包括现场监督和非现场监督。

2.《关于加强社会保障基金监督管理工作的通知》（劳社部发［2002］12 号）就瞒报社会保险缴费基数、少缴社会保险费、骗取或违规支付社会保险金等问题，要求进一步加强社会保障基金管理，确保基金安全，维护社会稳定。

基金监管软件以实现高标准设计、低门槛推广、分步实施、滚动发展为目标，全面规划了社会保险基金非现场监督业务功能的总体框架，满足部、省、市、县四级非现场监督工作的需要，覆盖养老、失业等五项社会保险基金监管指标，满足指标不断丰富和扩展其他社会保险的监管指标需求。

关键概念

社会保险基金非现场监督是劳动和社会保障行政部门社会保险基金监督机构对手工报送或网络传输的有关数据资料进行检查分析，掌握被监督单位社会保险基金管理和制度运行状况，及时发现问题，采取防范措施的一种远程监督。

基金监管软件实现了微观监管目标（及时发现社会保险基金薄弱环节和

疑点问题，加强基金管理）和宏观监管目标（及时了解掌握基金运转情况和支撑能力，实现制度平稳运行），为提升各级人力资源和社会保障部门基金监督机构的监管能力提供有效保证。

二、业务功能

基金监管软件覆盖养老、失业、医疗、工伤、生育五项社会保险，涉及收入（征缴）、管理、运营、支付四个环节，综合设置评估分析、财务审核、业务监控、安全预警、不良记录和信息查询六类监管指标，充分利用业务流和基金流的内在平衡关系，全面、动态地对社会保险制度运行状况和基金管理情况进行监控，为非现场监督工作提供了有效的工作平台。

基金监管软件包括监督业务、监督办公、综合信息和政策法规等模块，功能划分清晰，可全面满足部、省、市、区县四级非现场监督工作需要。

三、技术架构

基金监管软件基于J2EE技术标准开发，采用B/S/S模式实现用户访问，基于统一的异地服务总线实现上下数据传输，并采用数字证书技术提高数据的访问安全。

基金监管系统依托金保工程业务专网，基于业务交换库、财务交换库和财务报表等数据，全面支持部、省、市、区县各级社会保险基金非现场监督工作。区县级监管机构通过网络直接访问市级数据库实现监管工作。部、省级监管除图23—12所示的市级功能外，还具备对下级监管数据库、交换库的查询权限；财务交换库的基础数据包括原始数据和基金财务报表数据。

四、应用场景

金保工程建立了交换区数据采集制度，各地联网上报社会保险业务交换库数据、财务交换库数据、基金报表数据。基金监管软件通过综合分析这些交换区数据以及银行、邮局、地税等外部相关数据，形成监管数据集合，使用横向比较和纵向观察的方式，展示出各项社会保险基金在征收、管理、运营、支付等环节的运转状态，辅助基金监督人员快速定位基金管理上可能存在的问题和风险。

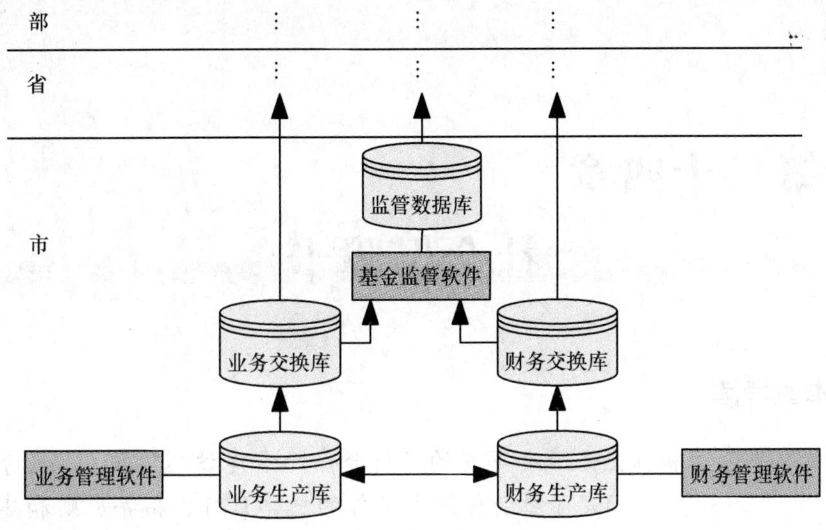

图 23—12　基金监管软件主要数据来源

思　考　题

1. 数据仓库的特征是什么?
2. 联网监测的数据采集模式有哪几种?
3. 宏观决策支持系统由哪几部分构成?

第二十四章

社会保障卡

本章导读

1999年劳动和社会保障部下发的《社会保障卡建设总体规划》（劳社部函［1999］213号），确定了社会保障卡工作的总体目标、指导原则和建设思路等，2011年出台《“中华人民共和国社会保障卡”管理办法》，为社会保障卡工作的规范发展打下了坚实基础。

社会保障卡是持卡人享有社会保障和公共就业服务权益的电子凭证，是人力资源社会保障工作发展的现实需要，是人力资源社会保障部门转变政府职能的重要手段，是金保工程服务于民的直接体现。

本章通过对社会保障卡的概念、建设目标、建设原则，以及标准体系、密钥体系、管理体系等进行介绍，帮助读者了解社会保障卡发行、应用、管理等方面的情况，深化对其意义、作用的认识。

第一节　IC卡基础知识

一、IC卡的概念

IC卡（integrated circuit card）即集成电路卡，是将一个集成电路芯片镶嵌于塑料基片中，封装成卡的形式，其外形与覆盖磁条的磁卡相似。

二、IC卡的分类

（一）按照卡中所镶嵌的集成电路分类

1. 存储器卡

卡中的集成电路为EEPROM（可用电擦除的可编程只读存储器）。这类卡信息存储方便，使用简单，价格便宜；不能处理信息，只是简单的存储设备，很多场合可替代磁卡，唯一的区别是存储容量更大。但由于其本身不具备信息保密功能，因此，只能用于保密性要求不高的场合。

2. 逻辑加密卡

卡中的集成电路具有加密逻辑和 EEPROM。这类卡在访问存储区之前需要核对密码，只有密码正确，才能进行存取操作，因此信息保密性较好，使用上与普通存储器卡相类似。一次性的加密卡（又称预付费卡）应用较多，与电话卡类似。

3. CPU 卡

卡中的集成电路包括中央处理器 CPU、EEPROM、随机存储器 RAM 以及固化在只读存储器 ROM 中的片内操作系统（COS），相当于一个特殊类型的单片机。CPU 卡不仅能存储信息，还能对数据进行复杂的运算。其存储容量大，处理能力强，信息存储安全，广泛用于信息安全性要求高的场合。

关键概念

COS（chip operating system）是 CPU 卡确保标准性、安全性的关键技术，主要功能是控制 CPU 卡和外界的信息交换，并在卡内部完成各种命令的处理，支持文件管理和安全机制的实现。

（二）按照卡的应用领域分类

1. 金融卡

金融卡一般分为现金卡（debit card）和信用卡（credit card）。现金卡又称储蓄卡，可用作电子存折和电子钱包，不允许透支。信用卡主要由银行发行和管理，持卡人用它作为消费时的支付工具，可以使用预先设定的透支限额资金。

2. 非金融卡

非金融卡往往出现在各种事务管理、安全管理场所，如身份证明、健康记录和职工考勤等。另外，一些预付费卡，例如，用于公交系统中的交通卡和电表上的 IC 卡等，各由相应的管理单位发行，一般也被视为非金融卡。

（三）按照卡与外界数据传送的形式分类

1. 接触式 IC 卡

在接触式IC卡上，IC卡芯片有8个触点可与外界接触。接触式IC卡应用较早，其国际标准比较完善。ISO/IEC 7816是接触式IC卡遵循的主要国际标准，它对IC卡的物理特性、卡上触点尺寸与位置、电信号与传输协议、行业间交换命令、数据元以及IC卡注册管理办法等作出了详细的规定。

2. 非接触式IC卡

非接触式IC卡的集成电路不向外引出触点，带有射频收发电路及其相关电路。非接触式IC卡可以避免由于触点外露而导致的污染、损伤、磨损、静电以及插卡不便的读写过程等情况，因此，卡本身的使用频率以及操作的便利性都高于接触式IC卡。

【阅读链接】

王爱英主编. 智能卡技术——IC卡（第2版）（第1章“智能卡概论”）. 北京：清华大学出版社，2000

三、IC卡的制造工艺

IC卡从设计到发行，一般可归纳成6个步骤。

（一）设计

设计包括卡内集成电路设计及COS设计等。

（二）芯片制造

设计者将设计好的版图及COS代码提交给芯片制造厂。制造厂根据设计与工艺过程要求，产生多层掩膜版图，通过氧化、光刻、腐蚀、扩散等处理，形成所需的电路。经测试、研磨后，将圆片切割成众多小芯片。

（三）微模块制造

将制造好的芯片安装在有8个触点的印制电路薄片上（称做微模块）。在这个环节中，要将切好的芯片粘贴在载带上，并利用金丝将芯片与载带的触点焊接起来，然后密封成模块。

（四）卡片制造

将微模块嵌入卡片中，并完成卡片表面的印刷工作。

（五）卡初始化

在卡中写入密码、密钥，建立文件结构等。

（六）个人化和发行

发行商对卡进行个人化处理，根据应用要求写入个人信息和密钥信息，使每张卡成为唯一识别的卡，并按地址或人员类别分拣，准备发放。

四、IC 卡的读写设备

为了使用卡片，还需要有与 IC 卡配合工作的接口设备 IFD（interface device)，或称为“读写设备/读写器”。IFD 可以是一个由微处理器、键盘、显示器与 I/O 接口组成的独立设备，该接口设备通过 IC 卡上的 8 个触点向 IC 卡提供电源并与 IC 卡相互交换信息。IFD 也可以是一个简单的接口电路。

第二节 社会保障卡建设总体规划

一、社会保障卡概念

社会保障卡是面向社会公众发行，主要应用于人力资源社会保障领域政府社会管理和公共服务的集成电路卡。

【阅读参考】《社会保障卡建设总体规划》出台的背景

1998 年开始进行社会保障卡应用规划工作，主要基于两方面考虑：一是《国务院办公厅关于加强集成电路卡管理有关问题的通知》（国办发［1997］22 号）明确要求行业性 IC 卡由行业主管部门统一制定规划，统一发行并管理。二是当时行业内 IC 卡应用情况混乱，多种规格和类型并存，技术标准和信息标准不统一，应用业务单一，既不利于节省资金，也不利于跨地区、跨业务使用。特别是有些尚不具备条件的地区，发行的 IC 卡无法有效使用，造成资源浪费。

二、社会保障卡建设目标

根据统一规划，在推进人力资源和社会保障信息化建设的过程中，积极、稳妥、有序地实施 IC 卡技术；面向人力资源社会保障行业的所有服务对象，发行社会保障卡；实行社会保障卡的一卡多用和全国通用，实现信息在最大范围内的共享和交换。

【新闻摘录】

要加强统筹协调和政策衔接，推进各类社会保障制度整合，抓紧制定实施全国统一的各种社会保险关系转续办法，完善社会保障公共服务管理平台。要加快推进公共服务设施和服务网络建设，早日实现社会保障全国一卡通。

——摘自：胡锦涛在中共中央政治局第十三次集体学习时的讲话. 人民日报. 2009-5-24.

全国统一的社会保障卡发放数量达到 8 亿张，覆盖 60%人口。

——摘自《国民经济和社会发展第十二个五年规划纲要》

三、社会保障卡建设的指导思想和原则

(一) 指导思想

1. 统一规划，因地实施

全国制定统一规划，在此前提下，各地可根据当地的业务需求、信息系统建设、经济技术条件等具体情况，自行决定是否发卡、发卡时间、发卡进度和发卡方式，选择社会保障卡的用卡业务，按统一的标准和规范自行实施社会保障卡建设。

2. 服从整体，相对独立

社会保障卡是人力资源和社会保障信息化建设的重要组成部分，同时，又可构成一个相对独立的子系统，在建设过程中既要服从信息化建设的整体要求，又要保持其相对的独立性。

3. 网卡结合，资源共享

网络和数据库是社会保障卡应用的前提，卡是对网络和数据库的有效补充，二者有机结合，共同实现人力资源社会保障信息资源在全社会范围内的共享。

4. 强化管理，服务社会

社会保障卡的建设，既要有利于人力资源社会保障部门更好地管理监督用人单位的用工及社会保险登记缴费，也要有利于劳动者和用人单位方便快捷地办理各项人力资源社会保障业务，体现政府部门为社会服务的宗旨。

5. 先进与成熟并举，高效与安全并重

在设计思想和技术配备上，既要考虑到技术的先进性，也要考虑到其成熟性和实用性。在保证便捷高效用卡的同时，确保网络连接、设备配备、数据传输和卡内数据等方面的安全可靠。

6. 开放并可扩展

在标准的制定和应用的设计上，要提供扩展方法并预留扩充空间，以适应业务发展需求和地方扩充要求。

（二）建设原则

1. 一体化，只发一卡

发卡地区的人力资源社会保障部门对服务对象只发行一张社会保障卡，该卡作为行业性 IC 卡应用，在异地通读的基础上逐步实现全国通用。

2. 高起点，一步到位

为保证卡内信息的安全性、可扩充性，同时在国家更大范围合并用卡之前，无特殊情况人力资源社会保障部门不再轻易换卡。社会保障卡在开始使用时就采用性能较高的 IC 卡。

3. 低门槛，滚动发展

社会保障卡可先从最成熟、最急需的业务着手发卡，再根据业务需求情况和信息化建设状况逐步扩大应用业务和地区范围，在统一规划下滚动发展。

【新闻摘录】

近两年，许多人手里多了一张“社会保障卡”，上边有照片、个人基本信息，还有社会保障号码。社保卡有哪些功能？在未来的生活中将扮演哪些角色？在 30 日国务院新闻办公室举行的新闻发布会上，人力资源和社会保障部副部长胡晓义、中国人民银行行长助理李东荣进行了介绍。

“对于社会保障，人们正逐步从关心‘是否有保障’，向关心‘保障水平高低’，再向更加关心‘参保缴费、享受待遇是否便捷’转变。”胡晓义表示，正是考虑到人们的实际需求，社会保障一卡通成为当前社会保障体系建设的一项重要内容。国家的“十二五”规划纲要明确，今后 5 年“全国统一的社会保障卡发放数量达到 8 亿张，覆盖 60%人口”。截至今年 7 月底，全国已有 170 多个地区经批准发行了社会保障卡，实际持卡人员达到 1.45 亿人，预计今年年底前超过 12.6 亿人，其中仅城镇就有职工和居民 4.3 亿人参保，这些人在 2010 年产生了 9.4 亿人次的医疗服务并在医保当中发生了结算关系。而每一人次又不仅一个项目，包括检查费用、药品、手术费用，是多个项目的支付，所以产生非常大的支付量。通过社会保障卡在医疗保险实现费用即时结算，可以减少群众跑腿和垫支的负担。

下一步的功能拓展主要是在群众需求越来越旺盛的养老保险方面。胡晓义介绍说，目前在城镇领取养老金的有6 000万人，新农保和城镇居民养老保险开展并且迅速普及之后将达1亿人。1.6亿多人领养老金，如果每年领12次，相当于发生几十亿次的支付关系，此外还有上亿人在个人缴费环节发生结算关系，所以养老保险方面的需求也很大。

他同时表示，对全国200多万失业保险金领取人员、200多万生育保险待遇领取人员、150多万工伤保险待遇享受人员，今后也有望通过社会保障卡享受到更加便捷的社会保障服务。

社会保障卡不仅在社会保障领域发挥作用，今后还将具有金融功能。日前，人力资源和社会保障部与中国人民银行联合发布了《关于社会保障卡加载金融功能的通知》。

加载金融功能的社会保障卡可依托银行现已遍布全国的支付结算网络，为参保人实现持卡缴费、待遇领取、费用结算支付以及异地资金划拨等提供支付结算手段，从而推动“一卡多用、全国通用”目标的实现。其金融应用为人民币借记应用，可以作为普通银行卡，用于现金存取、转账、消费，目前不支持贷记功能，使用范围为中华人民共和国境内。

——摘自：白天亮. 社会保障服务有望更便捷——社保卡今后可作银行卡用. 人民日报. 2011-08-31.

第三节　社会保障卡标准体系

社会保障卡实行全国统一的标准规范，主要包括三个部分的内容。

一、IC卡规范

包括对社会保障卡卡型、卡面、机电特性、逻辑接口、传输协议、安全机制等方面的规定等。在卡型选择上，社会保障卡采用接触式CPU卡，这是考虑到了技术成熟程度、适度的安全要求、多应用和不断扩展应用的业务发展需求，同时也避免将来升级换卡所造成的资金浪费。在卡面风格上，要求全国统一，卡正面印有国徽和“中华人民共和国社会保障卡”字样（见图24—1），并有网状底纹；卡背面载有芯片，并书写个人姓名、社会保障号码

图 24—1　中华人民共和国社会保障卡卡面

等基本信息。

二、应用规范

统一卡内信息标准、专用 COS 指令和应用流程。由人力资源社会保障部统一制定卡内业务目录结构，确定全国通用指标项及通用指标在卡内的位置、名称、长度、类型等属性。对于只在某一项业务中使用的指标，如医疗保险个人账户余额、月养老金支付金额等，被放在各自的业务信息区中，可由各发卡地区按业务选择进卡。此外，各地区可遵照统一扩充规则扩充地方的业务指标。具体地讲，卡内信息可分为以下 4 类（见图 24—2）：

1. 全国统一规定的基本指标（A 类）。为发卡地区的必选指标，包括通常情况下不会变动的个人基本信息，如姓名、性别、社会保障号码等，以及一些各类业务中都可能用到的基础性指标，如工资、学历等。这些指标可实现全国通用。

2. 全国统一规定的人力资源社会保障业务领域指标（B 类）。发卡地区可按统一规则选择一项或几项业务进卡，对于所选择的业务，业务下的必选指标要全部进卡。在选择同样业务的地区，该卡可实现通用（初期阶段实现通读）。

3. 全国统一规定的非人力资源社会保障业务的相关领域指标（C 类）。发卡地区可选择业务或指标进卡。

4. 地方自行扩充的业务指标（D 类）。

三、终端规范

终端规范包括对读写机具的基本要求、功能、读写指令、黑名单管理等

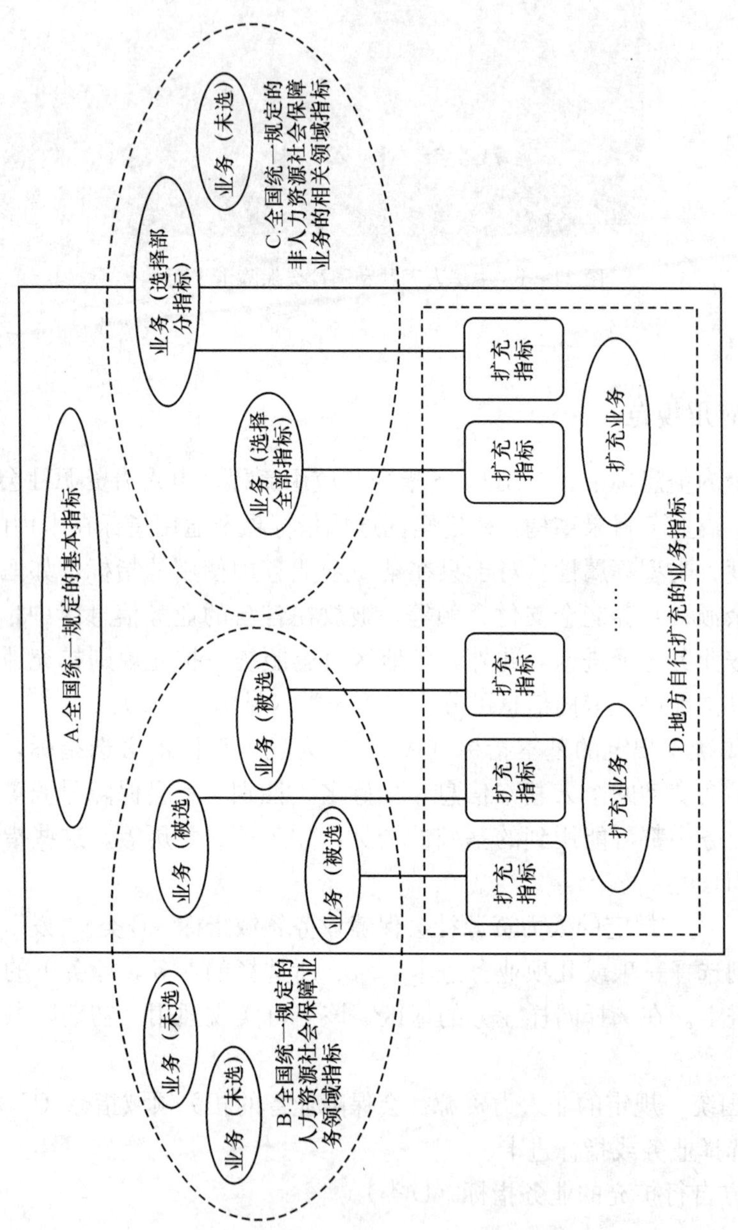

图 24—2　社会保障卡卡内信息组成

方面的规定等。

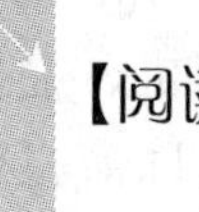

【阅读链接】

劳动和社会保障部. 社会保障（个人）卡规范. 2000

第四节　社会保障卡密钥体系

社会保障卡采用密钥安全技术，实行全国统一的密钥管理体系。概括起来包括四个方面。

一、密钥管理体系

密钥按部、省、市三级逐级分散和管理。人力资源社会保障部负责生成和管理全国通读通写文件的控制密钥及其他需要在全国范围内使用的密钥，并按照统一规则逐级分散给省、地市两级人力资源社会保障部门，形成子密钥。省、地市两级人力资源社会保障部门负责生成和管理仅限本地区使用的密钥，以及本地区自行扩充文件的读写密钥；负责管理由人力资源社会保障部逐级分散给其的子密钥。在省级人力资源社会保障部门没有建立密钥管理中心，不具备生成、分散和管理密钥的能力的情况下，省里的工作可暂时委托给部里代办。社会保障卡全国根密钥已于1999年12月生成。

二、密钥管理系统

采用全国统一的密钥管理系统。全国统一的密钥管理系统包括加密机硬件、密钥管理软件以及读写机具等。地方管理部门可以利用密钥管理系统，实现密钥的生成、分散、备份、检验、修复等功能，也可以利用密钥管理系统向PSAM卡中加载密钥。

三、PSAM卡管理

按统一提供、分级加载的原则分发PSAM卡。人力资源社会保障部按各地的要求统一组织提供PSAM卡，并按要求和有关规定向PSAM卡中加载国家级主密钥，省级、地市级密钥则由省、地市级管理部门利用统一提供的密钥管理系统分别加载。如果省级、地市级管理部门没有设立相应的管理或技术部门，可以暂时委托部里代为加载。

四、安全管理

建立严格的社会保障卡密钥管理制度，严格规范密钥及加密机、主控密钥卡、密钥母卡、传输密钥卡等密钥载体的保管、使用程序；在确需将密钥载体移交给第三方使用时，要做好交接记录，签署保密协议，审核其安全管理方案，并对第三方的使用情况进行监督。

建立安全访问控制模块（PSAM卡）管理制度，详细记录其具体信息和使用情况，建立收回、销毁机制，并对其实际使用时的物理形式、外界条件、使用方式等进行明确规定，保证用卡环境安全。

建立社会保障卡安全管理应急预案，妥善处理社会保障卡发放、使用及密钥管理中出现的安全问题。凡出现密钥载体遗失等安全事故的地区，要立即报告上级人力资源社会保障部门和人力资源社会保障部，并查明原因，根据国家关于安全保密的有关规定做出处理。

第五节　社会保障卡管理体系

社会保障卡采用部、省、市三级管理，人力资源社会保障部负责规划和管理全国社会保障卡的发行和应用工作。省、地市级人力资源社会保障部门负责管理本地区社会保障卡的发行和应用工作，其所属的信息化综合管理机构具体承担社会保障卡的发行和技术管理的有关事务。

社会保障卡管理体系包括发行管理、制作管理、应用管理和产品管理等。

一、发行管理

省级人力资源社会保障部门或地市级人力资源社会保障部门经人力资源社会保障部批准后，可发行社会保障卡。其他任何机构和组织均不得发行社会保障卡。

注册审批程序为：省级人力资源社会保障部门发行社会保障卡，将申请发行材料报人力资源社会保障部信息化领导小组办公室审核。地市级人力资源社会保障部门发行社会保障卡，将申请发行材料报省级人力资源社会保障部门进行初审。初审通过后，报人力资源社会保障部信息化领导小组办公室审核。人力资源社会保障部信息化领导小组办公室审核批准后，统一为被批准发行社会保障卡的地区分配社会保障卡发行机构标志号，并按国家有关规定向国家IC卡注册中心备案。

审核内容包括发卡地区的卡内文件结构、卡面设计，数据库、网络、用卡布局等方面的发卡成熟条件和准备情况、具体发行方案、卡管理办法及实施细则、费用解决方案等。审批的原则包括是否具备发卡用卡条件（是否有必要发卡用卡，是否有能力发卡用卡），拟发的卡是否符合部里的技术规范和安全要求等。

发卡地区若变更社会保障卡卡面、卡内文件结构等，要报人力资源社会保障部信息化领导小组办公室重新审批。若变更供卡厂商和产品、扩大发卡人群、增加拟发卡数量等，要报人力资源社会保障部信息化领导小组办公室备案。

二、制作管理

社会保障卡卡内文件结构划分、控制密钥加载、卡面印刷、个性化信息写入等制作工作，由省级社会保障卡发行管理机构统一组织；省级不具备集中制作条件的，可交由发卡地市或第三市机构承办。发卡地区选定的承办社会保障卡制作的第三方机构，应具备符合人力资源社会保障部要求的安全生产环境，在数据存放、传输、使用以及卡片运输过程中具有严格的安全管理措施，能够保证社会保障卡数据和密钥的安全。

初次制卡、更换供卡厂商和产品等情况下，均要通过正式制卡环境先行制作测试卡，通过人力资源社会保障部信息化领导小组办公室组织的标准符合性审核、安全性审核和跨地区通用性测试后，才能正式制作、发放。

三、应用管理

社会保障卡主要应用于人力资源社会保障各业务领域。对于暂不具备用卡条件的业务，要做好预留。对于需要借助金融功能开展的业务，应通过在社会保障卡上搭载金融功能的方式实现。

人力资源社会保障部统一规划和部署社会保障卡的跨地区应用，实行跨地区应用接入制度。人力资源社会保障部信息化领导小组办公室具体负责对各地用卡环境的一致性和安全性检查，检查通过的予以接入。

在保持主要功能不变、标准规范不变、密钥体系不变、管理主体不变的前提下，经省级人力资源社会保障部门同意、人力资源社会保障部批准，社会保障卡可以搭载其他公共服务功能。

社会保障卡因损坏、遗失、到期等原因不再使用的，应列入失效名单。失效名单实行分级管理。人力资源社会保障部、省级、地市级人力资源社会保障部门分别管理全国、全省、全市范围内的社会保障卡失效名单，并提供查询服务。

四、产品管理

为保证各地的社会保障卡符合统一规范，人力资源社会保障部要求各地发行社会保障卡所采用的产品，要符合人力资源社会保障部有关规范要求。其中：

社会保障卡芯片实行备案制度。发卡地区拟选用的芯片，应报人力资源社会保障信息化领导小组办公室备案后，才能在社会保障卡中采用。申请芯片备案的厂商，要具有集成电路设计企业、商用密码产品销售和生产定点单位等相关资质，申请备案的芯片要具有自主知识产权，芯片设计、加密算法等满足社会保障卡的相关技术要求。

发卡地区应选择具有自主开发能力的厂商提供的社会保障卡卡内操作系统（COS）和读写机具，其选定的上述产品均需符合人力资源社会保障部社会保障卡规范要求。

用于社会保障卡密钥管理和安全应用的加密机要具有国家密码管理部门颁发的商用密码产品型号证书，并符合人力资源社会保障部有关规范要求。

人力资源社会保障部组织省级人力资源社会保障部门对已投入使用的社会保障卡产品质量和标准符合性等进行检查、监督。

思 考 题

1. 社会保障卡进卡业务的确定原则是什么？
2. 拟发行社会保障卡地区的申请单位可有哪几种情况？
3. 社会保障卡工作通过哪几方面的管理保证其通用性？

第二十五章

系统安全

本章导读

人力资源社会保障信息系统支撑的业务和应用面向社会各类群体。系统中存有关键业务数据和敏感信息，其业务信息安全性或业务服务保证性受到破坏后，会对国家安全、社会秩序和公共利益造成严重损害，存在着社会政治经济风险。其作为国家的重要信息系统应予以重点保护，信息安全建设至关重要。

本章首先简要阐述了信息安全的基本概念和信息安全保障框架，着重介绍了信息安全等级保护相关工作内容和要求，以及基础安全防护系统建设和电子认证体系建设的相关技术和实施建议，特别是从如何保证业务系统的安全，如何保证数据的机密性、完整性和不可否认性等方面提出了电子认证技术的具体应用方式，帮助读者了解信息安全建设的有关概念、技术和实施策略等方面的情况，明确了信息安全建设的重点内容。

第一节　系统安全基础知识

一、信息安全的基本概念

信息安全随着信息系统的技术发展和应用发展经历了保密、保护和保障三个发展阶段。信息安全的基本属性由传统的信息保护，发展成为包括信息保护和信息系统保护在内的信息保障。信息系统安全的内涵是实现系统正常运行，保障信息的完整性、可用性、保密性、不可否认性、可控性等，其中保密性、完整性、可用性为基本安全特性要求。

信息系统安全保障是指为确保信息和信息系统能够抵御来自人为的和自然的原因所带来的威胁、非授权访问和破坏而采取的有效机制和措施。这些机制和措施包括技术和管理两个方面的内容。信息安全保障必须贯穿于信息和信息系统生命周期的全过程，其工作环节包括预警、保护、检测、响应和恢复等组成，信息安全保障的能力包括技术、管理和人，其中人是基础和根本，是第一要素。就技术和管理所起的作用而言，管理的比重要大于技术，常称为三分技术和七分管理。

二、信息安全保障框架

结合国家有关信息安全等级保护要求以及人力资源社会保障信息安全建设特点，人力资源社会保障等级化信息安全保障框架如图 25—1 所示。

第二节　基础安全防护系统

一、基础安全防护系统概述

基础安全防护系统是网络系统安全体系建设的重要组成部分，是整个信息安全保障机制的关键，主要用于支撑网络层和主机系统层的安全防护。其建设包括边界防护系统、入侵检测和防护系统、漏洞扫描系统、防病毒系统、网络安全隔离系统和安全审计系统等。

二、边界防护系统

具有不同安全级别的网络之间的分界线都可以定义为网络边界，包括内部网络与外部网络之间、内部网络各安全域之间、重要环境与其他环境之间的分界线。网络边界的防护主要是限制某些网段之间不互通，或有条件地互通，即实现访问控制，主要是通过部署防火墙来实现网络边界的安全访问控制。

防火墙是指部署在网络边界处的一系列部件的组合，是网络边界处信息的唯一出入口，能够根据安全策略控制（允许、拒绝和监测）出入网络的信息流，且本身具有较强的抗攻击能力。它是提供信息安全服务，实现网络和信息安全的基础设施。

（一）主要分类

防火墙按不同分类标准，可分为以下类别：

按逻辑功能分为包过滤防火墙、状态/动态检测防火墙、应用程序代理防

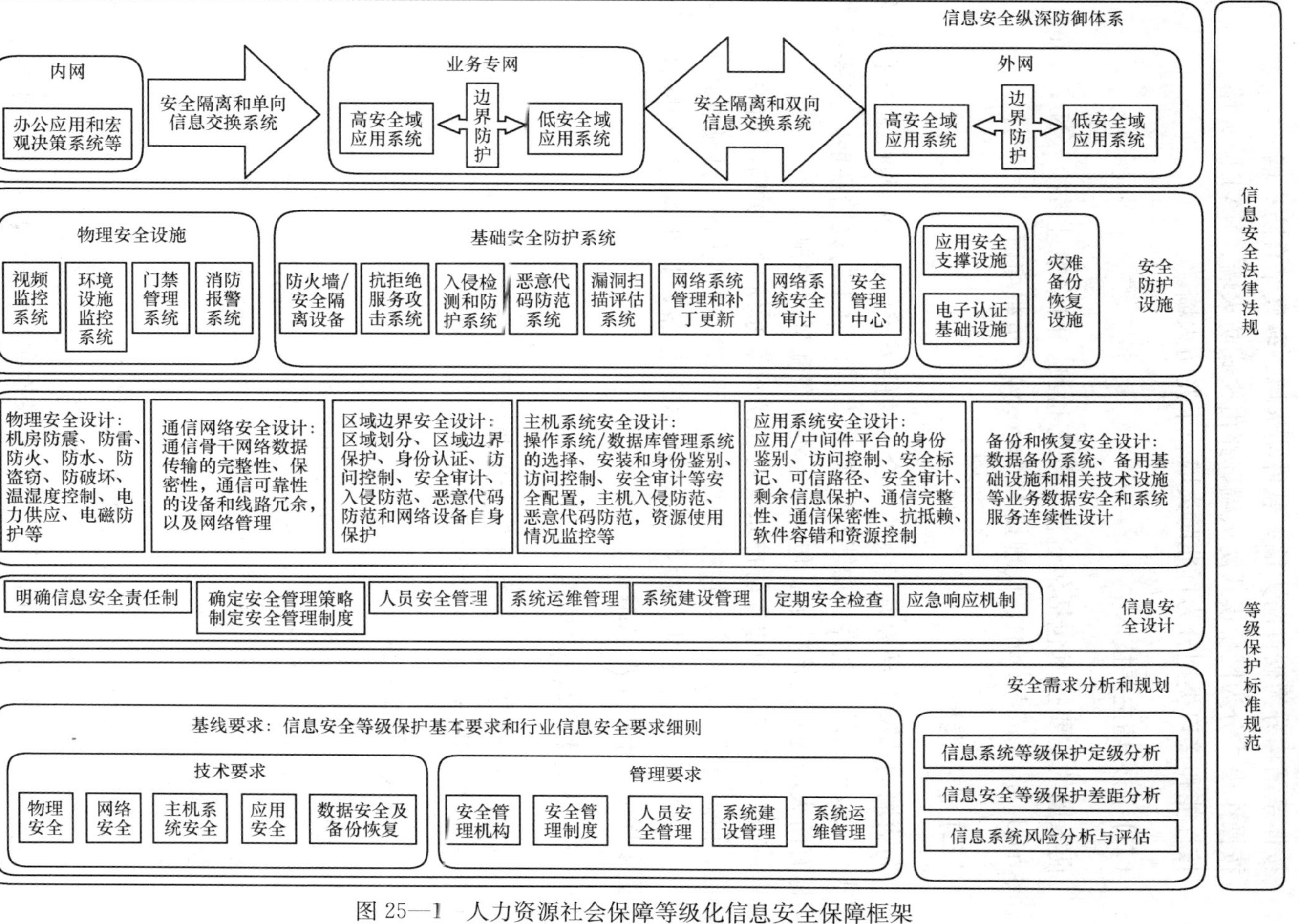

图 25—1　人力资源社会保障等级化信息安全保障框架

火墙、个人主机防火墙。

按体系结构分为硬件防火墙、软件防火墙、软硬结合防火墙。

按操作模式分为网桥模式防火墙、路由模式防火墙、NAT 防火墙。

按性能和接口类型分为百兆防火墙、千兆防火墙。

（二）防火墙主要技术

防火墙的主要技术包括包过滤、状态检测、网络地址转换（NAT，network address translation）、代理技术（proxy）、负载均衡。

（三）产品选型

防火墙的选型主要考虑实际的安全和功能需求，设备管理和维护手段及方式，以及产品的安全性、功能和性能等因素。对于防火墙性能，主要考虑指标有防火墙的并发连接数、包速率、吞吐量和延时情况。

目前，比较流行的边界防护系统是在防火墙系统融入防病毒网关、入侵防范、信息过滤、边界完整性检查等功能，形成一种称为统一威胁管理 UTM 的产品。作为一种集成化的边界安全防护网关设备，其性能具有局限性，所以更多地被用于中小型网络。

三、入侵检测和防护系统

入侵检测和防护系统是信息安全保障体系中关键的检测/响应安全机制，主要有入侵检测系统和入侵防护系统两种产品类型。

（一）入侵检测系统

入侵检测系统（IDS，intrusion detection systems）是实时网络违规自动识别和响应系统，主要是依照一定的安全策略，对网络、系统的运行状况进行监视，当发现网络违规模式和未授权的网络访问尝试时，能够根据系统安全策略作出响应、报警和日志记录。

1. 主要分类

按照监测目标系统类型和数据源的不同分为基于主机（host-based）的入侵检测系统和基于网络（network-based）的入侵检测系统。

按照入侵检测方法的不同分为异常入侵检测系统和误用入侵检测系统。

按照检测系统对入侵攻击的响应方式分为主动的入侵检测系统和被动的入侵检测系统。

按照系统各个模块运行的分布方式分为集中式入侵检测系统和分布式入侵检测系统。

2. 系统部署

入侵检测系统通常由管理控制台和探测器构成。控制台负责管理探测器的运行，向探测器加载其应执行的安全规则，接收、显示并记录探测器发来的报警信息，提供安全情况的审计报告。探测器负责监听进出网络和主机的访问行为，按照安全策略的定义实施实时响应。探测器应部署在网络的敏感部位：内部网络的入口，中心交换机的监控口、重点保护子网所在的 VLAN 网段，以及关键主机系统。对于部署在防火墙附近的入侵检测系统，一般部署在防火墙之后，也可根据情况，在高安全性要求的环境下部署在防火墙外部。

（二）入侵防护系统

入侵防护系统（IPS，intrusion prevention system）通过深度感知并检测流经的数据流量，对恶意报文进行丢弃以阻断攻击，对滥用报文进行限流以保护网络带宽资源。

对于部署在数据转发路径上的 IPS，可以根据预先设定的安全策略，对流经的每个报文进行深度检测（协议分析跟踪、特征匹配、流量统计分析、事件关联分析等），如果一旦发现隐藏于其中的网络攻击，可以根据该攻击的威胁级别立即采取抵御措施，这些措施包括（按照处理力度）向管理中心告警，丢弃该报文，切断此次应用会话，切断此次 TCP 连接。

四、漏洞扫描系统

漏洞扫描系统，也称安全检测系统，可以对网络中的部件（网络设备、防火墙、服务器、操作系统等）进行自主攻击性扫描、分析和评估，发现并报告系统存在的弱点和漏洞。扫描的范围包括基于 TCP/IP 的所有 IP 设备和服务，网络层、应用层和各种网络服务，网络系统的服务进程；扫描项目包括软件的版本和补丁包、缺省配置等方面的问题、Windows 服务器的配置漏洞、Web 服务器的文件和程序方面的漏洞、标准的网络端口和服务、远程访问的安全漏洞等。

五、防病毒系统

计算机病毒数量庞大，表现形式多种多样，根据计算机病毒的特点和特性，有多种分类方法。早期病毒类型主要有文件型、引导扇区型、混合型、宏病毒、PE病毒和VBS脚本病毒等，目前比较流行的有蠕虫病毒、木马、恶意代码、网络仿冒、网页挂马、垃圾邮件、僵尸网络和域名劫持等。

计算机病毒形式及传播途径日趋多样化，网络防病毒工作已不再是简单的单台计算机病毒的检测及清除，需要建立多层次的、立体的病毒防护体系，而且要具备完善的管理系统来设置和维护病毒防护策略。多层次病毒防护系统由Internet防病毒网关、群件防病毒模块、服务器防病毒模块和客户机防病毒模块等构成。具体部署是在每台客户端计算机上安装客户机防病毒模块，在服务器上安装基于服务器的网络版防病毒模块，在Internet互联边界处部署Internet防病毒网关，在邮件服务器上安装群件防病毒模块，同时部署防病毒管理中心，提供对病毒特征信息和检测引擎的定期在线更新服务，实现集中式网络防病毒管理。

六、网络安全隔离系统

为实现内、外网间较高强度的隔离，满足真正意义上网络层的安全隔离，常规的基于防火墙访问控制技术的逻辑隔离措施已无法满足既要网络隔离又要交换数据的要求。为此，应运而生了一种既网络隔离又交换数据的安全技术——网络安全隔离系统，俗称网闸。

网闸通常采用“2＋1”模式结构设计，即内网主机系统、外网主机系统加上隔离交换模块。通过这种“2＋1”架构的网络隔离设备，可以实现两网之间的数据在网络层隔离情况下的安全交换。

（一）主要分类

根据功能应用、配置的不同，网闸功能模块主要分成两大类：交换类和访问类。交换类功能主要应用于“数据服务器（文件服务器、数据库服务器）之间”的数据交换。访问类功能则主要应用于“客户端、服务器模式（B/S和C/S）”的数据访问。

（二）关键技术指标

网闸的主要技术指标在配置上包括：主机应采用专有安全操作系统，能彻底阻断TCP/IP协议及其他网络协议，隔离交换模块采用无操作系统，外界无法编程控制。设备接口可支持光口和电口多种类型，其中电口应支持10/100/1 000 M自适应，内外网主机系统分别具有独立的网络口、管理口、

HA 口（热备口）和 1 个串口，支持专用冗余协议、双机热备、负载均衡、端口冗余、链路聚合等功能。性能上包括吞吐量、并发连接数和系统延时。功能上包括支持网络隔离情况下的文件交换、FTP 访问、数据库同步及库表内容安全传输、邮件传输等。可通过定制开发，实现特定 TCP、UDP 协议的数据隔离交换。具备入侵检测功能，抗 DDoS 攻击。

七、安全审计系统

安全审计是指经过对事件的检测、记录及分析协助判断是否发生安全违规与误用资源事件，从而评估系统的安全策略是否适当，安全审计并不涉及如何预防违规事件。安全审计是一个安全的网络必须支持的功能特性，是提高安全性的重要工具。

安全审计系统一般分为网络审计、主机审计、数据库审计、应用审计和综合审计。综合审计系统实现对网络系统的全方位集中安全审计，通常由管理控制中心、代理（网络代理、主机代理、数据库代理、应用代理）组成，代理安装在被审计对象上。

第三节　信息安全等级保护

一、信息安全等级保护基本概念

信息安全等级保护是带有很强技术性的国家风险控制行为。它对涉及国计民生的基础信息网络和重要信息系统按重要程度及实际安全需求实行合理投入，进行分级保护、分类指导和分阶段实施，以保障信息系统安全正常运行和信息安全，提高信息安全综合防护能力。

二、信息安全等级保护基本内容

信息安全等级保护的基本内容是根据信息系统在国家安全、经济建设、社会生活中的重要程度，以及遭到破坏后，对国家安全、社会秩序、公共利益以及公民、法人和其他组织的合法权益的危害程度，将信息系统划分为不同的安全保护等级并对其实施不同的保护和监管。具体划分为五个级别：第一级依照国家管理规范和技术标准进行自主保护；第二级在信息安全监管职能部门指导下依照国家管理规范和技术标准进行自主保护；第三级依照国家管理规范和技术标准进行自主保护，信息安全监管职能部门对其进行监督、检查；第四级依照国家管理规范和技术标准进行自主保护，信息安全监管职能部门对其进行强制监督、检查；第五级依照国家管理规范和技术标准进行自主保护，国家指定专门部门、专门机构进行专门监督。

三、信息安全等级保护的实施

（一）等级保护的实施流程

等级保护的实施主要分为五个环节，即定级、备案、建设整改、等级测评和监督检查。其中定级和备案是信息安全等级保护的首要环节，可以梳理各信息系统类型、重要程度和数量等，确定信息安全保护的重点。建设整改是信息安全等级保护工作落实的关键，目的是使不同等级的信息系统达到相应等级的基本保护能力，从而提高重要信息系统整体防护能力。等级测评工作的主体是第三方测评机构，工作目的是检验和评价信息系统的安全建设整改工作成效，判断安全保护能力是否达到相关要求。监督检查工作的主体是信息安全职能管理部门，通过定期的监督、检查和指导，保障重要信息安全保护能力不断提高。

（二）信息系统定级备案

在等级保护工作实施过程中，存在着一些关键的工作环节。首先是业务系统的定级工作，如果对业务系统的安全级别定不准，会使系统备案、建设整改、等级测评工作都失去针对性。因此准确定级，是开展后续整改和测评工作的基础。实施定级工作应重点参考《关于开展劳动保障重要信息系统安全等级保护定级工作的指导意见》（劳社信息函［2007］19 号）的相关要求进行。目前，人力资源社会保障系统所定级别普遍是 2 级和 3 级。按照等级保护实行属地管理的原则，对于第二级以上的信息系统，应到当地公安部门办理备案手续，只有先定级备案，方可开展安全建设整改。

（三）安全建设整改内容

按照公安部关于等级保护整改工作总体部署和要求，对已备案的第二级（含）以上信息系统和新建系统应及时开展安全建设整改工作，力争截至 2012 年基本完成行业内已定级信息系统的安全建设整改工作。

开展安全建设整改工作中应坚持管理和技术并重的原则，落实信息安全责任制，建立并落实各类安全管理制度，开展人员安全管理、系统建设管理和系统运维管理等工作，落实物理安全、网络安全、主机安全、应用安全和数据安全等安全保护技术措施。

（四）安全建设整改依据

等级保护安全建设整改应参考《信息安全等级保护基本要求》。在等级保护相关文件中，国家在对现有技术发展水平、黑客攻击能力等多方面因素进行分析、综合的基础上，对已经确定安全保护等级的系统制定了1～5级的保护要求，这就是等级保护的基本要求。例如，人力资源和社会保障部综合网和业务专网均定位3级的系统，这样的系统在技术和管理两个方面十个部分必须明确系统最底线达到等级保护3级。

【阅读参考】

《信息安全等级保护安全建设整改技术工作主要内容及相关标准应用》中规定，安全建设整改是信息安全等级保护工作落实的关键，通过建设整改使具有不同等级的信息系统达到相应等级的基本保护能力，从而提高我国基础网络和重要信息系统的整体防护能力。

满足了基本要求只是达到了基本安全状态，即一种相对安全的状态。等级保护要把国家管理要求和系统自身的安全保护需求结合起来，使系统不只是达到基本安全状态，更要满足其特殊的安全需求。

四、有关技术标准和管理标准的简要说明

《计算机信息系统安全保护等级划分准则》（GB 17859—1999）是基础性标准，《信息安全技术　信息系统通用安全技术要求》（GB/T 20271—2006）、《信息安全技术　网络基础安全技术要求》（GB/T 20270—2006）、《信息安全技术　信息系统物理安全技术要求》（GB/T 21052—2007）等技术要求类标准和《信息安全技术　信息系统安全管理要求》（GB/T 20269—2006）、《信息安全技术　信息系统安全工程管理要求》（GB/T 20282—2006）等管理要求类标准是在《计算机信息系统安全保护等级划分准则》基础上的进一步细化和扩展。

第四节　电子认证体系

一、电子认证体系的基本概念

电子认证体系是以密码技术为支撑，以电子认证系统为基础设施，面向各类业务应用系统，实现数字证书生命周期管理，以及身份认证、加密解密、签名验证等证书应用功能的技术体系和管理体系。

电子认证系统是利用非对称密码算法原理和技术对数字证书进行全过程管理的安全系统，主要包括证书认证设施和密码管理设施，以及相配套的基础安全防护设施。

数字证书又叫“数字身份证”“网络身份证”，是由电子认证系统发放并进行数字签名的，包含公开密钥拥有者以及公开密钥相关信息的一种电子文件。它可以用来证明数字证书持有者的真实身份。

二、电子认证体系总体结构

电子认证体系主要包含电子认证系统基础层、证书业务管理层、证书应用支撑层以及相关政策、法规和标准、规范（见图 25—2）。

三、电子认证系统的主要功能

（一）证书认证设施

1. 证书签发管理系统

证书签发管理系统主要提供数字证书生成、发布、撤销和存档等服务，接收来自证书注册管理系统的证书请求，向密钥管理系统请求加密密钥对，为用户签发数字证书和证书撤销列表，并将证书或证书撤销列表发布到证书查验服务系统。

2. 证书注册管理系统

证书注册管理系统主要负责用户的证书申请、身份审核和证书下载。在数字证书申请过程中，证书注册管理系统的核心职责是将证书请求安全可信地提交到证书签发管理系统，等待其签发证书，签发完成后，将证书下载到证书载体中。

3. 证书查验服务系统

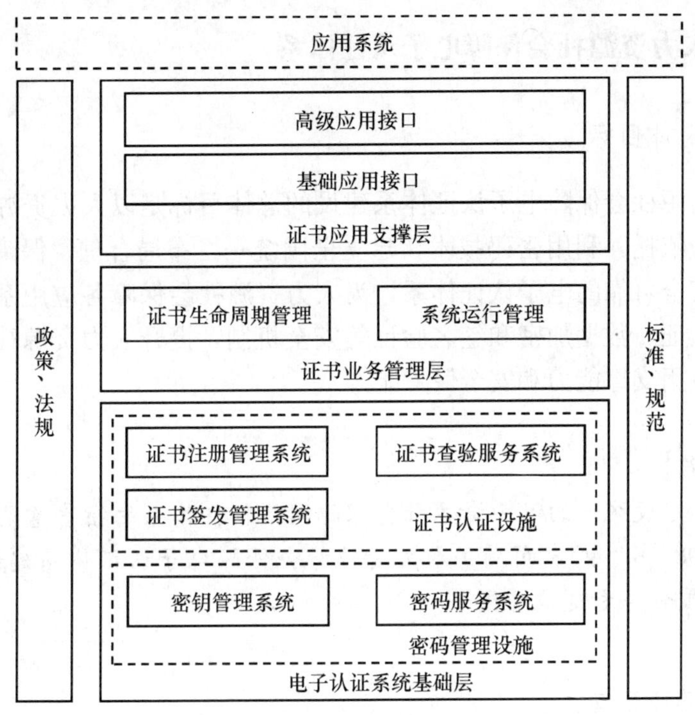

图 25—2　电子认证体系总体结构

证书查验服务系统主要负责数字证书或证书撤销列表的存储和发布，为用户和应用系统提供证书状态查询服务，用户或应用系统利用数字证书中标志的 CRL 地址下载 CRL 文件，从而检验证书的有效性。

（二）密码管理设施

1. 密钥管理系统

密钥管理系统主要负责为证书认证设施提供密钥服务，主要功能包括密钥生成、密钥存储、密钥分发、密钥备份、密钥更新、密钥撤销、密钥归档和密钥恢复等。

2. 密码服务系统

密码服务系统是将基本密码算法运算功能、密码资源管理功能以及密码管理机制综合起来，面向上层安全应用提供密码安全服务的计算机系统。

四、人力资源社会保障电子认证体系

（一）总体目标

人力资源社会保障电子认证体系建设的总体目标是以人力资源社会保障业务专网为依托，利用密码技术，建立全国统一、布局合理、保障有力、运行有序、安全可靠的电子认证体系，为人力资源社会保障各应用系统提供有效的身份认证、数据加密和签名验证等安全机制，提升人力资源社会保障电子政务的应用支撑能力和安全保障能力。

【阅读参考】

《关于建设统一的人力资源社会保障网络信任体系的指导意见》（人社厅发［2008］62号），明确了人力资源社会保障电子认证体系建设的总体目标、主要任务和建设原则。

（二）总体布局

人力资源社会保障电子认证系统由部、省、市三级电子认证系统组成（见图25—3）。

1. 人力资源和社会保障部：以业务专网为依托建设人力资源社会保障电子认证根系统（一级CA）和部级电子认证系统（二级CA），为部本级和全国性应用系统提供电子认证服务。人力资源社会保障电子认证根系统作为行业信任源点，最终纳入国家电子政务外网电子认证体系。

2. 省级人力资源和社会保障部门：以人力资源社会保障电子认证根系统为依托建设省级电子认证系统（二级CA或RA），为省本级和省内应用系统提供电子认证服务。

3. 地市级人力资源和社会保障部门：以省级电子认证系统为依托建设证书注册管理系统，即市级电子认证系统，作为省级电子认证系统的延伸，为本地市应用系统提供电子认证服务。

（三）行业标准体系

按照国家相关密码管理方面和安全方面的要求，结合人力资源和社会保障业务特点，2010年年初，人力资源社会保障部正式发布了《人力资源和社

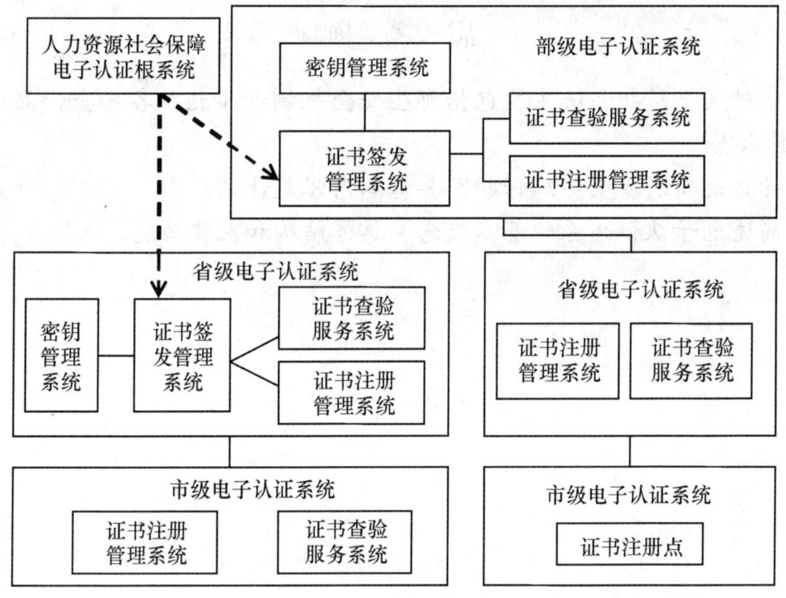

图 25—3　人力资源社会保障电子认证系统总体布局

会保障电子认证体系规范》（共 5 册），提出了各级人力资源和社会保障部门建设、运行和管理电子认证系统的基本要求和技术要求，以及各类数字证书和证书撤销列表的格式要求。明确了证书应用接口规范和证书应用接口技术要求，给出了典型证书应用流程和应用场景，明确了证书载体的技术指标，以及证书载体的相关接口和外观规范，可以作为行业电子认证体系建设的重要依据。

【阅读链接】

人力资源和社会保障电子认证体系规范（LD/T 30—2009). 北京：中国标准出版社，2010

（四）应用领域

人力资源社会保障电子认证体系建设和应用的范围是各级人力资源和社会保障部门。人力资源社会保障电子认证体系支撑全国性、区域性的各类应用系统，按照业务类别划分为办公业务类、人力资源业务类和社会保险业务类。尤其是等级保护为三级以上的应用系统以及依托互联网开展的自助式办事业务，应率先采用数字证书。

思 考 题

1. 基础安全防护系统主要包括哪些安全机制和措施？各安全产品的主要功能是什么？

2. 什么是信息安全等级保护？其基本内容是什么？

3. 简述电子认证体系的基本概念、总体结构和主要功能。

第二十六章 信息化建设管理

本章导读

信息化建设管理是人力资源社会保障信息化建设的重要组成部分，为人力资源社会保障信息化建设提供制度保障。

本章通过对机房管理、网络管理、安全管理以及运维管理的介绍，帮助读者了解信息化建设管理的职责和规定，深化对其意义、作用的认识。

第一节　机 房 管 理

一、职责

数据中心机房由机房管理成员管理，并负责机房各项工作的具体事宜。

机房管理成员包括机房负责人，系统、网络、数据库的维护人员和操作员等。

二、出入机房管理

进出数据中心机房由钥匙和门禁系统控制，钥匙由机房管理成员保管，门禁卡控制进出，只有机房管理成员的门禁卡才有进出机房的权限。机房管理成员的门禁卡不得转借他人，一旦丢失，应立即报告本单位负责人，并及时注销丢失的门禁卡。

非机房管理成员进入机房均需提前向机房管理负责人申请，获得批准后由机房管理成员带领进入机房，登记。机房管理成员应全程陪同直至工作完成后将其送出。

三、设备出入管理

所有工作人员除工作需要并办理设备出入机房的手续外，不得将机房内的设备或组件带出机房；设备或相关组件进出机房前，必须填写“机房设备出入登记表”，并经数据中心机房管理人员同意、部门主管审批后才能将设备或相关组件搬进或移出机房；设备进入机房之前，需由工作人员检查，如发现设备外观明显破损，不符合防磁、防潮、防辐射的要求，以及有异味，不得带入机房；非机房工作人员不得携带磁盘、移动盘、便携式计算机、照相机、摄像机等进入机房；迁入和迁出设备的过程中需要机房管理人员全程陪同直至完成。

四、防火和消防管理

1. 严禁在机房内存放和使用各种易燃、易爆物品，严禁吸烟或使用明火。

2. 加强用电安全管理，不准超负荷使用电源，对线路定期检查，一旦发现电源、电线设备故障，须及时报请维修，消除安全隐患。

3. 根据机房的实际情况配备消防设施，严禁擅自搬运、挪用机房内配备的消防设施。

4. 机房内外通道需保持通畅。

5. 机房工作人员每年至少接受一次防火教育，进行一次消防演习。

6. 机房火情发生后，机房工作人员应立即通知机房主管领导和上级主管领导。

7. 机房火情发生后，由现场最高主管领导负责指挥，其他在场工作人员必须服从指挥，协调行动。

8. 在机房火情较小的情况下，在场工作人员应以不危害自身安全为原则，使用适当消防设施灭火或控制火势蔓延，直至救火人员到场；在机房火情无法控制的情况下，应进行抢救并组织人员撤离火场，抢救的顺序为：人、重要资料、贵重设备。

五、防水管理

1. 严禁在机房内存放和使用各类液体。确因工作需要，应提前向机房主管领导书面申请，经批准后方可在机房工作人员的陪同下使用。

2. 机房工作人员应定期检查机房内部关键位置是否漏水，如空调、天花板、墙壁、窗户等。如果发现机房漏水，机房工作人员需立即向机房主管领导汇报，机房主管领导应组织专业技术人员排查原因、排除故障。

六、空调管理

1. 空调系统需由空调专业技术人员定期检查和维护。

2. 机房内各类空调属于机房重要设备，任何人未经机房主管领导同意，不得移动空调位置，不得随意开关空调，不得随意调整空调设置。

3. 机房工作人员需每天进行日常巡视，确保空调系统的正常运行。如果发现机房内温度超标或空调故障，应尽快组织空调专业技术人员排查原因、排除故障。

七、电源管理

1. 机房电源插座需贴上标签，标明对应的设备。

2. 机房内的电线和插头不能随意移动、拔插。

3. 机房内重要设备必须配备不间断供电系统（UPS）。应定期由符合资格的人员检查和维护 UPS。

4. 如收到停电通知，应派人检测 UPS，保证 UPS 在主电源断电时可以供电。

5. 当机房突然停电时，机房管理成员应立即通知机房负责人及在机房内摆放设备的所有用户，并安排人员查找原因、排除故障。

八、日常机房巡检管理

应制定日常机房巡检规定，明确巡检的时间、频度、人员以及巡检内容和操作方法。日常巡检过程中，应随时注意设备、系统是否有异常情况出现。日常机房巡检应按规定进行日志记录，日志记录完毕后由记录人员归档，定期将巡检日志整理、统一装订，确保无篡改和无未授权借阅。

第二节 网 络 管 理

一、职责

（一）网络管理员

1. 负责网络及网络设备的日常维护工作，定期全面分析重要网络设备的日志，检查登录的用户、登录时间、所做的配置和操作，发现异常时及时采取相应的措施。

2. 负责所管理网络及网络设备的用户账号，为不同的用户建立相应的账号，设置相应的级别。用户账号口令的设置符合保密性要求，并定期修改口令。同时，对网络及网络设备中所有用户账号进行登记备案。

3. 跟踪网络设备操作系统最新版本和安全补丁程序的发布情况。

4. 制定和审查网络设备安全策略的配置，会同安全管理员对网络设备上的安全事件进行排除和修复。

（二）普通用户

负责本人在网络及网络设备上所拥有的用户账号和口令的安全管理，禁止将用户账号转借他人使用。

二、规定

（一）网络安全管理

1. 对网络及网络设备的登录采用分级用户的保护机制，不同的个人用户必须采用不同的账户和口令登录，并且拥有不同的权限级别。不同账户的登录操作在设备日志文件上均有记录，便于追查问题。

2. 计算机及计算机系统接入网络必须符合《计算机信息网络国际联网管理暂行规定》和网络管理部门规定的接入网络条件，并经过网络管理部门批准后方可入网。

3. 不同网段、业务系统应在网络上实现逻辑信道的隔离，缩小广播域的规模，提高网络性能，并实现基本的安全功能。

4. 网络管理必须遵守国家有关法令、法规。

【阅读链接】

中华人民共和国公安部. 计算机信息网络国际联网安全保护管理办法（公安部令第 33 号）. 1997.

（二）网络设备管理

1. 制定网络设备的安装、配置、变更、撤销等操作程序，并严格遵循相应的操作流程进行管理。

2. 网络设备中的运行配置文件和启动配置文件应该随时保持一致，并且定期备份设备文件。配置文档存放应遵守相关保密规定。

3. 对网络设备的远程登录操作应限制在指定网段范围内。

4. 网络设备系统升级和补丁加载必须走变更流程。网络管理员负责对系统升级过程进行记录备案。

【阅读链接】

孙强. IT服务管理——基于ITIL的全球最佳实践（第7章　变更管理）. 北京：清华大学出版社，2005.

（三）用户管理

1. 用户必须遵守国家计算机网络信息管理的相关法律法规和网络管理部门有关新闻、信息管理规定，不得利用计算机网络查询、复制、制造和传播国家法律法规禁止的信息。

2. 用户应爱护网络基础设施，未经许可不得更改现有网络设施或连接其他网络设备，不得修改网络配置和安全设置。

3. 用户应设置客户端操作系统强口令，并设置屏保恢复口令。

4. 用户应定期检查计算机硬盘及移动存储介质中可能潜伏的病毒，应做到及时发现随时查杀。

第三节　安全管理

一、安全管理概述

安全管理是安全系统的重要组成部分，没有健全的安全管理，系统的安全性难保证。通过有效的安全管理体系的建设，最终要实现的目标是：采取集中控制、分级管理的模式，建立由专人负责安全事件定期报告和检查制度，从而在管理上确保全方位、多层次、快速有效的网络安全防护，更好地建立、运行和改进信息安全管理体系（包括机构、人员、制度、系统建设和系统运维五个部分），并符合等级保护信息安全管理基本要求。

二、安全管理制度

安全管理制度是保证网络系统安全的基础，需要通过一系列规章制度的实施，来确保各类人员按照规定的职责行事，做到各行其职、各负其责，避免责任事故的发生和防止恶意的侵犯。安全管理制度应依据我国信息安全的有关法律法规，结合人力资源和社会保障的自身业务特点，并参考国际有关信息安全标准制定。信息化主管部门负责组织安全制度的制定落实、更新和废除。各部门信息安全维护组织负责组织本部门安全制度的制定、发布、监督落实、更新和废除。

三、安全管理机构

根据国家有关信息网络安全的法规、方针、政策等，为实现统一领导和分级管理，设立专门的安全管理机构（信息安全领导小组），接受管理信息安全工作职能部门的领导，配备必要的领导和技术管理人员；负责信息系统安全的集中控制管理，行使防范与保护、监控与检查、响应与处置职能，统一管理信息系统的安全，统一进行信息系统安全机制的配置与管理。

四、人员安全管理

为了加强人力资源和社会保障信息安全保障能力，明确相关安全岗位人员的岗位技能要求、岗位工作内容、管理考核办法及应具有安全管理工作的权限和能力，对关键岗位人员要进行统一管理，定期安全培训。在人员录用方面，应对应聘者进行审查，确认其具有基本的专业技术水平，掌握安全管理基础知识。对于离岗人员，应立即中止其所有访问权限，收回所有相关证件、徽章、密钥、访问控制标记以及机构提供的设备。在第三方人员管理方面，应与其签署不同程度的保密协议或安全责任书，规定各类人员的活动范围，规范人员安全管理准则。

五、系统建设管理

系统建设管理要求，在明确信息系统的边界和安全等级后，以书面形式将系统等级及其他要求的备案材料报相应公安机关备案。而后，根据系统定级情况，选择相应的基本安全措施，结合信息系统的等级划分情况，统一考虑安全保障体系的总体安全策略、安全技术框架、安全管理策略、总体建设规划和详细设计方案。对于安全产品采购和安全服务商选择，应确保符合国家的有关规定。在实施过程中，要求制定详细的工程实施方案，控制实施过程，并要求配套实施工程实施方面的管理制度。实施完成后，应委托国家信息安全管理部门指定的第三方测试单位对系统进行安全性测试，并出具安全性测试报告。

第四节　运维管理

一、环境和资产安全管理

明确环境（包括主机房、辅机房、办公环境等）安全管理的责任部门或责任人，加强对人员出入、来访人员控制，对有关物理访问、物品进出和环境安全等方面作出规定。对重要区域设置门禁控制手段，或使用视频监控等措施。明确资产（包括介质、设备、设施、数据和信息等）安全管理的责任部门或责任人，对资产进行分类、标志，编制与信息系统相关的软件资产、硬件资产等资产清单。

【阅读链接】

信息安全技术　信息系统安全管理要求（GB/T 20269—2006）（5.5 运行和维护管理）. 北京：中国标准出版社，2006

信息系统安全等级保护基本要求（GB/T 22239—2008）（7.2.5 系统运维管理）. 北京：中国标准出版社，2008

二、设备和介质安全管理

明确配套设施、软硬件设备管理、维护的责任部门或责任人，对信息系统的各种软硬件设备采购、发放、领用、维护和维修等过程进行控制，对介质的存放、使用、维护和销毁等方面作出规定，加强对涉外维修、敏感数据销毁等过程的监督控制。

【阅读参考】**《人力资源和社会保障部计算机网络和信息安全管理规定》**

第三十条　对U盘、移动硬盘、软盘、光盘、笔记本电脑等各种移动存储介质进行分类管理；对涉密移动存储介质，各单位应实行统一登记，统一标志。非专用交换介质不得在涉密网和非涉密网间交叉使用，非涉密移动存储介质严禁存储涉密信息。

第三十一条　涉密移动存储介质按照相同密级文件的管理要求进行管理，不得违规存放、携带或交给非授权人员。

三、日常运行维护

明确网络、系统日常运行维护的责任部门或责任人，对运行管理中的日常操作、账号管理、安全配置、日志管理、补丁升级、口令更新等过程进行控制和管理，制定相应的管理制度和操作规程并落实执行。

四、集中安全管理

第三级（含）以上信息系统应按照统一的安全策略、安全管理要求，统一管理信息系统的安全运行，进行安全机制的配置与管理，对设备安全配置、恶意代码、补丁升级、安全审计等进行管理，对与安全有关的信息进行汇集与分析，对安全机制进行集中管理。

五、事件处置与应急响应

按照国家有关标准规定，确定信息安全事件的等级。结合信息系统安全保护等级，制定信息安全事件分级应急处置预案，明确应急处置策略，落实应急指挥部门、执行部门和技术支撑部门，建立应急协调机制。落实安全事件报告制度，第三级（含）以上信息系统发生较大、重大、特别重大安全事件时，运营使用单位按照相应预案开展应急处置，并及时向受理备案的公安机关报告。组织应急技术支撑力量和专家队伍，按照应急预案定期组织开展应急演练。

【阅读链接】

人力资源和社会保障部信息中心. 人力资源和社会保障部信息系统应急预案（人社信息内发［2010］1号）. 2009.

六、灾难备份

要对第三级（含）以上信息系统采取灾难备份措施，防止重大事故、事件发生。识别需要定期备份的重要业务信息、系统数据及软件系统等，制定数据的备份策略和恢复策略，建立备份与恢复管理相关的安全管理制度。

七、安全监测

开展信息系统实时安全监测，实现对物理环境、通信线路、主机、网络设备、用户行为和业务应用等的监测和报警，及时发现设备故障、病毒入侵、黑客攻击、误用和误操作等安全事件，以便及时对安全事件进行响应与处置。

八、其他安全管理

对系统运行维护过程中的其他活动，如系统变更、密码使用等进行控制和管理。按国家密码管理部门的规定，对信息系统中密码算法和密钥的使用进行分级管理。

【阅读链接】

中华人民共和国公安部. 信息安全等级保护安全建设整改工作指南. 2009.

思 考 题

1. 网络管理员的职责是什么？网络管理规定包括哪些内容？
2. 安全管理涉及哪几方面内容？目标是什么？
3. 你认为做好运维管理工作最重要的是什么？

第二十七章 国家电子政务工程项目管理

本章导读

为加强国家电子政务工程建设项目管理，保证工程建设质量，提高投资效益，根据《国家电子政务工程建设项目管理暂行办法》（发展改革委令55号）及相关规定，本章将对国家电子政务工程建设项目管理及规范进行系统介绍，同时结合金保工程新型农村社会养老保险信息系统项目（以下简称新农保项目）介绍国家电子政务工程建设项目的需求分析工作。

根据功能作用和工程形态的差异，国家电子政务工程建设项目分为以下七类：重点业务信息系统、办公资源信息系统、国家电子政务网络与信息安全保障体系相关基础设施、国家统一电子政务网络、国家基础信息库、国家电子政务标准化体系和电子政务相关支撑体系。新农保项目属于国家重点业务信息系统。不同性质的电子政务项目，在需求分析报告的问题分析、目标分析、业务逻辑分析、系统能力分析等方面有不同的要求。

电子政务工程项目建设应以政务信息资源开发利用为主线，以国家统一电子政务网络为依托，以提高应用水平、发挥系统效能为重点，深化电子政务应用，推动应用系统的互联互通、信息共享和业务协同，建设符合中国国情的电子政务体系，提高行政效率，降低行政成本，发挥电子政务对加强经济调节、市场监管和改善社会管理、公共服务的作用。

通过本章学习，了解国家对电子政务工程建设项目的基本原则、指导思想和管理流程，更重要的是通过对贯穿电子政务工程项目需求分析到方案编制的方法论的学习和掌握，增强系统设计的科学性、规范性和可评估性，从而保证工程质量，提高投资效益，提升系统效能。

第一节　国家电子政务工程项目管理流程

一、需求分析报告评议

项目建设单位应组织开展项目需求分析工作，编制《需求分析报告》，并组织专家对《需求分析报告》进行评议，作为向项目审批部门报送项目建议书的依据。

关键概念

项目建设单位是指中央政务部门和参与国家电子政务项目建设的地方政务部门。项目建设单位负责提出电子政务项目的申请，组织或参与电子政务项目的设计、建设和运行维护。

项目审批部门是指国家发展改革委。项目审批部门负责国家电子政务建设规划的编制和电子政务项目的审批，会同有关部门对电子政务项目实施监督管理。

二、《项目建议书》评审和批复

项目建设单位组织编制《项目建议书》，报送项目审批部门。项目审批部门在征求相关部门意见并委托有资格的咨询机构评估后审核批复。

> 【阅读链接】
>
> 《国家电子政务工程建设项目管理暂行办法》（发展改革委令55号）附件一：国家电子政务工程建设项目项目建议书编制要求（提纲）

三、《项目可行性研究报告》评审和批复

项目建设单位应依据《项目建议书》批复，按照相关规定招标选定或委托具有相关专业甲级资质的工程咨询机构编制《项目可行性研究报告》，并报送项目审批部门。项目审批部门委托有资格的咨询机构评估后审核批复。

【阅读链接】

《国家电子政务工程建设项目管理暂行办法》（发展改革委令55号）附件二：国家电子政务工程建设项目可行性研究报告编制要求（提纲）

四、初步设计和投资概算评审和批复

项目建设单位应依据项目审批部门对《项目可行性研究报告》的批复，按照相关规定招标选定或委托具有相关专业甲级资质的设计单位编制《初步设计方案》和《投资概算报告》，并报送项目审批部门。项目审批部门委托专门评审机构评审后审核批复。

【阅读链接】

《国家电子政务工程建设项目管理暂行办法》（发展改革委令55号）附件三：国家电子政务工程建设项目初步设计方案和投资概算编制要求（提纲）

五、项目实施

项目建设单位应确定项目实施机构和项目责任人，并建立健全项目管理制度。项目责任人应向项目审批部门报告项目在《项目可行性研究报告》《初步设计方案》和《投资概算报告》的编制过程中以及项目建设过程中的设计变更、建设进度、概算控制等情况。项目建设单位主管领导应对项目建设进度、质量、资金管理及运行管理等负总责。

六、项目验收

项目验收包括初步验收和竣工验收两个阶段。初步验收由项目建设单位按照《验收工作大纲》要求自行组织，竣工验收由项目审批部门或其组织成立的电子政务项目竣工验收委员会组织。

【阅读链接】

《国家电子政务工程建设项目管理暂行办法》（发展改革委令55号）附件四：国家电子政务工程建设项目验收大纲（提纲）

七、项目绩效评价

项目审批部门根据电子政务项目验收后的运行情况，可适时组织专家或委托相关机构对建设项目的系统运行效率、使用效果等情况进行后评价。

第二节　需求分析

——以“金保工程新型农村社会养老保险信息系统”为例

一、概述

为提高电子政务工程建设项目的质量和投资效益，充分发挥电子政务的效能，国家发展改革委发布了《国家电子政务工程建设项目管理暂行办法》（发展改革委令 55 号）、《进一步加强国家电子政务工程建设项目管理的通知》（发改高技［2008］2544 号）；近期拟发布《国家电子政务工程建设项目需求分析指导意见》和《国家电子政务工程建设项目需求分析指南》。

国家电子政务工程建设项目需求分析是基于公共管理的基本原理和系统工程的主要方法，遵从电子政务建设项目需求分析的基本原则，通过定性定量地进行政务研究、分析计算、系统建设建议，为科学确定国家电子政务项目的建设内容、建设规模和投资预算提供客观依据。

需求分析的成果《国家电子政务工程建设需求分析报告》及其附件，适用于电子政务项目的建设单位、项目审批部门、需求分析咨询机构和有关工程咨询机构，是下一步《项目建议书》《可行性研究报告》《初步设计方案》和《实施方案》编制的依据。

二、基本原则

（一）坚持面向效能，体现项目贡献

要在全面梳理项目单位职能业务的基础上，着重分析其监测分析、行政执法、内部管理、财政功能、宏观决策、社会应急和政务公开等政务功能。围绕项目单位急需解决的公共管理事务难题和必须实现的政务目标，提出政务功能机制创新的业务目标，深入分析项目对机制创新的支撑作用，全面体现电子政务建设项目对促进项目单位的行政管理体制改革和职能转型的突出贡献。

（二）坚持三位一体，实现持续发展

要从政务作业系统、政务对象系统和政务信息系统三位一体的整体视角，分析三者之间的有机互动与关联演化。将政务作业系统和政务对象系统之间的机制作用，转化为政务信息系统相应的应用形态，并进一步通过工程集约化的方式，建设信息资源和信息处理功能平台，实现电子政务项目的可持续发展。

（三）坚持业务耦合，确保系统安全

要基于政务作业的重要性等级、信息实体的涉密等级和角色权限，深入分析其在政务业务活动与系统运行中的变化规律，形成内在的安全机制，建立安全保护与政务业务的强耦合关系，通过安全功能的集约化和平台化的工程建设，确保政务信息系统的安全可靠运行。

（四）坚持量化分析，提高投资效益

要通过对政务对象系统的社会问题和政务作业系统的机制问题的定量分析，确定项目量化的效能和贡献指标，提高项目投资的社会效益。要通过政务作业规程的量化解析，建立政务作业系统结构、信息系统工程结构、投资结构的同构关系，科学地确定建设项目的投资预算，减少其盲目性和随意性，提高项目投资的经济效益。

三、政务研究

政务研究是电子政务需求分析的主体性工作，应由项目建设单位业务部门主导，自行或与专业咨询机构共同完成；政务研究成果是项目建设的必要性和紧迫性的客观依据，应由项目建设单位各级政务职能机构确认。包括如下六方面工作。

（一）资料收集

要收集能够全面反映与项目相关的政务作业系统和政务对象系统的现状、问题、目标的有关资料。

如在新农保项目中，收集的资料有：

1. 国务院行政法规，如《国务院关于开展新农保试点的指导意见》等 4 个方面文件。

2. 从中央到地方各级的三定方案共 8 个。

3. 部门规章及内部规范文件，如《新型农村养老保险及保费收缴操作流程》等 23 份。

4. 各类政策、规划及领导讲话 26 份。

5. 各项统计制度和统计指标解释若干。

6. 专业研究文献 80 篇。

7. 与农村养老保险有关焦点及热点的重要新闻报道、媒体评论共 15 篇。

8. 地方法规 25 个。

（二）政务机构梳理

政务机构梳理是对政务主体的精细刻画，按照纵向结构、横向结构和机构岗位分别描述。

新农保项目的相关组织机构及相关协同部门梳理如图 27—1、图 27—2 所示。

（三）职能业务分析

职能业务分析是对职能业务进行分类分级，采取自顶向下、逐层分解的方式，将政务机构的职责不断细化到真实发生的作业。

新农保项目相关的部级职能部门有农村社会保险司、社会保险基金监督司、规划财务司、社会保险事业管理中心和信息中心，其职能包括大小三定方案、岗位职责和岗位考评的内容。

为切实推进新农保政策，必须加强协调配合，形成工作合力。与新农保政策相关的外部协同部门有组织部门、宣传部门、中央编制委员会办公室、农村工作办公室、发展改革委、财政部门、审计部门、民政部门、公安部门、监察部门、国土资源部门、农业部门、人口计生委、广电部门、移民开发部门、残疾人联合会等。

关键概念

职能业务是政务机构实现其政务职能所开展的业务活动。职能业务由有关法律法规和三定规定分类描述，每项业务活动都具有特定的目的，针对特定的对象及其特定属性，按照特定的程序，使用相应的规则和资源。

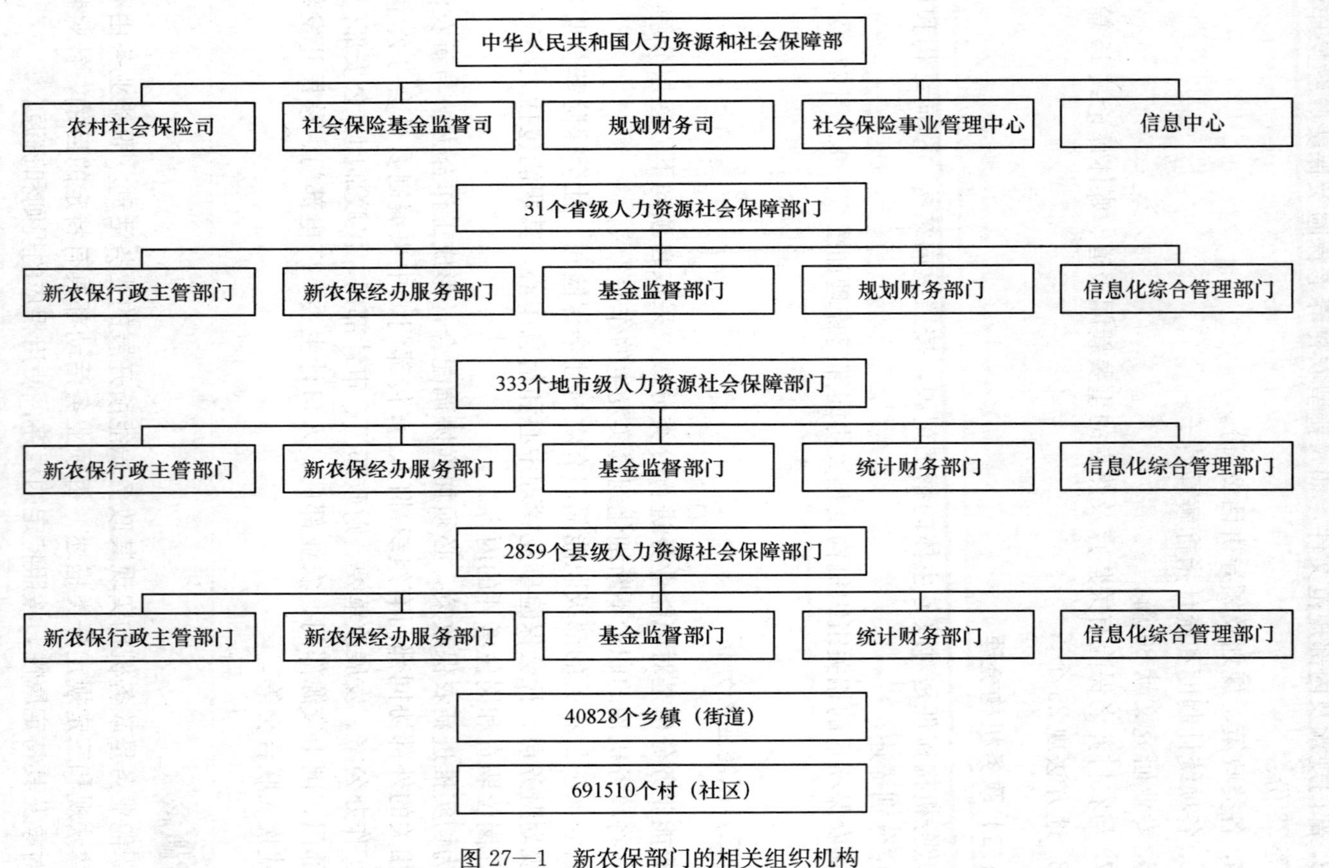

图 27—1　新农保部门的相关组织机构

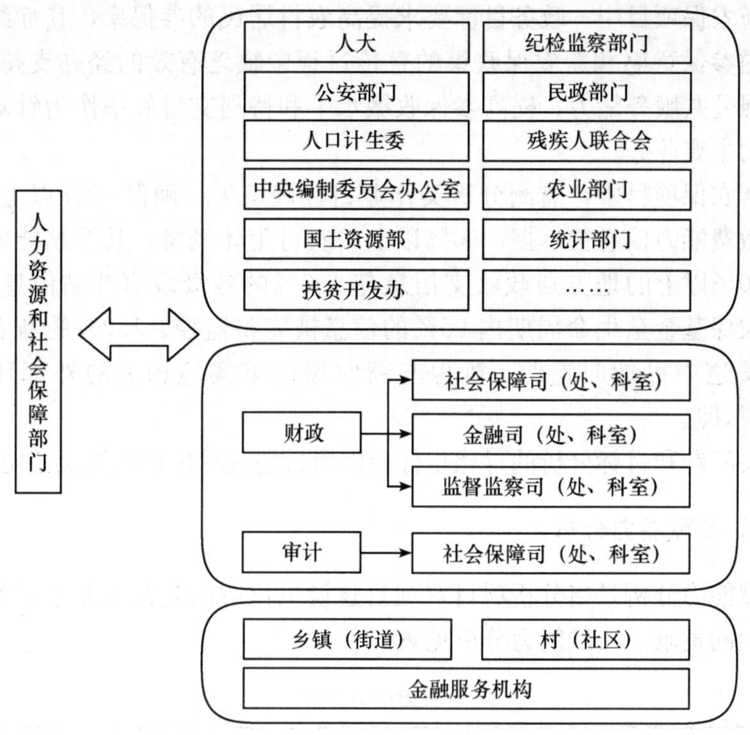

图 27—2 新农保部门与外部协同部门的关系

（四）政务对象分析

政务对象是指项目单位在履行职能业务时需要直接管理服务的对象，包括特定的主体（社会组织、自然人）、客体（事物、事件）、行为。

在新农保项目中，农村居民与新农保基金是各级人力资源和社会保障部门在履行新农保职能时的政务对象。

（五）问题目标研究

问题研究包括三方面：一是政务对象的问题，二是产生对象现状的社会根源问题，三是项目建设单位的政务功能问题。

目标分析包括三个层面：政务目标分析、业务目标分析和作业目标分析。

在新农保项目中，政务目标“参保率”是指：在不断扩大新农保政策覆盖面的同时，要努力提高农村居民的参保率，确保“十二五”末，新农保制度全区域覆盖，而到 2020 年，农村适龄居民能够实现全部覆盖。

在新农保项目中，政务目标要求提高农村居民的参保率，其症结是在提高农民的参保意愿和新农保政策的宣传过程中缺乏有效的经办支持，因此，要把加强公共服务能力、提高参保收缴水平和待遇支付效率作为针对经办能力不足的主要业务。

在新农保项目中，监测分析类作业目标确定为：确保 90%以上的农民，其个人缴费能力信息被掌握，90%以上的农村集体经济，其补贴能力信息被掌握，90%以上的地方财政收支信息与 100%的各级政府补贴信息被掌握；确保新农保基金全生命周期内 95%的信息被完整监控、100%的新农保基金在运行渠道中可即时追踪；确保与新农保政策实施相关的外部环境信息 100%被掌握。

有关问题和目标分析的量化指标要由项目建设单位的决策层确定。

（六）贡献能力分析

贡献能力分析是指分析项目对项目建设单位解决公共事务难题和推动其职能转型的贡献。贡献能力分析见表 27—1。

表 27—1　　贡献能力分析

贡献及能力指标		现状值	目标值	理想值	贡献度评价
问题	社会问题				
	根源问题				
	症结问题				
目标	政务目标				
	业务目标				
	作业目标				

四、分析计算

分析计算是电子政务需求分析的技术性工作，分析计算的成果作为评估电子政务项目的可持续发展能力，确定电子政务业务应用规模、系统支撑能力和项目投资规模的量化客观依据。分析计算的主要内容包括如下三个方面：

（一）政务作业规程分析

政务作业规程分析是以政务研究所获得的作业流程图为基础，对作业流程中涉及的政务活动、业务单证和操作实例的内容和属性进行描述，从而定义出清晰、完整、规范、优化的政务作业规程。

关键概念

政务作业是由若干个为实现相同职能业务目的且具有一定时序和逻辑关系的政务活动组合而成，它单纯归属于某个特定的政务功能。

（二）业务应用建模分析

业务建模分为操作项确定、作业项确定、作业子系统构建、作业子系统安全建模、作业量信息量计算、发展能力计算、网络拓扑图绘制和业务部署表形成。

（三）支撑能力仿真计算

支撑能力仿真计算是以真实的操作实例为基准，以作业子系统为基础单位，（部分工作流业务）以数据字典为规范进行的。系统支撑能力是计算电子政务投资规模、分析电子政务系统发展规律的主要参量。

五、系统建设建议

利用政务研究和分析计算的成果，以及项目建设单位信息化现状的分析成果，向项目建设单位提出电子政务基础设施、信息资源和应用系统建设的建议，包括顶层设计、阶段目标、当期建设内容的建议。系统建设建议的要点如下：

（一）信息化现状分析

分析项目建设单位中央和地方现有信息系统的应用（包括内网业务应用、外网业务应用和互联网应用）、信息资源（包括政务对象的基础信息、各类业务过程信息）和网络（包括内网、外网、互联网和现行的专网），分析信息资源的采集、处理、内外部的共享。在此基础上分析现有信息系统支撑政务、业务和作业目标的不足，拟选择的信息采集、传递、分析和处理技术。

（二）应用系统

应用系统建设要将分析计算阶段设计的各个作业子系统，以及为实现这些作业子系统而必须提供的基础设施框架、中间件框架和应用框架表达为一个逻辑整体，其中应用框架是在构建监测分析、行政执法、财政功能、政务公开、内部管理、宏观决策和社会应急七大功能平台的基础上分类开发与部署作业子系统。

新农保信息系统体系结构的总体框架如图 27—3 所示。

(三) 信息资源

信息资源建设要对项目单位履行职能的政务活动中所处理、依据、参考和产生的信息实体进行规范化、动态化和总量化地描述。其关键是结合项目单位面临的问题和要实现的目标，对采集、积累、处理和形成知识化的信息资源进行规划（例略)。

(四) 网络

网络建设要将项目建设单位的网络嵌入到国家统一电子政务网络。国家统一电子政务网络由内网平台体系和外网平台体系构成，分为中央和地方两个层级。

新农保信息系统政务外网的拓扑结构如图 27—4 所示。

(五) 信息安全

信息安全建设要根据作业子系统安全建模的成果，针对项目建设单位业务网络的自治域防护和国家统一的安全策略，进行安全规划，重点是利用国家统一的信息安全基础设施，主要包括信任体系、密钥管理体系，以及灾难恢复体系的利用等。自治域安全防护，主要包括内、外网和业务专网的分级保护和等级保护。在此基础上进一步将安全与业务紧耦合、安全防护集约化的机制向工程平台转化，以及将安全工程过程实现的规范化向标准化转化(例略)。

(六) 投资估算

投资估算是将分析计算的结果，结合系统建设建议的具体内容，形成可选择的软硬件产品、设备、设施的配置方案，参考公开的政府采购产品和服务目录价格，扣出可利用的信息化资源，估算投资规模。投资规模包括中央和地方两级的投资总量、中央本级和分省的建设投资规模（例略)。

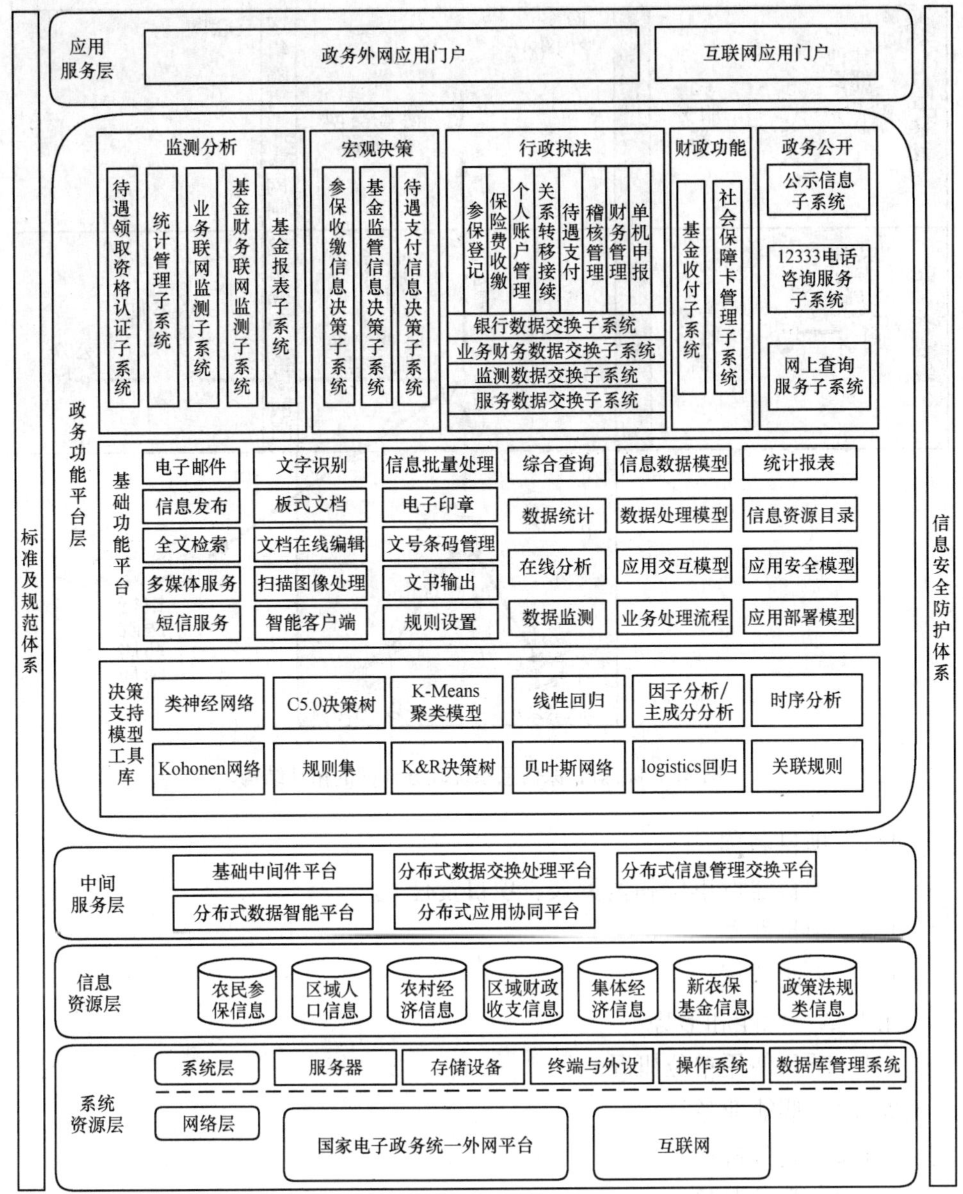

图 27—3　新农保信息系统体系结构

六、报告编制

《需求分析报告》的目录结构如下：

第 1 章　项目基本信息

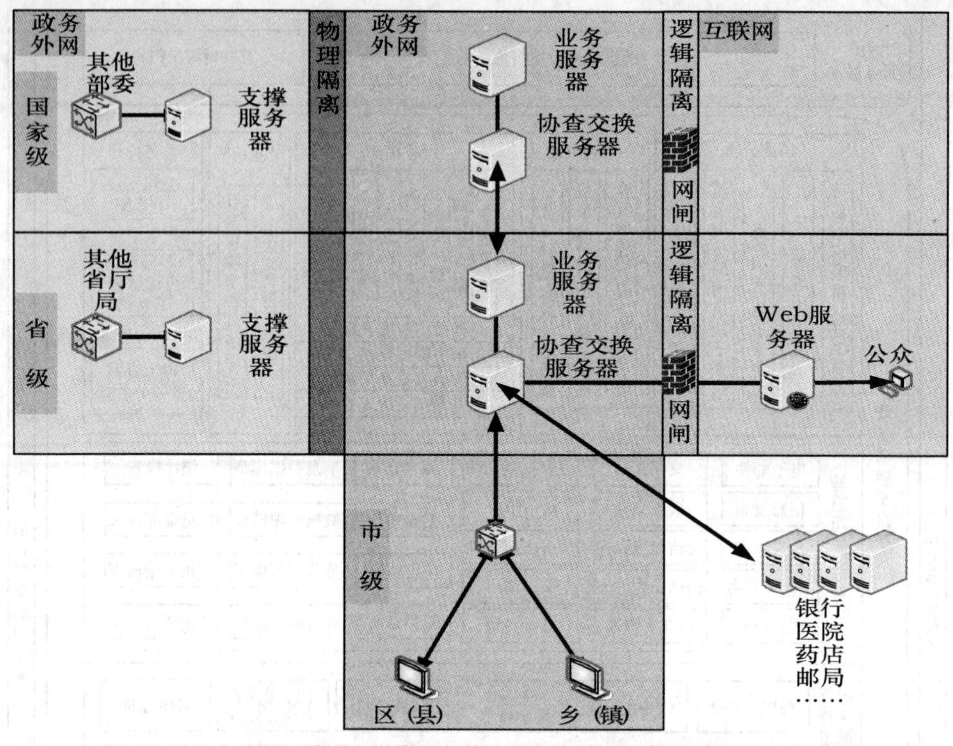

图 27—4　新农保信息系统政务外网的拓扑结构

1.1　项目名称

1.2　项目建设单位和负责人、项目责任人

1.3　项目性质

1.4　编制依据

第 2 章　职能和形势

2.1　项目使用单位概况

2.1.1　职能业务

2.1.2　政务机构

2.1.3　政务对象

2.2　基本形势

第 3 章　问题分析

3.1　面临的社会（或能力）问题及其突出表现

3.2　相关社会（或能力）问题的症结分析

第 4 章　目标分析

4.1　政务目标分析
4.2　业务目标分析
4.3　作业目标分析
4.4　信息化的必要性
第 5 章　业务逻辑分析
5.1　业务功能结构分析
5.1.1　职能活动的功能归集
5.1.2　业务作业流程分析
5.1.3　作业操作流程分析
5.2　业务量、信息量分析
5.3　业务应用发展能力分析
第 6 章　信息安全需求分析
6.1　与业务紧耦合的安全保护需求分析
6.2　核心关键技术的自主可控需求分析
6.3　安全工程集约化和过程规范化需求分析
第 7 章　系统需求分析
7.1　系统能力需求分析
7.1.1　业务应用所需的系统能力
7.1.2　现有的系统能力利用
7.1.3　需要新建的系统能力
7.2　系统框架结构分析
7.2.1　体系结构分析
7.2.2　网络拓扑分析
附件、附图及附表

思　考　题

1. 需求分析在国家电子政务工程项目管理中发挥什么样的作用?
2. 问题目标分析、贡献能力计算与项目绩效评价的关系是什么?
3. 政务对象分析在促进政府向服务型政府转变的作用是什么?

主要参考文献

1. 何晓群. 现代统计分析方法与应用. 北京：中国人民大学出版社，2007.

2. 陈婉清. 美国 2010 年人口普查方法介绍. 统计研究. 2009，10.

3. 冯士雍，倪加勋，邹国华. 抽样调查理论与方法. 北京：中国统计出版社，2002.

4. 刘建平，王克林. 中美抽样调查发展的比较与思考. 统计研究. 2009，26.

5. 联合国. 统计组织手册（第三版）：统计机构的运作和组织. 北京：中国统计出版社，2006.

6. 贺铿，郑京平. 中外政府统计体制比较研究. 北京：中国统计出版社，2001.

7. 联合国. 国民经济核算体系（SNA）. 北京：中国统计出版社，1995.

8. 权贤佐. 探索：统计创新与现代化. 北京：中国统计出版社，2002.

9. 国家统计局人口和就业统计司，人力资源和社会保障部规划财务司. 2009 中国劳动统计年鉴. 北京：中国统计出版社，2010.

10. 《干部统计学概论》编写组. 干部统计学概论. 北京：党建出版社，1994.

11. 劳动和社会保障部规划财务司. 劳动保障统计工作手册. 北京：中国劳动社会保障出版社，2006.

12. 杨志明. 强化劳动人事争议调解.《瞭望》新闻周刊. 2009，50.

13. 孙静娟，杨光辉，杜婷. 统计学. 北京：清华大学出版社，2009.

14. 傅泽田，王瑞梅，郑小平. 管理信息系统. 北京：清华大学出版社，2009.

15. 王爱英. 智能卡技术——IC 卡. 北京：清华大学出版社，2000.

16. Harald Cramer. Mathematical methods of statistics. America：Princeton University Press，1999.

17. Ralf Hussmanns，Farhad Mehran and Vijay Verma. Surveys of Economically Active Population，Employment，Unemployment and Underemployment：An ILO Manual on Concepts and Methods. Gen eva：International Labour Office，1990.

后　记

《人力资源和社会保障事业发展统计与信息化建设》一书，根据建立大部门体制和事业发展要求，坚持科学发展观为指导，充分体现人力资源和社会保障统计与信息化建设最新实践成果，注重知识的准确性、政策的权威性、内容的实用性，是一本较好的人力资源和社会保障系统干部职工培训教材和统计信息化工具书。通过对本书的学习，读者可以把握最新的人力资源和社会保障统计与信息化建设基本理论和主要内容。

本书由人力资源和社会保障部副部长孙宝树、信长星担任主编，规划财务司司长李保国、信息中心主任贾怀斌担任副主编，他们对全部书稿进行了认真审改，提出了许多指导性意见，对提升本书的层次和质量起到了关键作用。本书在编写过程中，得到了有关领导和专家的大力支持。人力资源社会保障部信息中心原主任赵锡铭、国家信息中心单志广同志、人民大学金勇进教授对书稿进行了审核，人力资源社会保障部规划财务司副司长靳宏、信息中心总工程师黄勇负责统稿，参与编写的几十位作者夜以继日地查阅资料、认真编写，部规划财务司编写小组多次组织集体讨论研究，集思广益，认真进行推敲和修改，出版单位的同志细致编辑，现在终于圆满完成。以下同志参与编写工作（以编写章节为序）：桑助来、李宏、饶志刚、杨文静、张建文、李春晖、蒽晶文、田光哲、安燕、胡新红、谭宇德、张惠民、郑莉、蔡颖、刘奕、杨文财、杨长明、兰启达、李鑫、聂明隽、于丛、刘颖、林德华、林志超、刘鹏、李晓军、张达、董晓南、刘娟、李京、柳盛学、周丽、段光新、崔尧、黄振宇、张嵩、周大昭、蒋旭卉、张博、石永辉、张加会、王媛红、宋京燕、景玺、洪祥、毛学舜、王静、于斌、马丹蕾、汪诚、郭瑾、陆春生、成勇、陈大红、王媛红、陈明、马玉超、朱昱、李娜、许华光、罗震、谷轶男、耿建军、蒋旭卉、张博、谷轶男、李冰松、田明、马彦君、陈悦、宋晶。在此，我们向所有为本书付出辛勤劳动的同志表示衷心的感谢！

虽然我们尽了最大的努力来完成本书的编写，但由于人力资源和社会保障统计信息化的实践和学科本身尚处于不断发展完善之中，许多理论和实际问题有待深入研究，疏漏不妥之处在所难免，诚望指正，以便修订完善。

编　者

2011年12月